枣庄学院
纪念抗日战争胜利70周年
研究丛书

总主编 胡小林 曹胜强

枣庄黄埔人与中国大抗战

Zaozhuang Huangpuren yu Zhongguo Dakangzhan

王功彬 著

中国社会科学出版社

图书在版编目（CIP）数据

枣庄黄埔人与中国大抗战/王功彬著．—北京：中国社会科学出版社，2018. 3

（枣庄学院纪念抗日战争胜利70周年研究丛书）

ISBN 978-7-5203-0568-6

Ⅰ．①枣…　Ⅱ．①王…　Ⅲ．①黄埔军校—军事人物—生平事迹—枣庄 ②抗日斗争—史料—枣庄　Ⅳ．①K825. 2 ②K265. 06

中国版本图书馆CIP数据核字(2017)第142980号

出 版 人　赵剑英
责任编辑　李庆红
责任校对　沈丁晨
责任印制　王　超

出　　版　中国社会科学出版社
社　　址　北京鼓楼西大街甲158号
邮　　编　100720
网　　址　http://www.csspw.cn
发 行 部　010-84083685
门 市 部　010-84029450
经　　销　新华书店及其他书店

印　　刷　北京明恒达印务有限公司
装　　订　廊坊市广阳区广增装订厂
版　　次　2018年3月第1版
印　　次　2018年3月第1次印刷

开　　本　710×1000　1/16
印　　张　31. 75
插　　页　2
字　　数　472千字
定　　价　129. 00元

枣庄学院纪念抗日战争胜利70周年研究丛书

编委会

总　　序

历史总是在回顾中才显露它的厚重。第二次世界大战是人类迄今为止所经历的最残酷的战争。从亚洲到欧洲，从太平洋到大西洋，世界上先后有61个国家和地区、20亿以上的人口被卷入战争，伤亡人数达9000余万，壮美河山被蹂躏得满目疮痍。在这场战争中，战争与和平、野蛮与文明、邪恶与正义、杀戮与救赎、侵略与反侵略展开了殊死对决，人类面临着空前危机。所幸，“二战”在带来巨大灾难的同时，也向世人证明了和平、文明、正义、救赎和反侵略比它们的敌人更有力量，这是我们今天纪念“二战”意义之所在。

中国是世界反法西斯战争的东方主战场，中国人民对这场战争的胜利做出了突出贡献。对枣庄人民来说，枣庄地区的抗战在中国抗战史上具有值得珍视的特殊价值。这是因为，无论在正面战场还是在敌后战场，枣庄都谱写了抗日传奇。在正面战场上，台儿庄大捷狠狠打击了日军不可战胜的嚣张气焰，鼓舞了全国人民的抗日斗志；而在敌后战场上，铁道游击队纵横驰骋，打得鬼子闻风丧胆。它们已成为全民族抗战的标志性符号。两支抗战力量汇聚一地，在正面战场和敌后战场均写下抗战历史上浓重的一笔，这在全国抗战史上也不多见。这是值得枣庄人民特别骄傲的地方。

在国人心目中，枣庄早就是一座抗战名城。中国人民抵御外侮的坚强决心和钢铁意志，在枣庄抗战史上得到最集中的体现。抱犊崮山坳里一一五师的猎猎红旗，津浦线上游击队员扒飞车、搞机枪、炸桥梁的矫健身姿，台儿庄巷间中惊心动魄的拼死肉搏，运河两岸地方武装的长途奔袭，均绘就中华民族抗战史上最美画卷。让更多的人来了解这段由鲜血和生命铸就的历史，牢记中国人民为维护民族独立和自由、捍卫祖国主权和尊严而建立的伟大功勋，是我们义不容辞的责任。

人类历史的进程是客观的，但历史的的确确是由人来书写的。日本长期以来对侵略历史的否认及歪曲告诉我们，历史书写的的确确存在着对抗与竞赛。在抗战胜利70周年的今天，我们必须还历史以本来面貌。我们坚信，枪炮声写就的历史终将战胜谎言的鼓噪。这里呈上“枣庄学院纪念抗日战争胜利70周年研究丛书”，就是希望为读者提供真实的抗战历史，并以此来告慰那些在战场上英勇拼杀、为国捐躯的英灵，纪念那些在战争劫难中无辜死去的万千同胞，继承和弘扬伟大的抗战精神。2015年7月30日，中共中央政治局就中国人民抗日战争的回顾和思考进行第二十五次集体学习。习近平总书记在主持学习时强调，深入开展中国人民抗日战争研究，必须坚持正确历史观、加强规划和力量整合、加强史料收集和整理、加强舆论宣传工作，让历史说话，用史实发言，着力研究和深入阐释中国人民抗日战争的伟大意义、中国人民抗日战争在世界反法西斯战争中的重要地位、中国共产党的中流砥柱作用是中国人民抗日战争胜利的关键等重大问题。习总书记的相关论断，使我们深受鼓舞，也为我们研究抗战史指明了方向。

铭记苦难历史，弘扬抗战精神，续写民族大义是时代赋予国人的神圣使命。枣庄学院一直以应有的文化自觉和责任担当致力于枣庄地区抗战史的挖掘、整理和研究工作，通过寻访抗战老兵、遗孤，追寻抗战足迹，查阅海内外文史资料，使得发生在枣庄的民族抗战史愈发清晰地呈现出来。在专家学者和社会各界的共同努力下，终于编著成册。这套丛书一共九本，包括《枣庄抗战通史》《台儿庄大战史》《铁道游击队史》《台儿庄血战记》《名人与台儿庄大战》《枣庄黄埔人与中国大抗战》《抗战英雄孙伯龙与运河支队》《枣庄抗战文艺研究》《台儿庄大战诗词选》，其中既有对枣庄地区抗战历史的全景式扫描，也有对局部战场的细致刻画；既有对不同抗战力量丰功伟绩的深度挖掘，也有对英雄人物的大力讴歌。我们希望通过编著者的努力，能够全方位、多层次、多维度地复原和再现枣庄地区那段不屈不挠、驱逐倭寇的光辉岁月。

为学养和水平所囿，丛书还存在种种不足，尚祈有识之士指谬。

胡小林

2015 年 8 月 7 日

目　　录

第一章　概述

一　黄埔军校的创办背景和过程[①]

图1　保定军校

① 本节参考了中山大学历史系李吉奎《黄埔军校创办原起》一文（http：//www. huangpu. org. cn/hpjx/201206/t20120613_ 2739406. html），标题为笔者所加。

1. 黄埔军校——讲武堂的衍生品

图 2 云南陆军讲武学校

1902 年，直隶总督兼北洋大臣袁世凯，于保定东关外创练新军，成立北洋陆军将弁学堂，冯国璋任校长，后几次更名为北洋陆军武备学堂、北洋通国陆军学堂、陆军随营学堂、陆军预备大学堂等。后因军阀混战不断，军校在培养了九批学生后，无力维持，于 1923 年停办，但保定陆军军官学校在中国人民反帝反封建的斗争中发挥了重要的作用，培养出许多优秀的军事人才，如蒋介石、陈诚、顾祝同、傅作义、张治中等国民党领导人和高级将领，还有后来加入中共方面的叶挺、赵博生、董振堂等一批将军，故有人说是“保定系”培养出后来的“黄埔系”。

云南陆军讲武学校与天津北洋讲武堂、东北奉天讲武堂，被人们称为中国三大著名讲武堂。1909 年 9 月，清政府实施军制改革、编练新式陆军，云南陆军讲武堂便顺应潮流，在昆明创办成立，中华人民共和国的开国元勋朱德、叶剑英两位元帅均在这里毕业。还有几位外国著名将领也毕业于此，如原缅邦最高军事委员会主席吴奈温将军、原越南国防部部长武元甲大将、原朝鲜人民委员会委员长崔庸健大将等。

2. 孙中山总结教训

那么，孙中山先生为什么会创办黄埔军校？创办过程又经历了哪些曲折呢？

图3 孙中山

从1895年密谋发动广州重阳起义开始，至1923年为止，孙中山从事革命活动已经走过28年的艰苦历程。在此期间，他领导了反清、反袁、护法，以及一次又一次的北伐，不断从事武装斗争。不必讳言，在孙中山经历的武装斗争中，他先后与会党、新军、南北武人，甚至与日本浪人、军人合作，但获胜的记录却是少之又少。失败的道理很简单：他从未掌握过一支以其思想主义、政治理念武装起来的军队。孙中山深知培养一批军事干部的重要性，他在日本、美国时，虽曾设想和实际筹办过类似青山军事学校的训练班，但因条件所限，成效甚微。广东的陆军、海军学堂，入粤客军的讲武堂、随营学校，甚至第三次开府广州时大本营军政部办的讲武堂，都是孙中山耳闻目睹或自己的属下创办，自然会给他深刻的印象，一旦条件许可，必定要办一所符合自己要求的军官学校。

3. 拟寻求苏俄支持

1922 年 6 月 16 日陈炯明部粤军兵变，攻打观音山总统府，逼走孙中山。孙中山对于自己被部属背叛所造成的惨局深感痛心，也深受刺激。他回到上海之后，除了与奉张、皖段及洛吴等国内各派势力寻求合作以对抗陈炯明外，则是在国际上寻找有力的合作伙伴。

图4 马林

为了图存和发展，孙中山别无选择，只能将从 1922 年开始的联俄、联共、改组国民党的工作进行下去。而长期革命实践活动告诉孙中山，如不能得到国际支持，国内的事情将无法有效地处理。所以，他曾寻求英、美、法、日等西方主要大国帮助，对日本期望尤殷。但是，没有任何一个西方大国认真考虑过准备与孙结盟。与西方列强相反，在第一次世界大战中通过暴力手段推倒旧政权建立起来的苏俄，经过与陈炯明、吴佩孚等人的联络后，最终选定以孙中山为其在中国的合作对象。孙中山推行联俄外交的重要契机是中共成立。马林、越飞及鲍罗廷，是孙、俄合作的关键性人物，马林、越飞是主要牵线搭桥者，鲍罗廷则是具体落实者。

图5 鲍罗廷

1921 年 12 月，马林在帮助建立中共之后，赶往桂林，会晤了孙中山，后来经过了越飞和孙中山在上海商议，又经过了越飞和廖仲恺在日本的讨论。时苏俄在十月革命之后，遭到西方列强的强势围攻，更有甚者扬言，欲将苏维埃政权扼杀在摇篮之中；再加之俄白党与外部势力相互呼应，这个新生的政权可谓是焦头烂额，内外交困。但经过四五年的奋斗，苏俄红军竟击退了外国侵略者，也扫清了俄白党的强硬势力。对于这种逆转的局面，孙中山甚感兴趣，他认为苏俄人能办到的，自己也会做得到。这自然而然地就会联系到自己的建军问题。所以在马、孙桂林会谈结束以后，孙中山就曾多次在集会上提出，“要以俄国军队为楷模”。

有此想法以后，就有了后来的张秋白俄国之行。陈炯明兵变之后，孙中山决定联俄，随之改组国民党。故在当时的说法是，黄埔军校也是俄式军校。孙中山从萌发创办军校的念头到成为现实，其中的过程是两年左右，它更与联俄外交是同步进行的。

4. 廖仲恺负责筹备军校

1936 年南京方面出版的《中央陆军军官学校史稿》第二卷写道：本校为党立军事学校，故定名为“中国国民党陆军军官学校”，又以校址位于广东黄埔岛上，故称为“黄埔陆军军官学校”。但这个军校校名，曾三易其名，即陆军讲武堂（当时程潜任总长的军政部开办了一个“中央陆军教导团”，地点在北校场营房，后来改名“陆军讲武堂”。1924 年并入黄埔军校）、国民军军官学校、陆军军官学校。

1923 年 11 月 12 日，盘踞东江的陈炯明，开始反攻广州，形势十分危急，鲍罗廷提议建立一支国民党党员自愿队，开赴前线抵抗陈军，众人接受了这个意见，建立了义勇军组织。18 日，陈军分两路进攻广州，但义勇军得到了广大市民支持，又有前来支持的豫军、湘军，最终使陈军全线溃退。于是后来经会议研究决定，这个义勇军组织变为本党军官学校，这个军官学校，就是国民军军官学校。

1923 年 11 月 26 日，孙中山主持了国民党临时中执会第十次会议，会议决定建立国民军军官学校，校长蒋中正，教练长陈翰誉，政治部主任廖仲恺，筹备执行委员廖仲恺，校址定于租借的某园。次日，临时中执委会议决议筹组军校事项，推定孙科、吴铁城会同军事委员二人筹备军校，应办之事为：（1）定校所；（2）设备；（3）器具；（4）预算购置费及安设妥当；（5）校内事务所之指定开始办公；（6）物色教员，征求学生。

5. 蒋介石不辞而别

而此时在俄国出行的蒋介石，正在返回中国的途中，在大连至上海的船上给孙中山书写“属游俄报告书稿”：“以弟观察，俄党殊无诚意可言，即弟对兄言俄人之言只有三分可信者，亦以兄过信俄人，而不能尽扫兄之兴趣也。”“俄党对中国之惟一方针，乃在造成中国共产党为其正统，决不信吾党可与之始终合作，以互策成功者也。”甚至说：“吾兄如仍以弟言为不足信而毫不省察，则将来恐亦不免堕落耳。”从蒋介石这些言论来看，他访苏之行得出的结论，是联俄终无善果。这个结论，与孙中山正在兴头上改组国民党，决意依靠俄人办军校的政治愿望完全相悖，不亚于给其当头泼了一盆冷水。但此事已决，诸多大政方针已定，怎好随意再变？故只好边走边看，所以还是督促蒋介石抓紧时间来广州，商量相关事宜。

图6 蒋介石

1924 年 1 月 16 日，蒋介石到达广州。20 日，国民党一大开幕。因为蒋介石不是大会代表，所以就只好立在一旁旁听。24 日，孙中山颁布命令，任命蒋介石为陆军军官学校筹备委员会委员长。2 月 3 日，孙中山又任命蒋介石为中国国民党本部军事委员会委员。谁知蒋介石到了 2 月 21 日，却留下一个辞呈，自称“自维愚陋，不克胜任”，擅自跑回奉化老家去了。

根据叶剑英、切列潘诺夫等人的回忆，蒋介石曾对筹备处人员宣布：军校不办了，他还给相关人员发了遣散费。至于他为何要宣布筹备处解散，有资料讲，因为蒋介石感受到了广州一些军阀对创办军校很不满，也有威胁，所以蒋介石就有些害怕，才逃回老家的。但据 25 日受孙中山派遣去奉化劝蒋回粤的邓演达 3 月 5 日给廖、汪电中所说，此次蒋辞职离开是因为军校的经费公开与否问题，“因保持与先生之感情，现非有改革决心，国党皆陷绝望。若能公开整理财政，革除市侩垄断财权（指杨西岩拒发军校开办费），并促展、汝回（指胡汉民，许崇智——笔者），则彼可回其意”。问题是，军校的所有经费是由廖仲恺去筹措的，即使有困难，学校办不下去，可以与廖商议，也不能由着蒋介石一人之口随意宣布军校筹备处解散。

鉴于此情，骑虎难下的孙中山只好多措并举，力图挽救困局。一是派廖仲恺代理军校筹备委员长，宣布筹委会继续工作；二是派邓演达去奉化请蒋介石马上返回广州。又在蒋辞职书上批示："该委员长须任劳任怨，勉为其难，从艰苦中去奋斗，百折不回，以贯彻国民党牺牲之主张。所请辞职，碍难照准。"还亲自于29日紧急致电蒋介石："军官学校以兄担任，故遂开办，现在筹备即着手进行，经费亦有着落，军官及学生远方来者，逾数百人，多为慕兄主持校务，不应使热诚倾向者失望而去。且兄在职，辞呈未准，何得拂然而行？希即返，勿延误。"焦虑之情，词间充溢。

蒋介石心存对孙中山的不满。据陈洁如回忆录说，他不急于回广州，是因为孙太不给他面子："他怎可于我仍在俄国的期间，接受莫斯科新派来做顾问的鲍罗廷？至少他可以打个电报问问我的意见。现在，我要让他等我的报告，等了又等。"还因为孙中山并未提名蒋介石为出席"一大"代表，很没面子，在党内也没有发言权。对此，陈洁如写道：在"一大"会上，"我们只能旁听，没有发言权。我注意到，这使介石觉得自己渺小，没有分量。事实上，介石在会场坐椅中，不时局促扭动。"

6. 黄埔军校开学

尽管如此，蒋介石后来还是在4月21日回到了广州，从2月下旬至4月21日，除国民党要人邓演达等不断亲赴奉化劝慰蒋介石以外，仅发去的电函就达25件之多，也由此看出孙中山的苦心和对蒋介石的器重。当然，这其中孙中山除了与蒋介石函商军校招生等事外，还满足了蒋介石有关军校人事安排方面的所有要求："一切事已照介石意思办"，即廖仲恺负责军校财政，戴季陶任政治部主任，解决胡汉民、许崇智的任职问题、甚至连军校学生录取名额、如何分班、学习期限长短等问题，全部按照蒋介石的意见办。于是，蒋介石重返广州。4月26日，入黄埔军校视察。5月3日，被孙中山特任命为陆军军官学校校长，兼粤军总司令部参谋长。

1924年5月5日，第一期新生入校，6月16日，黄埔军校举行盛大开学典礼，第一期学生正式开课。

图7 广州黄埔军校

图7就是今天我们口头常说的黄埔军校，即从广州黄埔码头上岸，就能看到正门挂着“陆军军官学校”牌匾的黄埔军校。“陆军军官学校”六个大字，挺拔矫健，疏密得宜，通篇贯气。此为清末才子、时任陆海军大元帅大本营秘书处代秘书长谭延闿所书。早在1924年1月3日，《广州民国日报》就颁布了军校规划：“国民党前由恳亲会开党务讨论会时，经议决组织军官学校，现经中央执行委员会开会，议决进行，命名曰国民军军官学校。以测量局及西路讨贼军后方病院为校址，经由呈请孙总理令饬测量局及病院办事人，觅地搬迁。并闻该校已定孙总理担任校长一席，其余各事，经陆续筹备进行云云。”

7. 开设黄埔军校分校①

民国14年（1925年）3月，黄埔军校学生军开始第一次东征，从

① 据中国台湾网，http：//www. taiwan. cn/zt/lszt/zhauntilishi/xhxh/201108/t20110816_ 1963939. htm。

攻克潮汕筹设潮州分校开始，至民国24年（1935年）4月成都分校开学，黄埔军校先后设立的有潮州（图8）、武汉、长沙、南昌、南宁、洛阳、广州、成都八个分校。

图8　黄埔军校潮州分校

抗战前的八所分校，并非开办后就一直存在，它们完成历史任务以后，则予以停办，具体如下：

黄埔军校潮州分校：1925年11月12日，开始正式招收学生。12月10日，任命何应钦为分校校长兼教育长。1926年4月1日，教育长改由邓演达担任。6月1日，第一期学员毕业。6月6日，第二期学生入校。12月底期满毕业后该分校停办。

黄埔军校武汉分校：1926年10月27日成立，以武昌两湖书院为校址，接收本校第五期政治科学员入校，并在本地招收新学员。1927年7月分校停办。

图9　黄埔军校武汉分校

1929年4月，钱大钧再次于武汉建立分校（图9），共教育第七、第八两期学员。其中第七期顺利毕业，第八期于1932年3月并入黄埔军校本部学习，该校亦随即停办。1936年1月复组该校。

黄埔军校洛阳分校：1933年12月成立，学员大多系东北军没受正规教育的军官，校址设在汉中，分校主任为祝绍周。

黄埔军校长沙分校：1927年2月成立，校址为长沙小吴门外教厂坪（图10）。校长石醉六，教育长余范传，共产党员夏曦担任政治部主任，政治教官绝大部分是共产党员或国民党左派。

1927年南京国民政府讨伐唐生智，程潜进驻长沙分校，将部分分校学生迁往南京本校，其余学生于1928年5月毕业。毕业后该分校停办。

黄埔军校广州分校：1927年成立（原燕塘干部学校）。1931年改称广东军政学校。1936年7月23日改称广州分校。

黄埔军校南宁分校：1926年春创办（图11）。校长俞作柏，教育长萧越。第一期学生受训18个月，分步兵、工兵、炮兵3个科目。1945年撤销。

图 10　黄埔军校长沙分校

黄埔军校南昌分校：1928 年 5 月 1 日举行开学典礼。设校长、教育主任各一名，第一任校长刘体乾，教育主任邹兆衡。1929 年学生毕业后该分校随即停办。

黄埔军校成都分校：1935 年 10 月 1 日在成都成立，由黄埔军校原教育处长李明灏为分校主任，彭武杨为副主任。办校历时长达 11 年。

图 11　黄埔军校南宁分校

抗日战争时期，黄埔军校一共设立了九所分校，原来的洛阳分校改名为第一分校。武汉分校早已停办，民国 26 年（1937 年）冬天在武昌南湖成立第二分校，后迁往湖南武岗。第三分校成立于江西瑞金，第四分校为广州分校改名。第五分校成立于昆明。第六分校成立于南宁，原为南宁分校。第七分校成立于西安，第八分校成立于湖北均县，第九分校成立于新疆迪化（今乌鲁木齐市）。

抗战期间的各地分校设备规模均较以前扩大，西安的第七分校尤为突出，各地青年学生在第七分校受训的有 25000 多人，学员也有 10000 多人。其次是第四分校，青年学生受训为军官者有 15000 余人。这种现象反映了当时广大中国青年的爱国精神，以及为抗日救国踊跃从戎的热情。

抗战期间，长江以北的分校有第一、第七、第八、第九四个分校，第一分校训练毕业学生 7385 名，毕业学生（短期各班队学员）7413 名。第七分校训练毕业学生 25015 名，毕业学员 10927 名。第八分校训练毕业学生 2289 名，毕业学员 3442 名。第九分校地处边疆，情况复杂，训练毕业学生 1044 名。

长江以南分校有第二、第三、第四、第五、第六五个分校。第二分校训练毕业学生 15004 名，毕业学员（短期各班队学员）9513 名。第三分校训练毕业学生 7430 名，毕业学员 5961 名。第四分校训练毕业学生 15373 名，毕业学员 5079 名。第五分校训练毕业学生 6540 名，毕业学员 2480 名。第六分校训练毕业学生 10813 名，毕业学员 7081 名。

抗战胜利后的 1947 年，国民政府为了党政利益，命孙立人将军在台湾训练新军，校址选在台湾省高雄县凤山市，成立了陆军军官学校第四军官训练班，建立凤山分校，直属成都本校。这样，黄埔军校就有了第十个分校。

8. 黄埔精神在抗战中闪耀

1965 年 8 月 15 日，日军战败投降 20 周年，日军退役中将吉田曾经撰文说：中日之战，日军之败，是由于统帅部对 20 万受过黄埔教育的军官的英勇爱国力量未有足够的评估。冈村宁次也在回忆录中写道：敌军抗日之中枢，在于以黄埔军校中青年军官为主体的战斗意志，历次会战中他们是主要战斗原动力。黄埔军校教育之彻底，可见一斑。冈村宁次叹道：中国的枪炮打不赢我们，黄埔精神打败了我们。

第一次长沙会战结束以后，在各地战场上，从国军死难者身上收集到的黄埔军校毕业证章就达500多枚。毫不夸张地说，每次战斗，都有黄埔军校学生的阵亡。据不完全统计，第一期有300人左右，第二期有200人左右，第三期有500人左右，第四期有700人左右，第五期有300人左右，合计约2000人，占前五期毕业生总数的27%。1937—1945年，黄埔军校总共有20多万学生走向抗日战场，最后只剩下1万多人。伟大的抗日战争中，黄埔军校学生那些惊天地泣鬼神的英雄壮举，的确在抗战史上留下了光辉壮丽的一页！

二　枣庄（峄县、滕县）概述

1. 峄县、滕县曾经分分合合

枣庄市位于山东省南部，史上曾先后属鄫国、薛国、滕国、郳国、偪阳国、小邾国、楚国、魏国，后设丞、蕃两县建置。

隋唐时北置滕县，南置兰陵县，后改为丞县。宋为滕县、丞县。金、元时北置滕县，南置峄州。明清时先后属济宁府、兖州府，北置滕县，南为峄县。

1961年9月12日，枣庄建制为省直辖地级市，辖齐村、台儿庄、峄城、薛城四个区及枣庄镇，五十六个人民公社。1976年7月12日，设立市中区，将齐村区所辖部分划归市中区。1979年，滕县划归枣庄管辖。

1983年11月，枣庄市齐村区改为山亭区。至1988年，枣庄市辖五区一市。

2. 民国时期峄、滕的“八大家”

滕县的“滕”字始于黄帝，因境内泉水“腾涌”而得名，位于枣庄西北部，其人文历史悠久，是墨家学派创始人墨子和工匠祖师爷鲁班的故里，古为“三国五邑”之地，素有“滕小国”之称。周灭商后，武王封其异母弟叔绣于滕，乃称“滕国”。

图 12　老峄县教堂

图 13　滕县铁牌坊

到清末民国时期，滕县曾出现了“八大家族”，声名显赫一时，他们上通各级官府，下有田产生意，家境富足，号称滕县“八大家”，在鲁南乃至全国都有影响。

滕县历来都是商贸繁华之地。据1919年的《山东各县乡土调查录》记载，滕县在商会注册的商号就达500余家，乡下织机有10000余张。大商号的运输公司4家，银号10家，酒业95家，烟店87家，杂货铺80家，京货铺15家，油坊82家，但这些商号大都被几个富家所掌控。至清末以后，逐渐形成滕县的“八大家”。

滕县八大家有城内和乡村之说，城内“八大家”即：徐兰舟、黄以元、张锦湖、高熙喆、吴树吉、姚荔泉、孔疯子（孔庆塘）、王东槐。如徐兰舟家族，其先做山东巡抚，后回滕县经营杂货店，开设酱园、油坊和药房，并在苏、沪、津等地设有分号，一年收入可购良田20多顷。黄以元家族明朝时曾受皇封，晚清又出举人、拔贡和秀才。

乡村“八大家”之说在不同的历史时期各有所指。县城南部有“郗山殷，南山褚，不如夏镇小叶五”；城郊有“金仓沟、银王开、党家村、鲁家寨，还有桑村李二泉”；城西有“大坞张，小坞段，和福杨家也不善”等说法。晚清时期，滕县乡村“八大家”一般指两张、一鲁、李、党、龙、杨、王八个家族，即张崇玉、王开村张凤阁、鲁寨村鲁景龙、桑村李二泉、党村党金石、峄庄龙振彪、和福杨姓家族、仓沟王修甫。还有柴胡店张星五、魏庄刘宪三家族，也曾被认为是大家族。①

滕县城乡这些“八大家”们，官势强大，生意昌隆，掌握着当地百姓的生杀予夺之权，大多设有保家局子。他们私设公堂，鱼肉乡里，占有全县80%以上的土地，当地百姓只好委身于他们门下，过着悲苦不堪的日子，这也增加了这些民众对他们的仇视，也是一大批滕县人投考黄埔军校的原因。

峄县地区的情景也不例外，也有类似滕县“八大家”，既有城内的“八大家”，也有乡村的“八大家”。人们常说的是峄县“四大家”，即：

---

① 马西良：《清末民国时期滕县“八大家”》，《枣庄晚报》2013年3月7日。

崔、宋、黄、梁，后面的“四大家”则分不同历史时期，融入其中，其中的“三大家”，或“孙、褚、鲍”，或“金、田、李”。孙指牛山孙氏家族，褚指南常褚氏家族，时至今日，在枣庄都有较大影响。金、田、李指民国初年开采枣庄煤矿的枣庄街的金氏家族，田庄的田氏家族，以及枣庄的李氏家族。即：崔、宋、黄、梁，金、田、李、王，或孙、褚、鲍、王。

另外，清末民初时峄县还有“七大门户八大家”之说，如郗山的殷家、邹坞的高家，先辈曾在清朝取得功名的陈拔贡等，也是峄县名门。他们占有的土地不计其数，有的有百余顷，有的有几百顷，有的有上千顷（甚至挂过千顷牌）。至于三十、五十、七八十顷的小地主，则是举不胜举。

三　枣庄黄埔人最初的生活环境

峄县当时有“六多”，即：自然灾害多、土匪多、当兵的多、干矿工的多、当佃户的多、要饭的多。

这“六多”，把峄县民众推向了痛苦的深渊，他们缺吃少穿，生活悲苦，有的被逼无奈，远走他乡，离家从戎；有的白天为农，夜晚沦为土匪抢劫；有的忍气吞声，给峄县几大家族当牛做马；有的把脑袋别在腰带上，到中兴公司下井挖煤。

中兴公司分里工、外工。里工为煤矿雇用，固定月薪，待遇优厚；外工由包工头雇用，按日计件，随用随雇。但还有许许多多没有这些待遇的矿工，他们大多都是被从外地骗来的难民，像奴隶一样被长期关押着，每天十几小时的井下工作，没有分文报酬，过着牛马不如的日子，矿难、劳累、疾病造成大批矿工痛苦死去，数量皆以百计。偌大的中兴公司外面看上去红红火火，“飞机楼”前的人们也神气十足，岂不知在这些光鲜的背后，充斥着对矿工的压榨和剥削。

而一些名门望族和地主则是飞扬跋扈，不可一世，对民众非打即骂，万般欺凌。曾有一个地主这样说道：长工佃户的饭锅是支在自己脚面上的，茅草屋是盖在自己抓钩子尖上的，小命是攥在自己手心里的。也就是说，民众的饭碗随时可以被踢掉，茅草屋随时可以被扒倒，也可以随时要一个人的命。

清代刑律严酷，凡杀人要犯一律要披枷戴锁，戴脚镣手铐，而峄县四大家之首的崔翰林家族，其家人即便有人命在身，被收入牢狱，仍“财能通神”，受到优遇。崔家见监房破旧，立即命总管鸠工改建新瓦房三间自住，生活由带来的仆役、厨师侍候。县衙上下都受了重金贿赂，借故拖延，只押不判。崔犯闲极无聊，命家人在狱门前蒸肉包子卖，作为消遣。包子馅中放铜钱一枚，买的人吃包子还赚钱，当然生意兴隆。这样一住半年。原告上告兖州府，知府准状，命解案犯崔犯去兖州讯办。临到离开县衙门口，崔犯见左右两尊石狮子就说：“这里就您二位还没花我的钱。”急命管家拿两串铜钱挂在石狮脖颈上，然后坐上轿车前往兖州。

这些名门望族，家藏惊人财富，过着奢靡浮华的生活，对百姓却缺少应有的怜悯和同情。峄县王海槎每天吃饭须用三四个小时，丫鬟仆人成排站立，前后伺候，每餐须在一二十样饭菜。他的儿子王平格喝水不喝城里水，必须到峄县城以北的十里泉挑水，挑水途中必须水桶加盖，而且只喝前头那桶；每早喝粥他须喝头一碗，若发现有人喝了头一碗，则会把卖粥人暴打一顿，砸烂粥缸。由此可见，这些近乎变态的强势表现，对贫苦百姓是多么大的欺凌。特别是他们这个阶层的婚姻关系，往往以财富相埒为标准，豪门巨族互相姻娅，形成庞大的亲戚网络。为了炫财斗富，他们不惜挥霍巨金以举办婚丧等事，其奢侈豪华在齐村崔家已相沿成风。

以崔翰林嫁女、出殡一例可见一斑。崔家嫁女，嫁妆，要求“全秩”。即日常生活用品只有想不到，没有做不到，多达万件以上，一大批能工巧匠住在崔家，须耗时一年甚至数年才能完成。出嫁时的大队人马，前由大总管披红乘马怀揣礼单（详列嫁妆名称，件数）做前导，后有旗、锣、伞、扇全副仪仗随行，什么青衣队、红衣队、炮手队、乐队，不一而足；送亲队伍浩浩荡荡，长达六七里，前队已进新人婆家大门，后队还没离开崔家翰林府。

图 14　齐村翰林府旧貌

峄县四大家之外的王家，也不例外。1920 年，素有峄县“王半城”之称的王宝田，其母去世，出殡前后办了七七四十九天，每天除了喇叭号子以外，还要有 12 个道士、12 个和尚、12 个尼姑、12 个喝礼先生，还有一个典祭官、一个主道官、一个辞士官，这三个官，则一个是状元，一个是翰林，一个是武进士。这四个“12”和三个“1”，其花费可想而知，而其他费用则无法统计了。

由此可知，这些地主豪绅的财富积累，是普通百姓无法想象的。

1917 年 6 月 24 日，峄县南坝子黄家家丁勾结运河南岸的土匪来抢劫，砸开钱库，土匪肩扛背驮，直到背不动为止，而前面的土匪听说后面的土匪背的是银元宝，便纷纷返回，倒掉铜钱，重新装元宝，到天明一看，整个黄家大院的地上，厚厚的撒了一层，全是铜钱元宝。南常田家有一天夜里突遭土匪抢劫，打开田家钱窖后，200 多土匪光元宝就没装完。

崔家少爷骑马路过街市，自己不小心被摆摊搭棚拉起的绷绳把礼帽挂掉，这下子惹恼了崔少爷，非要把小贩撵出去，从此不准来此街市，最后经人说和，答应此后不再撑棚拉绳了。

峄县南陈湖大地主梁继珍，占有土地200多顷，家中楼房瓦屋一大片，周围有青石到顶的寨墙，四角筑有四个碉堡似的炮楼，东面和南面有两个寨门，门槛子上写有“子（紫）来门、迎孙（熏）门”大大的红字。实为“紫气东来，熏风南进”，凡是进他家的门，都得做他的孝子贤孙。

通过上述几个故事，足以说明峄县百姓的贫苦生活及恶劣的生存环境，有一首歌，最能代表当时穷苦百姓水深火热的生活情景：

旧社会，好比黑乎隆咚的枯井万丈深，
井下压着咱们这些穷苦人，
看不见的太阳，看不见的天，
数不尽的日月，数不尽的年……

面对这些人祸苦难，峄、滕百姓或四处躲避或忍辱迎对，但面对天灾却无能为力。辛亥革命前后，峄、滕大地就天灾不断。1911年元旦始，峄、滕一带，平地水深数尺，全境麦田淹没。二三月间，阴多晴少，雨雪时作，秋禾又未播种，粮价飞涨，十室九空，饥民遍野，坐困难支，于是鬻子卖女，到处求售，男孩10元，女孩折半，情形极惨。

自古鲁南多匪事，这又给苦难深重的当地百姓增加了另一种担忧。

清末，滕县张汪五所楼人李福印，屡次乡试未果，郁郁不欢，便连同亲家土匪杨七，开馆授徒，创建“三唐教”，众徒身着道袍，腰系黄带，脚穿黄鞋，头扎青巾，公开抗税，拒交皇粮，并自撰一联：

眉毛里挠疙瘩重开宇宙　眼睛内起补丁再整乾坤

其密谋起事，于1911年农历三月初一，率众至韩庄坊头抢粮，地保逃脱后告于官府，官府却不以为然。故有民谣传出：

李福印，好大胆，
领着黑胡子杨七造了反。
三月初一战坊头，
红旗插到阁门间。

官府如此淡然，引起峄、滕境内诸多土匪横行，峄西褚玉璞、滕西范盈也相继起事。而后，因徐州刀匪头目宋勤王、宋魔王等五大匪首被官府招安后处死，故引起其党羽黑张飞孟鸟、铁枪头刘金榜等人的愤怒，又率众复仇，横扫马兰、峄县等地。到了 1923 年，抱犊崮土匪孙美瑶又制造了震惊世界的“民国大劫案”，一时间，峄、滕百姓人心惶惶，恐惧不已。

四　辛亥革命对枣庄黄埔人的影响

1910 年 10 月 10 日，孙中山先生领导的辛亥革命，一举推翻了延续几千年的封建王朝及封建君主专制制度，建立了中华民国。那么，作为鲁南重镇的枣庄地区，也与国内的政治、经济、军事形势密切相关。枣庄人民在帝国主义、封建主义和兵灾匪祸蹂躏下，过着食不果腹、衣不遮体的生活，挣扎在死亡线上。但压迫与反抗也始终并存，各种反清反帝活动频发。早在 1858 年，李希孟、刘双印、刘平在偪阳城起义，各地民众积极响应，一时声威大震，人数达十万之余，辐射峄、滕、邳、铜、丰、沛、萧、砀、邻、临、费等县，遭到清政府的残酷镇压。1894 年后，诸多不平等条约相继签订，帝国主义黑手伸向鲁境，胶东地区被霸占，枣庄也没幸免，荷兰、德国、美国等多国西方教会以多种名义侵占峄、滕两县土地 3000 余亩，开办商店，种植粮食。特别是德国，夺得山东特权以后，四次入境勘察，开办“华德中兴煤矿公司”，疯狂掠夺枣庄地下煤炭资源，后又勾结地方名门望族，想方设法欺骗和压榨穷苦民众。所以，有许多极富爱国热情的枣庄儿女，走出家门、国门，去探寻救国救民的道路。

正当中华民族生死存亡之际，伟大的革命先行者孙中山先生于1905年秋天在日本成立了同盟会，以“驱除鞑虏、恢复中华，创立民国、平均地权”为宗旨，号召全国人民和旅居世界各地的爱国华侨共同团结努力，一起推翻封建王朝，建立一个自由、平等、博爱的新国度。就在此时，留学日本的枣庄人孔繁霨（滕县东龙岗人）、吴绍麟（峄县峄城人）、崔蘧庵（峄县齐村人）、李庆施（滕县五所楼人）、渠有润（滕县皇殿岗人）、李善（峄县峄城人）、尤吉三（峄县台儿庄人）等于1905年和1906年，先后在日本加入了同盟会。他们回国以后，或在外地大力开展革命活动，或回家乡唤起民众，加入同盟会。与此同时，一些在外地的枣庄人，如张文源（峄县峄城人）、吴廷勋（峄县台儿庄人）、尤民（峄县

图15 孔繁霨

台儿庄人)、李天倪（滕县五所楼人)、颜兰亭（滕县颜楼人）等，分别在北京、济南、烟台等地先后加入了同盟会。他们把同学、亲戚、好友等联系起来，动员大家积极加入同盟会。因此，枣庄地区在很短的时间内，先后有100多人加入了同盟会。1912年6月，在吴绍麟的极力推动下，峄县成立了中国山东同盟会峄县分会，推举张文源任首任会长，王介修（峄县遗棠人）任秘书，梁步海（峄县峨山口人)、田毓岳（峄县田庄人）负责供给，张树真（峄县峄城人）负责宣传通信。从此，枣庄大地迅速形成了浓郁的革命氛围，他们广泛宣传革命，发展组织，推动男人剪辫子、女人放天足运动，革除嫖娼卖淫、聚赌吸毒、贩卖人口等社会时弊，大力提倡廉洁公正、文明礼貌，使正义得到伸张，邪恶受到遏制，深得群众拥护和爱戴。而之前身在山西的枣庄同盟会会员孔繁霨，已策动新军起义，随即协同阎锡山脱离清政府，宣布山西独立。居住在峄县的尤民，会同峄县的武璋（峄县山阴人)，秘密召集峄邑29社社长，组成义军1600余人，与青岛陈干的义军和郯邳刘冠三领导的义军，在连云港的浦口会合，开赴安徽的凤阳、固镇、宿县等地，与张勋部展开激战。不久，他们把张勋的江防营打得落花流水。峄县城也是一派慌乱，县长王崇昌带着官印匆匆而逃。一时间，峄县街头不时传来阵阵歌谣：

打洋鼓，吹洋号；革命党，就来到。
扒洋楼，掀铁道；杀恒兴，宰老鲍，
三班六房吓一跳！

这些革命党人的举动，惹恼了以峄县王宝田为代表的保皇派，他们勾结中兴公司，大肆行贿张勋，让其先后将革命党人张文源、尤民杀害，把峄县人李麟阁、武璋、孙成铎、宋汝斌、孙景宣、梁步海、王介修、田毓岳等抓捕入狱，一时风生水起的枣庄地区革命党的活动，受到残酷的镇压，但这些深积的怨恨，已经埋在这片土地上的后生们的心里，为后来枣庄黄埔人这个群体的崛起和爆发埋下了伏笔。如韩庄的刘安祺（黄埔三期)、邹坞的高魁元（黄埔四期)、陈敬（黄埔四期）等，都是峄县同盟会会员武璋的学生，他们在幼小的时期，就受到枣庄同盟会会员的影响和教育，为日后的革命追求，打下了坚实的思想基础。

第二章　正面战场上的枣庄黄埔人

他满腹经纶，有人说他是儒将；他指挥有方，一生中没有打过败仗，有人说他是福将；他经历了民国期间所有的战争，有人说他是民国时期的战争大满贯得主。他毕业于黄埔军校第三期，从入黄埔开始，就得到蒋介石的厚爱，对日作战，他经历了淞沪会战、兰封会战、灵宝战役等，九死一生，他就是枣庄第一位黄埔军校学生——刘安祺。

（一）刘安祺

刘安祺，字寿如，峄县韩庄人，1903 年出生，黄埔军校第三期毕业，先后任国民革命军排长、连长、营长、团长、旅长、师长、军长、陆军总司令等职，1995 年去世。

图 16　刘安祺入伍照

1. 刘安祺档案

姓　　名：刘安祺，字寿如

民　　族：汉族

出生时间：1903 年 6 月 10 日（农历六月十五日）

籍　　贯：峄县

出生地点：峄县义和庄

成 长 地：峄县韩庄

属　　相：兔（癸卯年戊月己巳日）

最高职位：国民革命军陆军总司令

去世时间：1995 年 9 月 9 日（农历八月十五，星期六）早 7 时 20 分

去世地点：台湾家中

寿　　命：93 岁

葬礼时间：1995 年 9 月 27 日

安葬地点：台湾台北汐止国军示范公墓

2. 刘安祺家族三代谱系

祖父：刘秉让（配王氏），生子一：刘宜德；刘宜德（配程氏）生子二：刘安祺、刘安愚。

刘安祺（配王佩兰、黄经达）生二子五女，即长女刘淑文，次女刘淑雅，长子刘之中，三女刘颖，次子刘卫中，四女刘渝，五女刘宁。

3. 刘安祺简历

1903 年 6 月 10 日（农历六月十五日），出生在峄县义和庄。

1910 年入游山乡私塾学堂，随孙茂居先生读私塾。

1914 年入韩庄镇立高等小学。

1920 年入峄县私立山阴峄阳中学就读。与王佩兰结婚。

1924 年入徐州中学就读；冬，赴上海投考黄埔。

1925 年 1 月，入黄埔第三期。参加第一次东征，讨伐杨希闵、刘震寰；参加第二次东征。

1926 年 1 月，黄埔军校第三期毕业。分配到教导师第三团初任国民革命军少尉排长；7 月，升中尉排长；参加北伐，属东路军步兵第五十八团。10 月，升至上尉连长。

1927 年 9 月，升少校营长。

1928 年 3 月，改隶警卫第三团，任第二营营长。7 月，改隶第 11 师第六十三团。

1929 年春，赴鄂讨伐桂系；12 月，升武汉要塞步兵营中校营长。

1930 年讨伐唐生智，任攻城营营长。4 月，改隶教导第一师，升上校攻城营营长，参加中原大战之归德战役。10 月，升第三团上校团长。

1931 年改隶警卫师。12 月，改隶第八十七师，任第二六一旅五二一团团长。父亲刘宜德去世。

1932 年“一·二八”淞沪抗战爆发，自愿请战，以十九路军名义作战。移南京整训。

1933 年 2 月，升第二六一旅上校副旅长。10 月，升第二六一旅旅长。

1934 年 1 月，讨伐闽变。7 月，参加庐山军训团。冬，夫人王佩兰去世。

1935 年冬，调南京。

1936 年，驻南京整训。3 月，与黄经达结婚。

1937 年 7 月，抗战爆发，8 月 13 日参加上海淞沪战役。10 月，升任第六十一师少将副师长兼师长，担任全线掩护；后赴浙西游击抗日。

1938 年元月，任第四十师副师长，驰援河南，参加兰封会战；7 月，应胡宗南之邀，赴陕任第三十四集团军第七十八师师长，兼黄埔军校七分校第二总队总队长。

1939 年春，率第七十八师驻防风陵渡一带。冬，赴陕北宜川驻防。

1940 年，调大荔整补，参加豫南抗日。9 月，调第九十七师师长，驻甘肃平凉。

1944 年 4 月，升第五十七军中将军长。夏，驰援豫西，参加灵宝战役。12 月，第五十七军空运云南沾益，作战略策应。

1945 年 4 月，调青年军第二〇五师师长，驻贵州修文县。8 月，抗战胜利。

1946 年 1 月，任青年军第六军军长。9 月，调中央训练团东北分团主任。

1947 年 9 月，调第七十一军军长，驻守四平。

1948 年 2 月，升第七兵团司令官，兼第七十一军军长。7 月，调第十一绥靖区司令官，驻防青岛。

1949 年 6 月，从青岛撤至台湾，后转至海南岛，任第二十一兵团司令官。8 月，调广州，任卫戍总部副司令官，仍兼原职。10 月，退回海南。

1950 年 2 月，退至台湾，任第五十军军长。5 月，任台湾中部防区司令官，驻台中市。

1953 年 3 月，调澎防部司令官。夏，母亲去世。

1955 年 7 月，调陆军预备部队训练司令部司令。

1957 年 7 月，调第二军团司令，驻高雄、屏东。

1958 年“8 · 23”金门炮战开始。11 月，调金防部司令。

1959 年 1 月，晋升陆军二级上将司令官。

1961 年 9 月，升任陆军总司令。

1965 年 9 月，卸任陆军总司令，改调三军参谋大学校长。

1968 年 8 月，调任“国防研究院”副主任。

1970 年 6 月，晋升陆军一级上将，任台湾当局领导人战略顾问。

1974 年 3 月，出任中央信托局理事会主席。

1981 年 12 月，夫人黄经达去世。

1982 年 3 月，回任陆军一级上将，任台湾当局领导人战略顾问。

1995 年 9 月 9 日去世。

4. 紧急集结南京

1932 年上海一 · 二八淞沪抗战以后，国民党政府于 1936 年 2 月就开始暗中准备对日作战，并制定以下策略：

一是将陆军大学由北平迁至南京，每年招考一次，增设特别班、参谋班、将官班，解除日籍教官，改聘德籍教官。

二是秘密成立警卫执行部，筹备抗战事务。设立大元帅府，及所属部门，划分战区，设立官长，指挥各部。修筑锡澄线（无锡至江阴）、吴福线（苏州至福山）、乍嘉线（乍浦至嘉兴）。

三是成立京沪警备司令部，由张治中任司令，指挥第三十六师宋希濂部、第八十七师王敬久部、第八十八师孙元良部，及独立第二旅钟松部，担任京沪线防务及吴福线、锡澄线的据点工事构筑，并在距上海较近的苏州狮子林（后迁留园），秘密成立“中央军校野营办事处”，旨在加强苏沪地区的国防工程建设和民众的组织训练。还增建苏州至嘉兴铁路，加强陆海空实战演习等，以备战事。

而此前，已是国民革命军第八十七师第二六一旅少将旅长的刘安祺，正奉命从福建调到南京，集结待命，准备参加秋季（1935 年）大演习。为了保密，刘安祺的部队不走陆路而乘坐船只到达，部队刚要上船时，又接到命令，所有官兵一律步行前进，因为时下上海的日本军队活动频繁，怕暴露国军的行军目标。就这样，刘安祺带着部队，急行军三个多星期，从福建福州到达了南京附近的宜兴、溧阳一带。

打仗对于刘安祺来说不犯愁，自从1925年入黄埔军校以后，大大小小的战斗一直没有间断，无论是东征北伐，还是一·二八淞沪抗战，他都是冲锋在前。这次奉命集结南京，为可能发生的中日之战做好准备，也是他很想有英勇表现的延续。可就在他带兵行军到福建南平的时候，曾经当过南京测绘局局长、厅长、秘书长的汤荫堂找到刘安祺，从包里掏出一张照片，说想给你介绍一位夫人，是自己大儿媳的小妹，学教育出身，在南京中央党部工作，人长得很漂亮，脾气性格也好。这让刘安祺一时犯了难，因为这次往上海方向集结，他也怀揣一件私事，也是相亲，对方是一位正在东南医学院读书的大学生，要不是部队接到紧急命令，如此疾驰南京，刘安祺原本打算乘飞机去上海相亲的。

虽是交了桃花运，却没让刘安祺高兴起来，这与他第一位夫人王佩兰的去世有很大的关系。

1920年，年仅17岁的刘安祺奉父母之命，与本乡望族之女王佩兰喜结良缘，后生有一男三女四个孩子，不幸的是，王夫人得了血癌，于1934年冬天去世，从此，刘安祺既要在外带兵作战，还得心挂家中，无暇照顾四个幼小的孩子始终是他一个很大的心事。所以，刘安祺就给自己定了一个再娶夫人的标准，即为自己的老母亲找个好儿媳，要做到婆媳和睦相处，无有摩擦；为四个孩子找个好妈妈，让他们能得到充分的母爱和家庭的温暖。

经过再三考虑，刘安祺最后决定不再与上海的女大学生见面，而与南京这位小姐定亲。1936年3月8日，他与长沙籍的黄经达小姐在南京喜结连理。

5. 边侦察边构筑工事

刘安祺部到达南京以后，在近郊加以整顿，然后在南京明故宫大校场举行了大规模的演习活动。大校场是1366年明帝朱元璋选中正阳门外、秦淮河与响水河之间近千亩的空地，征发军民工匠20多万人建成的，被辟建为校场，作为教武操练、阅兵比武之用。西安事变和平解决后，被释放的蒋介石，在战机的护航下，从洛阳飞抵这里，亲自出席了这次大演习活动，检阅所有参演部队。

早在1935年秋，刘安祺的第八十七师，为了迅速完成京沪杭地带战备，就参加了句容、溧阳地区大演习，然后会同第三十六师、第八十八师和几个独立工兵团，先完成海盐、嘉兴、平望、无锡至江阴线永久性阵地工事构筑，再推进到乍浦、嘉善、苏州、常熟至长江边福山镇线，继续构筑工事。

刘安祺所在的第八十七师先承担锡（无锡）澄（江阴）线构筑任务，于1936年9月完成。10月间推进到苏州、常熟地区，承担吴（苏州）福（常熟县福山镇）线部分构筑任务。这两线的永久性工事设施是根据地形特点，假想敌人的行动，从我军现有装备和可能投入兵力的实际情况出发构筑的，有轻重机枪掩体和观察哨、通信枢纽、指挥所等，全部为钢筋混凝土结构，射击孔、展望孔、出入口皆有钢板门窗，并有密封防毒设备，一旦战事发生，只需挖掘交通壕将掩蔽部连贯起来，即可形成整体防御，迎击来犯之敌。

据张柏亭先生撰文回忆：

早于华北情势紧张后，统帅部就已经用“军校野营办事处”名义，在苏州狮子林设置指挥部，经常召集各部队长及幕僚，研讨策划对淞沪方面作战准备的一切事宜，各部队官兵斗志昂扬，士气振奋，枕戈待旦，准备随时出动杀敌。1932年，一·二八淞沪抗战之后，中日《淞沪停战协定》规定，国军在京沪线的驻戍位置，不能超越昆山（安亭至浒浦口线）以东地区，其后上海警备司令部，虽以维持治安为理由，成立一个保安总团（吉章简将军为总团长），辖有二个团，相当于一个步兵旅的兵力，但其装备训练不足，没有多大作战能力。由于局势日益恶化，驻节苏州而实际负责策划战备的副长官顾祝同将军（长官由蒋介石自兼）为争取先机，命驻守无锡之八十八师（师长孙元良）以一个团——吴求剑将军率领的第五二二团，化装为保安队分批潜往上海，利用地方关系掩护，接替防务，在闸北宝山路、龙华、徐家汇、虹桥、北新泾、真如一带，秘密构筑必要工事。上海杜月笙先生，利用其他地方关系，配合国军预定的作战计划，在闸北一带要点，租赁民房，在室内密建钢筋水泥掩体，平时不落痕迹，使用时打开射击孔。

同时，野营办事处分批集合各部队营长以上干部，前往上海侦察地形，认识以后的攻击目标。我（指张柏亭——笔者）是第二批，参加第八十七师旅长刘安祺将军率领的那一组，主要侦察范围为闸北地区宝山路、八字桥、江湾路一带，特别对北四川路、天通庵附近日本海军陆战队司令部四周，详密反复侦察，和我同行的有炮兵营营长王沾中校与谢晋元中校等人。

6. 八十七师紧急驰往上海

说起刘安祺所在的第八十七师，在国民革命中历程久远，可谓是战功卓越，一度是中国军队的骄傲。该师前身系1929年1月成立的陆军教导队，经过两度扩编，成为警卫军，既担任京畿卫戍，也参加过对日一·二八战斗，有和日军作战的丰富经验，其装备和训练在抗战前夕也是全军一流。师长王敬久（副师长钱伦体，未到任；参谋长夏声），辖第二五九旅（旅长沈发藻，第五一七团团长刘漫天，第五一八团团长罗哲东）和刘安祺第二六一旅（旅长刘安祺，第五二一团团长陈颐鼎，第五二二团团长易安华）。1937年8月，为补充该部战斗力，八十七师又增加了一个补充旅，在徐海地区完成组建训练，原地候命，至11月该旅改为第二六〇旅，12月奉命参加南京保卫战。

七七事变以后，中国军队在华北作战失利，局势愈趋严峻，军事委员会预测日军在华北得手之后，迟早要沿海岸进犯华东，于是决定趁日军暂时无暇顾及淞沪之际，先予驻上海日军严厉打击：一来向世界表明，中国人将不惜牺牲抵抗侵略；二来要将狂妄的日本拖入长期战争的泥潭。进攻打击的计划是按淞沪警备司令部的方案进行，第八十七师被定为进攻主力之一。

8月初，进攻部队加紧战前准备。由于一·二八事变后的《淞沪停战协定》禁止中国军队开入上海，第八十七师等进攻单位便安排连长以上官佐，穿便服潜入上海实地侦察，还将上海日军地堡、街垒等工事统一编号，按由右至左顺序，详细标入五千分之一的军用地图上。

8 月 9 日入夜，第八十七师接到密令，便在地方政府的配合下，在常熟、苏州、无锡等地迅速征集到 300 余辆汽车，各部也秘密开到公路两侧待命，随时准备突然开进上海。

7. 江湾、庙行开始作战

11 日，刘安祺所在第八十七师接到上司命令，连夜开始装载部队，奔赴上海后，进入战备状态。进入上海后，市民早上突然发现，街头郊外遍地都是国军将士，惊喜不已，问他们是什么时间来的？怎么一下子来了这么多？

按照部署，第二五九旅车运到新市区，在虬江码头地区待命，刘安祺所在第二六一旅第五二二团到淞沪线张华浜火车站附近待命，第五二一团在蕰藻浜火车站、吴淞镇、炮台湾地区待命。

15 日，第八十七师的两个团，在炮兵第三团的第一营以及装甲兵战车连的支持下，分别从东西夹击杨树浦。日海军特别陆战队不顾伤亡，死守待援。由于中国军队的火力无法彻底摧毁日军经营多年的永久工事，进攻士兵虽然前赴后继，但难以取得实质上的胜利，战斗处于胶着状态。

17 日拂晓，第八十七师主力继续对日俱乐部、海军操场、沪江大学、公大纱厂等目标攻击。至上午 9 时，第二五九旅第七连和第八连合力突入敌阵地，占领海军俱乐部及海军操场，日军伤亡严重，200 余名特别陆战队士兵顶不住中国军队的猛烈打击，放弃阵地，溃逃入租界缴枪避难，但日俱乐部旁边油漆公司四层楼房仍被日军死守。日特别陆战队司令大川内传急令属下第八陆战队、第一水雷战队陆战队以及战车坦克队增援，虽然中国军队对沪江大学、公大纱厂及引翔港镇的进攻持续终日，然未得手，各部随即固守既得阵地。下午 5 时，日军由海军操场南两次发动猛烈反攻，均被八十七师击退。

18 日晨起，日军在航空兵掩护下多处反击，午后日军再度由沙泾港进攻，但遭五一八团有力阻击退去，日军遗尸百余具。17 时左右，第八十七师一部突入杨树浦租界至岳州路附近。是日，张治中命令刚抵沪的两个战车连以及 1 个战防炮营（根据当时中国军队的作战条件，可能只能各分配一个连）配属第八十七师行动（后来战车连亦有协同第三十六师作战）。夜间，日军再度向第八十七师正面反攻两次，均被击退。第五二二团当天推进至天德路。此外，敌曾向虬江码头第八十七师防区强行登陆，但亦被击退。

由于连续作战数日，各部伤亡颇重，第五二一团于18日深夜撤出转移到蕴藻浜车站西侧的黑桥宅、陆家桥宅至蕴藻浜一线休整并设防。

8. 一·二八血战记忆犹新

说起脚下这块土地，刘安祺一点儿都不陌生，师还是这个师，旅还是这个旅，只是自己的身份已经改变，由原来的团长变为旅长。1932 年 2 月，时任第八十七师第二六一旅第五二一团上校团长的刘安祺，跟随张治中的第五军于 2 月 16 日到达上海，增援江湾、大场以南及上海市区的防御。

在 2 月 22 日的血战中，旅长宋希濂以木桶、门板、竹筏强渡蕴藻浜，而刘安祺和另一团长沈发藻一起，则身先士卒，率先冲入敌阵地，多次肉搏，一时间喊杀声、枪弹声、手榴弹的爆炸声震耳欲聋，惊天动地，多次击退敌人的进攻，守住了阵地。这样从早上一直打到晚上 8 时 30 分，是开战以来日军遭受的最沉重打击。

刘安祺曾回忆说："我所属的第二六一旅驻守在江湾，靠近吴淞炮台。那里正是敌人的飞机炮火最密集之处，可以说是长江三角洲的弹巢。和敌人打得相当惨烈，最后连伙夫和通信兵都用上，连参谋随员都被打死了。"

"上海是湖沼之地，河流很多，不大容易做工事，有时只好把人家的坟墓挖开，当做工事。在掩蔽部里，水都没及腰深。在那里不晓得几进几出，都是白刃战，打得血肉模糊，兵员补充了好多次，伤亡很大。就在蕴藻浜这一线上，几进几出，不到 1500 公尺的纵深，树上到处挂着死人肉。上海的村庄后面都是竹林，竹林都被打得像麻线一样。死伤不晓得多惨烈！"

而这次的战地重游，又将会是一个怎样的局面？

9. 惨烈的战场

8月23日拂晓，日本军队从国内又运来4个步兵旅团，在沪兵力增至8个旅团，随即开始猛烈轰炸，使中国援军难以近前，日陆军登陆成功。

更让国人不齿的是，此时的上海到处是汉奸，他们剪断中国军队的电话线，致使前后方电话不通，还用反光镜给低空飞行的日军飞机发信号，告知中国军队炮兵阵地的具体位置，一时间天上日军飞机轰鸣掠过，地面反光镜闪闪发光，接着就是敌机密集的投弹，中国军队阵地一片火海。

最高司令官张治中，冒着枪林弹雨，从南翔古漪园跑到江湾叶家花园第八十七师师部，亲自指挥作战。他指挥刘安祺所在的第八十七师，会同第六十一师，火速抗击从黄浦江口刚刚登岸的日军。战斗之惨烈难以形容，用刘安祺的话来说，是“敌我双方，搏斗冲击，昼夜不停，尸横遍野。我们的官兵受伤不退，裹伤再战。敌人始终无法攻破我们的防线，我这个旅官兵伤亡三分之一以上，先后补充了七个梯次的兵员，大约7000—8000人，通信兵甚至炊事班都用上了！”

自从淞沪战役开始以后，刘安祺所在第八十七师就打得非常辛苦，官兵都抱着视死如归的精神，与日军展开浴血拼杀。在蕴藻浜防守战斗中，一位湖南籍的彭姓营长，身中敌弹流血不止，左右劝他上担架后送去治疗，他非但不肯，反而自己端起机枪，再次冲入前沿阵地，最后归来时浑身是血，他却纵声大笑：老子又干掉了三个，够本啦！说罢，倒地身亡。类似抱定必死决心的中国将士不胜枚举。

当然，也有败类。第二五九旅第一营营长吴绍文，首战负轻伤住入丽都救护所（原丽都歌舞厅，开战后被上海后援会临时改置成救护所），伤愈不肯归队，还夜夜笙歌享受，经军令催促返回前线，但随后竟然举枪自戕，并要求重返丽都医治。住院期间吴又不安分，利用民众的抗战热情欺诈钱财，事发后被告到后援会。吴两罪并罚押回前线，以军法处立决。

从9月11日起，淞沪战役转入了一个新的阶段——由攻势转为守势时期。之所以采取这样战术，皆因日军已经在淞沪一带把兵力增至8万多人，以及军舰40余艘，停泊于定海桥至吴淞镇之间，协同作战。日军飞机成群结队，滥施轰炸。自9月上旬起，日主力向吴淞方面猛烈攻击，至10日夜，中国军队第十五集团军右翼阵地被日军突破，退到杨行、月浦的新阵地，与日军对峙。中国军队第九集团军的左侧背，因之越发暴露，大受威胁。9月11日上午，日向蕴藻浜南岸阵地猛袭，战斗异常激烈，潘家宅、徐家宅的阵地被日军占领。日军退到河的西岸固守，并由第二六一旅派兵一部在蕴藻浜上游警戒。午后，张治中接到第三战区司令长官的命令：为整理淞沪嘉浏一带阵地，着第九、第十五两集团军立即转移。第九集团军即向北站、江湾、庙行、蕴藻浜右岸之线转移，预筑阵地，节约兵力，抽出第六十一师及独力第二十旅充集团军预备队。

从8月13日到9月23日，这40天的时间里，总司令张治中始终四处奔波，置生死于度外，坚持在一线指挥，疲惫不堪，但却受到了蒋介石的质问，甚至斥责，苦闷至极的张治中，不得不向蒋介石书信一封，道出其中甘苦，从中也可看出刘安祺所在第八十七师的抗日表现：

> 淞沪作战，已逾三周，兹概呈重要经过，职于8月11日午后九时许，奉命率所部第八十七、第八十八师，于12日进至沪上，以一团占领吴淞，七团进围虹口、杨树浦之敌，至午后六时展开完毕。13日，奉命勿进攻，延至14日午后五时，始开始攻击，至16日，奉命停攻，准备；17日，再攻击，至18日夜，第八十七师已突入杨树浦租界，又以第三十六师加入猛攻，自19至22数日，皆继续进展。
>
> ……

10. 火线晋升，掩护大军

也正是因为刘安祺英勇的表现，1937年10月1日，激战中的刘安祺接到调令，调往第六十一师（师长钟松），并晋升为少将副师长。说起师长钟松，很巧合的是，在这个抗战的紧要关头，却不幸得了重病，师长一职不得不由刚刚上任的副师长刘安祺来兼任。

从1937年10月1日开始，日海军、航空兵协同地面部队发起新的攻击。北路以山室宗武第十一师团指向广福、陈家行；南路集中第三、第

九、第十三、第一〇一师团强渡蕴藻浜，向大场、南翔进攻，以切断大场至江湾地区守军与外界联系，使之成为孤军。10月5日至9日，中国方面第八、第五十九、第六十一（刘安祺所在部）、第六十七、第七十七、第九十师及税警总团等部队连日与敌浴血激战，因牺牲重大，无力再战，相继退出阵地。9日起，日军再度集中海空军火力，配合步兵向蕴藻浜南岸强攻，中国守军轮番上阵抵抗，经数昼夜血战，始得稍稍遏制日军攻势。

此时，整个淞沪会战战场是一片焦土，战斗进行得相当惨烈，刘安祺原第八十七师一保安团紧急补充参战，几个回合的拼杀，阵地经数次易手后夺回，事后点检该团，幸存官兵不到五百，许多士兵连名册都还没有报到师部就英勇殉国。

10月15日，日军突破蕴藻浜，战局再度告急。正在此时，从广西调来的第二十一集团军抵达淞沪前线，蒋介石急忙将该集团军10个师编入中央军序列。第二十一集团军属李宗仁、白崇禧桂系王牌部队，以能打能拼在国民党地方军中享有威名。白崇禧这时向蒋介石献策，认为纯粹被动防守非长久之计，徒增伤亡更无法取胜，必须以一支主力突击部队主动出击，实行积极防御的策略，他建议让第二十一集团军担当此责。白对自己部队过去反蒋及“围剿”红军之功绩一向得意，对其战斗力也极为自负，蒋介石正焦头烂额，苦于已无兵可用，顺水推舟答应，下达了实施反击作战的命令。10月19日，中国守卫蕴藻浜南岸的部队，配合廖磊第二十一集团军发动全线反击。当日，日军吉住良辅第九师团、伊东政喜第一〇一师团及第三师团一部，亦向蕴藻浜南岸发起猛攻。第二十一集团军官兵甫上抗日战场，毫无与日军交锋经验，缺少重炮武器，以血肉之躯冲进密集弹雨，成为日军练习射击的活靶子。激战至25日，伤亡极大。仅仅数天，该集团军仅旅长即阵亡六七人。所属3个师从大场附近向南路日军的反击均告失利，部队被迫撤退。左翼军4个团在广福南侧向北路日军的反击作战，也被日军击退。

刘安祺后来回忆说：“广西部队还没参加战斗的时候，大吹大擂，趾高气扬，打起来以后，不到三天就被打得落花流水。”

日军乘机展开反扑，兵锋直指大场。10 月 23 日，日军以重兵直趋真太公路，威逼大场左翼。刘行方面日军，渡过蕴藻浜后攻向大场以西塔河桥，我军第十八师朱耀华、第二十六师刘雨卿、第六十七师黄维等部经过艰苦抗击，阻住日军攻势。此时，中国军队从大场东面，经大场、市中心向东北而成一半圆形阵线，绕于江湾以北。庙行、大场位置突出，遂成日军眼中钉，肉中刺，必欲拔之而后快。日军调集各种火炮、飞机集中猛烈轰击，方圆数里，几为焦土。日军接着又以 40 余辆战车为前导，掩护步兵夺占胡家桥、塔河桥、走马塘等处阵地。为保存实力，守军在做出最大努力抵抗后向南翼转移，大场失守。此战中国军队又蒙受惨重伤亡，第十八师几乎全军覆没，师长朱耀华悲愤难当，当即拔枪自戕。

大场丢失，全线撼动，使得中国军队侧翼的安全受到威胁，第三战区只得做出放弃北站—江湾阵地之举。部队撤退到苏州河南岸，左翼军也奉命转移。至 10 月 28 日，中国军队退入浏河、沈家桥、朝王庙、徐家行、广福、陈家行、江桥、北新泾至梵王渡一线的第二期防御阵地，新防线长达 35 公里。

11 月 8 日，日军窜至石湖荡、张庄市，松江失陷。第六十七军由豫北调沪，阻击登陆日军。淞沪中国军队主力侧背受到重大威胁。第三战区长官部下达转移命令。

11 月 9 日，中国军队放弃苏州河南岸除南市以外的阵地，向青浦、白鹤港之线转移。日军进占虹桥机场和龙华镇，继续向青浦、白鹤港之线突进。

11 月 11 日，日第六师团攻占青浦，进至苏州河岸。南岸中国军队奉令撤出阵地。上海市市长发表告市民书，沉痛宣告上海沦陷。

在国军大撤退过程当中，刘安祺指挥所属第六十一师，连同第九师李延年部，负责在后面掩护国军全线撤退。因为此时国军士气低落，毫无斗志，所以直接导致撤退场面十分混乱，这样就给在后面断后掩护的刘安祺部带来很大的麻烦。刘安祺所属第六十一师和李延年的第九师，只好一面抵抗，一面撤退。刘安祺说："撤退的时候，我和李延年坐的汽车，曾经被敌人的小飞机用手榴弹迎头打翻，我们两个人真有命，托天之幸逃过一劫。当时上面看谁能打仗就叫谁掩护，因为掩护作战非常艰难，弄得不好会使全军覆没。”

11 月 14 日，日军第十三师团攻占浏河镇，太仓相继陷落。

11 月 19 日，日军攻占苏州。

11 月 25 日，无锡失陷。

太湖南岸之日军第十军攻陷长兴后，主力经宜兴、溧阳、溧水向南京进攻，一部经广德、宣城向芜湖进犯。京沪路方面，日军上海派遣军主力分路经无锡、金坛、丹阳、句容、江阴、镇江桥等地会攻南京，南京保卫战随即爆发，此后日军开始了为期六周、惨绝人寰的南京大屠杀。

撤离上海以后，刘安祺部西撤至南京附近，本来要配合第八十七师和第八十八师守南京，但是进入南京的前一天晚上，来了一个紧急命令，调刘安祺他们这个师走秣陵关绕到敌人的后方。于是，刘安祺部就经过芜湖、宣城，在胡适的老家绩溪住了两天，然后到徽州，转到富春江岸的建德（桐庐），编入万耀煌第十七军的战斗序列，在浙西沿富春江两岸打游击战，司令部在岩州。南京撤退时奉命归薛岳的部下吴奇伟指挥。

淞沪会战历时三个月，中日两方军力悬殊，中国军队虽多，但分散在各自防区死打硬拼，注重正面防御，忽视侧翼安全。日军装备精良，取正面强攻，屡遭挫败，改从侧后登陆，迂回成功。但在中国军民拼死抵抗下，日军伤亡 9 万多人，损失飞机 200 多架，舰船 20 余艘。中国军队虽然伤亡惨重被迫自上海撤退，但此战坚定了中国抗战必胜的信心，振奋了全国同胞的爱国热情，使日军被迫转移战略主攻方向，“三个月灭亡中国”的白日梦宣告破灭，为中国沿海工业的内迁赢得了时间。而中国军队的牺牲精神和战斗能力也获得了各国军事观察家的高度评价，经过战争的洗礼，刘安祺在这场血与火的战场上，得到了巨大的锻炼，为以后的抗日战争积累了更多的经验。

刘安祺的英勇表现，与他曾经的少年经历和在黄埔军校期间受到的教育是分不开的。

11. 少年苦读，曾在韩庄受辱

虽然在刘安祺幼小时候家庭充满了温暖，但在那个军阀混战、土匪横行的时代，刘安祺的内心却充满了悲凉。刘安祺的祖籍原在峄县西南方向运河南面的义和庄，在这个不到 70 户的村庄里，刘家虽是大户人家，但却抗不住日益严重的匪乱，无奈，刘安祺的祖父只好举家迁至韩庄。韩庄地处微山湖东侧，水路有运河从村南而过，铁路有津浦线设站，贯穿南北，是中原重镇徐州的北面门户，自古是兵家必争之地。隋炀帝开挖的老运河在这里呈东西方向向南北过渡衔接，北至北京通县，南接杭州湾，是当年乾隆下江南、正德下江南、隋炀帝数次南巡的必经之路。原在义和庄拥有三顷多土地的刘家，自从迁至韩庄，生活也多多少少受了些影响，刘安祺的父亲刘宜德（号聿修）为补贴家用，就在韩庄开了一个杂货店。此后，刘安祺便出生在这个耕读世家里。就在他出生后的第二个月，孙中山在日本秘密组建了军事学校，章士钊、陈独秀等主办的宣传反清革命的报纸《国民日报》也在上海发刊。

刘氏家族在韩庄素来门高业大，也是当地众姓之首，如后来的刘宜俊曾任峄县四区的区长；刘宜剑受聘为黎元洪本家弟兄黎华亭在韩庄所开设的吉庆仓的总管；刘宜俭任韩庄高等小学校长，抗战初期，还是国民党军委会别动总队华北五〇支队第三梯队副司令。刘宜佩任峄县县党部委员，还有刘秉武等被称为练长等豪绅，在韩庄诸姓中谁也无法比肩。然而，名不见经传的刘宜德，仅靠初来韩庄时在西坝头盖的两间地屋子（现韩庄船闸南端），以摆小摊，卖些针头线脑的小生意却培养出一名黄埔军校出身的团长、少将旅长（抗战时期），在韩庄曾显赫一时，成了百姓街谈巷议的一大美谈，可谓影响颇大。

说到刘安祺后天的巨大成就，无不与少小时老师良好的启蒙教育有关。有三个人对他的一生有着重要影响。第一位是陶官庄（今薛城区周营镇陶官）的儒师孙茂居。宣统元年（1909 年），7 岁的刘安祺在韩庄一个私塾书馆里，孙茂居给他教授完了《论语》《孟子》《大学》《中庸》和《十三经》《古文释义》等蒙学读本。之后，他学着作诗填词，还作过杂议小文，尤其对老师孙茂居作的一首词记忆颇深：

林泉野壑，真正空气好，何日修得到，修得到。

富贵转头空，何必计来朝，奉劝世人早登蓬莱岛。

第二位是峄县老同盟会员褚庆芝。

民国3年（1914年）刘安祺12岁时，又转入由峄县西朱庙褚氏三杰之一的秀才褚庆芝创办的所谓“洋学”——韩庄镇高等小学校，与李村的孙伯龙（1903年出生，又名孙景云，今枣庄市薛城区陶官乡李庄人。1926年考入黄埔军校第六期），微山岛的殷君彩、蒋立臻，韩庄的刘安南、张汉卿、杨明九、刘泮泉等都是同学。之后的民国9年（1920年）夏，刘安祺考入私立山阴中学堂就读。前后读了不到四年，皆因北洋军阀混战，学堂也不得安宁，又到省立徐州中学补习了一个阶段。也正是因为这一段的补习，改变了刘安祺一生的命运。

第三位老师是孙树成，也是对他一生影响最大的一位。孙树成是江苏铜山人，其家境富足，有良田百亩，先后在铜山县立小学、江苏省立第十中学就读，铜山师范学校毕业。1923年8月由时任省立徐州中学校长兼铜山县教育会长的顾子扬介绍加入国民党。1924年春由刘云昭（均为江苏省出席国民党一大代表）推荐投考黄埔军校；同年5月考入黄埔军校第一期，毕业后留校，历任黄埔军校第三、四期步兵大队区队附，军校教导第二团第六营副连长、营党代表，国民革命军第十一军第二十四师军官教导队大队长等职。同时，他也是中国共产党的早期党员。1927年8月孙树成参加了著名的南昌起义，任第二十四师第七十二团团长，1927年10月在大埔三河坝战役中牺牲，年仅25岁。

正是孙树成经常的革命教育和影响，后来才促成了刘安祺下定决心去报考黄埔军校。

刘父刘宜德当时在街面上租了三间门市房，开设了杂货店，取名“德泰恒”，生意兴隆，也正缺人手。于是，已经辍学在家的刘安祺就站柜台，当了管账先生。在学校刘安祺是个好学生，站柜台却不是个好老板。时逢兵荒马乱，各方军阀常来来往往，军队也大都使用军用票号。军队来了，票号按面值购物，军队一走，票号就成了一张废纸。所以天资聪慧的刘安祺看透此中不足，站柜台也不收军用票，结果被当兵的当面辱骂、挨打之后，还不依不饶，差点给家人闯了大祸。此时的刘安祺正是血气方刚的年龄，哪能受得了如此的侮辱，便马上想起了对自己影响最大的徐州中学老师孙树成，是他经常给自己灌输三民主义思想和革命救国理论，便决定投笔从戎，南下投考黄埔军校。

图 17　刘安祺任金防司令时期与蒋介石在一起

12. 偷偷到上海报考黄埔军校

1924 年的春节前夕，刘安祺同崮岘附近（现徐州市贾汪区贾汪镇崮岘）的李大中、赵毓岭、赵逢珏等同学去考黄埔，哄骗家人说是去上海考大学，考不上就回来。刘父说什么都不同意，劝刘安祺说：咱家日子过得好好的，又不愁吃穿，还做着生意，这兵荒马乱的年月，你还走南闯北的干嘛？又安排了儿媳王佩兰（1920 年夏天，刘在山阴中学读书时结婚）来苦苦劝阻。这样足足耗了一个星期，刘父还是不开口。刘安祺只好求母亲程氏，还是母亲心慈手软，偷偷给了他40块现大洋当路费，避开父亲和妻子，刘安祺等一行四人在1924年的春节前夕，才好不容易到了上海。上海的报名地点设在环龙路44号（今卢湾区南昌路180号）的国民党上海执行部一个地下室里。负责报名填表的是陈果夫，陈果夫另外还担任着办公用品的采购工作，而另一间办公室里负责同样工作的则是毛泽东，他当时住在现威海路云兰坊7号，每天都是从云兰坊沿着慕尔鸣路（今茂名路）到环龙路国民党上海执行部上班。

初试比较容易，考试第三天，四人同时接到通知，当即每人又发了六块钱，一张统舱铺的船票，在经过四天三夜的晕船呕吐后，经香港中转到达了广州，与来自全国各地的青年，一块儿参加了复试，于1924年12月进入第三期入伍生总队，刘安祺以第七十三名的成绩被黄埔军校录取。1925年1月14日经原徐州中学老师孙树成和王根僧介绍，刘安祺加入国民党，7月1日正式升入黄埔军校第三期学生队步兵科。

13. 参加兰封会战

淞沪战役结束以后，刘安祺又率部赶赴河南，参加了著名的兰封会战。

时任第五十七军第九十七师第二八九团团长的郭吉谦曾撰文回忆道①：

1944年4月中旬，日军发动了中原会战。当时第八战区副司令长官胡宗南，曾派韩锡侯第九军和林伟宏预备第八师增援第一战区，但该战区正、副长官蒋鼎文、汤恩伯的几十万军队很快被打败，日军于5月中旬已推进到豫西陕县、洛宁一线，威胁潼关。胡宗南为阻止日军进入陕西，即令所属部队开进河南境内对日作战。当时我任第五十七军第九十七师第二八九团团长，参加了这次战役。

第五十七军各部的驻地很分散：军部和第九十七师原驻甘肃固原、海原一带，1943年冬移驻平凉一带整训，防御由高桂滋部接替；第八师驻

① 《随第九十七师参加灵宝战役的回忆》，《河南文史资料》1994年第3期（总第51辑）。

图 18　任陆军总司令时期的刘安祺

陕西关中；新编第三十四师驻宁夏中卫一带。1944 年 5 月 8 日，第八师奉命开拔，其先头第二十三团 14 日即首先在陕县硖石与日军交战。同日，第五十七军接到了率第九十七师开往灵宝的命令。

当时周家山、虢略镇、灵宝城之线上有新三军（第 1 军的假番号）张卓和第五十七军刘安祺两位军长。刘安祺曾当过团长、旅长、师长，参加过蒋阎冯大战和淞沪抗战，有作战经验；张卓却很像一个文人，人们只知道他当过步兵学校的教育长，对军事教育尚有研究，但从未听说他参加过什么战役，更谈不上有什么作战经验。然而奉上峰之命，刘安祺要受张卓的指挥，张的头上还有李延年、胡宗南直至蒋介石，因此人们对于这种叠床架屋式的指挥系统和张卓的指挥才能深为担忧。张卓一切都得听命于胡宗南的摆布，甚至连一个营的阵地位置都要打长途电话向远在后方的胡宗南请示。

14. 混乱的指挥系统

“一个媳妇几个婆婆”，上司该怎样发号施令，下属又该听从谁的指挥，刘安祺在此战役中的战功又是如何呢？就这个问题，刘安祺这样解释：

很难讲。灵宝战役时我是第五十七军军长，带领第七师、第四十六师、第八师三个师去参战，但指挥系统很乱，李延年在场，张卓也在场。总之，指挥系统不大完整，而敌人来势很猛。战场就在函崤这一线，那个地方都是台地，台地之下都是深谷，非常险要，当年是楚汉相争的焦点。

郭吉谦曾经说：

按照张卓的部署：刘安祺为左地区队指挥官，指挥傅维藩师接替第八师守卫北田村、牛庄、坡头、傅家湾及灵宝城一线阵地，限27日中午以前接防完毕。王隆玑为右地区队指挥官，指挥第一六七师及配属的第一〇九师第三二七团（该团6月7日参战）守卫周家山、石家山、虢略镇、思平村及风脉寺、桐村、张家坡、川口、南北縻山、大小中原之线；第八师集结于新庄、纪家庄附近，作为预备队。

图19　郭吉谦少将

第九十七师师部驻函谷关西南山梁棱线后的梨湾原，师长傅维藩奉刘安祺转来张卓的上述命令后，即以第二九〇团为本师的右地区队，右与第一六七师匡全美第五〇〇团相接；我团及配属的第二九一团第一营（营长陈季达）为本师的左地区队。两个团要各派部分兵力在下硙、路井、五帝村、十里铺占领警戒阵地。第二九一团（欠第一营）为师预备队，在函谷关西南的高家庄。由于上峰判断日军必沿铁路和公路线进攻，所以把防御的重点放在左翼方面，除以配属的重炮营放列于函谷关及其附近外，还命我团必须在灵宝城和傅家湾各配置一个营。陈季达营长系行伍出身，很能打仗，因而该营被指定担任重点中的重点灵宝城之守卫。

15. 地处劣势，灵宝城易攻难守

以几千人的一个师防守正面长达30华里的阵地，显然兵力、火力是薄弱的。再加上预备队数量太少，别说对日军进攻，哪怕阵地的任何一点被突破就会使全线发生动摇。对于这样的阵地，无论胡宗南怎样三令五申必须死守的灵宝城，要想守住也非常困难。再加上灵宝城位于弘农河与黄河交汇处的三角洲上，地势低洼，大部分城墙早已被拆毁，城东是一大片枣树林，障碍中国军队的射击视野，有利于日军接近；南面是东西走向的高地，俯视着城内。由此可见，灵宝城完全是一个易攻难守之地。虽然中国守军前后用了整整 10 天抢修工事，但由于函谷关山上硬石多，很难挖动，所以工事做得很简单，掩体上面没有覆盖，只挖了一些横向交通壕，而纵向交通壕就很少。因为工事很少伪装，日军只要占领函谷关对面的高山，就能把中国守军阵地看得一清二楚。

而当时嵩县已经失守，日军主力正向宜阳、洛宁进攻，一战区部队已完全失控。蒋介石得知后，即下令：务必固守灵宝之线。于是第八师在灵宝下车，在虢略镇灵宝线占领阵地，阻止敌人。

此时，灵宝城内居民绝大多数都已逃往他乡避难，只剩下少数老弱妇孺，铁路、公路上也早已不见行人踪迹。

16. 曾团长临阵退却

图 20　第九十七师师长傅维藩

6 月 9 日上午，日军用 20 辆战车掩护数百名步兵开始进攻第二九〇团四连守卫的墙里主阵地。一见日军战车冲上自己的阵地，全连官兵就往后跑，第二营阵地顿时陷入一片混乱。同时，第一营守卫的西留、岸底阵地也被突破。面对如此战况，师长傅维藩急得手足无措，连忙把第二九〇团团长曾庆春叫到师部。军长刘安祺打电话责问傅维藩："情况这样紧急，为什么叫一个团长到师部来？还不让他赶快回去……"原来刘安祺已接到曾团溃退的报告，深感情况严重。他急忙从第九十七师预备队和第八师余部中各抽调部分兵力，还调来配属的装备有小型战车的第一军突击队，以收复被突破的阵地。刘安祺仍不放心，就带着副官和几名卫士赴前线督战。途中正碰上曾团的大车队拉着行李向后撤退。刘安祺问一名赶车的士兵："你们团长呢？"那名士兵指着后面的一辆大车说："团长不舒服，睡在车上。"刘安祺早就憋了一肚子气，此时又目睹曾庆春贪生怕死，放任部队溃散，自己却睡在车上装熊，更是怒火中烧，当即掏出手枪朝那辆大车开火。正在蒙头睡觉的曾庆春听说军长来了要枪毙他，慌忙跳下大车，拔腿跑回了前线。还是一位师预备队第二九一团团长的田先瑞不知躲到哪里去了，军长、师长怎么也找不到他。10 日，战局更加恶化。两天前由岔道口进入秦岭山脉的一股日军已进至夫妇峪，严重威胁中国军队侧背。当天，第九十七师师部受到日军的攻击，师直属部队伤亡惨重。下午，第五十七军军部也受到日军火力威胁，军、师、团之间的电话时通时断，指挥系统陷于瘫痪，前方阵地更加混乱。就在各部争相后撤的同时，传来了蒋介石的命令：无论何人不得向西撤退。此时，灵宝战场总指挥李延年深知局面已无法挽回，在得到胡宗南同意后，令各部于当夜 12 时开始向西撤退，占领东、西长安及盘豆镇之线，但这一马后炮的命令下达时，不少部队已处在撤退途中。由于数万人在同一时间经同一条公路撤退，造成人群互相拥挤、践踏，混乱不堪，许多辎重被抛弃。

17. 傅维藩当替罪羊

第九十七师到达临潼不久，胡宗南电话要传见该师师长傅维藩，傅便急忙到西安小雁塔胡宗南的副长官司令部，随即被软禁，一连数日见不到胡宗南，直到有一天傅维藩在陆大的同学、当时任副长官部参谋长的罗泽闿请他吃饭。进餐时，罗问傅维藩："你对妻子有什么话要说吗?"傅不解其意，随口答道："没有。"饭后，突然响起了空袭警报，罗让傅上汽车去躲空袭。汽车开到武家坡附近停下，车上的卫兵说："到了。"傅一下车，几个警卫就架住了他，一名执刑军官宣读了胡宗南处决傅维藩的命令。傅维藩仰天长叹："为长官受死，替部下负责，虽死无憾。惟吾之子女，男不当军人，女不嫁武夫，或工或农或商可也!"又辩说："没经过审判就要杀我，不行！我要见副长官，有话说。"可是不由他争辩，枪就响了。

6 月 25 日，胡宗南安排副长官部，在华阴指挥所召开了团长以上人员参加的灵宝战役检讨会议。刘安祺奉命参加，但根本没有想到傅维藩已经被枪毙。大家猜想傅离开师部已很久，生死不知，怕凶多吉少。会上军长、师长们先后发言，最后胡宗南作总结，特别提到国军空军向蒋介石报告，有行列整齐的队伍由灵宝向外撤退，强调第九十七师阵地被突破不可原谅。最后，胡宗南宣布奖惩名单，其中被判死刑的有第九十七师师长傅维藩、第一〇九师第三二五团团长刘明、第一六七师第四九九团团长贺一迟 3 人。被撤职查办的有第一〇九师师长戴慕真（有期徒刑 5 年）、第九十七师第二九〇团团长曾庆春（被判无期徒刑）等人。另外，第一六七师少将师长王隆玑被降为上校，第九十七师参谋长王敏被撤职。

傅维藩被处死后，第九十七师的番号也随之被取消。

18. 枣庄三人在此战役中殉国

而对于这场一言难尽的战役，刘安祺这样回忆道[①]：

民国 33 年（1944 年）春，第九十七师调往固原中卫地区整训。4 月的时候，我被升为陆军第五十七军军长，下辖第九十七师、第八师和第四十六师。

民国 33 年（1944 年）夏，日军侵占洛阳、郑州之后，以西安为目标，向豫西灵宝地区挺进。打牌有一张牌叫“听用”，那时我这个军就是“听用”这张牌。我们奉命经西安、潼关，开向灵宝地区。到达战场的第二天下午，就协同友军向东迎击来犯之日军，双方展开血战，大约五天多，日军退却，改向平汉路转移，没有继续西进。我这个军在灵宝战役中损失将近两个团的兵力……

刘安祺说：这一仗我们峄县两个很优秀的同学黄埔十二期的张劲扬和十四期的马镇[②]都牺牲了，我的亲家，也就是我儿媳的父亲刘舜元那时是营长，被敌人的机械化部队围起来，打了三四天，还好没有被消灭。这一仗我不敢说有功，因为牵涉到好多问题，李延年当时好像是胡先生的副长官，他兼指挥主任；李延年之外，张卓也指挥。他们的资历都比我老，但是他们是军长，我也是军长，却叫我受他们指挥。

曾经跟随刘安祺数十载的厨师苟生荣，这样回忆灵宝战役中的刘安祺：

---

① 《刘安祺先生访问纪录》，台湾“中央研究院”《近代史研究所口述历史丛书》（30），1991 年版，第 71—74 页，访问：张玉法、陈存恭；记录：黄铭明。

② 此处有误，张劲扬应为黄埔军校第十一期，马镇为黄埔军校第十三期——编者。

有一次我把饭弄好了，军长还没有回来，我觉得很难过，向人打听，知道他和第一军军长开吉普车出去了，我就把鸡汤送上去，敌人的炮弹打来我也不怕。第二九一团的人问我来干什么，我说来找军长。他说军长在和第一军军长谈话。我在一旁休息了半天，看军长已经把部队指挥好了，就过去请军长吃饭。军长说他吃不下，我就下来，等他和第一军军长完全把部队安顿好了，才和军长一块儿回指挥所。那时敌人的炮火还非常激烈。回来以后，第二九〇团全团打光，团长曾庆春（湖南人，外号曾瘸子）退却下来，躺在马路上，特务营营长把他关起来，他说他对不起军长。我劝他不要难过，并为他下了两碗挂面，第二天又为他弄饭，他很感谢我。因为那个时候有钱也买不到东西，谁管你啊！其实他这个人也很能战，但是敌人的炮弹打得太厉害了，我记得部队下来过两次，下来以后又补上去，只要长官一上去，大家就有劲。那时我们的指挥所设在老百姓家里，电话一响就是前方有状况，军长要随时指挥。

在参谋处当参谋的马镇（山东人），被敌人的机关枪从眼睛打进去，阵亡了！又有电话来说张劲扬（也是山东人）被子弹从肚子打进去，结果也死了，军长非常难过。我当时年轻，看到这些景象，觉得这场战役非常艰苦。

撤退下来之后，刘先生的汽车也没了，只好把木头绑在椅子上，让卫士抬着，沿着铁路走。后来到了临潼，我们为阵亡的连长、营长、排长及副师长等开追悼大会，有的眷属来到车站，军长请副官处陈处长去招待他们，他们都吃不下饭。开追悼会的时候，军长非常难过，他讲了几句话，恰好发警报，就解散了，这是灵宝战役下来以后的情形。

时任营长的刘舜元这样说："第五十七军军长，不日即统率第八师与第九十七师赴豫西灵宝战场；公（刘安祺）于战阵中亲冒日军战车部队攻击之危险，到第一线督战，为全军官兵所钦佩。"

在战场上曾被刘安祺拔枪怒吼被迫返回战场的曾庆春后来回忆道：

寿公任第五十七军军长，负责指挥左翼防线，虽血战数昼夜，屡进屡出，第二九〇团阵亡张劲扬与马镇两位营长，伤亡惨重，仍能固守阵地，阻敌深入。后奉命掩护转进，余亲临第九十七师殿后，阻敌追击，使友军得以安全撤离。

而在灵宝战役战场上曾耳闻目睹过刘（安祺）张（卓）之争的王孔章回忆道：

当时寿公为第五十七军军长，但得受第一军军长张卓指挥，战况非常激烈，寿公屡次要求支持，而张统答"马上就到"，以支吾其辞，经过几天恶战，从无半个兵到，后张卓视察前线之时，被寿公一把抓住说："我们俩同进退！"使张卓啼笑皆非，遂派兵营救。

在此战役中还有一段值得记的插曲——小厨子苟生荣，此人心地善良，大字不识，重义气、轻资财，在灵宝几天大战中，竟冒炮火为寿公送了一罐鸡汤，这是他的职责，但以当时之情形则实在难得，亦值得一提。

有人说他是福将，入黄埔军校与林彪睡上下铺。后为台湾地区军事主管部门负责人。淞沪战役他奋勇杀敌，身负重伤；昆仑关战役，第二、第三次长沙会战，湘西会战诸役，他无惧生死，冲杀在前。他官拜国民党陆军一级上将，先后为国民党陆军总司令、参谋总长、台湾地区军事主管部门负责人。中共中央原总书记胡耀邦曾邀请他来大陆，后来台湾当局却责令他引咎辞职。他终年105岁，是黄埔军校前4期留世的最后一位，他就是国民党军界大佬——高魁元。

（二）高魁元

高魁元，字煜辰，峄县邹坞人，1907年3月出生，黄埔军校第四期毕业，历任国民革命军排长、连长、营长、团长、旅长、师长、军长、台湾当局陆军总司令、台湾地区军事主管部门负责人等职，2012年5月去世。

1. 高魁元档案

图21　黄埔军校时期的高魁元

姓名、字号：高魁元　字煜辰

乳　　名：大支儿

籍　　贯：峄县邹坞镇北安阳村

民　　族：汉族

出生时间：1907年3月26日（农历二月十三日）

出生地点：峄县邹坞镇西南村

属　　相：羊（农历丁未年）

派　　系：土木系

最高职位：台湾地区军事主管部门负责人

去世时间：2012年5月7日晚21：41分（农历四月十七日）

去世地点：台湾·台北·内湖区成功路二段325号三军总医院

寿　　命：105岁

生前信仰：天主教

葬礼时间：2012年6月2日

葬礼地点：台湾·台北·新生南路二段50号。天主教圣家堂

安葬地点：台湾·台北·汐止·国军示范公墓

2. 高魁元家族7世族谱关系

21世祖高应发（配邓氏，生子三）—22世 太祥（配江氏，生子一）—23世 瑞山（配刘氏，生子二）—24世 继俊（行二，配张氏，生子三）—25世 庆恩（配崔氏，生子三）—26世 魁元（配邓氏，生子一）—27世 鉴立

3. 高魁元简历

1907年3月26日（农历二月十三日），出生在峄县邹坞街一个工商业兼地主家庭。

1913年，在邹坞街东首东大庙读小学。

1924年，在峄县山阴峄阳中学就读。

1925年，在济南正谊中学就读，同年秋天入黄埔军校第四期入伍生队受训。

1926年1月，入黄埔军校第四期步兵科二团三连学习。同年10月毕业，初任国民革命军第一军预备第一师第三团排长、连长。

1928年3月，任国民革命军总司令部陆军独立第二师第二团第一营营长。

1929年5月，任陆军军官学校武汉分校第六队区队长。

1930年，任教导第三营营长。

1931年1月，任第十八军第十四师营长。

1932年，任第十八军第十四师团附。

1933年，与邓玉琴结婚。

1934年，升任第十八军第十四师第五九三团团长。

1935年，回家探亲；升任陆军第十八军第十四师第八十三团团长。

1937年8月，参加上海淞沪战役罗店保卫战，身负重伤。

1938年1月，任第九十九师第二九五旅旅长；3月，父亲高继恩被日军杀害。

1939年9月，升任第九十九师师长，参加桂南会战。

1940年，参加昆仑关战役。

1941年9月至10月，参加第二次长沙会战；12月，参加第三次长沙会战。

1942年3月，因贪污被撤职。

1944年秋，任第十八军高参。

1945年4月，参加对日湘西会战，任第十八军第一一八师师长；10月，获颁忠勤勋章；11月，入陆军大学将官训练班学习，并任四中队分队长。

1946年5月，获颁胜利勋章，入中央军官训练团第二期学习；7月任整编第十一师第一一八旅旅长，后任整编第十一师副师长。

1947年，任第八十八师师长，兼徐州外围警备司令部司令；冬，赴上海陆军医院做胃部手术，后驻防安徽宿县，北上支援鲁中，路过枣庄并回家探望。

1948年，调任国防部部员；9月22日，任陆军少将；11月，安排三弟及母亲至湖南潜伏。

1949年4月，任第十八军军长；10月，任台北防卫区副司令。

1950年，任第五十四军军长；策划母亲偷渡香港，未果。

1952年，调任第四十五军军长，兼台北防卫区司令。

1954年，任陆军总作战部主任，兼“反共义士辅导总队”总队长。

1955年，任陆军总部政战部主任；母亲去世。

1957年，任陆军副总司令。

1958年，任陆军发展训练司令部司令官，第二军团司令部司令官。

1960年3月，晋升陆军二级上将。

1961年1月至1965年，任台湾当局军事主管部门总政治作战部主任。

1965年8月至1967年，任陆军总司令。

1967年6月至1970年，任参谋总长。

1968年1月，晋升陆军一级上将。

1970年6月29日至1973年6月30日，任台湾当局领导人幕僚机构第12任参军长。

1973年7月30日，任台湾地区行政管理机构政务委员。1973年7月1日至1981年11月19日，兼任台湾地区军事主管部门负责人。

1980年11月，获颁青天白日勋章，任台湾当局领导人幕僚机构战略顾问，并任“国防工业发展基金会”董事长。

1989年与大陆三弟取得联系；11月，三弟将其母遗骨从湖南迁至山东老家。

1991年4月，与三弟、二妹、三妹在台湾相见。

1996年5月至2002年5月，连任台湾当局领导人幕僚机构战略顾问；国民党第九至十二届中央委员；其中1969年4月至1988年7月任国民党中央常委，第十三至十五届“中央评议委员会”委员、主席团主席。

2012年5月7日晚21时41分，于台北三军总医院病逝，享年105岁。

4. 抗战爆发，十八军紧急南进

黄沙莽莽不见人，但闻战斗声，枪林弹雨天地惊，壮哉我军人，嘘气乾坤暗，叱咤鬼神惊！拼将一倨英雄泪，洒向沙场见血痕。鼓勇前进！可谓草木皆兵！一夫当关万夫雄，为国增光荣！牺牲此躯壳，为吾国干城；人生万古皆有死，何如做征魂！身死名犹列，骨朽血犹磬！何惧弹如雨，浩气压征尘。

——国民革命军第十八军出军歌

1937年抗日战争爆发后，8月13日上午9时许，日本军队开始向上海中国军队打响第一枪，“淞沪会战”开始。当天深夜，蒋介石下达全面攻击的命令，大战的序幕徐徐拉开。

原来，早在1937年初，蒋介石在江西庐山举办了军官训练团，七七事变以后，抗日战争已经打响，训练团不久就结束了，高魁元连同师部其他受训军官兼程奔回部队。

当时驻在广东和湖南的高魁元所在的国民革命军第十八军，奉命紧急奔赴河北长辛店。8 月 11 日下午，第十一、第十四师和第六十七师分别到达保定和永年等地，蒋介石又紧接着发来紧急命令：原车南下，开苏州待命。于是，第十八军急转津浦路，向苏州方向疾驰而去。

“枪在我们的肩膀，血在我们的胸膛，我们要捍卫祖国，我们齐赴疆场!”师部召开欢送大会，大家唱起了激昂的歌子，抗日气氛异常高涨。高魁元激动万分，想自己当兵 12 年，只顾着扛枪“围剿”自己的同胞，这次能对日本人开战，总算找到了真正的敌人，也不枉为国报效，以尽中国军人之责了。

说起国民革命军第十八军，可谓是家喻户晓，它诞生于 1930 年 8 月，是国民党“五大王牌”军中建军最早、实力最强、名将最多的老牌劲旅，成名于军阀混战，壮大于“围剿”红军，建功于抗日烽火，兵败于淮海战场。

第十八军也可以说是陈诚的起家资本，陈诚军事集团别称“土木系”，其中的“土”字即代表着第十八军骨干部队第 11 师，“木”字则代表第十八军（该部因“土”拆开为“十一”、“木”拆开为“十八”，故而得名），它也是罗卓英、黄维、方天、胡琏等将领日后赖以晋阶的基础。第十八军是五大主力中建军最早、历史最长，在军阀混战、对日作战和国共内战中屡立战功，为蒋介石与陈诚所心爱之嫡系部队，历任 10 位军（师）长当中（截至 1949 年），除了第一任曹万春（北洋陆军第四镇随营学堂韩柳墅讲武堂）、第二任陈诚（保定军校八期炮科）、第三任罗卓英（保定军校八期炮科）、第七任罗广文（日本陆军士官学校三十期炮科）非黄埔系外，其余军（师）长（黄维、彭善、方天、胡琏、杨伯涛、高魁元）全是黄埔军校毕业。而且除了杨伯涛是少将军长以外，其余都是中将军衔。与敌作战时，他们又都能以身作则，堪称主力王牌。

说起高魁元和第十八军的渊源，也很久远，是从第二任军长陈诚（1929 年 8 月—1933 年 10 月）开始的。甚至可以说，高魁元以后的每一个升迁，都是伴随着陈诚军队的扩编而平步青云。当然，高魁元肯定有不俗的表现。据高魁元三弟高启元说，高魁元还是在第十四师当连长的时候，表现非常英勇，因拿下了一个山头，旋即被提升为营长；当营长时，有一天高魁元奉命护送枪支弹药，以及一批伤员前往江西吉安，在途中突然遭遇伏击。在这个时候，高魁元十分冷静，他从枪声的密集程度，很快就判断出对手兵力有限，不敢发起冲锋，他一方面布置部队抢占有利地形进行抵抗，一方面派多名士兵分不同道路向团部求援。由于高魁元指挥若定，对方打了一夜都没能得手。到了第二天，对方在得到增援之后决定围歼高营，高魁元则将全营机关枪集中布置，猛烈扫射对方的冲锋，就这样，一直坚持到下午五点，得到了友军的增援，高魁元圆满地完成了护送任务。这次战斗被时任第十四师师长的周至柔报告给陈诚，于是高魁元这个名字，被陈诚记下了，1935 年扩编第九十四师时，被提升为该师第五九三团团长。

5. 十一师初战罗店

“万里赴戎机，关山度若飞。”

运第十四师的兵车，战车隆隆，浓烟滚滚，星夜兼程，往南飞驰。车到南京时，第十四师师长霍揆彰进谒参谋总长何应钦，何说：“得情报日机今日首次袭击南京，你们要注意防空。”所以高魁元所在部队到了傍晚才开始行军，一夜疾驰，到达苏州的第三战区。虽然有战前动员，但高魁元他们仍然心气平和。部队到达苏州后，上司考虑部队将士多来自湖南，没来过苏州，“上有天堂下有苏杭”的美景该让大家看看，也是战前一个必要的心理放松和调整，所以就准备让他们利用这个难得的战前间隙，到苏州园林和寒山寺游览一番。但是，高魁元他们正准备出去逛街时，军长罗卓英马上下令给师长霍揆彰：总司令陈诚有令，令第十四师马上赶到上海罗店地区，时间在两小时以内！

按照部署，陈诚指挥的左翼兵团负责防守宝山、罗店、浏河口、白茆口、福山、太仓、嘉定、刘行、杨行地区，以保障张治中中央兵团侧背。之所以这样部署，是鉴于早在 1932 年“一·二八”淞沪抗战时，日军曾派兵从浏河口偷袭登陆，抄了十九路军的后路，从而迫使十九路军从上海撤退的惨痛教训，所以第十四师一到达苏州，即奉命开赴常熟警戒白茆口到江阴一带江面，以防日本人登陆。

此时，张治中指挥的中央兵团，已从正面开始攻打驻上海的日海军陆战队司令部，但久攻不下，可日军向我发起反攻时，中央兵团各师采取了街市结合的防御体系，敌我之间，开始逐栋、逐房、逐间地争夺，战斗十分激烈，敌我伤亡不分彼此。见此情势，进展困难的日军，便迅速调兵增援，在川沙口偷袭登陆，直攻罗店。

6. 初战十一师全面落败

罗店是宝山县一个重镇。清朝末年，罗店有700多家商铺，商业发达，交通便利，向南可通刘行、大场，威胁张华浜、蕴藻浜；向西可达嘉定、安亭，占领宁沪铁路，所以说，谁控制了罗店，谁就掌握了淞沪战役的主动权。

从8月27日起，日军松井石根就指挥第三师团抢占罗店，这个阴谋很快被张治中发现，便马上向蒋介石建议，说敌军一旦占领了罗店，将会在我后背形成侧击，以达到他们迂回包围我军的战略目的，建议派重兵坚守罗店。蒋介石回电说：此建议甚好，照此办理。

于是，张治中令第十一师、第九十八师迅速赶赴罗店，趁着敌人兵力不足，马上抢回罗店。第十一师师长彭善亲率两个团，一阵暴风骤雨般的冲锋，将700多鬼子兵打得落花流水，瞬间死伤400多，剩余敌兵落荒而逃。

随之，张治中又令第六十七师增援罗店。此时，整个上海已经聚集了来自全国各地的22个师。为便于指挥，蒋介石对指挥关系作了调整，决定由陈诚任总司令，指挥第十五集团军，原高魁元所在的第十八军也划归陈诚指挥。尽管罗店暂时控制在我军手里，但日军绝不会善罢甘休。果然，在经过五次反复的拉锯战之后，罗店还是在上午9点失守，彭善的第十一师全面落败。

图22　战火后的罗店汽车站

蒋介石闻听这个消息以后，马上命令罗卓英的第十四师：令你在中午前重新夺回罗店，否则，提着脑袋来见我！

军令如山，一级压一级。罗卓英在蒋介石强令之下，死令第十一师和第九十八师，中午前一定要把罗店重新从日军手里夺回来，并安排第六十七师在罗店北作配合，以形成夹击之势。

罗店虽然经济较为发达，但面积只有 3 平方公里，而且四周均为小河溪流，水塘密布，岂能容下浩浩荡荡的三个师的人马？无奈，罗卓英亲自提枪督战，下死命令一条：进者再进向前，退者一律枪毙！三个师轮流出兵，每次各派两个营的兵力，杀向罗店。

日军也不是坐以待毙，见中国军队轮番进攻，便马上组织两个联队，对罗店发起进攻。就这样，第十一师和第六十七师的两个营，在师长彭善挥舞大刀的带领下，一次次冲上阵地，敌我双方迎头拼杀，搅成一团，喊杀声惊天动地，大刀下血光四溅，敌军终于退却，但我军也伤亡大半，致一团长和一营长负伤，另一位营长壮烈牺牲。

此时，日军炮火又开始新一轮轰炸，中国军队无力反击，只好眼睁睁看着罗店再次落入敌手。

心急如焚的军长罗卓英，瞪着血红的眼珠子，再次命令师长彭善，你死也要死在罗店！彭善又再次叫来第一一〇旅旅长蔡秉炎，大声吼道：弟兄们，今天的罗店就是我们的坟墓，我们只有三条路可走，要么冲上去被敌人打死，要么退回来被立即枪毙，要么战斗到最后自杀成仁！战士们挥舞铁拳：誓死不当孬种，冲上去，夺回罗店！

经过两小时的死命拼杀，罗店再次被中国军队占领，但蔡秉炎旅长壮烈牺牲。

这时，第三批增援的日军部队已从川沙口登陆，在上有飞机掩护，后有大炮支援的情况下，罗店又一次被日军占领。在这个千钧一发之时，陈诚和罗卓英研究决定，只有派第十四师上去，才有可能完成这个任务。

于是，第十四师师长霍揆彰和参谋长郭汝瑰制定了作战方案，决定由高魁元率领第十四师第四十二旅第八十三团担任主攻部队，从正面向罗店发起进攻，命第七十九团迂回到敌后，形成前后夹击，默契合围，全歼日军。方案报告给陈诚，很快得到回复，同意此决定，并命令第六十七师和第十一师各派一个旅，协同作战，必须把罗店给夺回来。

图23　第十五集团军副总司令罗卓英

原第十四师参谋长郭汝瑰后来在其回忆录《潜伏在国民党中枢决策层的将领》一文中写道：

罗店是左翼兵团第十八军李树森的第六十七师在那里驻守。李遭敌强烈炮火袭击，支撑不住，撤出罗店。战斗进行之中，我第十四师奉命增援。十四师编制，有第四十和第四十二两旅，每一个旅有两个团。此时，第四十旅的第八十团，第四十二旅的第八十四团防守江岸，尚无部队接防不能撤。故我师只有第七十九、八十三两个团由常熟出发，星夜兼程直奔罗店。到达嘉定城后，发现罗店虽被日军占领，但未继续进攻，第六十七师部队仍在罗店南与敌对峙。师长霍揆彰同我研究作战方案，我讲：“我们虽然只有两个团，但右侧方是我们的第六十七师，现在是晚上，敌人不知道我们增援上来了。因此，我们可乘日军立脚未稳之时，拿一个团正面进攻，另一个团迂回到敌背后，两团夹击，第六十七师佯攻配合，定可夺回罗店。”师长对此作战方案表示赞同，乃命高魁元的第八十三团由西向东正面进攻罗店，阙汉骞的第七十九团迂回包围。第六十七师协同我作战，在右侧方佯攻。

7. 高魁元血战血肉磨坊

高魁元接到命令后，逐营逐连，认真细化作战方案，决定从天黑开始进攻。

天刚刚黑下来，高魁元就指挥部队从正面向罗店发起进攻。突然发现前面横隔着一条小河，挡住了高魁元前进的道路。在河面的不远处，横着一个小桥，一个连的战士慢慢靠近小桥，然后猛冲过去，这时，日军的机枪响了，吐出一串串火舌，中国军队的战士还没弄清怎么回事，就纷纷倒在了日军的枪口之下。原来，这座桥早已被日军轻重机枪火力所封锁。环顾四周，也没找到通途，唯一的办法就是强行通过，就这样，高魁元又先后几次向这座桥发起冲击，均被日军打退，死伤惨重，进攻顿挫。

后来有军事家分析，此次过桥之败，还有另一原因，即国民党军队有些士兵没有经过严格的训练，就被推向战场参加战斗，所以进攻动作不够规范。同时，以前也从未遇到过这样激烈的战斗，士兵们缺乏战斗经验，又加之山炮营尚未到达，无炮兵支持，这些血肉之躯，怎敌得过敌人猛烈的炮火？于是几百个士兵就在桥头壮烈牺牲。

迂回到日军后面的第七十九团，几乎没费什么劲儿，就非常顺利地进入罗店以北的日军驻地，不仅痛快地击毙了两名日军指挥官，还缴获了一大批枪支弹药，于是进入一个竹林里休息，接到撤退命令后，有两个营完整地撤退下来，但第三营还未撤下来。后来才知道，第三营未接到撤退命令。第二天天刚亮，日军就发现了他们，用大炮、轻重机枪一齐向他们开火，并动用飞机对这一片竹林狂轰滥炸。在这片方圆不到两公里的竹林里，有近千名日军合围上来，并丢下了数十枚炸弹，部队立脚不住，连忙撤退。来到河边，原来搭的临时浮桥或已被日军炸掉，或因本来就不坚固，有些门板、桌子早已被水冲走，造成渡河困难，加之日军在后面追赶，部队一片混乱，又有不少士兵被日军打死，或负伤后掉入河中淹死了。第三营的李营长也在此阵亡，生还者不到半数。

虽然高魁元的第八十三团付出惨重的代价，但正因为有他们的吸引，协同作战的第十一师进占了罗店以北地区，第六十七师也进占了罗店。丢失数次的罗店，再次被中国军队控制。午后，打红了眼的日军天谷支队，再次发起更大规模更凶狠的进攻，傍晚时分，罗店再次失守。至此，为争夺罗店，双方各有 9000 余人死伤，整个罗店成了一个绞肉机，到处是肢体残缺的尸体，河水是红的，土地是红的，树干是红的，甚至连河里的水草也是红的。一时间，水草燃烧的水腥气味，树木燃烧的枝叶气味，军车燃烧的轮胎橡胶气味，还有更浓烈的鲜血腥气，在罗店上空弥漫、盘旋、升腾。

见争夺罗店付出如此惨重代价，陈诚和罗卓英决定给部队一个喘息的时间，稍作休整后再行攻击，便令部队后撤五公里，以退为进，目的只有一个：一定要拿下罗店。

陈诚把这个战报报给了蒋介石，蒋介石也感觉到这块骨头的难啃，虽然口气没有原来那么强硬，但对于罗店的得与失，始终没有松口，他告知陈诚：罗店至关重要，务必限期进占。要求将士有进无退，有敌无我，不成功便成仁！

陈诚、罗卓英接到蒋介石电文后，狠下心来，把“后撤”二字彻底抛掉，知道蒋介石对罗店是志在必得，不容半点含糊，马上组织第十一师、第五十五师、第五十八师、第六十七师，还有高魁元所在的第十四师，共五个师的兵力，连续强攻两天，仍然未果，这次惹恼了蒋介石，咬牙令道：9 月 4 日前，若不取下罗店，师以上军官全部就地枪毙！

弹丸之地的罗店，此时已经成了国内外媒体关注的焦点。中外记者云集罗店，纷纷作详细报道，老百姓口头最热的话题也是罗店，有的说罗店已经被中国军队夺了回来，有的说是夺回来了，但又被日军夺回去了；还有的说，说不准，可能一会儿夺回来，一会儿又被夺回去了。

蒋介石这个似乎是最后的死命令，马上像根铁钉一样钉在陈诚和罗卓英心里，二人思来想去，最后还是把这个任务交给霍揆彰的第十四师。参谋长郭汝瑰带头把写好的遗书交给军长罗卓英，高魁元等下面的军官也一一书写，抱着不把罗店夺回誓死不休的精神，冒着枪林弹雨，再次冲向罗店。

就在快接近罗店的时候，高魁元定下眼神，仔细看了看自己的战士，发现寥寥无几，这可是整整一个团啊，连同自己，仅仅剩下 12 人！那些跟着自己拼命的弟兄都倒下了，高魁元泪眼蒙眬，沙哑着嗓子，拼尽力气吼叫着：为了给死去的弟兄们报仇，我们拼了吧！

傍晚，高魁元他们进入罗店中心，罗店终于被中国军队占领。

霍揆彰望着一片片倒下的将士，无限悲伤地说：真不能再打了，再这样下去，我这个师长就成光杆司令了！

事实上，中国军队不仅继续与日军争夺罗店，而且一直打到 10 月底，中日双方先后死伤 2 万多人，中国记者说罗店是绞肉机，日本记者说罗店是血肉磨坊，这两个比喻都不过分。

据陈诚后来提交的报告说，该部自 8 月 22 日参战，至 9 月 7 日，仅第十一师、第十四师、第六十七师、第九十八师、第五十六师，共五个师，伤亡官兵达 9039 人；第六师仅吴淞一役，即伤亡过半。第十一师师长彭善回忆说，在罗店那个小地方，进进出出 43 天，双方死伤两万多人，称“人肉磨坊”不为过。

10 月 30 日，日军开始第四次向上海增兵，令三个师团、一个旅团，组成第 10 军。同时，中国军队也增兵至 73 个师。

1937 年 11 月 5 日早，沪南的金山卫秋雨绵绵，朦胧的海面上突然出现了无数的舰船，拥有 13 万兵力的日军气势汹汹地登陆了。他们迅速把兵力撒开，抢占昆山、太仓、吴江、嘉兴一线，对淞沪形成一个硕大的包围圈，牢牢地把上海困在里面，蒋介石一看战局难以扭转，败局已定，只好感叹一声，下达部队总撤退命令。至此，一场可歌可泣、极其悲壮的淞沪战役落下帷幕。虽然中国军队以失守上海而告结束，但在这场伟大的抗战中，中国军人那种不惧生死、抵御外侮、保家卫国的大无畏精神，却深深鼓舞了全国人民，让狂妄一时的日本侵略军尝到了正义的力量，打破了他们“三个月灭亡中国”的神话，为日后取得抗日战争的胜利，打下了坚实的基础。

据何应钦回忆，淞沪会战中国军队的消耗竟达 85 个师之多，伤亡官兵约 33.35 万人。我军阵亡将军 1 人，师长、副师长 4 人，团长 28 人，营长 44 人。据日本防卫厅防卫研究所战史室编著的《中国事变陆军作战史》介绍，淞沪战役中日军共战死 40372 名。

8. 高魁元身负重伤

在这场残酷的淞沪战役中，高魁元虽然九死一生，保住了性命，但也身负重伤。一个偶然的机会，笔者发现在湖南郴州有位抗战老兵，年近百岁，老人名叫李名清。

以下是笔者远赴湖南郴州，对李名清老人的访谈记录：

时间：2014 年 7 月 19 日上午

地点：湖南省郴州市汝城县小垣镇后洞村

王功彬（以下简称王）：老人家您好！我是从山东来的，来采访您当年参加上海淞沪战役时高魁元团长的情况。

图 24　高魁元原八十三团战士李名清（右）与作者

李名清（以下简称李）：我是在浙江乐清被国民党军队抓兵到的部队，后来就到了上海、常熟一带，打上海的时候，我们军长是罗卓英，师长叫霍揆彰，旅长叫曾粤汉，团长就是高魁元。

王：高魁元团长打仗英勇吗？

李：他打仗好叼（厉害）呟！我和一个战士，晚上摸进鬼子的营房，丢了不少手榴弹，结果炸死三十多个鬼子，我还缴获了一个千里镜（望远镜），回来交给了团长，团长一看很高兴，就留下了。

王：在战场上你受过伤吗？

李：受过。我是和团长一起受的伤，团长受伤了，营长受伤了，连长被打伤了五枪，没死。我们是在常熟县受的伤，是被日本飞机打伤的。

受伤以后，我们就被送到了汉口后方医院，高团长还给我颁发了一枚勋章，是淞沪战役受伤纪念章。

笔者曾多次对高魁元三弟高启元进行过采访，有关高魁元在淞沪战场受伤的事情，高启元是这样叙说的：他参加上海“淞沪会战”时腿被打断了。大哥当时是团长，他们驻防在苏州、常熟一带，正准备出去逛街的时候，就接到命令，马上到了罗店。他们到罗店以后，鬼子也是刚刚到罗店，师长就命令大哥带着第八十三团往上攻，结果上去两个连，到最后只剩下了 12 个人，我大哥的腿也被打断了。那次战斗大哥受到了嘉奖。

图 25　高魁元给李名清颁发的淞沪会战受伤纪念章

那年夏天，我父亲正在家门外的大槐树下煮大烟，突然收到邮差送来的一封信，信是我大哥从上海寄来的，可父亲打开一看就觉得不对，大哥平时写信都是用毛笔，从右往左书写，而且是竖排繁体，字体工整，这封信却是从左往右写的。父亲感觉他出了事，眼泪就掉下来了。再看里面的一张照片，见大哥的腿受伤了，缠了厚厚的绷带，这才知道在这次战斗中，大哥的腿被日本人的子弹打断了，信是别人代写的。后来他被转到贵阳疗伤，这期间还给家中寄了三次钱，都是法币，随后就断了联系。

但这也是高魁元与父亲最后的联系。

9.“邹坞惨案”，高父被惨杀

距高魁元在淞沪战场受伤不久，1938 年 3 月的一天，就在高魁元的老家——山东峄县邹坞西北村，也发生了一件令山东人民震惊，令高魁元全家一生都难以忘怀的大事件。

时邹坞的维持会长是大烟鬼石正洋，他是庄头村崔家大地主扶持起来的；但这个汉奸维持会长见了日军只会点头哈腰，奴颜婢膝，不会也不敢阻止日军的为非作歹。邹坞的老百姓还编了一首民谣，来戏骂石正洋：维持会，不顶事，坏蛋汉奸数石会（石的乳名）。

3 月的一天，邹坞镇杭庄村的曹留成和杨二恶，在邹坞悄悄打伤了两个日本兵，并抢走了两只大盖子枪。

这两人原来干土匪，后来投奔国民党驻守西集的马卫民部队，平日里喜欢在邹坞一带偷偷摸摸。这次枪击日本兵，也不是出于爱国护家，而是为了到邹坞去偷鸡，突然发现有两个日本兵正在追逐一个年轻的小媳妇冯褚氏。他们见日军只顾着对冯褚氏施暴，把枪支丢得老远，就悄悄靠近，摸起日军的枪，啪啪开了两枪，一个日军的屁股马上开了花，便撒腿就跑，奔向临城。

图 26　邹坞惨案纪念碑亭

时值台儿庄大战正酣，日本部队对小小的台儿庄城久攻不下，气恼万分，所以驻守在临城的日军就开始报复邹坞的村民。于是在 1938 年 3 月 30 日（农历二月二十八）晚上，日军纠集 300 余人从临城出发，闯入邹坞西北村。

这天天气阴霾，还下着蒙蒙细雨，村民早知道日军被杀的消息，也料想可能会来报复，绝大多数村民都四散躲避，村里只有少数人留守在家。高魁元的父亲高庆恩自恃是名门望族，平日里日本兵路过此地，还常来家里饮马喂料，料想日军不会奈何自己，看到其他村民都纷纷外逃，高庆恩最终还是选择了逃命。在山上躲了大半夜，看看南边路上也没有日军汽车的灯光，听听下面村里也稍微平静，高庆恩便与另一村民杨文章悄悄回到村子的西南门。当他俩走到村西南的桥头处，猛然发现不远处的日军，忙跑到桥下隐藏；日军也发现了他俩，找到桥下，用刺刀把二人刺死。日军不仅在桥上杀死很多村民，还把藏在村子西南看园的屋子里的多个村民，全部用刺刀刺死。邹坞村尸横遍野，血流成河，这就是骇人听闻的“邹坞惨案”。

杀父之仇，不共戴天。这也是高魁元日后在抗日战场上愈发英勇的原因之一，就像当年投考黄埔，彰显自家门第一样。

10. 高家是邹坞的名门

在高魁元的爷爷高继俊时期，高家的家业就已经非常壮大了，家有良田 300 余亩，经营着邹坞街上五大行业（斗、称、牙、尺、木）。

邹坞街自古每年有两个古会，在春季三月二十八和秋季十月初八，另每月一、四、六、九四个大集。按照当时清政府的税收规定，地方税收多为一些地方士绅包营世袭，需每年向峄县政府缴纳一定数额的税金，余下部分归己所有，所以高家世袭的邹坞五行就长久地传承下来。

五行的斗行，即粮食交易行；称行，即日用百货、副食品行；牙行是指牛马驴骡等牲畜行；尺行指丝绸布匹行；木行指桌椅板凳、家具、陪嫁嫁妆、木料，甚至棺木等。

但据高魁元三弟高启元回忆说，邹坞街上的五行，曾险被岩埠村（今邹坞镇岩埠村）一张姓兄弟二人夺取。张氏兄弟二人，兄为举人，弟为秀才，权横一方，家中还设有“保家”，备有枪支，令人生畏。

有一年的春天，在阴历三月二十八古会上，高继俊耳闻张氏兄弟要来会上强行收税，就安排下人在木料市等候，并通知所有卖木料的业主，拒不交税。果然，张氏兄弟的保家局与高家下人拒交税后厮打起来，有个木匠实在看不下去，就抽出床腿，照着张家保家局兵卒的头上打去，顿时头破血流。这下子可激怒了张氏兄弟，随即命令手下，当场抓走高家20多人，关在一个旅店内，整个邹坞古会为之哗然。

于是，高继俊便远走济南告状，结果打赢了官司；因峄县知事与张氏兄弟同为举人，包庇一切，故被免职。张举人也被摘掉了举人帽子，与张氏兄弟一起向高继俊求饶。自此，高继俊不畏强权，敢于与举人秀才作对的事件轰动乡里，一时名声大噪，张家的保家局也随即被勒令解散。

高继俊育有三子，长子高庆恩，次子高庆一，三子高庆泽。高魁元的父亲是高庆恩，生有三子三女：长子高魁元，次子高文元，三子高启元。长女高玉慧，1904年出生，嫁安徽滁州来安县一刘姓资本家之子刘胜钧。次女高玉琢，1910年出生，嫁天津王氏望族王兰亭为妻。王兰亭原是峄县临城火车站任车务段负责人，其父亲系天津一高级工程师，从事建筑业起家，在天津的外国租界有高级洋楼住宅一处。王兰亭的大哥是留法博士，二哥在临城火车站机务处工作，是个工程师。三女高玉昆，1917年出生，嫁给枣庄中兴公司鞠仁医院五官科主任佟继武为妻。佟继武早年毕业于上海同济大学医科专业，原籍北京新街口炮车胡同，祖上为清武官。其原配夫人是齐村王氏，育有一子名佟鼎新，六岁考入京剧戏班，攻文武老生，后为淮阴京剧院院长。后王氏夫人因病去世，遂续弦高玉昆为妻，生二女一男。男孩早年病逝，时十七八岁。

按照民俗之约定，家业当属长子继承。于是，作为长子的高庆恩继承了高家的五行祖业，并承担其母亲的赡养义务。据高启元先生回忆说，其祖母双腿不能行走，必须靠扶着一个圆凳子向前挪动。分家后，高庆恩分得土地50余亩，房舍20余间，雇有男长工2名，女长工1名，喂有骡、马各1匹，家中还备有2支步枪，留作自卫。

1907年3月26日，高魁元出生。高魁元小时在邹坞读小学，学校设在邹坞街东首的东大庙。

1922年山东议会改选，峄县绅士武璋落选。失意的武璋，向当时的峄县县长辛葆鼎建议创办峄阳中学，意图培植自己的教育资源和人脉关系，为日后东山再起做准备。鉴于峄县教育日渐落后，武璋的主张得到了辛葆鼎的高度赞赏。于是，武璋以老家东山阴村（今市中区光明办事处山阴村）的三座庙宇为基础，大兴土木，修建校舍。确定生源主要来自三个地方：韩庄、田庄、邹坞。得到了韩庄褚庆兰、田庄田培坤和邹坞街高庆恩的支持。峄县县长辛葆鼎亲自书写“峄阳中学”校匾送来祝贺，1925 年春天，峄阳中学开学。高魁元就是此时进入峄阳中学读书的。

初始，峄阳中学共聘任了四名教师：西山阴村的秀才武学礼、刘汉英教授国文，另外两名外地教师教授英语和数学。

后来证明，武璋所办的峄阳中学，在一年多的时间里，的确培养出了一大批栋梁之材，也凭着他与国民党的良好关系，先后介绍 20 多名学生投考黄埔军校。如韩庄的刘安祺，中陈郝村的陈敬，邹坞街的胡玉庭、曹世伟、阎毓栋、刘学斌，齐村的范锦员，这些人都是高魁元的同学。

峄阳中学开办一年多，学校因故停办，于是，18 岁的高魁元又转到了济南，进入私立正谊中学继续读书。

私立正谊中学是由山东荣成人鞠思敏在 1913 年 9 月创建的。鞠思敏于 1872 年出生于一个读书人家，他 20 岁中秀才，1906 年加入同盟会。曾任山东省视学、山东第一师范学校校长、省立第一乡村师范学校校长等职务。正谊中学就是他在担任山东第一师范学校校长期间创办的。学校曾培养出季羡林、孙思白、王幼平、王统照、庄圻泰、王树元等知名校友。

当时的中国，正值乱世，列强盘剥蚕食，孙中山先生去世，“五卅惨案”发生，反帝浪潮汹涌，所以高魁元在正谊中学的校园里，也开始接受了新的教育，思想觉悟有了很大的提高。

1925 年夏，高魁元从济南正谊中学放暑假回家，去找同学阎毓栋的哥哥阎毓珠聊天。阎毓珠从小过继给了其伯父，在邹坞街上开了个油坊，取名“慎兴油坊”（据高魁元三弟高启元讲，后来阎家的油坊经营无方，也被高家购买，时间在 1930 年前后。他清晰地记得高家人从村子后面把阎家油坊的磨盘等榨油设备拆除运来）。高魁无和阎毓珠说起南方的国民革命正闹得如火如荼，高魁元又说韩庄的刘安祺（黄埔军校三期）已经在广州的黄埔军校了，还来了封信，也想让自己去广州，但苦于人少身孤，又怕家里人不让去，最后才决定约几位同学商量一下。

于是，高魁元等几个曾在峄阳中学的同学，凑在一起合计着，又让原峄阳中学的老师武璋联系济南的国民党，帮着疏通去黄埔的渠道。

1925 年 9 月的一天，高魁元与陈敬、曹世伟、阎毓栋等人，揣着家人给的少许银元和阎毓珠资助的 30 块银元，先到青岛，再从青岛乘船，到 1926 年 1 月才到达广州。2 月又进行了甄别考试，几人中除阎毓栋（后转入第五期政治科）以外，全部考试合格；3 月 8 日正式开学。高魁元、胡玉庭、曹世伟被分到了二团，陈敬连同滕县的朱兴汶、陈传钊被分到了一团。

11. 高魁元考取黄埔的两种说法

关于高魁元因何故入黄埔军校，大致有二说：同学来信劝其报国说；逃避苗家婚姻说（事实上，有关逃避苗家婚姻之说，是在高魁元晋升为第十四师的团长以后，即 1935 年秋天回家探亲所遇）。这一点是高魁元邻居阎毓珠之子阎靖宇在其博客中所说："民国 14 年（1925）7 月，父亲的同乡高魁元从济南正谊中学放暑假回邹坞，他对父亲说，父母作主给他介绍了一门亲事，女方就是邹坞街上开客栈的掌柜苗子清的女儿，并逼他在暑假完婚，高魁元不满这门亲事，请父亲出主意。父亲说，广东正在闹国民革命，你不如跑到广东参加国民革命。于是高魁元与邹坞的另几位同乡：陈敬（字子敬）、曹世伟（字魁升）、阎毓栋（父亲胞弟，字干民）准备到广东投奔革命。但他们四人都是穷学生，虽满腔热忱，却没有钱，又是背着家庭，无法起程。父亲就给了他们四人 30 个银元作为路费。陈敬跟父亲的私交更深，父亲又单独给了他两个银元。"

陈敬、曹世伟、阎毓栋、高魁元一行四人于民国 14 年（1925 年）9 月由青岛乘船去了广州。次年元月，陈敬、曹世伟、高魁元考取了黄埔军校第四期步兵科，阎毓栋考取了第四期政治预科，后转入第五期政治科。

但是，笔者从高魁元书信中又得知点滴，即作为家中长子的高魁元，没有得到应有的宠爱，也是他厌倦家中生活，毅然考入黄埔的原因之一。信件原文如下：

……余自高小之前，于私塾馆内均将四书念完；不受父母宠爱的我，被迫投入黄埔学军事……

这以后还有一段故事，高魁元去了黄埔军校以后，其父亲听说是韩庄刘安祺来信给“拐走”的，又听说与刘安祺一起去黄埔军校的四个人一

姓名	别字	年龄	籍贯	通讯处
颜森	有威	二三	湖南	衡山县草市单兴和号交
颜严	可畏	二一	湖南	衡山草市单兴和号交
刘雄飞	程远	二一	湖南	武冈高沙市正林斋转茶园团
刘树吾	济世	二〇	湖南	宝庆东乡两市塘腰铺坪曾攸臣交
荣尚义	侠民	一九	内蒙	绥远代城西寨素齐
黄勋	勋奇	二一	广西	玉林大平山墟盛昌号转山夏村
阮殖民	泽民	二三	广西	桂平大湟江保卫团局
覃任贤	劲豪	一九	广西	梧州大乌六陈转寻社
刘国荣	灿华	二四	广西	北流民安墟天和号转
胡士基	难靖	二一	广西	桂林北门外大街胡瑞祥号
黄克仁	传琛	二六	湖南	江华沟边杨家杨霖转
王绍谕		二六	广东	琼山甲子市长春堂
郭文年	焕章	二六	山西	岚县第三区普明镇兴盛永转史家宽村
刘遐龄	永日	二五	湖南	茶陵三总正街段永章号转拱堂庙佩领村
邓质民	非荣	二五	江西	萍乡城正街贺聚文堂转
李毅刚	万东	二五	湖南	湘乡十三都三迁高冲塘
陶凤威	璇笙	二六	江苏南汇	上海浦东周浦镇北市梢
陈智千	奚若	二六	广东	文昌县便民市合成号交罗衣村
袁玉光	子常	二三	湖北	汉川田二河罗录记转斗步头六房台
李铁魂	公赤	二一	广东	乐昌九峰青草岭陈财利
郑梧	碧生	二六	浙江	诸暨郑宅市
黄辅仁		二〇	湖南	平江瓮江市邮局
雷英刚	音岗	二一	湖南	郴县龙骨井扬氏试馆恒丰寄庐
伍心平		二四	广东	台山公益埠维新街一百十八号
林彪	尤勇	二〇	湖北	黄冈回龙山
张天民	人瑞	二四	山西	五寨教育会
高魁元	煜辰	一九	山东	滓浦临枣支路邹坞镇转
沈泽民	定寰	二三	江西	九江小池口福泰号转交
司徒仕	植武	二六	广东	广州一德路二百另三号广裕兴行
徐孔嘉		二〇	四川	巴县南里龙冈场邮局交
沈芝生	荣	一九	湖南	湘潭株州白石港沈祥和灰号转
王特健	武安	一九	湖南	浏阳永安市枫树铺姜寓转
邓泽铭	小沾	二六	湖南	武冈高沙黄家码头邓永发转李家渡
吴宗俊	绝	二二	江苏	松江西外石湖塘延龄号
黄曜	照午	二五	湖南	广州市莲塘街原九十六号转
熊化龙	尚吾	二六	湖南	永州高溪市邮局转
陈述藻	香荃	二一	湖南	宝庆隆中镇第四高等小学校
李志超	梦白	二一	湖北	汉川田二河陈鼎记号转
贾达仁	静甫	二五	山西	崞县神山村本宅
苏斯民	乃吾	二五	湖南	新化知方乡琅塘市保卫团
张焯光		二二	广东罗定	罗镜西墟榕昌
步兵第四连				
罗愈新	子明	二六	广东	广东罗定县城外间街福源兴或同生号转交新乐新华兴
陈侃	永松	一九	福建	福建浦城县花园弄
单亚锷	省吾	二四	江苏	江苏宜兴县湖汊镇
叶保民		二〇	广东新丰	英德东乡白沙市广祥轩交
符琇	如璋	二二	陕西泾阳	陕西三原县南街天义成转交
蓝郁文	玄一	一七	湖南	醴陵豆田文家村蓝宅交

图 27　高魁元所在黄埔军校通讯录

资料来源：广东省档案馆保管利用部第 0000109 号。

个病死，另一个被打死，更是念子心切，便经常跑到韩庄找刘安祺的父亲要儿子，而且闹得不可开交。高魁元的母亲崔氏夫人倒是一个心胸宽广的女人，反过来安慰丈夫，说儿子走一里看不见，走一千里也是看不见，不如不想，就让他在外闯荡好了。后来，高魁元官拜台湾当局军事主官部门负责人，刘安祺曾笑说，高父这下不用再向我父亲要儿子了。

1935 年秋天，高魁元带了一个护兵，回到了离开十年的老家，见到了父母双亲；也就是这次探家，又发生了一段小故事。

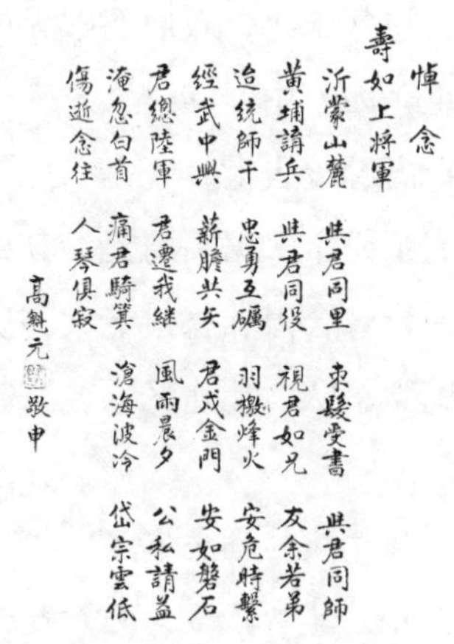

图 28　高魁元悼刘安祺诗

一个小小的邹坞街西北村，竟出了一名国民党军队的团长，在当时已经轰动了十里八乡；如今高官高魁元要回家了，更是吸引了众多乡亲，许多老百姓都是携儿带女，倾家出门观看。在拥挤的人群里，高魁元突然发现有一女子，相貌美丽，气质非凡。高魁元回家向母亲提起此女子，问那女子是谁家的？又赞叹道，真没想到在乡下老家竟还有如此貌美高雅之女子。母亲听后，多方打听，才得知此女子乃是邹坞街开客栈的苗家苗子新的妹妹苗桂芝，时年十八，与高家住斜对门。苗家从外地迁来，到邹坞以后开始弹棉花、做水果糖等生意，以后又开了客栈。于是，高家便托人上门提亲。苗家自然欢喜。高母接着就把苗桂芝领回高家，并请了埠后村的私塾先生胡成格，在自家后堂屋设私塾学堂，还让三子高启元、三女高玉昆陪读，专门教授苗桂芝文化、礼仪等，以期将来与高魁元见面时少些愚蠢之为。高魁元得知后，给苗桂芝起了个很洋气的名字：苗曼丽。可胡成格老先生还是叫她苗桂芝，并戏说：慢离，慢离，早晚得离！

一年后，苗桂芝举止高雅，文采斐然。高母便向高魁元写信告知，说你相中的女子苗桂芝现已入住高家一年，且文化尚可，礼仪甚知，只等你派人来接走成亲。岂不知高魁元接到信后，也马上回复，说这纯属误会一场，当时仅是看见此女子，顺口说说而已，又说自己已经请先生算过婚姻，唯娶南方女子最佳。信中竟还附一张高魁元结婚的彩色照片（其时，高魁元已与邓玉琴在1933年结婚）。胡成格看了来信，手持照片，抖了几抖，半天无语。这下可让高母犯了难，便如实对苗桂芝讲了，又求人从中说情，经过峄县县政府判定，先赔礼，后赔财，才算了结。这苗桂芝姑娘心性难平，虽没接触过高魁元，自己却已入高门一年，羞于名声难听，闷闷不乐，久而生病，八个月后身亡。

清朝末年，政府腐败无能，外侮内乱频发，苛捐杂税骤增，民众负担加重。因家中开支过大，入不敷出，高继俊的家境也逐渐走向衰落。后不久，高继俊去世，于是，三个儿子也相继分家，自立门户，弟兄三人因财产起了纷争。据高魁元给其弟高启元书信中讲，高家次子高庆一和三子高庆泽，曾合谋加害过老大高庆恩，但没有得逞。若干年后，因高魁元加入国民党军队，仕途畅顺，三家人才和睦相处。高魁元信件原文如下：

> 谈起过去家事，二叔和三叔共同谋杀我们父母，最后未造成死亡，其心狠毒为见财起意。

图29　任台湾地区军事主管部门负责人时期的高魁元

1938年1月，高魁元晋升为第九十九师第二九五旅旅长。继淞沪战役之后，他伤愈归队，再次奔赴抗日战场，参加了著名的长沙会战。

12. 参加第三次长沙会战

高魁元经过淞沪战役的洗礼，斗志愈发坚强，再加之其父高继恩被日军残忍杀害，抗日杀敌之心不言而喻。于是，高魁元在1941年12月，参加了著名的长沙会战（第三次长沙会战），且已晋升为国民革命军第九十九师师长，率部驻军宁乡一线。

1938年10月武汉会战之后，日军占领了中国京汉、粤汉铁路以东的大部分地区，但并未达到使重庆国民政府与中国广大军民放弃抵抗的目标。另外由于前期进攻作战，中国军队在淞沪会战等战役中对日军的逐次打击，使得日军也受到较大损失。日军自身占领广大土地后需要分配兵力防守，因而机动兵力更为薄弱。中国共产党在日军占领区开展的游击战，也使得日军需增派兵力防守已占领的地方，日本国内经济也因战争进一步被拖累。因此武汉会战结束后，日军乘胜占领岳阳后便停止了进攻，中国抗日战争进入“战略相持阶段”，蒋介石与国军统帅部则称之为“二期抗战”之起点。

1939 年 9 月 14 日，在欧洲战事爆发的同时，日军发动了第一次长沙会战。

1940 年末，日军第十一军军长阿南惟几集中了 10 余万人发动第二次长沙会战，此次战役日军成功破译了国军行动部署的电报，一度占领长沙并对国军造成了相当大的损失，然而中国军队采用“围魏救赵”的战术，向日军占领的湖北宜昌发起反攻，迫使日军回师救援，因而长沙在被日军攻占后不久即被国军收复，最后战局依旧维持之前态势。

1941 年 10 月第二次长沙会战结束后，第九战区司令薛岳即推断日军定会再次进攻长沙，因而也积极进行准备与动员，在总结前两次长沙会战的经验教训后，进一步完善了其“天炉战法”，决定依据湘北的地理优势（即“天炉”），在新墙河、汨罗江和捞刀河之间逐次布置防线，以第二十军、第三十七军和第五十八军等部逐次抗击日军以削弱其攻势。

13. 高魁元的贪污事件

在长沙会战中，高魁元因战功卓著，次年，被调第九十九师任少将副师长，驻守湖南宁乡县，其妻邓玉琴在宁乡购买了杨家湖土地和西望冲土地。1941 年，他以师长之职参加第三次长沙会战，奉命守备湘阴之新墙河、归义、营田一线。据高魁元三弟高启元介绍，“高魁元见士兵吃不饱穿不暖，便下令加厚士兵棉衣里棉花的厚度，把每天每人 24 两米的军粮改为放开吃，于是惹恼了本来就与他有矛盾的上司方先觉，下令严格查处，最后的结果是把高魁元降职，法办了跟随高魁元多年，从上士文书干到上校军需处长的湖南湘乡人曾甦。高魁元被迫在家赋闲三年。”

图30 长沙会战中被击落的日机残骸

据笔者了解的有关资料，高启元先生说是方先觉把高魁元给撤职了，不符合史实，应是十八军军长傅仲芳把高魁元给革职的。高魁元的部属，原国民革命军第十一师师长、后第十八军军长杨伯涛在《我所知道的高魁元》一文中说：

1937年淞沪战役打响后，第十八军所属第十一、第十四、第六十七、第九十八各师在宝山、罗店、嘉定地区与日军激战，高魁元的第八十三团守备罗店附近阵地。其时，我军师、旅、团长指挥所几乎都紧靠第一线阵地，在日军飞机投弹扫射、炮火猛烈轰击下，第六十七师旅长蔡炳炎阵亡，高魁元在阵地负伤。高住院伤愈后升任第九十九师的旅长，后为第九十九军第九十九师师长（三团制），在湘北前线担任汨罗、营田、湘阴地区的阵地守备。其时，高魁元与军长傅仲芳不和。傅是保定军官学校毕业，为人保守廉洁，不着华服盛装，不求佳肴美食，不染时下恶习，在第十八军有“伙夫头”之称，与高的生活讲究、举止活泼大相径庭。后来，傅便以经济问题将高撤职查办。高因此一度闲居贵阳。高与胡琏交好，1944年冬，胡任第十八军军长驻桃源，我任第十一师师长驻常德时，胡琏力保高为第六战区长官司令部高级参谋，派高到第十八军服务，高协助胡琏接收美械装备和训练。1945 年 3 月，日军为争取芷江飞机场，发动湘西雪峰山战役，高参与对日作战策划。日军投降后，第十八军于接受湖南一部日军投降后进驻武汉附近，该军所属一一八师师长戴朴被胡琏免职，以高继任第一一八师师长。

至于高魁元夫人邓玉琴在宁乡老家购置土地房产之事，肯定与高贪污无关，因为早在 1933 年前后，高魁元就在这里购买了土地和房产。

有关这些情况，杨伯涛这样回忆道：

高魁元在教导第三师第六团第三营当营长时，团长张鼎铭的岳父邓某，曾任团部军械官。邓长女玉坤，与张相识并结婚。后张将邓的次女玉琴介绍与高相识。玉琴是杭州某小学的教员，长得相当秀丽。1933 年，高即与其在南昌结婚。适逢我正投考陆军大学，到南昌行营举行初试，便为高奔走，布置婚礼仪式，并闹了新房。高婚后和玉琴感情甚笃。玉琴之父是湖南宁乡县人，为此高在邓玉琴宁乡老家购置了一些田地房屋，准备在宁乡定居，后因和军长傅仲芳不和，以挪用公款罪名被撤职查办。高因此受打击不小，过了一段艰难生活，我还曾送了他一点钱。1946 年在武汉时，我还见到高有一独子。张鼎铭生有一女，我在重庆曾看到这女孩，当时她还只几岁。高很喜欢她，常逗她唱歌跳舞，并送礼品给她。她现还在芷江生活，芷江县委对台工作小组最近对她有些照顾。

14. 爱好广泛的高魁元

至于高魁元到底是怎样的一种性格，杨伯涛是这样说的：

高魁元身体修长，衣着整洁。他在武汉军校当区队长时，因当时兴打绑腿，其绑腿布经常缠到膝盖边，显得很精神。他嗓门大，在操场上带学生跑步，带头唤‘一、二、三、四’，声音比别人响亮。他又喜欢玩乐，有多方面的嗜好。一是喜欢体育运动，会打篮球、网球。在部队里，他经常邀我们连排长玩篮球。师长周至柔在泰和时，开辟了网球场，高常常应邀去和周对垒，比别人显得出色。二是爱看电影，甚至成迷，每看了一部电影，他就品头论足、津津乐道。当时流行卓别林、罗克、韩兰根、刘继群等电影滑稽明星，他百看不厌。三是离开部队到后方时，以打麻将牌作为消遣，他常常邀友凑合牌局，通宵达旦，乐此不疲。1946 年春，蒋介石在重庆山洞陆军大学开办将官训练班，高和我一道到陆大受训，高大为活跃，带领我和第一军第七十八师师长许良玉、第六十九军第九十九师师长朱志席，到住在小龙坎的张鼎铭家里打麻将牌，高打牌不是赌输赢，而是贪和大家取乐，自己牌不好就千方百计破坏别人的牌。我不会打牌，技术不佳，打错了，往往被高笑谑。四是赶时髦。抗日战争胜利后，重庆的美国人不少，因此跳舞之风盛行，高也对此醉心。第七十三军第十五师师长梁化中熟悉些人，常介绍一些女学生伴舞，以后他就常到舞厅下池了。

笔者曾远赴湖南长沙，采访了高魁元在参加长沙会战期间担任其警卫员的粟骏[1]老人，以下是采访记录。

时间：2014 年 7 月 18 日上午

地点：湖南省长沙县路口镇万年桥村

王功彬（以下简称王）：老人家您好！我是从山东来的，是高魁元师长的乡邻，想采访一下你当年跟随高魁元师长期间的事情。

粟骏（以下简称粟）：从山东来的？哦，好远啊！

我是 1922 年出生的，初小毕业以后就在老家教书，教了两年，第一次长沙会战就开始了，我就入伍扛枪，参加了长沙会战。1940 年，我被分配到第九十九师司令部，在军需处当上士文书，后来就被调到高魁元师长的身边，干警卫员。我们那个师师长是高魁元，旅长是朱志席。在他身边干了一年多的时间。

王：高师长长得什么样子？

---

① 粟骏，字翼航，1922 年出生，湖南长沙人，原国民革命军第九十九师战士，曾任高魁元警卫员。现居湖南省长沙县路口镇万年桥村。

粟：高师长个子很高，脸上稍微有络腮胡子。他的夫人叫邓玉琴，是湖南宁乡县人，她个头不高，人长得漂亮，是个幼稚园的老师，我们平时都叫她“高幼园”。他有个儿子，叫高英，后来改了名字，叫高立鉴[①]。高魁元书读得并不多，字也写得不好，但对我们要求很严格，看到我的字写得不好，他就给搓掉，让重新再写。

图 31　高魁元原警卫员粟骏（右）与作者合影

高师长平时不怎么开玩笑，但他对我的感情很深，曾经专门单独找我谈过两次心，首先谈家常和家乡的风俗人情，后来就谈做人的知识，教诲我们这一代年轻人要有雄心壮志。他说当年自己参加淞沪战役时，他任团长，面对危急险情，人总有个求生的欲望，能处险不惊，方能显英雄本色。当时高夫人在湘南避难，还来信问起我，后来把我保送进黄埔军校以后，还给我来过信。

王：信的内容是什么？他为什么保送你去军校？

粟：信是这样写的：“国难当头，云集扰乱，战争之年，自然有之。安心工作，切勿心猿意马，要学金人之缄默，勿效鹦鹉之多言。一旦有机，我当任用。”

我跟他干警卫员，后来被提升为少尉排长，在一次战斗中，我的头部和大腿被鬼子的迫击炮炸伤，伤愈之后，高师长就把我给保送到了军校。

王：以后你又见过高师长吗？

① 此为粟骏误记，高魁元之子应叫高鉴立——编者。

粟：没有。我在军校因为闹学潮，被开除了。

王：为什么？

粟：我原来学的是步科，想毕业以后再回到高师长的部队，没想到毕业以后要把我分发到装甲兵部队，我不愿意，就和其他同学一起闹了学潮。我离开他以后，听说他因为贪污被撤职，降为旅长。

15. 高魁元对政治敏感圆滑

降职后的高魁元，深深反思自己的过去，生活中追求与人为善，杨伯涛说："虽然有多门嗜好，但并无其他败德，做人还是正派，不搞阴谋诡计，不擅权弄势，不打击别人抬高自己。对所担任的职务，他一般以完成任务为满足，没有硬干苦干的精神，以追求建立赫赫之功。他对部属不事苛求，只要过得去就行，有时还能给部属担责任。"杨伯涛举了个例子：

如我在他属下当连长时，连里有两个排长都是本校第七期毕业，因看不起我这个分校毕业、年纪比较小的连长，常捣我的乱。高支持我放手干，并把两人报师部给调走。高对上级的态度委婉有分寸。军长胡琏和我们讨论问题时，我往往有啥说啥，直言顶撞，高则和颜悦色极力保全。高几次私下告诫我，要我注意，以免构祸吃亏。这大概是和傅仲芳搞不好关系吃了苦头而得到的深刻教训。

在政治上高魁元后来也都左右逢源。在国民党阵营内，高在政治上较为敏感，也有一套办法。高在陈诚军事集团内，除和傅仲芳这样的特殊人物发生龃龉外，对霍揆彰、周至柔、陈诚、罗卓英等人以及在其他同僚中，都能适当地表现自己，大家对高的印象都不坏。1936 年时，凡是整编师的团长，蒋介石都要亲自召见。高到南京，我正在陆大学习，见高很注意整饰服装仪容，对答之词令蒋连连点头，很为满意。1947 年 5 月，张灵甫整编第七十四师在孟良崮被歼，整编第十一师由新泰驰援至蒙阴，华野乘胜袭击。高是副师长，见整编第七十四师被歼，情绪低落。7 月，整编第十一师窜驻沂蒙山区南麻要点，孤军守御，形势极为不利，高竟称病，脱离部队至后方休养，以致引起少数部属议论。1948 年春，高升任整编第八十八师师长，急流勇退，坚决不干，回杭州闲居。在利害关头，高掌握进退很为果断，很有见地，能够及时掉转舵向。高到台湾后，陈诚病死，陈系将领多有下台，高却能保其名位，可见他有套办法，是很敏感的。

图 32　1991 年高魁元（中）夫妇与三弟高启元（左）在台湾家中

淞沪失守，国军撤至南京。滋阳乡师已无法读书，返校读书，遥遥无期。他便坐上火车来到南京，未及更换军服，就开始救治伤员。他就是历经南京大屠杀整个过程，九死一生的黄埔军校第十六期学生——孙晋良。

（三）孙晋良

孙晋良，1920年出生，原峄县韩庄小坊头村人，黄埔军校第十六期炮科毕业，曾经历过南京大屠杀，参加过对日洛阳保卫战，先后任国民革命军排长、连长、营长、少校团附，1948年返回老家务农，曾任微山县政协委员，山东黄埔同学会会员，现居微山县韩庄镇小坊头村。

图33 孙晋良戎装照

1. 孙晋良档案

姓　　名：孙晋良，字教文

民　　族：汉族

属　　相：猴（农历庚申年）

出生时间：1920年4月24日

籍　　贯：峄县韩庄

出生地点：峄县韩庄

成 长 地：峄县韩庄镇小坊头村

毕业学校：黄埔军校成都分校

最高职位：国民革命军少校团附

政治待遇：微山县政协委员，山东黄埔同学会会员

现居住地：微山县韩庄镇小坊头村

健康状况：良好

2. 孙晋良简历

1920年4月24日，出生在韩庄镇小坊头村。

1928年，在本村读初级小学。

1932年，在韩庄读高级小学。

1934年，考入滋阳（兖州）乡村师范学校。

1937年11月底，到达南京。

1938年3月，离开南京到达武汉，入湖北中学读书；8月，湖北中学毕业；10月，考入黄埔军校第十六期。

1940年12月25日，黄埔军校毕业，后被分配到国民革命军第十五军。

1943年6月，被选送到都匀炮兵学校进修半年。

1944年1月初，回河南原部队，晋升连副；5月，参加洛阳保卫战；12月，去甘肃静宁“抵丁骡马办事处”，负责接收骡马。

1946年12月，任第十五师一三五旅少校科员。

1947年，回家结婚。

1948年3月，驻开封任军官队员；6月下旬，开封解放，撤至徐州，后离开国民党军队，返回老家。

1949年至今，在家务农。

3. 赴兖州考取乡师

20世纪20年代末30年代初，为挽救民族于危亡，中国大地兴起了一股开展乡村教育，推进民族复兴的潮流，时南有陶行知，北有梁漱溟。时任山东教育厅厅长的何思源，也一贯主张“民众教育”“求生教育”，决定创办山东省乡村师范学校。从1929年到1930年，短短一年的时间，山东省从东到西，先后创办起八所乡村师范学校，因此，山东省立第四乡村师范学校在此大背景下诞生了。

说起滋阳第四乡村师范学校，要追溯到1915年成立的山东省立第二甲种农业学校，校址就在兖州城内府胡同。

第二甲种农业学校于1928年改为山东省第五职业学校，1930年6月停办。1930年11月，山东省立第七中学（与滋阳八中、曲阜九中合并之后）训育主任赵德柔，奉令在山东省立第五职业学校校址筹办山东省立第四乡村师范学校。

1930年12月23日，山东省立第四乡村师范学校招收第一期两班学生。

1933年高小毕业的孙晋良与峄县70多名同学就来到兖州（时称滋阳），报考滋阳第四乡村师范学校。

图 34　滋阳乡师教学楼

滋阳第四乡村师范学校每班 40 人，学生年龄相差很大，小的十四五岁，大的 20 多岁，有一半结了婚。因为学生在校生活费由省财政全额供给，月膳食费 5 元，据说每月 3 元钱足够，吃得很好，剩下 2 元钱做零花，根本不用向家里要钱。学生们穿着统一制作的校服，所以学生成了兖州城里吃穿最风光的人。按规定，学生毕业后一律回到原籍，由当地教育局介绍，校长聘用，担任小学教师。故后来乡师招生的门槛越来越高，报名 100 多人，才能考取 1 个，可谓是百里挑一。孙晋良就是这次同去参考 70 多人中的唯一录取者。

尤其值得骄傲的是，这所乡师学校就像一盏革命的红灯，虽然建校时间短，学生也很稚嫩冲动，但无不在为时代的进步和民族发展鼓与呼，革命与进步一直是校园的主流风气。他们有时上街游行，反内战，有时卧轨拦火车搞请愿，有时跑到校外做战地救护，搞得如火如荼，无所畏惧。

4. 投笔从戎

1937 年七七事变后，日本侵略者的铁蹄踏进了济南，即将读满四年回家的孙晋良，此时却没法毕业，每天不时在校园里听着防空警报，惊恐地躲避日军飞机的轰炸。1937 年 11 月，即将年满 18 岁的孙晋良坐上南去的火车，毅然决然地奔向南京，想扛枪卫国。关于这段历史，笔者采访了孙晋良老人。

以下是笔者对孙晋良老人的采访记录：

时间：2011 年 2 月 16 日、2011 年 3 月 14 日、2015 年 2 月 21 日

地点：山东省微山县韩庄镇小坊头村

王功彬（以下简称王）：请您老说说小时候上学的情况。

孙晋良（以下简称孙）：我是 1920 年出生，1928 年 8 岁的时候，跟陈宴清上了四年的初级小学，他是韩庄李村人，后来又到韩庄念了高级小学。当时家里也穷啊，就想考师范，考上师范不光管吃住，发衣服，还每月给 5 块钱，所以我就考了滋阳乡村师范。

王：你们去了多少人参加考试的？

孙：那时候光峄县就去了 70 多个同学，呵呵，就考中我一个。

王：在学校都学什么课程？

孙：什么都学，连生理卫生课都有，教俺的老师姓孔。

王：在学校有革命的气氛吗？

孙：有，怎么没有？特别是抗战爆发以后，我们觉得毁了，这个国家完了。我们就在校园里经常唱《松花江上》。还听说有的同学上街游行，到火车站卧轨拦火车，搞请愿。到了七七事变以后，济南一沦陷，我们的学就没法上了，那时候我们也快毕业了，可没办法毕业，每天在校园里听着防空警报，躲避日军的飞机。

王：那时候心里有什么想法？

孙：能有什么想法？救国呗！就想当兵，扛起枪救国去。

王：以后呢？

孙：我们就去南京了。

王：为什么去南京呢？

孙：南京有我们一个老师，就是孔德刚老师，他在陆军医院，我们是奔他去的。坐在火车上，正好路过俺村子，能看见俺家的草屋。看着家俺

就想：唉，这一去还不知能回来吗？这也可能是看最后一眼家乡了！心里别提有多难过了。

王：家里知道您去南京吗？

孙：不知道。也不敢给家里说呀，一说了肯定不让去，走不了了。

王：那是什么时间？

孙：我是11月底到的。

5. 九死一生

1937年11月12日，日军侵占上海以后，开始长驱直入，一路西行，设定的攻击目标，便是当时的中国首都南京。

南京，历史上长期是中国南方的政治文化中心，有厚重的文化底蕴和丰富的历史遗存。1927年国民政府定都南京后，该市行政管辖区域扩大，人口猛增，至1937年6月，南京有465.9平方公里土地和101.5万多人口。自从日军在上海挑起“八一三”淞沪战事以后，战争的阴霾就迅速布满南京上空，而不再有往日的祥和与宁静。

1937年11月20日，唐生智受命率守军约11万人固守南京。

12月7日，松井石根亲自起草了《攻占南京要略》。12月5日至8日，日军未经激战，即夺得了中国守军的第一线阵地，形成了围攻南京的态势

12月9日，日军飞机在南京上空散发《投降劝告书》，限中国守军次日正午答复。12月10日下午1时，日军因劝降不成，开始对南京城发起总攻。中日两军在雨花台、上新河、紫金山及光华门展开激战，城垣多处被敌炮摧毁。12日，日军占领雨花台，并向中华门、水西门、通济门发起进攻，战斗相持至日暮。中国守军阵脚已乱。同日下午，唐生智根据蒋介石的命令，向守城各部队下达了撤退令，本人随即脱离危城。13日上午，日军第六、第一一四师团首先从中华门侵入城内，光华门、中山门、和平门也相继被日军攻入。日军占领国民政府。午后2时，日海军第十一支队溯江而上，抵达下关。午后4时，日军国崎支队沿长江北岸攻占浦口。南京遂陷敌手。

南京城空前劫难降临了！

关于这段经历，对于孙晋良来说，是他一生挥之不去的噩梦。

孙：南京是1937年12月13号沦陷的。当时整个南京城的气氛非常紧张，可以说是人心惶惶。

王：您到了以后干什么工作？

孙：到南京以后就直接到了三十七陆军医院，找到孔德刚老师，把我安排当了看护兵，负责给伤员打针、护理。那些伤兵很难伺候，都是从上海战场回来的，动不动就骂你，有的女护士吓得不敢去，他们觉得老子在前线受的伤，该如何如何的。

王：孔老师在医院里是什么身份？

孙：他是陆军医院的医务主任，跟孔德成是堂兄弟。

王：当时你们有危险吗？

孙：有，怎么没有？有几次日军飞机的炸弹就在我身边没多远的地方爆炸，非常危险。我每天都跟着救护车到太平路上抬伤员，日军的飞机一会一阵子轰炸，大街上到处是伤员，有断胳膊断腿的，嗷嚎地喊，到处是血，惨得很，我们看见了就抬起往救护车上送。

日军10号攻打南门，没打开，12号又攻西门。南京沦陷的当天，陆军医院也彻底解散了，医院的院长姓杜，是合肥人，他和孔老师找到我们，让大家全部把徽章、证件毁掉，然后各奔东西，谁也顾不了谁了，就各自逃命吧。

王：您跑到哪里去了？

孙：我躲到临时难民营里了，三天没吃饭，不是不饿，是吃不下去，到处都是血啊，心里就恶心，想吐，就觉得自己心里发热。那个难民营是约翰·马骥办的，他是国际红十字会的人。我在难民营里待了四五天，日本兵就在南京城里开始屠杀了，把外面的散兵杀完以后，就到难民营里来搜查。

王：查到您了么？

孙：查到了。有一天就把我从难民群中拉了出来，还有我的济宁同学王教武。王教武，他原来叫王孝武，俺俩感情好，后来他就把王孝武改成王教武，因为我的字叫教文。

王：把你们拉出来怎么办呢？

孙：鬼子把我们从难民营里带到大街上，走着走着突然停下来了，就看见有个鬼子把我从人群里叫了出来，然后放走了。怎么回事呢？原来是他们看着我又矮又小的，才一米五多的个子，像个学生不像军人。呵呵，就是因为我个子小才救了我的命。

王：王教武呢？

孙：唉，后来我就想，他肯定被机枪“点名”了。

王：后来您又到了哪里？

孙：那时候整个南京城都危险啊，我一想，觉得还是回到难民营比较安全，就往难民营走；谁知道，回去的路上又遇上一伙日本散兵，接着又把我抓了起来。不过这次抓我是让帮着抬东西的，他们抢来的辣椒酱和咸菜，让我把东西抬到日军兵营，搁下东西以后，我想着这样出去实在是太危险了，就向那个让我抬东西的日本兵要路条，那个日本兵也好说话，就找了张小纸，用铅笔写了张路条。就在这时候，站远处的一个日军小头目把我叫过去了，一边用手比画着打枪的姿势，一边用生硬的中国话教我：打——蒋——介——石！我一听就明白，是小鬼子想让我跟他们打蒋介石，我嘴上也随着：是是，打蒋介石。那个鬼子小头目很高兴，又指了指一旁的米饭和牛肉罐头，说你的米西米西。我说我不饿！其实，我已经三天没吃一口饭了，能不饿吗？我心里就是恨，就算是饿死，也不吃你们日本的饭！现在想想，当时也该吃，吃了也有劲啊。

我就说，你让我当日本兵，我得回家给我爹娘说一声啊。那个日军小头目一看，哎，这小孩还怪听话的，就用钢笔认真地给我写了一张路条。今天我还能清楚地记得那张路条上的内容：什么什么良民什么什么沿途保护，中岛部队蒲州连队，云同，时间是昭和 12 年 12 月 16 日。

王：您出来以后呢？

孙：我从日本军营出来后，撒腿就跑，来到了和平门车站，坏了，又被日本兵抓住了，加上我一共七人，用刺刀逼着走向车站北边的“万人坑”。到那里一看完了，大坑四周都是日本兵，大坑里从上到下都是尸体，有的还正冒着血沫，心里想，自己这是刚刚出了虎穴，这下子又进了狼窝，就吓得缩在一个大个子青年身后边。就在这时候，突然远处有个日本兵向这边叫，这边的鬼子就过去了，然后他们就咿哩哇啦地说了几句，接着把我和另一个个头不高的孩子拽了下来，交给远处那个日本兵。我问那个小孩是哪里的，他说他家就住在鼓楼北街。俺俩说着没走多远，后面就响枪了，再回头一看，大坑边的五个人就不见了，那小孩就哭了，说我哥还在里面呢！我说咱俩的命都难保了，哪还顾得上你哥呢！

王：鬼子把你们叫出去干什么？

孙：日本兵把俺俩人拽出来是想留下来当马夫的。俺到马棚一看，日本的大洋马也大，俺就装害怕，吓得不敢往前围，耗了有个把小时，说俺干不了。日本兵很生气，咿哩哇啦地骂了几句后，说了句：统统开路。俺就走了。

被日本兵轰出来以后，我就再折回和平门，这时候天都快黑了，俺俩怕再遇见鬼子，就不敢走大路，走了小巷。小巷子没灯，黑咕隆咚的，走不了几步就会被死尸绊倒，爬起来后手脸都沾的是血，吓得俺俩再也不敢走了，就再走大路。但常常会遇见鬼子兵，打着电筒照来，我就举起那张路条，一直到了晚上九点多才回到难民营。

王：后来又出去了吗？

孙：没有。后来两三天，日本兵就开始发“良民证”，在领“良民证”的时候，我一看，原来三十七陆军医院的同事有很多也都在这里了，是马骧牧师把他们保护起来了，他们也继续在难民营、红十字医院里面抢救伤员。

王：那里面有多少伤员？

孙：到了 1938 年的 4 月份，南京红十字医院里的伤员有 200 多人，都是截肢的重度残疾军人，像其他的伤员，只要能动的都跑走了，谁还想在那里待啊？后来就把那些重伤的伤员全部交给了南京日军。

王：您总共在南京待了多长时间？

孙：前前后后有四个月，后来我一看不行，得走，就走了。马骧牧师给了我十元钱，出了南京就沿着长江往西走。

王：马骧牧师跟你很熟？

图 35　孙晋良近照

孙：我一直在难民营里面，马骥牧师的儿子与我同岁，有时晚上去他家玩，记得有一次在他家听收音机，听到鬼子在台儿庄打了败仗，心里就高兴啊，再说台儿庄离我老家也不远，很亲切。

有关孙晋良在南京的生死记忆，他在《虎口余生——南京抗战亲历记》这篇纪念南京大屠杀 50 周年的文章里写道：

8·13 以后经过三个月的血战，上海已全部沦入敌手，南京政府已迁往重庆，贪婪而凶残的日本侵略军，张牙舞爪扑向南京。大街小巷，商店关闭，行人稀少，只有战士们忙着备战，有的搬运军用物资，有的构筑工事，空气十分紧张。就在这个当儿，我由于受爱国主义教育的熏陶，报国心切，怀着满腔热忱，毅然脱离学校（滋阳乡师）直奔南京参战。1937 年的 12 月 2 日，加入三十七陆军医院当上看护兵，未穿上军装就到病房上班，伤员很欢迎，自己很乐意。

隆隆的炮声，一天比一天清晰，敌机天天空袭，都被高射炮打得不敢低飞，盲目投弹而逃，有两架被击中，拖着长烟坠落了。12 月 7 日，敌兵已临城下，首先猛攻中华门、光华门。8 日战斗最激烈，我中华门失而复得，我院由逸仙桥转移太平路，距前线不过二三里。由于战况激烈，伤员下不来，9日一早，我们自告奋勇，组织担架队20余人，冒着枪林弹雨，忘了饥渴劳累去抬伤员。来到中华门里，硝烟弥漫，只见死尸累累，碰见还活着的伤员，我们抬上就走，但不能全部抬光，剩下的呻吟着，嚎叫着，十分凄惨。10日，我院转移龙蟠里时，敌人又攻水西门，夜间重炮轰城，地动山摇，救护车整夜不停。送来伤员急救后，即转移后方。谁知情况逐渐恶化，第二天后路不通了，大家惴惴不安，由于夜以继日地紧张工作，废寝忘食，人们面容憔悴，筋疲力竭，最后转移上海路，整夜不见救护车运来伤员，大家更焦急，谁也不敢入睡。前方情况不明，但闻清凉山我军炮兵彻夜怒吼，半夜后才发现中山北路的人群如潮水般流向挹江门去，马路上丢弃的行李衣物，遍地皆是，此种情景显然是炮火掩护下的退却了。这时的医务人员束手无策，战无力，退无路，决不能降，更不能无代价地死——真是走投无路。

12月13日晨，稀疏的枪炮声持续着，死神笼罩南京城，我们同乡同学9人为了寻找栖身之地，来到珠江路（原陆军大学校）第三难民收容所，由于三天没吃饭，虽不觉饿，但渴得心里冒火，只好在难友中买点米，借个面盆烧饭充饥。次日午后，气势汹汹的日军来了一群，端着刺刀横冲直撞，有个七八岁的小孩正在吃饭，被一脚踢倒，饭碗滚了几米远；鬼子闯入各楼各室，吆喝着“通通集合”，然后逐个检查，青壮年带走200多人。12月16日日军又来了，这次带人更多，我和同学王教武都在内。临行前，我看见西北角一座楼房有日军站岗，同列难友立即向我使眼色，低声说：“莫看！鬼子正在轮奸妇女，刚才有人走近，被打得头破血流，生命难保，唉！……”

几天后，得悉军医人员都在中山北路外交部，由国际友人马骥牧师组成万国红十字会，里面收容伤员3000多，正在医疗中。我们闻信赶到，仍做护士工作，在这期间，曾会见原军医杨××，听他叙述个人遭受机枪“点名”的情景：密集队形排好队，不准动，先由汉奸胡言乱语地讲话，在队后架好机枪，汉奸退下讲台，立即扫射，都倒下后刽子手再逐个穿刺，如有动弹的再补刺几刀。他说：我是未中弹扑倒假死的，曾挨两刀，咬紧牙关未动，因此待到天黑，从尸堆中爬往鼓楼医院获生。由此证明日军列队带走的人都是这样被杀害的。据当时万国红十字会透露，截至1938年元月份已埋尸骨十万具以上，可见杀人之多，骇人听闻。1938年4月份，伤病员全部治愈出院，我和同学们才逃出南京。

6. 离开南京，赴武汉投考黄埔

关于孙晋良逃离南京以后的情况，他作了以下回答：

王：离开南京以后，您去了哪里？

孙：离开南京我就顺着长江往西走，一口气走了20多公里，到了安徽全椒，遇到了一支部队，他们怕我是从南京下来的日军特务，所以对南京来的人检查很仔细。一了解才知道是新四军，有个支队长叫叶飞，他说这下你可以放心了，渴了喝水，饿了吃饭。我就在新四军的部队里吃了一顿热乎乎的饭，这也是几个月以来吃得最香的一顿饭。后来继续往西走，到了巢湖、舒城、桐城，最后到了安庆。到安庆后，又坐船到了九江，然后由九江县政府安排，免费坐船到了汉口。

王：您怎么想起到武汉呢？

孙：我原来的很多同学那时候都从山东到了湖北，原来的滋阳乡村师范也搬到了湖北，在湖北郧阳，叫国立湖北中学。我到达汉口以后，又领了国民党军需部发放的十块钱，就想着当兵报国，就在这时候，知道师范同学也在湖北，于是我就再次进入学校，继续读书。

1937年9月，济南沦陷，山东三千多齐鲁子弟，奉教育部之命，跋山涉水，赶往鄂西北，以避开战乱，成立国立湖北中学，为的是让孩子们能有个安心学习的好环境。但万万没有想到，时局变化突然，大武汉迅速被日军占领，鬼子日日逼近，数月后，学校不得不再次迁移流亡，西迁至郧阳县，分别住在马王庙、文庙或废弃的兵营里面。孙晋良他们一边读书上课，一边开展抗日宣传，一时间，校园里抗日气氛非常浓厚。时驻守在郧阳的山东老乡李延年军长，或捐物或送书，对孙晋良这些学生也给予了很大的关心，一些著名的文化学者，如郭沫若、臧克家、姚雪垠等，也去给孙晋良他们上课演讲。

1938年8月，孙晋良从湖北中学毕业。毕业以后的孙晋良走出校门就赶奔武汉，一心寻找报国的机会。有一天，突然发现黄埔军校正在招生，这让一直苦于报国无门的孙晋良喜出望外，马上在报名站报了名，因为平时学习认真，基础很好，孙晋良没费多少劲，就顺利考上了黄埔军校，发榜以后，于1938年10月份进入黄埔军校成都分校第十六期学习。

第十六期学生分为三个总队。第一总队于1938年10月入校，1940年12月毕业，计1597人，代训空军学生97人。第二总队于1939年1月入校，受训铜梁，1939年10月于铜梁毕业，计1629人。第三总队于1939年春入校，1940年4月毕业于成都北校场，计1165人。

孙晋良是第一总队。

关于在黄埔军校学习的过程，笔者与孙晋良老人有以下对话：

图36　孙晋良

王：您学的什么科？里面有峄县老乡和同学吗？

孙：我被分到炮科，第一总队炮兵二队。里面有个台儿庄的老乡，叫谭杰。1945年的时候，我从甘肃静宁县接骡马，走到陕西我们还见过一面，从那以后再也没有什么消息了。

王：您什么时间毕业的？以后被分配到哪里？

孙：我记得很清楚，是1938年8月在湖北中学毕业，10月进的黄埔军校，1940年12月25日黄埔军校毕业，那天是圣诞节。然后被分配到十五军。时间不长，被提升为三连的少尉队长。1943年又被选送到都匀炮兵学校进修半年，到1944年初又回到河南，升为连副，后来抽调到炮兵教导队任中尉区队长，再后来升了上尉观测员，最后是连长。我们的部队也是从晋北打到晋南，还同八路军并肩作战，后来部队被耗尽，就撤回洛阳，参加了洛阳保卫战。

7. 参加洛阳保卫战

对于洛阳保卫战，孙晋良内心则充满了刻骨铭心的记忆，他在《洛阳抗战亲历记》一文中这样写道：

位于中原腹地的洛阳，北去50里为黄河天险，东到郑州，西通潼关。陇海铁路贯穿其中。我们的祖先早于4000多年前就在这块土地上建成美好的田园。为了保卫中原人民的生命财产以及大后方的祖国山河，我们日夜把守在黄河前线。由于千万人民的无私支援，还有敌后友军——八路军在配合作战，几年来鬼子未能越雷池一步。抗战多年，部队官兵生活极度困难，武器装备仍很落后。但在军民团结和国共合作的形势下，仍士气高昂，充满了最后胜利的信心。

1944年5月中旬，我刚任连长不久（任第十五军炮兵营第三连上尉连长），在孟津河防阵地上，接到即返洛阳、归还建制、集结待命的命令。经50多里的强行军，又回到第十五军炮兵营的序列。黄昏时刻，受命在西工宿营并进入阵地，炮口指向洛阳以南。但因情况不明，忐忑不安，久久不能入睡。次日，命令下来了，确定变换阵地到史家沟两端，严阵以待，其他友军大都布置就绪，加紧构筑工事。

日寇此次进攻，来自郑州以南的京汉线上，总兵力达10万之众，目的是夺取洛阳进逼潼关，威胁大后方。我军作战计划大体是：第十五军固守洛阳，吸引敌人于洛阳附近，其他各军撒开后相继合拢以围歼敌人。当时的十五军辖3个师9个步兵团，轻武器装备既不足又落后。重武器只有一个炮兵营，三个炮兵连只有晋造重山炮六门，一个野炮连有法造75野炮四门，携行弹药每炮一百颗。面对绝对优势装备的敌人，只有1万多颗赤胆忠心的军人是完成任务、固守洛阳10至15天的唯一保证。

首战告捷。5月17日午后，鬼子坦克20多辆从林森桥西侧渡过洛河，向我西关周公庙进犯。敌军大模大样，行军序列不变。我们严密地监视、瞄准，待其进入火网地带，营长一声令下，万炮齐发，敌人突然陷入火海，惊慌失措，阵势大乱，纷纷掉头逃跑。我前线步兵跳出战壕拍手叫好，士气为之大振。敌人接受教训后，18日上午，偷偷绕道七里河村北向我西工阵地进犯。先以少量坦克进行火力侦察，继之展开大队战车群，枪炮齐发，向我阵地猛扑。为减轻步兵压力，我连首先发炮，并急报营长命野炮支援。顷刻之间，敌战车群陷入硝烟火海之中，群魔乱成一团，有三辆被我击毁，最后挽拖而去。从此以后，敌战车慑于我们的炮火，再也不敢摆阵进攻了。

由于接受新任务——向北面布置火力，我连阵地由史家沟转移上清宫附近。我正在观测敌情时，忽遭敌炮袭击，顿时山摇地动，硝烟弥漫，只觉得头晕目眩，神志不清。醒来后，发现望远镜被击破两孔，自己却未流血，幸甚。你死我活的炮战，发生在5月20日午后3时左右，观测所报告“东北方向约四千米处，集结一哨人马”。经电话询问，方知是敌人。我眼看着鬼子一个加强营已经展开队形，对我第六十四师阵地展开攻势。就在这紧急关头，我当机立断先发制人，命刘连副指挥第二炮对敌密集步兵阻止射击。我指挥第一炮对付正在进入阵地的敌山炮连。经我一阵猛轰，敌一、二两炮哑了。但未及我炮转移射向，敌第三炮已放列就绪，正要对我还击。我见势不好，令迅速撤出阵地。我官兵训练有素，操作熟练，敌炮打来时已撤到安全地带。报复性的敌弹只咆哮一阵罢了。敌人挨打后伤亡惨重，不敢前进。友军一九〇团阵地安然无恙。孔均团长派副官××来我连慰问，并祝贺胜利。此次战斗，班长张辰金于撤出阵地后又回去捡取马枪，因而左手臂负伤。他虽流血过多面色蜡黄，但神志尚清，连口声称：“这一仗弟兄们打得合标，请放心。待出院归队后我一定再干！”全连官兵深受感动。

敌人遭我炮兵痛击后，不敢轻举妄动。凭借空中优势及长射程炮对我阵地轮番轰击。几天来虽然土地被翻转，弹片如落叶般遍布阵地，但我巧妙地利用地形、工事和伪装，终未伤我一根毫毛。经过连续狂轰滥炸后，终于酿成大规模阵地争夺战。5月25日这天，敌从冢头方面向我第一九五团阵地大举进犯。兵分三路，各以战车二三辆掩护步兵行动。与此同时，炮弹如雨点般洒向我炮兵阵地。命令、任务、良心责成我炮兵竭尽全力阻击来犯之敌。在疯狂的激战中，第一炮手赵海林表现出色，一面打炮一面高呼：“兄弟们！不怕死的狠狠地打！”大家同心协力在弹雨中继续发射，终于顿挫强敌。

打了十多天不见援军来，到底外围战况如何，大家都很焦急。5月29

日营长召集开会，传达军长指示：“咱已打了13天，战斗力削弱，敌兵有增减，援军没音讯，如再继续固守，于我不利，拟今晚全线出击，分三路相机突围，之后转为运动战，继续打击敌人。炮兵行动笨重，特先通知，预作准备。”大家听了认为未达歼敌目的甚感遗憾。恰巧又接上级空投命令，要我军再坚守一星期，接应援军。此时我们一致表示坚决服从命令，固守待援，力争最后胜利。

不分昼夜的阵地争夺战，短兵相接，反复搏斗，使我第六十五师伤亡过半。第一九五团阵地失而复得，得而复失，在最后争夺战中，师长李纪云亲临前线，参谋长王震宇及搜索连官兵100多人全部壮烈牺牲。团长姚××负重伤，显然已无力恢复阵地。

8. 洛阳城沦陷

不得已全军转移洛阳城内，重新布置战斗。后敌军撒下传单劝降。我以仅有的野炮霰弹（约20多颗）迎击攻城之敌。中午，敌以大小炮近百门集中火力攻城。新东门阵地化为焦土。我无炮弹支援友军，心急火燎。闻第九十四师战防炮连人员全部牺牲，忙去收拾战防炮。终多方寻找没有炮弹。无可奈何，夕阳西下时，炮声停止，枪声大作，方知城破。正在巷战中，这时营长南国威及第一连连长朱家友已去军部。我和二连杨连长决定毁炮弃马，轻装行动。好容易找到军部，已空无一人，天色已黑，便由东门过外壕突围。从此，洛阳保卫战告一段落。

综合战役全局，因蒋鼎文所属各军未能按计划向洛阳合围而失败。第十五军却光荣地完成任务，并给予侵略者应得的惩罚。炮兵健儿尽职尽忠，引为自豪。这段史实，虽时过五十余载，我却萦回脑际，铭刻心间，未曾一日或忘，谨以拙笔，再表实情，供献国人，借以安慰为国捐躯的战友们在天之灵。

9. 蒋介石厚此薄彼

就洛阳保卫战的战况和第十五军以后的命运，孙晋良老人是这样回答笔者的：

我是第十五军第六十五师炮兵团，第十五军很复杂，是洛阳当地一支土匪部队拼凑来的，军长是武庭麟，师长是李纪云。李纪云是黄埔三期的，信阳人，是蒋介石派来的。

蒋介石命令第十五军固守洛阳，要守到10—15天，接到这个任务后，立即开始布防，我们第六十五师军直属炮兵营守洛阳城西北。

王：战斗激烈吗？

孙：最激烈的战斗是在5月25号，洛阳失守了，我们要突围。到了突围的上午，我们仅仅剩下五六十枚榴弹，上午9点，日军开始散发传单，劝降。中午12点的时候，日军挑出白旗，要进行谈判，到了下午一看，营长早带着连长逃到军部去了，只剩下三连的杨连长和我这个二连连长。夜里的时候，日军50多辆坦克车、战车已经到了城里的十字街口，我带了一把手枪，六粒子弹，又掖了一颗手榴弹，摸了一下朝夕相处的战马，掉泪了，战马是我们不会说话的战友啊。我跟杨连长一商量，决定开始突围，于是我们就带着部分散兵向东北方向突围。

王：突围顺利吗？

孙：很危险。我早就说过，几次大难不死就是因为自己个头小，这次突围更是这样。刚开始我和三连杨连长只带了少部分战士，后来在路上有人认出是两个连长在一起突围，就觉得心里踏实，有很多散兵就跟了上来，一聚再聚，我一看有几百个人。日军发现我们突围以后，就往天上打照明弹，照明弹打在天上煞白，长时间不灭，然后就用机关枪往光亮的地方扫射。我灵巧啊，凭着经验，利用机枪射击的那一瞬间，就地翻滚，你得横向跑。洛阳城外有护城河，有五六米宽，三四米深，爬上去很费劲。最后我们甩开了敌人的包围圈，一口气跑出20多里地才停下来，到了天亮才算突围成功，再回头看看身后，只剩了20多个人！

突围成功以后也没地方去，我就跟着三连的杨连长到了城外的他姐家，歇了几天，又奔向临时设在卢氏县的第一战区司令部，蒋鼎文在那里。

王：洛阳保卫战看来是失败了？

孙：是啊，后来蒋介石让蒋鼎文辞了职，把汤恩伯的副司令给撤了。

王：失败的原因是什么？

孙：不是第十五军的士兵不卖命，是蒋介石利用了第十五军，亏待了第十五军。你看看，就像我们军队内部的贪污和腐败就不得了，从上到下层层克扣，大小军官都扒层皮。武庭麟本身就是个地痞，他任人唯亲，上梁不正下梁歪，从军部到连部，都贪。军饷下来了，三折两扣，士兵就所剩不多了，连那些骡马都不放过，钉个马掌都抠。军队内还存在着吃空名，在连队造假，编造士兵的花名册；我们一个连的编制一般有 100 多人，但第十五军的一个连队就有 200 多人，有的实际只有七八十人。这样，多出那 100 多人的军饷都被那些长官给贪占了。我是二连的连长，也实在不愿干这个差事，不忍心喝兵血。再一个来说，对骡马更不能克扣，打仗时候还得靠这些骡马在战场上拼命啊！

王：这样说来，蒋介石对第十五军也不是很好？

孙：刚才我不是说了吗，蒋介石厚此薄彼，是典型的过河拆桥，卸磨杀驴，是利用。虽然说这支部队是河南地方的杂牌军，装备也跟蒋介石的中央军、桂军、东北军、晋绥军等德械部队比起来，差别也大，但他们真英勇，为什么呢？这些士兵都是河南人，日本人都打到自己的家门口了，能不拼命吗？就在日本军队宣布无条件投降的时候，自己眼前的日本一一〇师团，急着想向第十五军缴械投降，可蒋介石就是不同意，就得眼巴巴地等着胡宗南来接收那些先进的战利品。

王：后来您又去了哪里？

孙：在洛阳保卫战中部队的骡马损失很大，1944 年年底，我被安排去甘肃静宁接收骡马。国民党政府当时设置的“抵丁骡马办事处”，就是凡是被征兵的人，如果不想入伍，可以以骡马相抵，一匹骡马可以抵两人入伍。

王：在那里待了多长时间？

孙：有时几天也收不着一匹骡马，在甘肃静宁一直待到 1945 年，春节就是在静宁过的。到了 1945 年 8 月的一天，我赶着 200 多匹骡马走到陕西咸阳，看到百姓又歌又跳的，比过年还要热闹，一打听才知道，原来是日本在今天投降了，我一听那个高兴啊，简直无法形容，心里想着，战争终于结束了，以后总算能过上安生日子了。

王：抗战胜利以后您又去了哪里？

孙：到了1946年年底，蒋介石还是继续给第十五军小鞋穿，把部队番号整编成第十五师，我那个炮兵营也全部撤销，仅剩下一个连的编制，一下子我就成了军官队员。我先后任第一三五旅的参谋、少校团副，后来胡宗南要求第一三五旅迁往西安，我就选择留在河南的第一三五旅办事处，在军需处任少校科员。到了1948年春天，蒋介石再次改组第十五师，把这个师的番号彻底撤销了，人员全部交给了河南保安一旅、二旅。我就落在了开封，仍是军官队员。1948年6月下旬，开封解放，我们撤出开封，到了徐州。

王：那时候您多大了，结婚了吗？

孙：我是27岁结的婚，是我父亲来部队把我叫回家结婚的，结完婚我又回到了部队。

王：淮海战役前后呢？

孙：淮海战役打响以后，蒋介石解散军官总队，要求大家填写参战志愿书，这时候我也看透了蒋介石的本质，为什么打日本人我们那么卖命？洛阳保卫战的时候，我们只有18000人，敢跟5万日本兵拼，那是在保卫自己的国家。到了解放战争的时候，为什么国民党军队一打就垮，一打就散，一打就败？那是因为同胞之间的互相残杀。

王：您写参战书了吗？

孙：只有少数人愿意打，那些都是当官的，都想保住自己的官儿。我反正是从心里厌恶这场内战，就要求回老家务农，说了几回都不批准，等到最后才给我开具了一张支遣证，才回到了韩庄老家。当年在开封的时候，老父亲从老家来找到我，说家里实在没什么吃了，想买点粮食回去，我自己也没那个能力啊，就向大家借钱，买了几十斤高粱让我父亲带回去。想想自己出来跟蒋介石混，家里的爹娘连吃的都没有了，心里像刀绞一样难受。所以说，这个国民党是不能再干了。

王：回到老家以后的生活怎么样？

孙：回老家以后也闲不住，帮邻居买骡子买马，还给镇里学校代过课，韩庄镇的地图也是我画的。还当了20年的政协委员，从60多岁一直到80多岁。

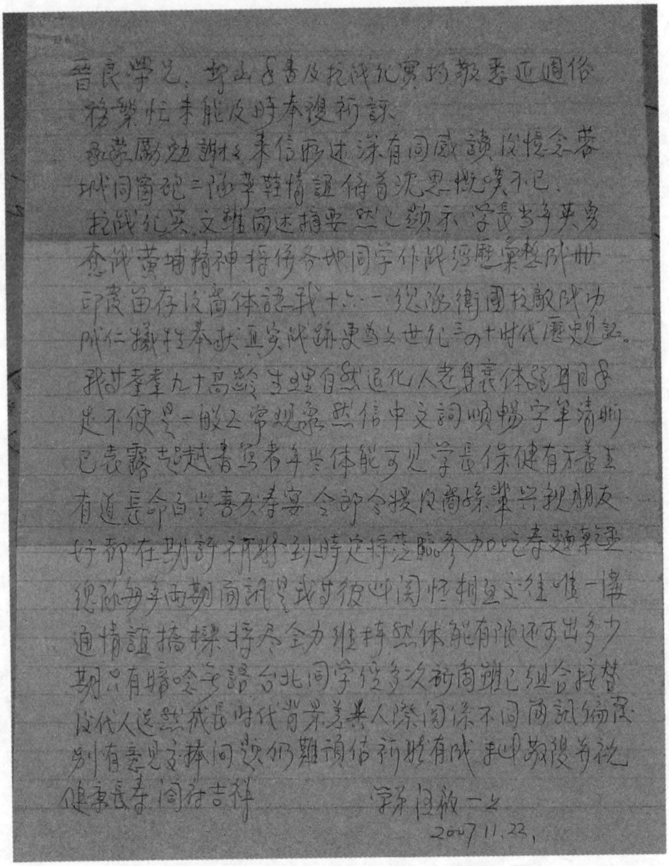

晋良学兄：寄函及书及抗战纪实均敬悉 近週俗
務繁忙未能及時奉覆祈諒
承蒙勵勉 謝謝 來信所述 深有同感 讀後懷念昔
城同窗袍[illegible]情誼倍首沉思 慨嘆不已
抗战纪实 文雖简述摘要 然已顯示 学長当年英勇
奋战黄埔精神 [illegible]各地同学作战經歷彙整成册
印發留存[illegible]我十[illegible]衛國抗敵成功
成仁[illegible]世紀三○十年代歷史見証
我[illegible]九十高齡 生理自然退化 人老身衰体弱 耳目
走不便是一般之常现象 然信中文詞順暢 字筆清晰
已表露 [illegible]者 身心体能 可见学長保健有[illegible]
有道 長命百歲 [illegible] 親朋友
好都在期許 [illegible]
[illegible]
[illegible] 全力維持 然体能有限 [illegible]
期只有[illegible] 台北同学[illegible]
[illegible] 人際關係不同 [illegible]
別有[illegible]
健康長壽 闔府吉祥　　　学弟[illegible]
2007.11.22.

图37　孙晋良在台湾的同学来信

比起那些牺牲的战友，我知足，黄埔军校第十一期的张方宾（张扬），南京大屠杀时候抱着一根木棒从长江上逃出来的，在灵宝战役中牺牲了。我今天的生活很幸福，我跟前四儿三女，儿孙满堂。

王：您跟黄埔军校的同学还有联系吗？

孙：有。前几年台湾的几个同学经常来信，过年的时候还寄来贺年卡，这几年少了，也可能不在了。附近的黄埔军校同学基本上都没有了，微山县的一个同学前些年还打来电话，现在也没听到什么消息了。

王：您的健康长寿秘诀是什么？

孙：我每天的生活很有规律，心胸宽，不往心里装什么事。

10. 十五军最后被遣散

以下是孙晋良老人撰写的另一篇有关第十五军的回忆文章，内容如下：

国民党杂牌军第十五军的前身是十一路军，原先是地方军阀刘雪亚（刘镇华）的政治资本。该部于1930年跟阎锡山、冯玉祥的西北军参加倒蒋之战，失败后才倒戈投靠蒋介石（当时蒋是北伐军总司令），后来改编为陆军第十五军，原来阎锡山配属作战的炮兵团也随之改编为两个师属炮兵营。

抗战初期第十五军参加了著名的忻口战役，1940年参加晋南中条山战役，以后转移到洛阳附近，负责黄河河防。1944年孤军保卫洛阳，死守18昼夜。全体官兵都有一颗赤诚的爱国之心，虽然物质条件不好，却都能顽强战斗，不惜牺牲，出色地完成任务。但每次战后整训都是缩编，只补充轻武器而不给重武器，不论抗战初期的苏联武器或后期的美援武器，根本没有第十五军的份儿。他们苦战洛阳附近上千个日日夜夜，直至洛阳日军投降。但日寇上缴的武器装备却被胡宗南的九十军接收。当时第十五军的武器装备破落不堪，竟又接到进军济南的命令。仍旧是打头阵当炮灰，引起官兵们极度不满。随后又改向豫南泌阳进军，沿途各县地方伪军纷纷归顺，收缴一部分杂乱枪支及兵员补充自己。

1946年7月驻泌期间，国共谈判签订第二次停战协定，全军官兵皆大欢喜，召开庆祝大会并聚餐，共吃团圆饭以表达官兵们渴望和平以求安全团结的心愿。随即按协定进行了整编，第十五军改为第十五师。原有的两个师合编为一个旅（即第六十四旅辖两个步兵团），另编入第一三五旅归第十五师建制，而实际上第十五师直接指挥管辖的只剩下一个第六十四旅。关于原来的两个炮兵营，早于中条山战后就取消一个营的番号，只剩下一个炮兵营。洛阳战役后又撤销第三连，此次整编，因无炮干脆撤销炮兵营的番号，只保留一个炮兵连。

内战打起来后，第十五师官兵普遍厌战，骁勇奋战的精神消失了，大小战斗都以失败告终。郏县之战，师长武庭麟及副师长姚北辰、杨××都被俘，战后残兵败将由第六十四旅旅长刘献捷收容，刘继任师长。1948年春，由于士无斗志，被撤销番号，全部人马武器交河南省，编成两个保安旅，紧接着在解放军解放开封的战役中土崩瓦解。

由以上史实看来，蒋介石对杂牌军无情无义，只是利用他们出力、卖命、当炮灰，借用敌人的力量削弱其实力，最后导致完全被消灭——这就是杂牌军的最终下场。因此，明智的杂牌军指战员大部分在解放战争中弃暗投明，回到人民的怀抱。

少怀大志，远赴广州投考黄埔军校。军校毕业，留校教授学员。抗战爆发，长沙抗日负伤，伤愈后又参加九江战役、武汉保卫战。传言他已壮烈牺牲，其实以后去了台湾。晚年凄惨，在绝望中悲凉离世。他就是黄埔军校第三期学生——李大中。

（四）李大中

李大中，字子和，又名益坚，1908 年出生，原滕县贾汪区韩场乡南庄村人，黄埔军校第三期毕业，先后任国民革命军连长、营长、团长、少将副司令，曾参加对日九江战役、长沙会战、武汉保卫战等，1949 年撤台，1966 年去世。

1. 李大中档案

姓　　名：李大中，又名益坚，字子和

民　　族：汉族

出生时间：1908 年 2 月 16 日

籍　　贯：滕县

出生地点：滕县贾汪

成 长 地：贾汪区韩场乡南庄村

属　　相：猴（农历戊申年）

最高职位：国民革命军山东省军管区司令部少将副司令

去世时间：1966 年 7 月 27 日凌晨 2 时

去世地点：台湾家中

寿　　命：58 岁

图 38　黄埔军校时期的李大中

2. 李大中简历

1908 年 2 月 16 日，出生。

1916 年，在本村读私塾。

1920 年，在贾汪崮岘读小学。

1923 年，在峄县读中学。

1924 年 12 月，中学毕业，投考黄埔军校第三期。

1925 年 10 月，参加第二次东征。

1928 年 4 月，任黄埔军校南京分校第六期第一大队第四中队少校区队长。

1929 年，与铜山县张秀文结婚。

1930 年 8 月 21 日，儿子李道纲在蚌埠出生。

1936 年，随第八军第三师驻守江西星子县。

1938 年 7 月，参加对日九江战役；8 月，参加武汉外围战万家岭战役之南浔路战斗和瑞武公路战斗。

1939 年秋，参加第一次长沙会战，受伤。女儿李北萍在晃县出生。

1941 年下半年，参加了第二、三次长沙会战。

1943 年 10 月，参加常德会战。

1944 年年底，入峨眉山中央军官训练团第三期战术研究班学习。

1945 年 12 月，任命为山东省军管区司令部少将副司令。

1948 年，自山东南下福建漳州。

1949 年，由漳州来到广东汕头，登“京苓”号轮船撤台。

1966 年，7 月 27 日凌晨 2 时去世。

3. 马当失守，九江城危在旦夕

1938 年 6 月 26 日拂晓，马当要塞失陷。蒋介石得到消息后，在武汉大发雷霆，下令马湖区守军全力反攻。虽然在 27 日中国军队第一六七师已到达马当，然后会同第五十三师、第六十师等部队奋力向香山进击，然而日军不断增援，且数倍兵力于我，加之日军占有利地形和工事，中国军队终因寡不敌众，久攻要塞而不下。战斗相持到 7 月 10 日之后才奉命撤退。

马当失守后，日军侵占了湖口。此时，日军冈村宁次率部向九江进攻。

九江自古是兵家必争之地，夺取九江，上至武汉，下至南京，中国军队便如失去门户。

1938 年 7 月 15 日，张发奎领命到达九江，7 月 22 日，冈村到达湖口的石钟山下，并将他的指挥所设在此处，继 23 日零时他下令数十艘日军登陆艇突袭登陆后，又派几十架战机在天空轰炸扫射。于23日激战一天后，24日，冈村令第一〇六师团进入姑塘。25日白天一整天，张发奎又调集4个师的兵力向姑塘方向反击，但是没能顶住日军的飞机、大炮。4个师反击失利，损失惨重。

7月27日黎明前中国军队撤出九江城区，日军即占领了九江城。

4. 李大中并没牺牲

笔者曾到李大中的老家，即贾汪韩场乡南庄村实地采访，但过程不是很顺利，一是网上资料皆称李大中已牺牲；二因其原住址因城区扩容，早无踪迹，原村中乡邻四处分流，其家中亲邻无法查找；再是其早去台湾，其子也久离老家数十年，无法联络。但在李大中之孙李青《从黄埔到抗战：记李大中将军》一文中，可以得到李大中的相关信息。李大中将军为黄埔军校第三期毕业生，1998年广州出版社出版的陈予欢编著《黄埔军校将帅录》有载："李大中1938年武汉外围战中阵亡。"

李青说：

上述情况大体属实，然而在1938年武汉外围战中，我祖父李大中并未阵亡。在中国人民抗日战争胜利60周年纪念之际，我查阅了相关资料，李大中之名依然被一些媒体列入中国国民党抗战将领阵亡烈士名单中。为了体现历史的真实，本文根据我父亲李道纲的回忆和我两次访问台湾时所作的调查以及有关黄埔军校和抗日战争等史料，对李大中的生平作一简要概述。

李大中，1924年12月中学毕业后，赴广州考入黄埔军校第三期步兵科。这年他实际年龄还不满17岁。数十年之后，曾任国民党陆军总司令的刘安祺将军在他所著的回忆录开篇中，记述了1924年冬他与李大中结伴而行，赴广州考入黄埔军校的历程。

而有关在九江保卫战中，李大中是怎样表现的呢？李青在《抗战时期的李大中》中这样写道：

1936 年，李大中随第八军驻守江西省庐山脚下鄱阳湖畔的星子县。第八军军长为黄埔一期生山东籍李玉堂，祖父此时在第八军第三师任职，我祖母和我父亲亦随军居住在星子县，父亲李道纲即在星子县上小学。

1937 年卢沟桥事变以后，12 月 13 日南京沦陷。此后，日军“华中派遣军”及海军军令部于 1938 年 6 月 18 日同时向波田支队及“中国方面舰队”下达了溯江西进，攻占马当、湖口及九江的决定。7 月初，日军占领马当、湖口后，冈村宁次于 7 月 19 日下达了进攻九江的命令。九江战斗打响之后，祖父李大中随第八军第三师参加了九江保卫战，守备姑塘至硖矶沿湖岸之线。7 月 23 日夜半，日军开始从姑塘滩头登陆，拂晓后，日军飞机又飞临上空，猛烈轰炸守军驻地，据守滩头的中国军队全部壮烈牺牲。23 日午，蒋介石亲自发布命令，进行了作战部署。中国军队进行了浴血奋战。然至 24 日午后，日军主力已全部登陆，中国军队死伤惨重。26 日晨，九江失守。在九江战斗中，祖父随第三师主要在鸦雀山、崔家垅、相公庙一带与日军作战，随后还参加了沙河及星子战斗。

九江等地失守后，星子县即成为前线阵地。由于星子县靠近鄱阳湖入口处，系鄱阳湖沿岸仅次于湖口的要冲，不仅是进入汉口的重要通道，而且是控制鄱阳湖战区的主要基地。因此，在 1938 年 8 月初，日军第一〇一师团在海军一部兵力配合下进攻星子县，8 月 20 日日军由海会出发，海军舰艇由鞋山出发，分别从陆上、水上向星子攻击前进，在海军航空兵的支持下，突破了中国守军的防线，日军于当晚迫近星子郊区，海军陆战队也同时登陆。又经过一夜的激战，守军于 21 日西撤，星子县失守。

李青的这些描述，正和前文所述九江保卫战中姑塘战斗是一致的。九江失守后，日军长驱直入，直逼武汉，李大中又奉命守卫武汉，在武汉保卫战的外围战中，继续冲锋陷阵。

5. 参加武汉会战外围战

九江失守后，日军如果挟胜利之势经瑞昌、阳新向西猛攻，很快就可能攻到武汉城下。8 月 3 日，武汉卫戍司令部政治部发表文告，劝导武汉民众疏散。4 日，国民党湖北省党部发表《为疏散武汉人口劝告民众书》。

1938年8月至10月，在武汉会战中，中国第九战区第一兵团部队在南浔路及江西省德（安）星（子）、瑞（昌）武（宁）公路方向抗击日军第十一军所部进攻的防御战，这就是武汉会战外围战的南浔会战之万家岭战斗。

李德福所著《侵华恶魔——冈村宁次》一书中，有时任第一兵团三十二军一四一师师长的唐永良少将后来行经万家岭地区所见到的场景：

万家岭战役后，我军和日军都撤离该地，当地老百姓都已逃亡，战场一片凄凉景象。万家岭战场周围约10平方公里的土地上，布满了日军和我军的墓地。驮马的尸骨、钢盔、马鞍、弹药箱、毒气筒、防毒面具等杂物，俯拾可得。许多尸骨足上穿着大足趾与其他四趾分开的胶鞋，显然是日军尸骨。有的尸骨被大堆蛆虫腐坏之后，蛆虫变成蛹，蛹变成蝇，蛹壳堆在骷髅上高达盈尺……

图39　德安万家岭战场

连时任新四军军长的叶挺将军闻讯后，也赞不绝口地称道："万家岭大捷，挽洪都于垂危，作江汉之保障，并与平型关、台儿庄鼎足而三，盛名当垂不朽。”

瑞昌到龙港这一段公路正处江西、湖北交界处，两侧全是高山。中国军队在山上布置了兵力，以图层层截击，阻敌沿公路前进。日军也把攻击重点放在抢占山头阵地。开始，双方争斗激烈，死伤均重。后来，敌依仗强大炮火，屡有得手，日军一占山头便停止轰炸，其后续部队就前进一段。起初两天，李大中所在部在公路两侧抓机会打埋伏。

关于这阶段的战斗情况，李青在回忆文章中是这样描述祖父李大中的：

> 此后，祖父继续随第八军参加武汉外围战之南浔路正面战斗和瑞武公路方面的战斗，战斗打得异常激烈，许多阵地失而复得数次，第八军在覆盖山等地与日军进行了血战，官兵伤亡惨重。此时，我祖母和我父亲则被临时安置在湖北宜昌居住。

对于李大中在星子县驻军情况，李青这样写道：

> 在星子县时期，我父亲年仅六七岁，许多往事早已遗忘，如今他仅记得第一次看京戏的情景。大约在1937年夏，我祖父李大中赴庐山开会时，带我祖母和我父亲在庐山大礼堂观看了一场据说是梅兰芳主演的京戏，京戏的内容虽然早已被我父亲忘却，但此事却在他心中留下了深刻的印象。2006年10月，我父亲在《庐山观戏》一文中回忆道：
>
> 1937年，我在江西省星子县上小学一年级。一天，我父亲李大中带我和我母亲上庐山看戏。但到了庐山大礼堂门口时，却被两个卫兵挡住，理由好像是因为有重要人物在场，所以看戏的人不得带家属。我父亲却不理睬他们这一套，说自己是黄埔三期的李大中！正巧从门内出来一位军官，向父亲敬了礼，说：“对不起，李先生请进。”这样我便和父母进了大礼堂。此时大礼堂已经坐满了观众，演出马上就要开始。那位军官把我们一家三人安排在靠前的余留空位中，不一会演出就开始了。看着那华美

的戏装和生动的表演，听着那喧天的锣鼓和洪亮的唱腔，对于从来没有看过戏的我来说，真是难以形容的惊喜。

李大中毕业后曾被留任执教于黄埔军校教导团，历任入伍生见习排长、连长、第六期少校区队长等。此时他年仅 20 岁左右。在此期间，他参加了北伐战争。1928 年起担任国民革命军中央教导团第二师中校营团长等职务。

1929 年李大中与张秀文结婚。张秀文出生在江苏省徐州市铜山县止庄乡止庄村（原属山东省辖）的一个中医世家，婚后即随李大中所在部队居住在安徽蚌埠。1930 年 8 月 21 日，李大中唯一的儿子李道纲即在蚌埠出生。

李青回忆道：

在我的书桌前长期陈放着两张发黄的旧照片，一张是祖父李大中身着戎装的旧照，另一张是祖母张秀文身着旗袍怀抱刚满周岁的我父亲李道纲的旧照。这两张照片均摄于 1931 年，照片虽已陈旧发黄，却依然呈现着宁静而温馨的神韵。然而，这种平静的时光却非常短暂，在拍摄这两张照片时，也许谁都没有想到，一场民族的灾难和家庭的悲剧即将到来。

那就是稍后的李大中在长沙会战中不幸负伤，以及李大中撤台后的骨肉分离。

李大中随后又参加了长沙会战和衡阳会战。

6. 血洒湖湘

关于李大中参加长沙会战的经过，在李青的回忆文章中这样写道：

1938 年 10 月，武汉沦陷后，日军继续南侵。1939 年 3 月，日军占领南昌，并调集 10 万兵力，于 9 月从湖北、赣北、鄂北三个方向会攻长沙，从而拉开了第一次长沙会战的序幕。中国军队则以 16 个军，约 20 万人的兵力，利用山岳江河组织防御。9月13日，日军两个师团自赣北发动进攻，被阻于献钟、修水地区。9月18日，湘北日军向新墙河北岸阵地攻击，激战5昼夜后，新墙河北岸阵地被突破。9月26日，日军强渡汨罗江，中国守军退至长沙东南地区。9月28日，日军进至长沙东北金井、桥头驿一线。10月2日，中国守军发起反击。日军遭严重打击后，加之补给困难，已无力再进行新的军事进攻，于10月3日北撤。在这次会战中，李大中虽是军官，但他身先士卒，冲锋在前。

在一个秋雨潇潇的傍晚，李大中被日军七发子弹打中腿部，士兵们连夜将他抬往后方，一路上血流不止，他靠着饮用泥潭中的雨水，保住了自己的生命。此后部队将他转至湖南晃县和芷江一带的后方医院进行治疗，这时我祖母和我父亲也来到了祖父的身边。此年，我姑姑李北萍在晃县出生。

经过一年多的治疗，李大中的腿伤基本痊愈，虽然未落下残疾，但七颗子弹仅取出了四颗，其余三颗子弹永久留在了他的腿骨之中，一直伴随着他走到生命的尽头。

由于资料的缺乏，李大中负伤的详情，至今还不得而知。大约在1941年下半年，他的伤痊愈后即随第十军开赴长沙一带，参加了第二、三次长沙会战。在此期间，我祖母和我父亲及姑姑则留居晃县，父亲在晃县继续读小学。

1942年3月我祖母和我父亲等由晃县迁至祖父部队所在地衡山县，父亲即在衡山县义安（城关）镇上小学。1943年10月，李大中随第十军参加了常德会战。在此期间，正值抗日名将方先觉将军担任国民党第十军军长之时，由于李大中与方先觉均为黄埔三期生，因而他们之间始终保持着挚友关系。据我父亲回忆，自1942年至1944年间在衡山和衡阳一带居住时，他常常到方将军的官邸玩耍，方先觉的官邸所悬挂的徐悲鸿的一幅水墨奔马图给他留下了深刻印象。在后来的岁月里，方先觉对我父亲及亲属关怀尤多，此不赘述。

1944年6月，衡阳会战打响，中国守军30余万人与日军第十一军展开了激战。李大中随第十军参加了战斗。5月27日，在日军全面攻击下，各守军次第败退。6月1日，日军攻占平江；6月6日，陷沅江；6月14

日，占领浏阳；6月16日，陷宁乡；随即完成对长沙的两翼包围。6月19日，长沙失守。日军乘胜进逼军事重镇衡阳。国民党第十军将士在方先觉将军的率领下顽强抵抗，曾迫使日军两度停止攻击，但守军伤亡极为惨重。7月底，日军增调两个师团投入作战。8月6日，日军突破小西门，涌入市区，双方展开激烈的白刃巷战。自开战以后2万多人的第十军至此仅余千人，在弹尽援绝、束手无策的情况下，方先觉将军于8月7日下令投降。坚守了47天的衡阳最终宣告失守。

在衡阳战役期间，李大中是在外围作战还是最后突围出城，由于材料有限，故不得而知。据我父亲回忆，他们是随着祖父李大中的部队乘坐军车从衡阳至全州，再由全州经桂林到柳州，再由柳州经宜山至贵阳，后来由贵阳到达重庆。在这一路退却，一路激战的过程中，国民党军队伤亡极为惨重。据记载，仅在桂林战役中，国民党阵亡将士就达5600余人，被俘万余人，许多师团以上将领战死沙场，以身殉国。我父亲李道纲当年14岁，一路上所见中国军民尸骨遍野，撤退的军车和民众拥挤在狭窄的公路上，车辆和人员不时掉入悬崖之中，其惨状至今记忆犹存。

7. 撤台后悲凉逝去

李青说：

1944年年底，李大中携家眷随军来到重庆。在重庆期间，李大中曾在峨眉山中央军官训练团第三期战术研究班学习，我父亲则在重庆读书。1945年后，李大中偕家眷随方先觉将军驻扎在陕西城固，我父亲即在城固私立博望中学读初中。1945年10月，我祖父李大中的同乡、黄埔一期生李仙洲将军所资办的国立22中学由安徽阜阳迁至陕西汉阴县蒲溪镇。这所中学主要招收抗战中从沦陷区流亡到后方的青年，以山东籍为主，学校不收学费，并管吃住。我祖父考虑到我父亲多年随军迁徙，居无定所，影响学业，旋请李仙洲将军帮助，将父亲安置在汉阴蒲溪国立22中学读书。

1945年年底，李大中被派往山东，而我祖母和我父亲及姑姑则留在了陕南。李大中到山东后据说被任命为山东省军管区司令部少将副司令。此时，他的黄埔同学王耀武将军任山东省政府主席，方先觉将军亦率第八十八师来到徐州和山东一带。或是出于同乡和同学之谊，李大中在山东的任职据说与王耀武和方先觉有直接关系。然而，谁能料到1945年年底我祖父李大中与我祖母和我父亲及姑姑在陕南一别，竟成永诀!

1948年，伴随着解放战争的隆隆炮声，李大中自山东南下福建漳州。1949年由漳州来到广东，并在汕头登上“京苓”号轮船驶往台湾。

1947年秋，留在陕南的我姑姑李北萍因病去世，年仅9岁。1948年之后，我祖母失去了与李大中的联系，生活极为清苦。我父亲李道纲高中毕业后于1949年12月考入陕南公学，并于次年被分配到陕西省安康地区从事行政工作。

李大中到台湾之后，他平生的几位挚友的命运也都发生了很大变故：李仙洲和王耀武在解放战争中被中国人民解放军俘获；李玉堂被蒋介石以“通共有据”的理由于1951年在台北处决；方先觉虽担任着台湾军方的职务，却再未受到重用，而衡阳战役被迫投敌一事亦屡遭抨击，据说他退役之后曾出家为僧……凡此种种，对祖父李大中都带来了极大的影响，加之他多年征战，病魔缠身，在台湾时期再也没有担任任何职务，过着清贫而寂寞的生活。

1966年7月27日凌晨2时，李大中将军病逝于台湾，享年58岁。他临终的时候，曾对亲友们说道：“不要忘了，在大陆我还有一个儿子。他如果能在我身边，那该多好呀。”这是刻骨铭心的记忆，也是挥之不去的乡愁。李青说，我父亲记得，1945年年底，我祖父李大中在陕南与他分手时曾对他说：“要学好本领才能为国效力，你要好好读书，将来我一定要送你出国留学。”然而，这一切都变成了不堪回首的往事。在李大中生命的最后时刻，守候在他身边的抗战老人陈希尧将军不禁悲从中来，用颤抖的手写下了“烟消云散”四字。烟消云散，这是万般无奈的惆怅，这也是扼腕绝望的遗憾。于右任先生的《哀歌》或许正表达了无数个有家难归的游子的乡愁：

葬我于高山之上兮，望我大陆，
大陆不可见兮，只有痛哭。
天苍苍，野茫茫，
山之上，国有殇。

他的一生充满传奇，每次命运的转机都是机缘巧合：用一块真银元换来别人的假银元，假银元却挡住了日军的子弹；一个不耐烦的回答，却把鬼子大军吓得全部撤退；一声开炮，万炮齐发，赢得了国民政府10万奖金；一场大醉，闻枪声震天，却不知抗战胜利。他就是枣庄街第一个回族黄埔军校学生，神奇的炮兵独立营营长——李鉴恩。

（五）李鉴恩

1. 李鉴恩档案

图40　老年时期的李鉴恩

姓　　名：李鉴恩，又名李斌、李鉴德、李惠民

出生时间：1916年

民　　族：汉族

属　　相：龙（农历丙辰年）

籍　　贯：峄县枣庄街

出生地点：峄县枣庄镇

成 长 地：峄县枣庄镇枣庄街

学校期别：黄埔军校柳州分校第十五期炮科

最高职位：国民革命军独立炮兵营营长

政治待遇：山东黄埔同学会会员

去世时间：1996年，年80岁。

2. 李鉴恩简历

1916年，出生在峄县枣庄镇枣庄街。

1922年，先后在枣庄中兴公司小学和南马道小学就读。

1932年，在枣庄中兴公司高级职业中专工科就读。

1937年，结婚；12月中旬，赴武汉投考黄埔。

1940年1月，考入黄埔军校柳州分校第十五期炮科。

1939年9月，黄埔军校毕业，参加第一次长沙会战。

1940年9月，参加第二次长沙会战。

1947年5月，晋升独立炮兵营营长，参加孟良崮战役，被俘后释放，后赶往浙江江山继续留在国民党部队，后向解放军投诚。

1949 年，返回老家，务农。

1951 年，被捕入狱。

1957 年，无罪释放，返回老家。

1996 年，去世。

3. 难忘的小故事

20 世纪的 80 年代初期，在枣庄市中区老邮局门口，人们常常看到有一位银须飘飘、气度不凡的老人在挥毫泼墨，或书写对联，或撰写诉状，岂不知，这位老人不仅书法水平相当之高，文化素养造诣非常，而且还是一位当年在抗日战场上让日军吃尽苦头的国民党独立炮兵营营长，他就是毕业于黄埔军校的李鉴恩。

为了解这位抗战老兵的抗战经历，笔者采访了李鉴恩的家人。

以下是笔者对李鉴恩二子李汝琪的访谈记录：

时间：2015 年 4 月 27 日上午

地点：枣庄市市中区利民社区

李汝琪（李鉴恩二子，1959 年出生，现居市中区利民社区）："我讲几个故事，都是我父亲在抗战期间的事。

第一个故事：我父亲在抗战期间经历了很多次危险。有一次伙夫来给他送饭，他就站在阵地外面一个石板上，不幸被鬼子发现，接着就打来一发炮弹，正巧下面全是薄石板砌成的，鬼子的炮弹打来落地以后，引火帽正好撞在石板上，一下子被石板折断了，才没有爆炸。

第二个故事：他在打武冈的时候，发现了鬼子阵地，瞄准就开炮，一下子就打中了敌军的指挥部，然后再以 50 米距离，不断递加，继续开炮，最后把鬼子全部消灭。

在我爷爷去世 100 天以后，父亲才出生，所以全家人都非常娇惯他。但他从小就非常有志气，还没到十岁的时候，国父孙中山去世，从临城路过，他就跑到临城车站去迎接孙中山的灵柩，据说他很悲伤，眼睛哭得发红，后来非要去考黄埔军校，家里人也确实对他不放心，可是无论怎么劝都没有用，而且他走的时候我大姐快要出生了。为了报国杀敌，他头也没回地走了，后来我母亲就带着我大姐回了娘家。就这样，从1937年到1945年，他一走就是八年。抗战胜利后，才知道他在济南，还活着，母亲就带着我大姐找到了他。

他常教育我们，说做人要有志气，要有远大的志向，不要碌碌无为地为活着而活着。

还有一个故事，有个外地同学来看他，此人善投机，他便填词一阕《答友人》，以示对此类人的不屑：道异咫尺不近，志同千里非遥。龟蒙抱犊相对角，依然昔时容貌。休云谁是阿Q，心如死灰木蒿，愿此一生随芳草，不羡雀凭扶摇。

4. 投笔从戎

以下是笔者对李鉴恩女婿马建平的访谈记录：

时间：2014年1月10日下午

地点：枣庄市市中区大观园文化市场

王功彬（以下简称王）：您好老人家！请把您知道的您岳父李鉴恩的情况，详细给我介绍一下好吗？

马建平（1940年出生，李鉴恩二女婿，现居枣庄市市中区。以下简称马）：我岳父祖上清中后期从外地迁至枣庄，以做生意为生，他祖上弟兄四人，以东西南北"四景兴"商号最为人知。他弟兄三人，他行三，他父亲的时候，弟兄几个分家，每人分得一个门市商号，他是南"景兴"，人气也最旺。

1922年，岳父先在南马道小学读书，小学毕业后，在中兴公司创办的高级职业中学工科继续读书。

1937年抗战爆发以后，鬼子一路南下，枣庄也没能幸免，工厂停产，最严重的时候，枣庄一天竟遭鬼子12架飞机的轮番轰炸，中兴公司也被迫停产了，只好往南迁，迁到了汉口，枣庄的老百姓也惶惶不可终日。这时候正好有消息，说国民党军训部长白崇禧，要来特招一批回族青年，到黄埔军校学习。国家有难，匹夫有责，我岳父就在枣庄回民协会的保举推荐下，去报名投考了黄埔军校。

王：那年他多大岁数？

马：那年我岳父 21 岁。那时候他已经结完婚，我岳母也即将生产，但也没办法，他还是告别母亲，叫了一声娘，然后看了我岳母一眼，就走了。他们坐上火车，从徐州到郑州，再转到汉口，费了不少劲儿，最后找到了设在汉口一个清真寺的“投考军校学生报到处”，然后又转到广西柳州，进入黄埔军校第十五期，他学的专业是炮科。

王：他是和谁一起走的？

马：他是和他的表侄李中贤一起走的。后来李中贤当了他的卫士，临走的时候，李中贤的母亲就说：他三叔，我把孩子交给你，你可得带好了。就这样，李中贤就拽着岳父的衣服角，跟着走了，也上了黄埔军校。80 年代，李中贤回枣庄探亲，一进家门就说，我得先看看三叔去，见了面，爷儿俩就抱头痛哭，临走李中贤还送给他一身将军服。

听我岳父说，他在经过九个月艰苦的入伍生训练以后，才正式成为黄埔军校的一员，然后就被分发到贵州都匀炮校学习。黄埔毕业后，因为他是回民学生，就和其他 20 多名同学，被分配到宁夏马鸿逵部队。

1939 年 9 月，第一次长沙会战爆发。这时候正好我岳父刚刚从黄埔毕业，就参加了这次会战，过了一年，又参加了第二次长沙会战。也就是从那以后，他就一直跟着张灵甫，在七十四军第五十八师，以后又参加了湘西会战，在雪峰山一带战斗。

5. 参加抗战

王：他有没有给你讲过在抗战中发生的小故事？

马：有，多着呢。就在鬼子投降的前一天，就是 1945 年的 8 月 14 号，他那时候是炮兵连长，那天他瞄准目标，一发炮弹就打掉了鬼子的指挥部①，后来得到国民政府的 10 万元嘉奖。还有个故事，不是说打掉日军指挥部的第二天日本鬼子宣布投降了吗？他们很高兴，就跑到饭店喝酒庆功，正遇见一个已经投降的日本军官，也到这个饭店吃饭，日军军官进去一看都是国民党军官，就马上鞠一躬，说长官我可以在这里吃碗面吗？我岳父站起身来，说你吃饭可以，但你不能站着吃，更不能坐着吃，得蹲

① 此处有误，应为李鉴恩是第一个下令开炮的人。见下文李鉴恩回忆录《残轨梦断纪实》。

到门后边去吃，因为你们在我们中国作恶太多了！那个鬼子军官果然端了一碗面，缩到一个墙角，满面通红地蹲着去吃了。

我岳父非常清正廉洁，热心助人，他在安徽滁州当城防军官时，有贩粮食的商贩拿着金条向他行贿，他不收。有次军队在甘肃军事演习，当地政府划了一片地给部队用，但老百姓还想去种地，于是地方政府的一些头面人物就出面说情，给他送大烟土，他把手一摆，说吸烟土都是违法，你们还怎么敢送这东西？闲着的土地可以种，但这东西可不能要。

他还是个非常仔细的人。他说在战场上黑天吸烟是最大的犯忌，当时都用火柴，点烟时有火苗，这对日本人来说是个目标，一枪打来，就得要命，所以说点烟最多只能点一支，而且点完得抓紧弄灭。

在长沙会战时，他和两个战友站在一起，被鬼子打了冷枪，前后两个人都不幸中弹牺牲，他却安然无恙。又一次，日军把他们团团包围起来，上面飞机扫射，下面大炮轰鸣，杀的他们无处藏身，无奈强渡湘江。没有船只，他的卫士就找一根大树干；没想到他不会水，卫兵就找根绳子，把他捆在木头上，总算渡过了湘江。过江之后，他们又被日本兵连追三天三夜，滴水没进，就到老百姓家里去找东西吃，谁知老百姓早跑了个干净。见院里没人，他们就逮了只鸡，想炒着吃；没有油再找油，找到油以后，又焖上一锅米饭，三天三夜没吃饭，大家想这次肯定能吃顿好饭了。谁知刚吃完，坏了，原来他们吃的是桐油，结果大家又拉又吐，躺地上起不来了。

王：后来呢？

马：他参加了孟良崮战役，担任独立炮兵营营长，最后是被俘的，被俘以后不愿当兵，就回家了。抗战胜利以后，刚开始打内战的时候，他退到了浙江的江山，师长叫他在没撤之前把弹药库、给养库、军需库全部炸掉，不能落到共产党手里，他没炸，完整地保留下来了，这也是他对共产党做的一大贡献。

王：他回家以后呢？

马：回来后他就一直在家务农，（20 世纪）80 年代初期就在老邮电局门口，开始代人写信写春联写诉状，一直写了很多年。我岳父是 1996

年去世的，活到80岁。

6. 李鉴恩文书俱佳

笔者也访谈了李鉴恩的外孙马德田[①]先生：

时间：2014年1月15日下午

地点：枣庄市青少年宫

王功彬（以下简称王）：听你父亲讲，你外爷爷原来在老邮局门口给人家代写书信和春联，他的书法水平怎么样？

马德田（以下简称马）：我外爷爷的书法水平很高，他原来跟着张灵甫。张灵甫的书法水平就很高，他的老师是于右任。也可以说是我外爷爷影响了我，使我走上了书法创作这条道路。我是很小跟他长大的，记得他写一手的魏碑书体，我读高中的时候，已经对书法非常痴迷，他就给我很多的指点。

王：看来他是位能文能武的老人。

马：你说得对。他不仅能带兵打仗，还学识渊博。小时候我曾见他给邓小平写过一封信，大意是赞扬他的改革开放，感叹中国所发生的巨大变化，信的开头是这样写的：平公夫子涵仗，如何如何。现在想来，字句全是古风。他晚年还写了很多诗词，经常有感而发，作诗填词，文采飞扬，寓意深刻。

王：你举几个例子？

马：（党的）十一届三中全会以后，中国大地发生了巨大变化。1983年夏天，我正在回民小学上学，为照顾我，我姥姥就在学校门口卖茶。有天早晨下了一场雨，我外爷爷就去看我姥姥，此时已近中午，雨歇天晴，高阳复照，翠柳鸣蝉，荷苞初放，他不禁诗兴大发，作诗一首，寓意中国大地改革开放成效初始，但还有很远的路要走：

六月雷雨乍转晴，枝头尽是蝉唱声；

---

① 马德田，1972年出生，李鉴恩外孙，中国书法家协会会员，枣庄市书法家协会主席团委员、青年书法家协会主席，河北美术学院教授，现居枣庄市市中区。

俯首荷叶深碧处，破绽才放一线红。

王：他是什么样的脾气性格？

马：我外爷爷的性格很耿直，正直豪气，他曾写了首《梅花》词，借以体现个人的高尚品格：

颓园断垣中，孤芳独挺秀，天生傲骨能耐霜，何惧风雨骤？休为骚客妍，不屑蜂蝶逗，覆香随风飘天阙，愿把相思透。

为了补贴家用，他老人家64岁那年，到了老邮电局门口开始给人代写书信，一直写了五六年，后来他用一首《八半吟》诗自嘲：

半因谋生半因玩，半为助人半为钱；
半是自愿半是迫，半觉心酸半觉甜。

王：说几个他让你难忘的故事。

马：他给我讲过银元救他的故事。说他在街头见一个老百姓用假银元买东西，自己就掏出来一块真的给换了过来，到战场的时候，被鬼子一枪打来，正好打在他身上的那块假银元上，银元救了他一命，真是很传奇。后来我家里人都说，这是大人大德，好人好报。

临近抗战结束，他抗日有功，立功受奖，他把国民政府发给他的10万元奖金都分给下面的士兵。还有，抗战胜利后，蒋介石要把他送到美国军校去进修，他没有去。因为指挥能力强，专业炮科知识很强，又会英语，我上小学时刚学会了几个单词，想给他炫耀一下，谁知他哇啦哇啦说了一通。

经过走访，笔者终于得到一篇李鉴恩著述的长篇回忆文章《残轨梦断纪实》[①]，详细叙述了他投考黄埔军校学习、毕业分配、参加抗战等过

① 本回忆录由李鉴恩外孙马德田提供，标题为笔者加。

程，对了解当时的社会、政治、民情都有极高的参考价值。文章内容如下：

儿辈多次叫我写一写回忆录，殊不知现实很多某某人的回忆录，多是达官贵人叱咤风云的人物，自我旌表；也有一些在革命的洪流里，在艰苦的抗战中，建树了卓绝功绩，值得流传，但轮到我这号人物，真所谓太仓之一粟，九牛之一毛，一切听命于人，又有何值得一述、值得回忆？然则千里之行始于足下，亦不可过于自卑，古人云：杯勺之水，不失攫拿之式，扫帚之末，不失其节；萤火之光，亦划夜空。是故援笔记生平细则数事，以遣儿孙，使余之为人，得能少识，大体辨邪正，知厌足，重品轻财，斯愿足矣。

7. 从中兴公司职中走向黄埔军校

我童年少年时代，一直生活在一个温馨的家庭气氛中，家道虽然非并富足，却也无温饱之忧。我 21 岁结婚，妻是魏庄刘家，我沉浸在温暖的家庭中，不知天高地厚，不懂人情世故。我在中兴公司办的高级职业工科求学，又将届毕业，毕业后可在中兴谋个 30 元左右的职位，就心满意足了。七七事变后，战火爆发，才震碎了我的美梦，尤其是 12 架寇机轰炸了宁谧的枣庄，震动了每一个人。中兴停产，南迁汉口，学校停课，人心惶惶不可终日。我们那一班是全校最高班，由起初 40 人，只剩下 14 人，故此，同学们之间的感情比较深厚，对学校的留恋之情也深厚，每天总是到校谈一上午，黑板上出现“吾将奈何”英文字样，相对唉嗟，一筹莫展。

在一个偶然的机会，我得到了一个消息，军训部长白崇禧特招一批回族青年为中央军校学生，这一则消息给了我特大启迪：国家兴亡，匹夫有责，我辈不去奋起抗战，又依赖谁来抗战？何况又有若干方便之处，一饮食方便，二由当地回民协会保送，不忧考不取。遂下决心，投考中央军校，学得军事知识，参加抗日战争，决不做亡国之奴。就这样奠定了我毕生事业，由此命运的安排，不愿做亡国奴。

民国 26 年，也就是 1937 年农历十一月中旬，我和表侄李中贤开始了抗日征途第一步，离家南下。当时心情激昂，没有什么别绪离情，但当我在大门偷望了妻一眼稍微隆起的腹部（大女儿尚未出生），又给我母亲说一声娘我走了，陡然间岔了声音，同时涌现出“我还能回来吗”这个不祥的想法。我装出高兴的样子，快步离去。

我和中贤侄由董明春①护送到徐州，转车西去。车窗紧闭，推砸不开，我和中贤都站在脚踏上，抓着车身上的铁抓手，这样经过了两个小站，终于我说服了站在车门外的同伙，外面也实在太冷，都想到车厢里面，由我带头扛门，他们很拥护我，一方面是共同愿望，另一方面我穿的高中军训制服黄呢大衣，大檐帽黄军装，他们可能把我当成个小军官。车门被强力打开，原来车里并说不上拥挤，容纳一二十人是没问题的，当然没有座位。我的确很生气，想打那个顶门的中年汉子，自己又苦于没打人的经验。我虚张声势要打他，旁边有个商人模样的来劝解，并让出他的座位给我，他坐到自己一大捆行李卷上，这时我的临时战斗小集团已经瓦解，各人正找各人的安身之处，我也借机收篷，把座位让给中贤。我发现居然有两个南方胖子，穿着比较阔绰，占了一个三人位。我激起余勇，又征服了他们俩，得了一个座。天已全黑，就这样迷迷糊糊度过了离家之后第一个漫长之夜。

到达郑州已是第二日的下午，下车后，但见车站上人头攒动，哪是往汉口的列车不得而知，又人山人海，向谁去打听？我们两个傻了眼，呆呆地站在站台上，不知如何是好。

我第一次受到了金钱万能这一思想应得的惩罚。这个看法是我在现实生活中体验出来的真理。在过去我一直认为，花钱用人办事，受雇佣的人就会忠实地为自己办事，这是天经地义的。实际上不尽如此，有的是接受了报酬，反而欺骗你。在过去我很看不起这样的人，甚至有点恨他们，现在由于生活的磨炼，使我认识到，我以前是过于天真，所以我对这问题看法有了改观；我认为是给我上了一堂社会教育课，我应当受到惩罚，我受

① 董明春（1908—1981），枣庄镇人，1928 年入张宗昌部，同年被国民党等俘获，后返乡。抗战爆发后，先后任八路军鲁南支队二大队大队长，峄县支队参谋长、尼山独立营营长、宛西独立营营长。新中国成立后任丹嵊要塞区后勤部长。1964 年离休，1981 年在济南去世。

到的损失也只是应缴的学费，下面就是一个实例。

当我和中贤站在那里一筹莫展之时，来了一个戴红帽子的，我忽然聪明起来，给他说：我们不知道哪一列车到汉口，我多给你钱，一件一块。他向我笑了笑，当然是讥笑我这一个傻瓜，接过我提着的两个行李卷，往肩上一扛，带着我们两个到一列停着的闷罐车前，说这就是往汉口去的车。他接了钱，走了。我们两个也喜得南去空车，心想可以好好占块地方休息了。我正打开行李卷准备休息，车上突然来了个路警，很不客气地说，你们两个是干什么的？无疑他把我们俩当小偷在这里分赃。我没好气地答道：到汉口。

他问，有票吗？

这是一大抓手，因为当时坐车极少买票的。我说当然有。接着我掏出在枣庄站买到汉口大智门的通票。这位警察先生看过车票之后，态度缓和下来，又问：你怎么知道这车是去汉口的？我向他述说了红帽子领来的经过，他看着我们两个十足的傻瓜，无可奈何地摇摇头，耐心说：这是一辆待修的车，今天没有到武汉的车，明天早上到站等着。随说随走，并摇着头，最后轻轻叹了口气。

第二天，我俩胡乱吃点东西，随着人流进了车站，这时不知何时停着一辆客车，无论车门和窗都紧闭着，有几个开着的窗户，也正往里塞人，后边还排着长长的一溜，我和中贤十分恐慌，深悔没有早来，我们逐个窗口找着，跑着敲打着堵着人的窗户，突然一个车窗开了一半，伸出一个光头，喊“中贤这里”！

大喜过望，我迅速抱起中贤双腿，将他投向窗户，再投进两个行李卷，然后我纵身蹿入上半身，由他俩拉进去，又迅速关上了窗子，并由喊中贤的那位大汉用脊背堵上这个窗户。这个车确实是塞满了人，后来有人比作是凤尾鱼罐头也不为过。这位大救星是中贤的叔爷爷金瑞五，带家眷到重庆避难。顺便说一下，我们在汉口分手后，再没有联系，直到中华人民共和国成立后，我在济南服刑劳改，见到金瑞五拉着大地排车，他驾辕，我们会心地点了下头，他用口作了一个询问的姿态，自然是问中贤，我向外摆了摆手，表示以后再没有见到过他。我想此老的问题当然早已解决，或已服刑期满，但愿他健康长寿！

和金瑞五在一家旅馆分手，我们就开始找清真寺去报到。因回民投考军校学生在清真寺报到，原来以为到汉口找清真寺，和到枣庄找清真寺一样容易，到了汉口才知道这样的想法是多么幼稚可笑。连着问了几个人都摇头，我忽然想到问回民饭馆，即可找到清真寺，可是走了两道街，也没有问到一家回民饭馆，无奈何，我只好求助路警。向他说明来意，他回答得很干脆："母兰公怪物。"接着他又紧张地开始指挥交通。我们俩仍然不得要领。中贤比我聪明，他说：三叔，你模仿这个腔叫洋车。我欣然同意，如法炮制，果然灵验非凡，每人两元车资，一刻钟时间到达。我一看，原来街名叫"木兰宫"，饭馆名为"国武"。到达后，我们本来无意吃饭，为了便于打听清真寺，只好照顾一下饭馆。要了两个客饭，胡乱吃一点，我向堂倌打听清真寺，他回答得很干脆：出门右首拐。说完又忙别的顾客去了。我们按着他的指引，出门右首转弯，果然不到50公尺，就能看到清真寺的大门横匾，门旁还贴有投考军校学生报到处的红纸宽幅条子。我们没经任何稽考，顺利办完报到手续，被领到中山路永康里，临时租用宿舍，并给予每天四角钱的伙食费。这是当时尉级军官一天出差费的待遇，自然一切都是白老总的恩遇。随后又陆续来了李怡梅、王士杰哥俩、刘国藩、刘国玲、刘民粹、刘念逵、刘麟祥，共计有千人左右，大都是直、鲁、豫三省流亡学生，我们安心住着待命入学。

8. 入黄埔军校开始苦训

人生何处不相逢。在茫茫人海的汉口，我居然会遇到高任和几位中兴同学。校长胡季珊又向我颁发了毕业证书，还十分赞赏我投笔从戎，奋起抗日的壮举。我动员了李树田和我一块考军校，高任不是回民，我陪他考了武汉第二分校十四期。通过严格的体检和笔试，我们两个全考取了。中贤等人不同意我去，高任一个人报了到，第三天我到武昌"鲶鱼套"去看他，他穿了一身很不合身的旧棉军服，里面的棉花可能滚成了蛋。在严寒的江岸，我们不忍言别，最后高任说：二哥，今天一别，不知何年再见，不知能否再见！我们俩都哭了，天气很冷，泪流到腮边竟结成了冰珠。任弟的话竟成了谶语，我们自民国26年腊月分手，就再没有见过，三年前我听说他的噩耗，哀哉痛哉！

在民国27年，即1938年，春节后，我们乘货车南下，群情激昂，《流亡三部曲》响遍每个车厢，此起彼伏，沿途车站上人们用惊异的目光看我们：这一大群年轻人为什么会疯狂地唱？

车到衡阳，我们必须下车徒步入桂，开始了平生第一次长途跋涉，沿途的情景已不复记忆，总起来说，没有文学家们描述的那样美，人也没有那样热情，倒也不欺过路人。我还记得在门口小桌上摆了炒熟的花生，一堆有饭碗口那样大，放一个铜元可以拿一堆。

进入桂林，使人耳目一新，首先给人一个整洁的印象，学生一律灰色制服，女人没有一般大城市高跟鞋旗袍，头发很朴素、淡雅。我们两个到下午很晚才到饭店吃饭，客饭是两毛五一份，两菜一汤，大米饭尽管吃。一般也就是吃两碗米饭，最多也不过4碗，我这次却吃了12碗，中贤吃了11碗，临走我听到堂倌说：大肚皮，哈哈！

在桂林休息两天，尽管桂林山水甲天下，我们也无心观光，也不懂观光。后来途经阳朔，依山建筑的山城却更吸引人，这时队长张立人正走在我们旁边，我听他轻轻念叨“桂林山水甲天下，阳朔山水甲桂林”，看样子极为向往，但因为在行军途中，不能前往观光，也只好望城兴叹。

终于到达目的地柳州。没有校舍，是住在一个粤东会馆里面。原来广西有自己的军校，在南宁，因过去桂系和中央是貌合神离，以李宗仁、白崇禧、黄旭初为领袖，自成一个系统，各自为政，南京政府鞭长莫及，也无暇无力顾及。自抗战军兴，桂系领导人捐弃前嫌，精诚团结，共同抗日，说到做到，决不另起炉灶，停止了原来军事学校，接受中央命名为“中央军校第六分校”。自我们这一期学生开始，为第十五期，第六总队；校主任于星槎，总队长安顺，政治部主任倪文亚；总队下属两个大队，第一大队是汉民，第二大队是回民。原来不知道，早知道高任就不会考第二分校去了。

剃光头，换军装，穿草鞋，每天三操、四讲，晚饭后还有两小时的自习，这样严肃紧张的军事训练，开始时可真吃不消，咬紧牙关，忍受草鞋的磨脚、掉鞋。后来渐渐不磨了，也不掉鞋了，以后竟然进步到不解鞋带穿脱自如。可是疲劳克服不了，赤脚一天不洗脚照样睡觉，临睡时两条腿用手搬上铺。我们睡的是通铺，但每个人夏天发给一个单人蚊帐，这样防御蚊子的袭击，却便宜了臭虫，蚊帐每条缝里的臭虫就像小汽车一样，一辆紧跟着一辆地摆开。小的臭虫藏在席缝里，不可胜计，可我们并不觉得咬得慌，这不能不感谢疲劳的赐予，只有藏在钢盔里的臭虫最讨厌，它好像也懂得口令，每逢“立正”时，它就出击啃吸，我们只有一动不动地任其吸血肆虐，收操后，它藏得很严实，急切之间，捉不到它，从军事眼光来看，它能选择最佳的时机出击，平时又能深自掩藏，是真得钦佩它的天才！

9. 在贵州炮校学习

9个月的入伍生训练结束了，结合甄别，我学了炮科，中贤学无线电通信，李怡梅学有线电通信，王士杰他们学步兵特科，均是两个中队，回汉同学各是一半，重新编了队。在柳州住了段时间，就开赴桂林十八期新校址。名不虚传，桂林山水甲于天下，可是我们仍是无缘观光，仅是到过七星岩。在山洞洞口见到一个奇迹，进洞口就是一个有200平方米大约有五六米高的洞顶，像表蒙子一样拱起，光线充足，在洞顶最凸处，悬空吊着，天然生成的金鱼，只有脊背和洞顶相连，鱼脊呈酱红色，愈往下愈淡。鱼肚为微黄色，腹部破裂，如鱼破以后，胃肠自然流出之样，全长连尾约两米，粗约合抱，惟妙惟肖，惊叹自然之妙。

在桂林军校，因缺乏炮兵教练器材和教学人才，托炮兵学校代训，校址在贵州麻江。我们又徒步行军，在贵州境内的公路上，才体验到贵州省有“天无三日晴，地无三尺平，人无三文铜”的谚语。男人的头上都缠着白布，当作帽子，缠得很艺术，摘下来也不散，很像内地回民阿訇在回民节日缠的礼拜帽。后来才打听到是给诸葛武侯尽孝，世代沿袭下来的，竟成了牢不可破的习俗，可见贵州人对武侯的崇敬。

我们到达都匀，住进半山坡文庙宿舍课堂，在那个不大的庙里有孔老夫子和72贤人的牌位。我们集中住进储藏室，正殿隔开成了我们的教室。

我们那一期六分校的学生，素质优越，因而教育主任派我到我们队担任射击观测的教官。由于校方对我们的器重，我们学得也很卖力，所以每次考试成绩均是上乘。有一次正巧，我们队成了炮校明珠。原来我们队有个同学叫马敦仁，在晚上自习时偷溜到山坡下50米处小杂货馆，买包纸烟，回来时见到教育长查号，他飞速回来，传达这一消息后，我们越发认真，两个教室只听到刷刷笔写和纸摩擦的声音，没有其他音响，教育长史文桂进到院子里，只见教室里亮着灯光，听不到人声，他很愕然，进队长室，问樊队长：你的学生呢？队长也吃了一惊，连忙来到教室去看，害怕我们偷跑上街，如果这样，这个错可不小。教育长一贯很严格，及至悄悄地走到课堂外面，从破的门縹条望进去，学生均埋头疾书，只能听到轻微的笔尖磨纸刷刷的声音。教育长见到这个场面，极为嘉许，走时也没给队长发立正的口令，悄悄走了。在下星期纪念周上，把我们调到最前排，仅在军官之后，还大大地夸奖了一番。我们这班虽然取了巧，但也的确不赖，毕业考试成绩没有80分以下的。

毕业考试一切完毕，我们举行一次演习，我被选派为演习连附。炮兵连的连附负责整个战炮队和一个弹药队，比连长难度大得多，因为连长只负责一个观测班和一个通信班。当然他是全面负责人，不过演习时他下达命令之后，任务就轻松了，所有演习人员，除了炮班人是十六期同学充当外，全部演习官兵助手，均是我队同学。演习自早饭后开始，到临黑天进入阵地，一切进行顺利，等到第二天拂晓结束，偏偏老天不作美，进入阵地不久，下起雨来，我只好每门炮留一个警戒，其余休息。半夜教育长冒雨也来巡查，见到阵地上只有一个人任警戒，很生气，找到司令台，我正蒙着雨衣伏在台口睡着了，可能喊没喊醒，直到他让随从晃醒我。我一看是教育长驾到，不知如何是好，呆在那里。

教育长问：你是谁？我答：演习连附李鉴恩。

他说：我把四门炮交给你，就这样给我摆着不放警戒？

我答：演习士兵是十六期同学，天下雨，每炮只派了一个人。

他问：这现在只有一个人，其余三个人都到哪里去了？

我答：不知道。

他问：他们叫什么名字？

我答：不知道。

他又问：十六期那些同学去哪里了？

我答：不知道。

这一下子教育长火了，给他的随从说，记下他们的名字，听候处罚。我没考虑，脱口而出：这个十六期同学周亚夫，没有放弃职守，教育长要处罚就处罚我。

教育长说：你还犟嘴。说着转身而去。

第二天下达命令，我降到第十六期，十六期的周亚夫降到第十七期。这个命令一下达，轰动了整个炮校，队长和同学们纷纷为我奔走，很多教官认为处罚欠当，代向教育长请求，收回成命，我很气愤而激动，有的同学更激动，说老李别接受这个不合理的处罚，我们发了旅费，每人凑三块钱，你回家，此处不留爷自有留爷处。我也暗下决心，到了第二天举行毕业典礼，同学们拒绝参加。事态要扩大，有好多教官支持，我心里很犯嘀咕，我不愿事态扩大，再波及其他同学受到处罚。没有想到，有的教官想利用这件事扩大成学潮，因为有很多教官倾向于老教育长周大炮。最后在第三天来了一位马术组主任，少将，叫丁名，已有60岁左右，可能是炮校资历最老的一个。他找我谈话，我如实向这位老前辈叙述了当时的情况，这位丁老摇摇头微喟：是欠妥当，关一天禁闭足矣，这样搞怕为他人利用。我不懂，丁老所谓“他人利用”何所指。接着他又问：你有何打算？我也坦率地说：我不接受这个处分，事情无可挽回，同学们已说过，每人助我二到四元钱，可能有三四百元，我到重庆见白部长，要求一下，如再不行，我只好随流而下，回家种地。丁老拍着我的肩膀，说可不能那样，我去给他说说看。

此老还真管用，第二天就又下达了一则命令，收回了他对我处分的决定。这场风波告以结束。

10. 分配至宁夏

我队回民学生均分配在甘宁青“五马”的部队里，我们那一伙有20多人，分到宁夏十五路马鸿逵部。我们途经贵州、四川、陕西、甘肃而至宁夏，因无交通工具，沿途只得搭便车，历时三个多月，才到达银川总部，又经历了一次甄别，张明俊、杨福生、马培相和我分到第一六八师，师长马全良很客气，分配马培相到骑兵连任马术教官，我们三个人都到参谋处任中尉服务员。原本出去是抗日的，这一来反而入了大后方，而且我们中央分去的学生被认为是中央派去的特务，与他们是格格不入，我们也很苦恼。有一天我们给重庆白部长写报告，要求调离。真是太傻了，信件能否寄出去呢？即使寄到重庆，白老总怎能调出呢？

我们的驻地是平罗县，饱食终日，无所事事，就这样我们在平罗度过了冬季。平罗城很小，北门一片黄沙，一望无垠，城墙之外沙成斜坡，高与城齐。去城半里，有大庙一座，建筑颇为辉煌，我们曾讨过签，全文忘了，有两句印象深："此处求不得，张纲别山林"。这两句毫无疑问，是指示另外找出路，正合我们的心意，是神灵还是巧合，那就不可知了。

宁夏的虱子我想是特产，真多得吓人，随时捉都不会失望，有时在初醒来之时，也可以发现一个到两个虱子还在努力加餐。由于抗战时期特定条件下，除了用火烤一烤衬衣，别无他策，只有任其肆虐。

不幸的是我和杨福生先后病倒，便找了两间房子养病，张明俊当然是护理。另外参谋长还派了个勤务兵来服务。我病得最重，高烧到41.2℃，师长马全良给医务主任说：这个尕娃抛家舍业，出来抗战，病在我们这里，你用药不要顾虑，可以报销，不能留下什么遗憾。就这两句话救了我的命，用了30元现洋，买了一针德国拜耳药房的产品，叫灭病蓝水，自打了这一针药，病才有转机，打针时我已是半昏迷状态。

我自睡倒至起来，历时42天，胡子长有二指。有一次师长马全良来看我们，见到我的胡子，笑着说：尕老汉好了真不易！脸上流露出真诚的感情，有高兴、有爱护。我心里想，这个大老粗待人有一套，绝对是真情的流露。

病愈之后听到一个骇人的事件：由宁夏保送上十六期军校的同学，叫何金源，因煽惑士兵罪被砍下头来，放在尸体上被照了相，传阅各所属部队。我们见到之后，毛骨悚然，更加深了对他们的厌恶，确定了尽快脱离该部的信念。

天从人愿，我们由平罗移到吴忠堡。吴忠堡位于银川南40里，为宁夏走私商汇聚之地，是宁夏的经济中心。我们到达之后，就留心通往内地的路，终于在一位姓罗的同学帮助下找到了，但必须通过75里路的沙漠，才能到一个放羊的人家。我们决定在八月十五中秋大节告假，到同学家过节离开师部。我们花了10元的代价，请一个农民带路，并请他捎带舍不得丢下的衣物和书籍，结果，这个农民并没有履行他的承诺，使我们四个人遭受到从没有经历过的干渴，唇干头晕，在距我们目的地百公尺时，我已不能行走，由一个牧羊人汉子，背到他家，一口气灌了半盆面条汤，才将我救过来。

11. 逃到西安再获新职

经过5个夜行，白天怕追捕，到达平凉。平凉有战友张明俊的叔父在那里干杂货商，收留我们暂住，我们四人议决由我先到宝鸡、西安一带看看，能否找到工作，四人同行，没有这个经济力量，同时也没有把握能在短时间找到工作，也只好如此。我休息了一天，就束装上路。

在距平凉40里的山口用了早餐，三个馒头，两块萝卜干，一碗开水，大概花了两毛钱。在西北高原，虽然在八月下旬，进山之后，已是相当萧索，又加上当时的心情，感到十分凄凉。踽踽而行，倍加感慨，我就尽快走，结果脚上打了泡。第二天早餐时，遇到了一位伤愈归队的团附，我们俩结伴而行，稍解凄凉况味，并由这位前辈口中得知了一些部队情况。部队上也讲出身、派系。他是行伍出身，很羡慕我这个军校出身的军人，我也自觉着出身比他强，其实，我的想法太天真了。

当天下午，我们就到了陇州。陇州驻了个骑兵部队，城外拴了很多马。有一匹马没有拴，甚至连笼头也没有戴。这匹马骨架蛮好，只是患了无可救药的鼻疽，骨瘦如柴，鼻孔流着两溜黄脓，传染很厉害。俗话说，害群之马，就是指患鼻疽病的马，按规定应该枪毙，以防传染，不枪毙，也得严加隔离。这匹害群之马不知为什么却得到了如此优厚待遇，随意乱走，也许它是这个部队长官的坐骑，殊不知纵容这一匹马，却害了这一群好马，何无知乃耳！

山行4日，傍晚由宝鸡龙泉巷出山，接近宝鸡时，就听到嘈杂之声，心里感到异常慌乱，就像面临着前途的抉择，又好像茫茫人海，吾将何之的恐慌。我选了一个小旅店，晚饭也没吃就睡了。第二天胡乱洗了一把脸，摸了摸兜里的钱，仅够一天用的，心里又增加了一份惶恐，今天无办法，明天就得饿肚子，只有到大街走一走，碰碰运气了。

宝鸡只有东关外大街最繁华，说来也巧，我往东走了不到50米，突然听到一声"老李"，没想到是叫我的。接着背后急促促来了一个人，一下子搬住了我的肩膀，我扭头一看，原来是我入伍同队的同学、后来分到通信科的徐紫石。这下子喜从天降，穷途末路之时，却他乡遇故知，我心大慰。

宝鸡新成立个联合分校，徐紫石在这里任区队长，他竭力劝我在联校干，并热情地用老令箭牌烟盒纸制了四份离职证。第二天带我去见丁主任，正好在理发店见丁主任在理发，我一眼就认出来了，正是为我说情的丁老。丁老表示极为欢迎，我心想，为了抗战这几年受了些窝囊气，能打鬼子几炮也解恨啊。同时我这样轻率地就业，害怕张明俊、杨福生、马培相他们三个人不乐意，再说待在学校里和待在参谋处又有多大差别呢?

我和徐紫石商议，他自然不大同意，但也不好过分阻拦，最后说：这样吧，你先到西安去一趟，如果没有什么如意工作，还是回来稳当。又拿出7块钱来给我："就这些，拿着吧。"我感到他热情仗义，像老大哥，比同胞手足还亲，不和他在一起干，真有点对不起他。一想起这点，差点打消我到西安碰运气的念头。

徐大哥送我上了开往西安的小快车，各道珍重，自那时分手，就没再见过。书写至此，极为思念，别无可慰，唯有祝愿他健康长寿。

车到三桥站，离西安只有15华里，本来停三分钟，这次因为其他原因停的时间较长。我从窗户探出身子，想买点吃的，突然听到有人叫我的名字："李鉴恩"！我一看，原来是我在炮校当过我区队长的十四期同学常执秀。他说："到了，下车吧。"我莫名其妙，顺从地下了车。他好像知道我来似的，说：就你一个人来吗？我说：四个人呢，他们在平凉。他有点愕然，说：你们不是听说专程来的吗?

我茫然问：听说什么?

他笑了：你还不知道，跟我走吧。

我们两个边走边谈，这才知道在三桥成立了一个炮兵第一补训处，处长彭孟缉，附三个团，第二团上自团长下至排长，清一色都是炮校的人。第一团是本校的，第三团是七分校的。常当时任第五连上尉连长，他立即带我见到团长唐开明。唐团长原是炮校射击组教官副主任，主任胡雄任补训处副处长。

唐团长见到我很喜欢，说：正好第七连连附出缺，我下令你去，免得处里派人来。我当时为避免捷足先得之嫌，婉言拒绝，并推荐马培相。唐团长对我的风格很嘉许，并再三追询：他一定来吗？我要求唐团长先上报，我保他们三个一定来。炮兵连的连附在连里的地位很重要，直接掌握战炮队两个排和弹药队一个排，一个连的优劣，取决于连附胜任与否，更是升任连长的必经之职，没有连附的履历，一般不能升任连长。

第三天下达了命令，命令马培相任第七连连附，张明俊任第三营中尉测量员，杨福生任二营中尉观测员，我任第一营中尉联络员。第五天这三个家伙都拿到命令到差，都满意和欣喜，感觉找到了安身立命和报国之处。诚然，我们四个后来除马培相中途潜逃外，自始至终，我们三个从没变更过部队。从参加抗战，到抗战胜利，以及后来参加内战，我们三人没有离开过，在这里也无妨把杨福生和张明俊的结局说一下：我们三个均任少校炮兵连长，在孟良崮战役，张明俊被炸断脊椎，后死于上海，杨福生和我被俘。杨在河北青云县参加了解放军，我被释放返回部队再干，当炮兵营营长，后在江山又被俘。

炮兵补训处撤销，第一、第三两个团编入胡宗南部第二团，已非炮校系统，团长已换了第七期学生姜继斌。团长唐开明、第一营营长何羡佛都调离。我在这里补充一点趣闻：闻何营长是炮校副教官，教射击，他也真像老太太，我们背后叫他老佛爷，为人拘谨，待人诚朴、宽厚，我在第一营当联络员，因为是师生关系，营里没有营附，实际上我整个担着营附的工作。有一次我到营长室没有喊报告，何营长正在灯下看信，同时流着泪。我问何营长：为什么事难过？是不是想起夫人了？

他说：不是，我母亲病了，家里太太来信，要200块钱看病。老人家70多岁了，我是有愧子职啊，况且我又没钱！

我说：营长莫怪我给你开玩笑啊，我不知道家里这事，再说了，难过也没用啊。

从东柏梁村团部到我营驻地低堡子有三华里地，见到了唐团长，没等我说话，团长问：这么晚了怎么还哭了？

可能在去团部的路上，触动了自己思亲之念，流泪竟然而不自知。我说：我没哭，见到营长因老太太生病，太太来信要钱难过哭了。

唐团长二话没说，叫军需拿来200块钱给我，说：告诉何营长，明天电汇去。又问我：你家还有老娘？

我嗯了一声。

还有别的事吗？

我说没有了。

当我退出团长室时，听到他长长叹了一口气。

第三连连长胡某，毕业于十四期炮科，武汉大学新闻系毕业，老婆是大学同学。一天，突然接到三桥站站长通知，这位连长撞了火车。站长介绍情况说：火车自西安开来，他迎着车飞跑，这是有意自杀，太惨了！

开追悼会的时候，大家全哭了，事后才由他当司务长的表兄透露，他母死子病妻埋怨，又没钱，不让他再干。就这样，把一个二十多岁的大学毕业、军校第十四期炮科生，现任上尉炮兵连长的人逼得撞火车。开追悼会时，我们有不同的感触，同学们哭得很痛。

我所说的两件事都惨兮兮的，我把它当成趣事，是以我现在的想法看问题，太书呆子气了。但是，是可贵的书呆子气质，可悲的书呆子气质，可也有人污蔑他们享福，真是没有天理良心。

团长和何营长先后离职，我们几乎成了“开国”元勋，补训处缩编成团，在青海接来了骡马，团长姜继斌多方活动，装备武器，结果我们必须到云南装备。在炎热的夏天，我们开始了长途行军，通过陕西、四川、贵州三个省，历时两个月，到达云南大板桥驻地。

12. 赴长沙参加抗战

我们到达云南不久，团里保送我和杨福生、本校十五期同学马钟琪，还有另一炮校十五期同学黄汉民（他是安徽人），我们一起到干海子美炮训练班学习美炮操作、观测、射击。我们团将装备美式山炮，这自然是一个很好的机会。我们欣然到干海子去受训，主持教务的都是美国教官，行政管理则是中国教官。这个训练班的主持人是个安徽人，黄汉民这家伙没事就往大队部跑，回来就吹嘘大队长是他的老乡，过去就认识，对他如何如何好。我们三个最初不以为然，后来简直厌恶。出于我的傲气，总觉得凭我这个人抛家舍业、背井离乡、别离亲人，不为猎取功名利禄，参加抗战，肯定伟大的不得了，再加上我这份学历，到哪里也吃一份好饭，根本用不着投机钻营。而实际上是大谬。

四个月学习结束，毕业典礼时，我们拿到两份文凭，一份是由大队部颁发的中文结业证书，一份是由美国主任一星上将瓦特颁发的英文结业证书，并列有考试成绩。颁发中文结业证书时，第一名是黄汉民；颁发英文结业证书时，第一个被叫的忘记是谁了，第二个是马钟琪，第三个是杨福生，第四个是我。可能这个瓦特将军感到愕然，在发放完毕，大队长致训词时，这位将军下台来看我们的英文结业证书，因为先叫的前十名都在第一列，而黄汉民是后边好几列。瓦特将军又到后面看了看黄汉民的证书，摇了摇头。我悄悄问了一下比较熟识的白翻译，他说：你的证书，是成绩90分之上的荣誉证书，那一位是60分之上的满意证书，瓦特将军不明白成绩差的反而摆在第一名。我这才知道，光凭成绩不行，想好，还得有第二渠道。但我却不具备这个天才，所以一生一世说句现实话：“下游”。

终于取得了番号：炮兵第三十团，装备美式7.5厘米山炮，我任第一营营附、全营射击指挥官。

团里接到命令，派一个营参加保卫长沙第四次会战，这个伟大非凡的任务落到第一营的头上。我喜惧参半，喜的是自己出来抗日得到如愿以偿的机会，参加一个大型会战；惧的是第一次上大火线，仗是怎么打法，是不是和野外演习一样？我又记起第一次演习连附倒霉的事。

顺利到达长沙，由于美炮名声大，我营接收正面战场，赶着设观测所，构筑掩体，耳畔是一片枪声。营观测所自然由我为主，营长负责和司令部联络。我从炮队镜看出去，也见不到一个日本鬼子，炮兵的任务原没有杀伤敌人，是以振奋友军士气为主，只要有步兵的要求，我是大量火力支持。别看是瞎放炮，头两天还真管事，受到司令部参谋处嘉奖。在接火第三天，战况稍微沉寂，我到观察所门前看一看外面的情况，不过五分钟，就听到日本机枪“啪啪”的声音，我急忙缩头，在这一瞬间，在我站立时的头后边，用铁道枕木构筑的观察所木梁上，一溜中了八颗子弹，每个间隔1.5厘米，如果我躲慢了，正好在眉毛高度中3—4颗子弹！我吓出了一身冷汗，马上指挥全营火力，打了他不下1000发炮弹。当时解了恨，现在想想怪心疼，1000发炮弹可是2万美元啊！

第四天，战况越发沉寂，起初以为日寇攻击顿挫，出来一看，才知道我军已经全线撤退，我们的猛然射击，正掩护了他们退却。

我们把全部观测器材投入长江，幸而有两个军士是湖南人，用电话线把我捆在一根屋梁上，然后他俩一边一个扶我过了大江。那天老天爷也下起了大雨，帮着掩护我。

那是一次惨败，我身上只剩下了一条裤衩和一只皮鞋。我不知为什么恨那些偷着撤退的长官，那时候比恨日本人还厉害。

惨败回到团里，团长十分慰藉，让我占了团测量连的缺，干军械员的工作。我的两个老伙计杨福生、张明俊分别当了第三连连长、第六连连长。黄汉民当了第五连连长。不久，团附郭猛毅接任第二营营长，他要我也到第二营帮他忙，我欣然答应，就任了第二营营附。这时，炮三十团只有两个营，全团驻云南干海子，当教练营，后来迁贵州普安驻防，我接任第五连连长，杨福生、张明俊知道我讨厌黄汉民，再三给我说，别难为他，我看在同是炮校毕业生的份儿上，也顺利让他交接。这小子不是个东西，他给我留下了不少亏空。

13. 歪打正着，无心话挽救战局

我团再一次接受战斗任务。全团连人带马装进了一大列汽车队，足有二里路长，连夜开赴武冈参战。车队沿途换司机，全是美国人。一天停三次车，每次一个半小时，用句老话形容，可以说是马不停蹄。途经湖南綦江冷水铺，停车吃饭，我因李汝凯在冷水铺开诊所，想去找他见见面，结果没有找到，却有一个老百姓问我：你是什么部队？

我答：炮三十团。

他好像很惊讶：30 个团呀？

我不耐烦，只是点了一下头。

我们经过三日夜疾驰，傍晚到了武冈，这时武冈防军正吃紧，当即令我们立即参战，支援友军。我们顾不上休息，来到流弹横飞地带，进入阵地，见连附有难色，弟兄们有惧色，我只好硬着头皮，拔出手枪，抽出指挥刀，我向弟兄们说：我知道这三天三夜弟兄们辛苦了，但养兵千日用兵一时，现在是用兵的时刻，别怪连长严厉！

然后我选了个高处，也是最危险处，我说：听我的口令！

就这样，我们顺利进入阵地，我又带着观测班快步到步兵第一线，找到我奉命配属的营长，原来他是我们同队，已改行当了步兵营长的伍雄才。我们来不及叙谈，他问：能打了吗？

我说：五分钟之内。然后迅速给阵地通了话，黄玉柱连附说一切就绪，只等口令。我问了伍目标方位，他说：不用问我，阵地前 1000 公尺都是目标，打吧！

我说好。就在这时，日军可能发动攻势，我们这漫无目标的射击，正歪打错中，恰到好处。其他连也相继响起枪声，一阵猛烈射击，掩盖了敌人枪声。真是天大的好运，敌人竟连夜悄悄地撤退了。原来，日本人得到了一个情报，说来了 30 个炮兵团支援武冈守军，他们意图在炮兵到达之前拿下武冈城，免受炮兵轰击，而今见状，只好悄悄撤离了。这一来，我们可要足了面子。因为我是第一个下令打响炮的，国民政府奖了我 10 万元奖金！

原来，那个在冷水铺问我的老百姓是个汉奸，为敌人刺探情报，也亏了他称来了 30 个炮团支持，先声夺人，我们才取得如此美好的效果。

14. 获重奖迎抗战胜利

我发了横财，得了 10 万奖金，我略作安排，还剩下 4 万，我们这一班伙计，哪能放我过关？部队在休整，我们三个老搭档，再加上一个参谋处李恒田大哥，每天泡武冈一家饭店，叫国际饭店。这个意思是李恒田大哥提出来的，我们无条件服从。说起李恒田大哥，真是个幸运的可怜虫，他是辅仁大学毕业生，当了好几年中学教师，抗战开始投考军校，我们毕业之后，他分配到这个师，被师长相中了，以上尉参谋任用。我们才是上尉连长，他却是中校主任，官职大，就是穷得叮当响……

吃饭时我提到一副抗战时期流行我们之间的对联：忙里偷闲吃杯茶去，苦中作乐拿壶酒来。这时大家也动了真感情，杯杯见底。天已有晚上8时，恒田哥已醉倒，我也有七八成醉，我的酒量比这几个人称得起海量，找了房间安顿了沉醉的恒田，拿了1000元给一位女招待员，嘱咐她要照顾好醉人，我们兴辞回连。

图41　重庆群众庆祝抗战胜利

我们驻地离城六七里地，三个人边走边谈，所谈中心自然是李恒田。行至中途，突然响起密集的枪声，真是大吃一惊，连酒也吓醒了，我们猜测是鬼子偷袭，急忙奔到驻地打电话，没人接，好不容易有人接电话，我问为什么打枪，他说你还不知道啊，日本鬼子宣布无条件投降了，师长叫鸣枪庆祝。

听完这话，这下子好了，我们拥抱跳跃，全连欢腾，我下令放枪十分钟庆祝，少说也放了半小时，从此也没空再去国际饭店。

战争的苦难在狂欢中消失，抗战赢得了最后的胜利，好像天突然高了许多，太阳也分外明亮，人们充满了兴奋、喜悦！我们投笔从戎，参加抗战的这一辈，更有几分骄傲。1945 年 8 月 15 日，这是个永不忘记的日子！

15. 回忆重庆大轰炸

我们这一批黄埔军校毕业的回民学生，全部分配到西北“五马”的部队，途经重庆，在学校领的旅费，用的差不多光了，只好在重庆住下来向各军办事处要求补给路费，这样就在重庆住下来。在林森路的北端，有一座四层楼，预备开饭店，但尚未开张，名叫老乡亲，河南人，是河南的同学联系借住的，在重庆房子紧俏的情况下，这就很不容易了。我们住在一块儿，也很好。重庆有句流传的话，叫“有求必应”，是因敌机空袭时挂球，每次挂球敌机必至，我们十五路办事处设在弹子石，每次躲警报我总是在朝天门码头，渡江到办事处，一则躲警报，一则问一问旅费的事。这一次我又躲警报，也许是吓慌了，就是找不到我来过不下五六次的办事处。无奈，我回到江边，在一个壁立的山岩下，躲避敌机。这个岩石上有前人写的“水”字，仅下面的“钩”，可以卧一个成年人，我到如今也没有想出这个字怎么写法，不知现代书法大师们，对这个字评价如何，我的看法是“前无古人，后无来者”——绝了！

警报解除以后，我到十五路办事处，防空洞被炸毁，正忙着扒人，我一方面帮着扒人，一方面暗暗庆幸，幸而吓迷路了，没有找到，不然难逃此劫。

敌机三天两头光顾重庆，这一次林森路大火让消防队无计可施。大火由南往北燃烧。我们打好简单的行李，坐到街上观火，比隔岸观火滋味难受得多。烧到西药房，就爆炸了一次，火焰冲天，高数丈，我们住的楼被炸破了一面墙。

我们派代表见到白老总报荒，声称住处被炸，白极为关怀，问伤人了吗？

我说：没有。

他接着说：我让他们腾出几间房子，你们这就搬来。并派了两辆卡车。从此，我们住进了军训部。这样一来，不光解决了我们住的问题，连吃饭的问题也均由部派员代办。

炮兵副监舍通知我们，第二天早七点参加军事委员会总理纪念周。于是我们忙着整理仪容，剪发刮胡子，擦皮靴。第二天六点由这位副监率领列队，走向军委会。为时早了一点，在院内解散休息，陆续来了人，都不认识，但没有戎装的军官，一律蓝阴丹士林大褂，青马褂。有一个老人穿了件蓝大褂，后屁股破了个洞，用白线缝上，还留有二指多长的线头，这个工艺不用问，一定是老头亲手缔造的。他一点也不感到寒酸，此老头矮个，后来听说是吴稚老，无怪有名士风，不修边幅。

时间到了，我们列队站在最后，那个老头子列在最前排。台上悬着孙国父遗像，前面排了一溜木椅，台口摆了一张桌子，桌子铺了一块白布，却连一个暖水瓶和茶杯都没有。礼堂不大，当然用不着扩音器。全场很肃静，一分不差，校长戎装出现在台上，纪念周开始，一切如仪。

图42　重庆大轰炸死难民众

第一次见到校长，距离不到30公尺，我们都很紧张，连呼吸都有点急促。校长的气度远胜过肖像，他走下讲台，站在上台的阶梯旁，躬请站在最前列的老头子上了台，并作出搀扶的姿态，几个老人上台便坐，在国父像前椅子上挺胸端坐。

校长的讲话并不流畅，有时“这个、这个”连说好几个，但显得很真挚。这次纪念周内容是枪毙海军中将欧阳革，因叛国投敌，他希望各位元老不要出面讲情，他这样说：“中正不准情，有伤老人之尊；中正准了情，则有伤国法”。

难怪这次军事委员会纪念周请了元老来参加，总共不到一小时，对我们这一伙，好像视而不见，但我认为，这是一个毕生难忘的时光。

会后，我们几个要好的到一个素食馆吃饭，饭没吃完挂了球，老板说：各位，快请躲警报，别耽误时间，回头凭心付账。满屋顾客立即散去。

我们回来付钱时，这个饭馆已是一片瓦砾，同时，军事委员会也是一片瓦砾。不用说，这次空袭是奔着老蒋来的，只是晚了一个小时。

8岁时，他还不会走路，10年后，他却学得了一身好剑术；放弃高薪职位，考入黄埔军校；会战长沙，几经甘苦。满目金钱，他无动于衷；一腔乡情，他竭尽全力。受尽挫折，他相信政府；苦尽甘来，他品德高尚。他就是毕业于黄埔军校第十四期的学生——陈芳德。

图43 陈芳德老年照

（六）陈芳德

陈芳德（1910—1996），滕县人，黄埔军校武汉分校第十四期毕业，历任国民革命军排长、连长、营长、少校团副，1949年秋在广西南宁起义，1950年回到家乡，1960年到辽宁支边，1979年返回原籍。山东黄埔同学会会员，1996年去世。

1. 陈芳德档案

姓　　名：陈芳德

民　　族：汉族

出生时间：1910年4月24日

属　　相：狗（农历庚戌年）

籍　　贯：滕县

出生地点：山亭徐庄

成 长 地：山亭徐庄镇徐庄村

特　　长：提袍剑

学校期别：黄埔军校武汉分校第十四期

最高职位：国民革命军少校团副

政治待遇：枣庄市政协委员；山东黄埔同学会会员

去世时间：1996年

2. 陈芳德简历

1910年，在滕县徐庄镇徐庄村出生。

1920年，在徐庄村读私塾。

1927年，考入滕县县立第二高级小学。

1931 年，考入济宁山东省立第七中学。

1935 年，考入山东济南市军事教育团。

1936 年，任军事教育团军事教练班长。

1937 年，考入黄埔军校武汉分校第十四期工兵科，后迁至湖南零陵县；黄埔军校毕业后，被分配至第十四营二连任少尉排长。

1938 年夏，任独立工兵第八营第二连中尉连副。

1940 年，任第八营上尉营副，随之调考陆军工兵学校专科班第十七期，毕业后升上尉连长。

1942 年，任工兵第十六团第二营第六连少校连长。

1946 年，任第十六团警卫连长，并兼任该团军事队副队长。

1947 年，调任第十六团少校团副。

1949 年秋，在广西南宁随何绍祖团起义；冬，在南宁西南军区教导团学习。

1950 年春，回上饶市居住。

1951 年春，返回原籍山亭区徐庄乡。

1960 年，赴辽宁本溪县山城子公社硃石峪大队安家。

1968 年至 1975 年，受到不公正待遇，后解除。

1979 年 12 月，返回故乡徐庄。

1996 年 9 月 2 日（农历九月二十日）去世。

3. 陈芳德之子陈孔军对父亲的回忆

大多黄埔军校学生都是进入军校以后才学到文化及军事技能，而陈芳德则在入军校之前就是一位非常了得的武师。为此，笔者采访了陈芳德之子陈孔军先生。

以下是笔者对陈芳德之子陈孔军的访谈记录：

时间：2013 年 9 月 20 日下午

地点：枣庄市山亭区山城街道办事处

王功彬（以下简称王）：陈老师您好！请您谈谈你父亲的情况好吗？

陈孔军（1958 年生，陈芳德之长子，现居枣庄市山亭区山城街道办事处，以下简称陈）：好的。还是从我爷爷开始说吧。我爷爷弟兄三个，他是老大，叫陈正寅，老二叫陈正刚，老三叫陈正荣。爷爷做过民国间的徐庄乡乡长，还干过区长；特别在抗战期间，坚持抗日民族统一战线，为鲁南抗日义勇队和八路军115师做了很多贡献，后来干过共产党的费、峄、滕三县的民政科科长，跟李乐平[①]很熟，一起共过事。

王：您父亲从小在哪儿上的学?

陈：我父亲10岁以前在老家徐庄读过两年私塾，后来因为土匪猖獗，就去了滕县，又读了两年多私塾。17岁的时候考入了滕县县立第二高级小学，后来考了济宁省立七中。七中毕业的时候父亲25岁，他考了济南军事教育团，在那里面学习了一年多时间。

王：后来呢?

陈：当时全国已经都处在抗战时期，韩复榘放弃济南，教育团的学生被迫撤到菏泽，也解散了。他们就往南流亡，到了武汉，在武昌江边有政府人员演讲，说你们的出路只有两条：一是投江自杀，别再回山东了；二是报考黄埔军校，学习抗日军事技术。他们别无选择，考了黄埔军校第十四期，学的是工兵科。因为战局需要，时间不长学校就迁到了湖南零陵县。

王：黄埔军校毕业以后呢?

陈：黄埔军校毕业后，父亲当时是27岁，就被派在第十四营二连当了少尉排长，半年后当了中尉教育官，后来升任中尉连副和上尉营副，又调考陆军工兵学校第十七期专科班，毕业后仍回原单位任上尉连长、少校连长、团军事队副队长，1947年升任少校团副。1949年秋天，在广西南宁跟着团长何绍祖起义。

王：起义以后呢?

陈：起义以后，政府把他们集中在南宁西南军区学习半年，1950年的春天，又都集中在汉口，全部遣送回家。

王：回来以后干什么工作?

① 李乐平（1906—1971），原名李子升。滕县人。历任鲁南区党委秘书长、鲁南专署专员、鲁中南区党委书记。新中国成立后历任南京市副市长、华东军政委员会交通局长、江苏省政协副主席等职。1971年9月19日逝世。

陈：当时山亭经徐庄到北庄交通很不方便，不能通车。白彦县指令徐庄区修路，都知道我父亲是学工兵科的，有个张区长就找父亲研究，说修建这条山区公路有困难，该怎么办？父亲说：你给我两千个劳动力，八天我可以完成，当时区长听了有些怀疑，就跟着父亲一起到实地察看。他们沿着山道勘察，整整跑了三天。哪里削高，哪里填洼，怎样避险等，父亲都一一指给他看，第三天连夜绘了草图，第四天报到白彦县建设科，第五天把任务分到三个村开始施工，父亲又来回跑，给民工传授爆破知识，传授修路技术，只用了两天半，就修好了这两条公路，前后总共用了七天半。

王：您父亲的水平真高。政府有没有给他什么奖励？

陈：当时区长还问过我们家庭生活情况如何，父亲说没有困难。其实我们娘儿几个都还在要着饭呢。后来他兴修水利时，又请我父亲去当技术员，后来修岩马水库也去了，当了两年技术员。

王：以后的日子应该稳定了吧？

陈：1960 年的时候，政府号召我们到东北支边，我母亲就报了名，我们全家就到了辽宁本溪支边，一直到 1979 年才回来。

王：能总体给您父亲一个评价吗？

陈：说评价，我觉得我父亲最讲德。

我父亲会武术，在本溪他见一个爱好运动没人辅导的穷孩子，就教他武术和文化课，后来那孩子考取了辽宁体育大学，现在是本溪地质学院的体育教师。

1979 年回来以后，在 80 年开始收学生教武术，教了 200 多人，各行各业都有，没有一个是社会渣滓。我父亲常说：无罪即为贵，做人先立德。

王：您父亲是什么时间去世的？多大岁数？

陈：父亲是 1996 年 9 月 2 日（农历七月二十日）去世的，86 岁。

4. 赴济南考取军训班①

通过采访，尽管陈孔军对父亲陈芳德的情况介绍了不少，但对他考取黄埔及抗战经历的事情说得很笼统。笔者从陈芳德的回忆文章中，对他的从戎经历有了详尽了解。以下是陈芳德的回忆文章：

我自从山东省立济宁第七中学毕业后，国家正处在外有帝国主义的侵略，内有军阀混战的局面，可以说是国难当头之际。有志之士，都怀有救国之心，我在这种大环境的影响下，决心从军救国。此时，正好在报纸上看到海军在山东省招兵20名，当即约同学杨宝斋赴济南教育厅报名，到后才知道身高上限至1.5米，我们俩都在一米八以上，不准报名。杨同学是教员，即让他先返回滕县教学，我即去济宁七中领取毕业证书。到七中后据学校回答：我的证书被陈明升同学借用在济南市第三路军无线电训练班学习。我返回济南找到陈明升说明来意后，陈同学当即告诉我：山东省政府主席韩复榘最近要成立军事教育团训练班，并要招收高中至大学毕业学生，计划招收800名，先期招400名，你如有意，我即给你准备证书及高中投考指南。我当时听从他的意见，就在他附近租了一间小屋，开始准备功课，选择最主要而又普通的题反复阅读，强化记忆。在这期间，因驻地靠近省国术馆，由于陈明升同学宣扬我会剑术，被国术馆太极门李主任知道后，约我去国术馆表演剑术，我不得已表演了一套提袍剑。他看完后对我说：你来济南考学可找到职业？我现在派你担任济南市高干子女教练，每月暂定20元工资（相当于高小校长待遇）。我当即回答：我不是找职业，我是想学军事，准备打日本。他再三劝说我也没同意，当时表现出学军事打日本的意志和决心。

所谓有志者事竟成，我很顺利地完成答卷，在录取的400名同学中，我居前80名。

1935年春，我开始入山东省军事教育团学习，该团校舍设在济南市南营，团长童玉振中将，其人好学、文雅，50多岁，身体健康，对单杠

① 本节系陈芳德口述资料，略有删减，标题为笔者所加。

各项动作很熟练。少校中队长何志斌是冯玉祥的卫队营长，他的学术及各项运动都很完美。

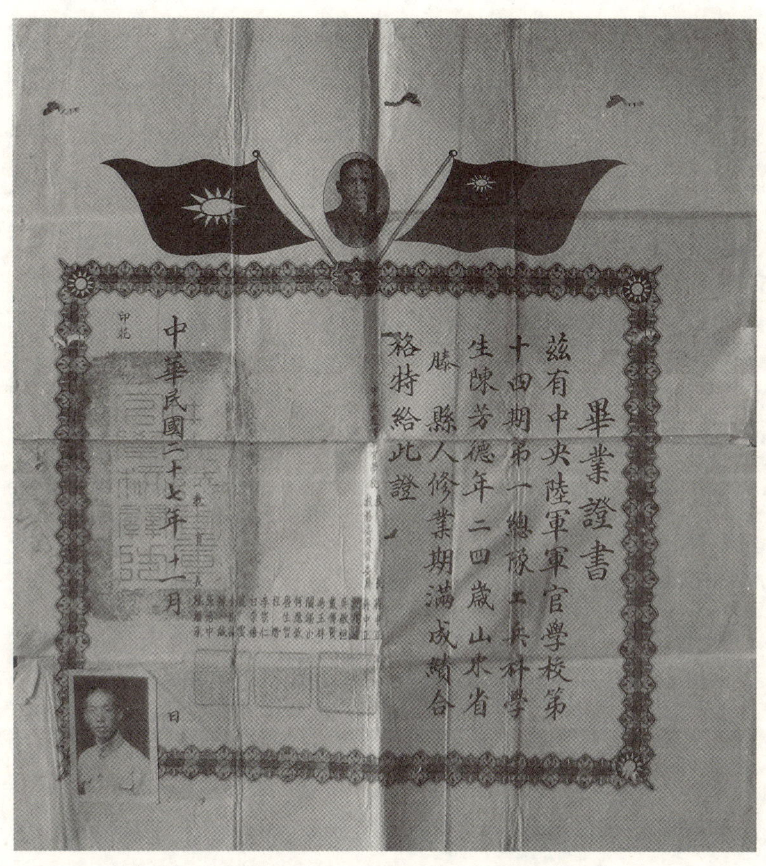
畢業證書

茲有中央陸軍軍官學校第十四期第一總隊工兵科學生陳芳德年二四歲山東省滕縣人修業期滿成績合格特給此證

印花

中華民國二十七年十一月　日

图44　陈芳德黄埔军校毕业证书

我们全中队120位同学，分三个分队，在一所楼房分三个寝室住。中队长下设三个分队长，每分队分三个班，由中队指派有军事常识的人任班长。我们开始学习，每人发一本日本式的步兵操典，照操典上的规定动作学习。在操场上先用最基本的动作正步走，再学习各种队形，如纵队、横队、三路四路等纵队变换。再学习持枪操练各动作，并兼练跑越各种障碍，如土墙、独木桥、石城、木城、木马，这些都是操场的学习。半年后接着野外战斗训练，开始每天早饭后，将全队带至野外，如接近敌人约300米左右时连下令各排展开，近敌约200米时排下令各班展开等动作，以及在部队行进接近敌人时，尖兵排要尽全力阻击敌人等。在这个训练时间里除了出操和野外训练，每天早晨带步枪及200发子弹、4枚手榴弹跑步15公里后，再回来吃早饭。每星期有三至四次夜晚带行李、全副武装紧急集合跑至千佛山。每月有月考，单杠、木马都要及格，每天有两次讲堂，讲海、空、炮各兵种在战斗中的作用与常识，省主席韩复榘每星期讲一次《曾胡治兵语录》。

5. 难忘的军训班经历

在山东军事教育团学习一年时间，每天起床被子都要叠得如木板似的整齐，厕所、寝室都要洗擦干净。因此，我们既掌握战斗知识，又练成了钢筋铁骨般的身体。

1936年春，中央命令山东省高中至大学的应届毕业生集中济南市南营房，受三个月的军事训练，期满考试及格者方能毕业，我们这些教育团的学生充任教练班长，正好给我们提供一次实习的机会。

我们同新来的学生吃住行动终日在一起，对他们的要求也非常严格。

三个月的军事训练很顺利地完成，受训的同学都感到经过军训后，军事素养和军事技能有了很大的提高，都能认识到自己是保国卫民的重要力量。

1937年7月7日，宋哲元部三十九军在河北省卢沟桥打响了抗日战争的第一枪，震动了全国，“打倒日本帝国主义”的呼声响遍了各地。教育团的同学们格外紧张，全团师生马上作以部署，并于当年秋奉命开赴兖州附近农村做宣传抗日活动。当时父母曾来兖州看我，因我是独生子，想要我回家，我劝慰双亲说：在此国难当头为国效力之际，在家也不见得安全，不如当兵为国家人民作些贡献为好。双亲同意我的见解后，把他们送至兖州火车站乘车回家，这时日军开始轰炸火车站，情况极其危险，双亲幸得脱险回家。接着，教育团学生奉命南下，中队长何志斌派我任第八班临时班长，率16名病号乘火车押四车皮现洋（山东民生银行现金），其余同学徒步行军至菏泽待命。我们乘车至河南开封市时，列车停在火车站不动了，接着全国召开第一次将领会议（在开封举行）。在开会当天晚六时左右，有人在车边找问车上负责人，我回答说是我。有两支枪对准我，那人说：不准动！并说你们主席不干了，您把武器都交出来！我答：我们是学生，官长不在怎么办？他说给你写证明，我即命同学把16支步枪及手榴弹都交给来人后，回车内一看，同学们把箱子打开，正拿现洋（银元），我当即制止，说：任何人不准拿，都要放回箱内，有的要求留一元钱，我没许可，并郑重地告诉他们，我们是学生身份，是知识分子，钱是国家的，应由国家分配使用，我们在任何时候都不要为金钱败坏青年人的高尚品质。接着，宪兵用武装把我们押解至开封城里宪兵团部，将我们看管在五间空房里，至第二天上午，没人过问我们生活的事。第七班同学在下车之际，都满载充足的现金钞票，请站岗的卫兵代买食物吃，我班的同学看到这种情况后，当即就对我有不满的表态，并含有辱骂的意思，我仍以冷静处之。幸好在当日三点钟左右的时候，宪兵团伙房送来了足用的饭菜、茶水，才算解了我当时的窘境。公家有这些钱可以帮助国家打日本，如私人得了钱，就要私自带回家。当时大部分地区已沦陷，则无可归之处，必到处流亡，不仅个人的生命时刻有危险，前途亦不可设想。结果有不少七班的同学后来流亡到汉奸路上去了，而我们八班的同学流亡到武汉，考入了黄埔军校十四期，成了抗日骨干力量，为国家为人民做了很多的贡献。所以说金钱能助人，但不义之财则能害人。

6. 到武汉报考黄埔军校

我们七、八两班，共有40多人，在开封被宪兵团看管了一个多月的时间。有一天宪兵团部通知要我们同学选一代表去团部问话。当时大家选我为代表。到团部后，团长说：你们守纪律很好，本部欲留你在我部任排长，是否同意？我回答：我们是尚未毕业的学生，大家都愿意继续学习，毕业后听从分配。团长笑了笑说：你回去吧。我回来将此事向大家传达后，都同意我的回答。过了不久，我们的团长童玉振亲自来到开封宪兵团，把我们要回，送至菏泽县，归还建制。中队长何志斌对我说他要去干游击队，并说，你们可以自由行动，随集体赴武汉流亡吧。我们随即集体乘火车，南下武汉。车至郑州车站时又遭敌机轰炸，幸得脱险直达汉口，渡江至武昌黄鹤楼下茶馆里暂存，但没钱，吃不上饭。两天后，黄埔军校为十四期招生，且报名者每天发两角钱生活费。我们八班同学报名后向武昌火车站集中等车。到车站时，看到很多在车上的同学向我打招呼，我就忙去爬车，没抓稳，我纵身跳下车来，摔在车轨边，几乎被车轧死，因此受惊，很长时间神经不正常。

在武昌乘车至江西清江县后，首先来个特别的实验，然后再编成连队。开始步兵训练，两个月后，奉命开往湖南零陵县。当时湘桂路正在修建中，得要徒步行军。军校早就知道我们教育团在山东济南受过一年多的步兵教育，借此机会来战备行军，时华北地区共有山东、河北、山西三个教育团，河北的在北平与日军作战中牺牲了，山西的在喜峰口与日军作战中也牺牲了，只剩下我们山东的这班学生，所以在行军开始的时候，学校指定我们连的倪连长为前卫营长，令我为尖兵连长，还有位同学为尖兵排长。把部队带至行军路上，前卫营长给我下达命令并指明前进方向及假设敌情，我复诵后并下令尖兵排，排即下令指派左右翼前进，即开始部队行进。行军路上，有时号令停止休息十多分钟后再号令行进，有时演习各种情况的处理，每晚宿营，用雨衣作帐篷露营，严格按照战时要求进行。零陵城是一个靠近湘江的小山城，是工兵训练的好地方。到达后，我们略一整理，即开始学习工兵课程，如筑城、渡河、爆破三门主课，对坑道、通信、地形的测绘等，也进行了学习。

7. 专业学习工兵科

学校组织有校本部，有教育长林柏森（广东人，中将，日本士官学校毕业）负总责，校长蒋介石不到校，另外有两个教导营，一个学生大队。我们十四期的学生就在这个学生队里学习，也就是工校代训的学生队，安排好住地后，全部带至校部。

我们在山东教育团所学的是步兵操练、野外、劈刺等军事技能，连西北军的四式花枪也学了。拳术及障碍物的超越也很熟练，初学工兵技术都觉得很新奇。

我们一开始学筑城，如个人掩体的工事，战壕的深度，指挥所的设置，连、营、团、师等位置的选择。最主要的就是团指挥所的构筑，要挖深5米，顶盖枕木要20厘米粗圆木，头层用铁轨，二层用木柴，三层用30厘米厚的土，以适应敌方的飞机及大炮的轰炸。

第二学渡河。指部队在作战中要通过沟、洼地、河流等处障碍时，必须架设各种桥梁以便部队迅速通过，攻击敌人。有架柱桥（固定桥脚）、有浮游桥（用漂浮的桥脚），也有只能通人马的轻快桥。在山区水量不大的溪流小河，可以铺设水下石桥，各种桥梁的架设都含有各种技巧与方法及原则性，最困难的就是在与敌人战斗中架桥。

我们每天在湘江边实地工作时，每人携带一根2米长的麻绳，练习用绳子的结扣法，其方法有12种。在架桥时，还得到15华里的器材库，搬运支撑架桥用的6米长15厘米粗的圆木，运到湘江边。

渡河训练及筑城训练都重视力学，专有力学教官负责，教授的是德国译本。

渡河基本技术，得会游泳、划船，会使用橹、桨。在游泳比赛中，每期都有被淹死的同学，因湘江涨水期有5华里宽，力气再大如果跟不上也会有生命危险。有位同学用橹摇船，不慎堕水后捞了两天才得尸体。训练中每个战士必须达到8千米以上的游泳距离才及格。

工兵架设桥梁多用于临时能通过人、马、炮、车，但得算出重量，像日本侵入我国时，60吨以上的坦克车进不来，因中国的公路桥梁只载重20吨，所以工兵修路架桥都有载重量计算。

我们从德国购买了两套橡皮舟、铁舟，还有架设5公里桥梁的材料。这些材料，有方便、快捷、载重量大、耐用、持久、坚固等特点，上面能通过汽车、炮车。在5里长的河床上，我们能在对岸敌人炮火攻击下前进，架桥在两小时之内，我方登上对岸时，5里长的桥梁要全部完成。此技，我学习了20多天。

爆破主要研究炸药的威力及性能。使用数量要看建筑物体的抵抗力，多用国产的黄色炸药，有圆形的重100公斤，方形的重200公斤。点火分两种，一种为导火索，用火柴点，如雷管；另一种为电点火，用信管装100公分长的药，爆炸威力在100米以上。同学们还学习了阵前地雷群的布设等技术。

坑道战要先学土质学。勘测位置时，要看地形外貌、环境，向下挖事先要躲开地下水。内里有主坑道，支坑道较窄，主坑道能并行两人。在适当的距离设指挥所、办公室、休息室等。

通信要学习架设有线电话，懂得使用，铺线、收线，要快。

教育长经常讲，工兵是技术兵，得懂得各兵种的性能，才能帮助做各兵种的工事。工兵本身没有战斗力，在战场上工兵指挥官得派有警卫武力。大部队先头要派有工兵准备架桥及排除路上障碍，在追击敌人时先头更要派工兵排除沿途埋设的地雷群及各种爆炸性的埋设设施等。

8. 准备随时参加抗战

我们学完工兵的各种基础教育，时值 1939 年，让我想起白崇禧将军的两个故事。

淞沪会战时白崇禧任国防部长，曾担任一个局部战场的指挥，因他是学工兵出身的，他指导部队做交通壕，按规定壕深 1.1 米，他临时规定挖 1.3 米深。敌人接近阵地时，令我军撤出阵地十多里，再命我军带足手榴弹准备反攻。当敌人退入我军战壕后，我军即时赶到阵地向战壕丢手榴弹，因战壕深、敌人身材矮，枪打不出去，在深沟里逃走也困难，这就是利用工兵技术消灭敌人。

1939 年在昆仑关会战时，当时我工兵营开往广西迁江北岸，测绘两个师阵地图，预备阵地。敌人有一个旅团的兵力，由海南岛经南宁向昆仑关进攻。当时是白崇禧、何应钦负责指挥杜聿明机械化军对抗，抢占一高地，敌我两军抢来夺去，牺牲都很大，敌人旅长也死在阵地上。敌人由海南岛又派一旅团长由飞机运到阵地指挥，也未得逞，结果由我军工兵在两军火力下抢设障碍，我军由此战胜敌人。

白崇禧将军来零陵时说："蒋先生下命令都是要死守阵地，事先未想想敌我装备及训练素质，如死守则牺牲大所得战果小，如利用活动战法，确保阵地，则可减少牺牲兵力。"冯玉祥将军向军校学生讲话说："现在的战斗，不能再用过去的笨方法，要讲究用技巧、智谋、科技等方式方法才能战胜敌人。"以上两位将军的经验之谈启迪了学生的思想，同学们都感到是很宝贵的指示训言。

毕业后即分配到国家新成立的20个独立工兵营，我们分配到各营充任排长，我被派至工兵第8营2连任连副，于1942年晋级上尉营副，并带职考入湖南零陵工兵学校学员队工兵专科第十七期，这批同学共有47人，编为一个队。

我们在学员队学习理论方面的知识，测量仪器多用外国进口的经纬仪、大小平板仪。利用野外各种地形地物，学习如何把师团指挥部设置在阵地前沿且成为火力达不到的死角。每次野外察看都得在阵地上绘图交卷，收操后教官再批阅每个学员所绘阵地配备的优劣。

这是我学习军事的三个阶段，即：一是在1935年于山东教育团学习步兵；二是1937年在湖南零陵黄埔军校第十四期工兵专科学习初级步兵；三是1942年又调考工兵专科学校普通班第十七期。

9. 长沙会战前的湖面勘察

上海战役过后，日军有感于运送军粮的困难，企图占领我湖南、湖北鱼米之乡，以达以战养战的目的。陆海空三军同时进攻，于是出现了中外闻名的“长沙会战”。

长沙会战前后打了两三年，大的战斗就打了四次。当时我在国民党工兵部队任职，故而没有参加整个会战，只参加了第一次会战前封锁鄱阳湖通往湖南水路的勘测设计工作。在第二次会战中，我在彭泽县沿长江南岸，协助指导步兵修筑工事。

1938年夏季，我在陆军第八独立工兵营第二连任中尉连副。时景德镇驻有四川部队一个军，记得军长叫陈元亮。工兵第八营奉国防部工兵指挥部指挥官马崇六的命令，全营开赴景德镇，配属该军指挥。我营开到景德镇，刚刚安置好驻地，即接陈军长电话通知：海军军部派来张、刘两位高参，要我军协助封锁鄱阳湖，以防日艇窜犯该湖，希派员即日协同两位高参赴该湖勘察设计，呈报国防部。李当即派我会同二位高参完成此项任务。

我们乘坐民用露天小木船，行程一天，抵达湖边鄱阳镇。当天住宿在一个小店里，第二天乘船环湖侦查，查看水位深浅及敌艇来犯的进出路等情况，回店后开始研究。湖南的洞庭湖和江西的鄱阳湖是我国长江夏贮水、秋排水的天然大水库。敌艇来犯，必经长江鄱阳湖，在鄱阳湖水路入口处设置障碍，这是必然之理。但是用什么材料，设置什么障碍，才能阻止敌人来犯之艇？这是我当时考虑的焦点。两位高参是上校、中校，而我只是个中尉，那时要讲服从的，我只能听从领导主张。但我没有料到，他们只知海洋大兵舰作战，江河的攻防就不甚了解，便征求我的意见。我向他们说明水势、地形，建议设水下障碍，用木桩和铁丝网阻止敌舰来犯。请他们向鄱阳县政府要6至8名绘图缮写技术人员，并抓紧准备设障碍所需材料，他们都答应了我的要求。

绘图、做计划书，他们都插不上手，只有我自己单干。经过7天的时间，我做完了图标表及计划书草稿，又监督鄱阳县的技术人员缮写18份，分报国防部、第四战区长官部等机关，前后共用了20多天时间才结束了工作。

第二次长沙会战在1941年9月发生。我们营奉命赴江西彭泽县，指导步兵修筑沿长江南岸的防卫工事，挖战壕，做各种掩蔽部等。同时指导江西西南部队，将各条公路，凡能行驶车辆的，一律化路为稻田，对公路都挖成电光型（这种路单身行走都不方便）。那时我仍任工兵第八营二连连副，连长陈志九命我率两个排完成此项任务。彭泽县沿长江边、沿山区东西90余华里，战士、干部每人发一白布袋，带7天口粮，2两食盐。不料想到达阵地时，90里范围内没有老百姓，只有很少几间破草房。仔细寻找，才找到个破锅。我们白天在阵地帮助做工事，晚上回村里用破锅煮饭吃，生活十分艰苦，锅小人多，人饿急了就吃生米。日本鬼子在对面山上同我们一样做工事，他们用炸药代替人工，我们只靠锹镐人工；他们的阵地上有铁丝网等两三道障碍物，我们只有交通战壕及各种掩体，没有障碍储备。我们的阵地是长沙外围，用于抗御日寇进攻，而敌人的阵地，则是为保卫长江至长沙的水路交通线。白天各做各的工事，互不射击。

10. 把余热献给家乡

青年时期，我为了抗日救国，先后参加过国民党济南军事教育导团和黄埔军校。后于1949年11月在广西南宁随部起义，1950年返乡务农。

党的十一届三中全会以后的几年，我国的政治、经济形势发生了巨大的变化。农村实行家庭联产承包责任制，农业生产得到迅速发展，农民生活得到改善。共产党从挫折中总结了经验教训，恢复和发扬了实事求是的优良传统，使我深受教育。我虽已年逾古稀，也要为建设四化、振兴中华做点贡献。

贡献什么呢？我对自己的经历作了一番回忆。

我的家乡在山区，解放初期，十分贫困，农民每年都要吃国家救济粮。但由于交通不便，运粮十分困难。1950 年冬，当时的张区长找到我，要我承担起北庄至摩天岭、徐庄至辛召两条公路的勘测和施工任务，结果我前后总共用了七天半修好了北庄至辛召、山亭的公路。后来，我又参加了岩马水库的建设工作，也取得了一定的成绩。

我每做一项工作，都受到了领导的表扬。但我认为，我的技术是人民给的，让它造福于人民，是我应尽的义务。

后来，农村公路、水利建设蓬勃发展，我的年纪也大了，终日爬山越岭，勘测绘图，确实力不从心，我还能为人民做些什么呢？

我幼年多病，为了祛病强身，从少年时期就开始学习武术，几十年来基本上没有间断。1970 年收了一个徒弟，1973 年被北京体育学院录取。眼下，农村文体生活贫乏，青年思想空虚，有的受到社会上的坏影响，走了下坡路，我何不把自己的技艺教给他们，改变青年中的不良风气呢？

于是，我于 1981 年开始招徒传艺。当时只在本村教了几个青年，外村、外县的听说了，也跑来找我，我也收下了。4 年来，先后教了 200 多人。本村青年，每天定时传艺练功；外地青年，随到随教，回去锻炼。无论本村、外地青年，我都反复向他们进行武德教育，要求他们为强身健体、继承中国优秀文化遗产而练武。表现不好，我一个也不收，一招也不教。传艺时，我注意严肃认真，一招一式，都严格要求，反复示范，不搞“花架子”。这些青年经过学习，表现都很好。

图 45 陈芳德向学生传授剑术

去年（1984 年）省体委挖掘整理祖国武术技艺，我应邀在青岛观摩会上表演了“提袍剑”“达摩掌”。回来后又在市、区体委的帮助下，整理了这两套拳谱，上交给国家，又一次受到上级的表扬。

几年来，我做了一些微不足道的工作，却受到了党和国家的巨大关怀。去年以来，上级花费了极大的精力，为我落实了起义投诚政策。我万分感激党。我在有生之年，要多做工作，把余热献给国家，把技艺传给后代，鞠躬尽瘁，死而后已。

11. 回忆一生

我出身学生，成分中农，幼年多病，8 岁才会行走。10 岁以前在故居徐庄读过两年私塾，后因避匪乱赴滕县，又读了两年多私塾。大概在 17 岁考入了滕县县立第二高级小学四年级，六年级毕业；21 岁时，又考入了济宁山东省立第七中学。时值九一八事变，日本占领东三省，我曾参加过全国学生赴南京政府请愿抗日活动。在七中毕业后我 25 岁，当时正处在抗日高潮时期，我考入了山东济南市军事教育团。

七七事变后，因为韩复榘的不抵抗政策，我们教育团的五六百学生被迫撤出济南，退至鲁西菏泽时被解散。我们同学流亡至武汉，考取黄埔军校十四期，开往江西清江县学习。后因战事关系，不久学校迁至湖南零陵县。

在军校毕业后，我参加了长沙会战。抗战胜利后，于1949年秋，在广西南宁随团长何绍祖（广西大学及陆军大学毕业）起义。起义后入西南军区教导团学习五六个月，于1950年春资遣回家。

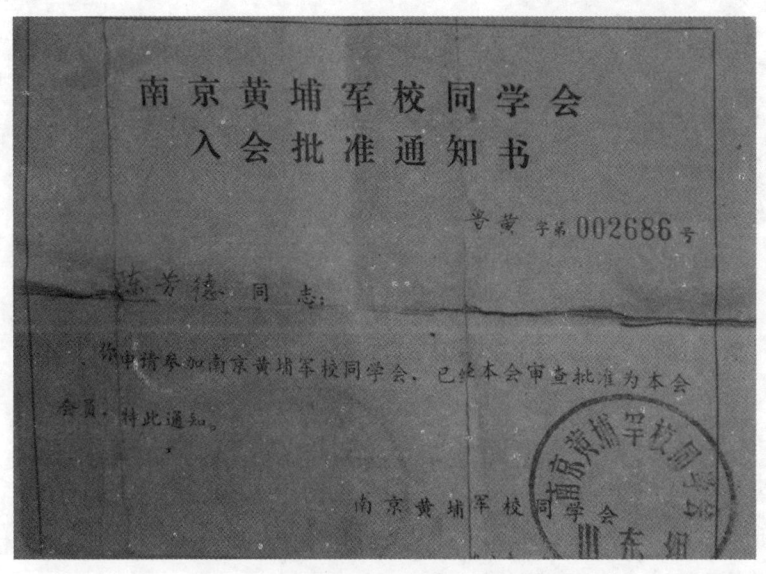

南京黄埔军校同学会
入会批准通知书

普黄 字第002686号

陈芳德 同志：

你申请参加南京黄埔军校同学会，已经本会审查批准为本会会员，特此通知。

南京黄埔军校同学会

图46　陈芳德加入黄埔同学会通知书

资遣时，我报的是江西上饶市和济昌铁工厂。因我岳父在那里当会计，我家属也在那里，所以先回上饶市。在那里住了三四个月后，得知父母现居住在峄县郭里集，又带家属回至郭里集。也住了三四个月，于1951年春全家迁回原籍，即现山亭区徐庄乡徐庄街家中。

1960年政府号召赴辽宁本溪支边，由家属报名，我家随同徐庄公社的150户赴辽宁本溪县山城子公社硃石峪大队安家落户。

1979年12月，父亲病故，滕县政协等部门都送有花圈，以表哀悼之意。当时我内心深感政府的恩情之大，应如何报答？那时亦看到将近90的老母亲，不忍再离开家乡，便办迁移，返回故乡徐庄。

初中毕业，就参加国军。进入部队，马上投入战场。他先参加淞沪会战，后投考黄埔，再次奔向抗日战场，长沙会战、湘西会战等战场都有他的身影。他就是黄埔军校第十八期毕业生——陈芳贤。

图 47 老年时期的陈芳贤

（七）陈芳贤

陈芳贤（1918—2002），滕县徐庄人，黄埔军校第十八期炮科毕业，曾任国民党军队排长、连长，参加过对日湘西会战、长沙会战。1949 年起义后返回故里，山东黄埔同学会会员，山亭区政协委员，2002 年去世。

1. 陈芳贤档案

姓　　名：陈芳贤

出生时间：1918 年 2 月

民　　族：汉族

属　　相：马（农历戊午年）

籍　　贯：滕县时村

出生地点：滕县徐庄

成 长 地：滕县徐庄

学校期别：黄埔军校第十八期炮科

最高职位：国民革命军连长

政治待遇：山亭区政协委员、山东黄埔同学会会员

去世时间：2002 年 7 月

2. 陈芳贤简历

1918 年 2 月出生。

1926 年，在滕县读小学。

1932 年，小学毕业。

1933 年，在滕县一中读书。

1936 年，滕县一中毕业，后入国民革命军。

1937 年，参加淞沪会战。

1941 年秋，考入黄埔军校第十八期炮科。

1943年春，黄埔军校毕业，分配至第七十三军炮五十一团。

1949年，参加起义。

1957年，入滕县中医进修班学习，后回徐庄乡医院工作。

1978年，退休回家，后被返聘。

1990年，离开徐庄乡医院，返回老家。

2002年7月，去世。

3. 难以忘怀的黄埔经历①

到徐庄镇采访黄埔军校学生，收获最大的就是在了解过第十五期陈芳德之后，又得了陈门另一黄埔学生陈芳贤的回忆文章。以下是陈芳贤的回忆文章：

我进入黄埔军校学习是在1941年的秋天。我原在滕县一中学习，当时正值以国共第二次合作为基础的抗日民族统一战线已经形成。国民政府为适应战争需要，在社会上招考一批知识青年，进入黄埔军校学习深造。我考入的是第十八期炮科独立第五大队（300人），由陆军炮兵学校代训。校长蒋中正，教育长史文桂，校址在贵州省都匀县城的文庙。学校大门的升旗台前，正中是"亲爱精诚"的校训，两旁书写着"顶天立地，继往开来"八个大字。

黄埔军校的教育分两个阶段进行，无论军官保送的还是社会知识青年考入的，都离不开政治、军事、文化学习。政治教育课程主要是总理遗嘱、三民主义、五权宪法、建国方略、建国大纲，及国民党第一次全国代表大会宣言。还有总裁言行中的四维、八德和礼义廉耻，以及古往今来的民族英雄人物的模范事迹、时事新闻和一切为人处世的道理等。

军事教育除一些基础教育外，有军事课中的《典范令》和四大教程，如《步兵操典》《射击教范》《野外勤务》《阵中要务令》《战术学》，《交通学》分科中的《炮兵操典》《观通教范》，实弹射击、地形观察等。每天都是三操两点名，早唱国民党党歌，晚唱校歌。逢星期一举行纪念周

① 本节据陈芳贤回忆文章，标题为本书作者所加。

会，由主席带领宣读总理遗嘱，向总理行脱帽三鞠躬礼，默念三分钟后，报告上周实事、工作学习等事项，然后操练。星期天都要进行清洁大扫除，然后就检查，分内务、环境、个人卫生等方面，其中有一项不及格的就不能放星期天假，留校复习，何时及格了，请示值班员复查后放假。

军官保送的入伍生，学习时间半年，主要学基本课程，如《步兵操典》《射击教范》《野外勤务》，复习数理化等学科。操练基本姿势，单人教训到班、排、连。

社会招考的学生时间较长，分课后主要学习专业课，如步、骑、炮等。因我是学习炮兵的，就学习些《炮兵操典》《观通教范》中的炮操，及《观测测量》《自线无线》《野外勤务》《战术学》等。从单人到联合，先学战术动作，继而是协同作战和战斗指挥，都依次实施，逐渐促进。政治、经济、文化等考试合格方准毕业。我在一年又几个月的学习期间，因国内外战争，军校的给养补充、交通运输都有难处，军校中一时形成政治加强、军事紧张、经济拮据的局面。

在生活艰难、口粮不足的情况下，同学们发扬了黄埔的革命精神，克服了种种困难，努力参加军训、学习，保质保量地完成了学习任务。

1943 年春，将近毕业的时候，重庆最高当局电示：蒋校长近期到校视察。5 月初，蒋介石莅临军校，检阅了全校师生。我们听了校长及有关领导的重要讲话，与蒋校长合影留念后，举行了毕业典礼，从而结束了我的黄埔军校生活。

4. 陈孔华对父亲陈芳贤的回忆[①]

以下是笔者对陈芳贤之子陈孔华的访谈，虽然他不能详细讲述其父的抗日故事，但也可从中看出陈芳贤不平凡的一生经历。

时间：2013 年 9 月 20 日上午

地点：枣庄市山亭区徐庄镇徐庄村

王功彬（以下简称王）：您好陈书记，得知您父亲陈芳贤是黄埔军校

① 本节据笔者采访陈芳贤之子陈孔华记录，标题由笔者所加。

学生，我想请您详细谈谈您家族和您父亲的情况好吗？

陈孔华（1959 年出生，陈芳贤之子，山亭区徐庄镇人民医院党委书记，现居山亭徐庄。以下简称陈）：我爷爷弟兄三个，老大陈正安，老二是我爷爷，叫陈正宇，老三陈正宏。到我父亲这辈，他们是弟兄五个，我大大爷早逝，没有名字，我父亲是老二陈芳贤，老三陈芳信，老四陈芳孝，老五陈芳敬，另外还有一个姑姑。三叔芳信上完学以后，就参加了地方八路军，在兖州滕县这一带，新中国成立后在兖州县工作，做过兖州县人民医院院长，后期调到兖州县粮食局任副局长至离休，去世三年了。四叔芳孝从上学回来后参加了华东野战部队，当八路军，从抗日战争到解放战争，再到抗美援朝他全部都参加了；从抗美援朝第一期开始入朝，一直到最后一期撤离，他参加的战役数不清。他后来转业到浙江兰溪，享受高干 12 级待遇，被安排在一个大企业干厂长兼书记，“文化大革命”的时候受了点挫折，最后离休，住在浙江兰溪，今年 90 多岁了。我五叔芳敬一直在家，因为我大爷十几岁因病去世，我父亲和三叔四叔，弟兄三个都在外边当兵，我爷爷就把他留下了，在家当民兵，后来在工商干了些年，也去世五六年了。

王：当时您家的家境怎么样？

陈：爷爷那时候开药铺，家里还有 8 亩地，家庭条件从经济上说稍微好点。

王：您父亲在哪里上的学？

陈：当时家庭条件还是比较好，一般的家庭也上不起学。爷爷又有一定的政治头脑，想得比较远，所以就把我父亲送到滕县去上学了。父亲在滕县一中上的学，他没上私塾。原来四叔、五叔都在滕县上学。哥儿仨都在同一个小学校，小学毕业以后，三叔、四叔没上中学，父亲上中学了。听老人讲，弟兄三个太阳刚升起的时候，手牵着手去上学，一直到晚上才到滕县，当时没有车，都是走着去滕县上学。那时候给孩子送煎饼、咸菜都用毛驴驮着去送。

王：您父亲中学是什么时间毕业的？

陈：是 1936 年在滕县一中毕业的，他 1918 年出生，1936 年初中即将毕业的时候国民党部队到滕县一中招兵，他那个班就全部招走了，我奶奶还担心念叨，嫌他年龄小又走那么远。我父亲加入国民党部队，接着到湖南一带驻防。听我父亲说过，西安事变的时候，他的部队已经开到了潼关，准备打的，结果西安事变和平解决了，就没打。

王：您父亲是什么时候考的黄埔军校？

陈：是在部队考的，是哪个部队不清楚，1941 年在部队考的黄埔军校。因为是初中生，当时初中生算有文化，很了不起的，所以在部队报考了黄埔军校。学校地址是贵州省都匀炮校，考的是十八期炮科独立第五大队，共 300 人，下设 3 个中队，按考试成绩分一、二、三中队，当时父亲编在第二中队。上了两年，1941 年的秋天开始上学，1943 年的春天毕业，被分到炮兵五十一团，后来是炮兵五十一团七连连长。

王：他参加过对日作战吗？

陈：参加过。他初中毕业就当了兵，参加了保卫上海的淞沪会战，后来在部队考了黄埔军校。1943 年黄埔军校毕业以后，他就一直驻防贵州、湖南，他参加过湘西会战、长沙会战。父亲在“文化大革命”的时候挨斗，他不敢说，那时候俺也不敢问，后来他才说的，说打过很多仗，从 1937 年抗战爆发，到他考入黄埔军校，从 1943 年军校毕业，到 1945 年抗战胜利，他都在打仗，打日本人。现在我都记不清了。

王：1945 年之后呢？

陈：一直驻守江阴，到 1949 年。

王：后来呢？

陈：1949 年驻守江阴，江阴是要塞，炮兵第五十一团就全团起义了。1949 年之后，说愿意留下当兵的就留下，不愿意的就回家。他没想回家，也没入伍，就在上海过了有三四年的时间，做点小生意。1953 年回了徐庄，回来以后，在郭庄教了两年的民办小学。1957 年滕县有个中医培训班，他就去报考了，学了半年时间的中医培训班。回家后，正好公社成立个医院，缺人，他就在卫生院工作了。

王：他擅长哪个科？

陈：他会中医，擅长妇科和内科。

王：他干了多长时间？

陈：他从1957年开始工作，一直干到1978年退休，干了20多年。退休以后，因镇卫生院缺人，又被返聘留用了12年。

王：在政治上，对您父亲有什么待遇吗？

陈：他是山亭区政协委员，连续干了三届政协委员。

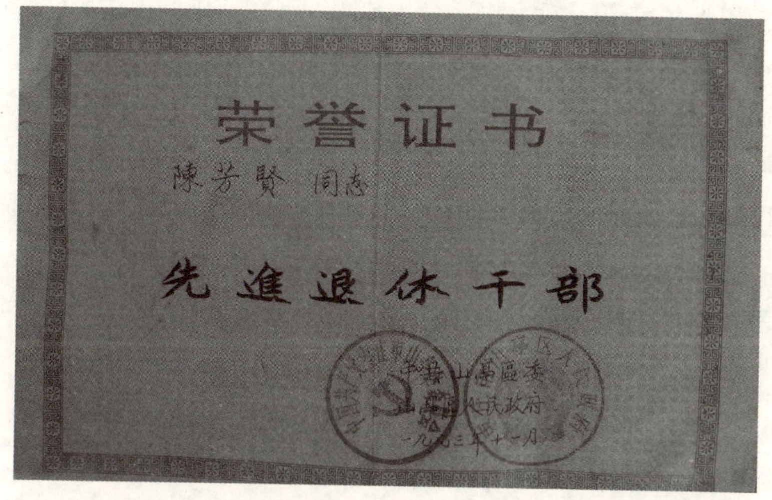

图48　陈芳贤先进退休干部荣誉证书

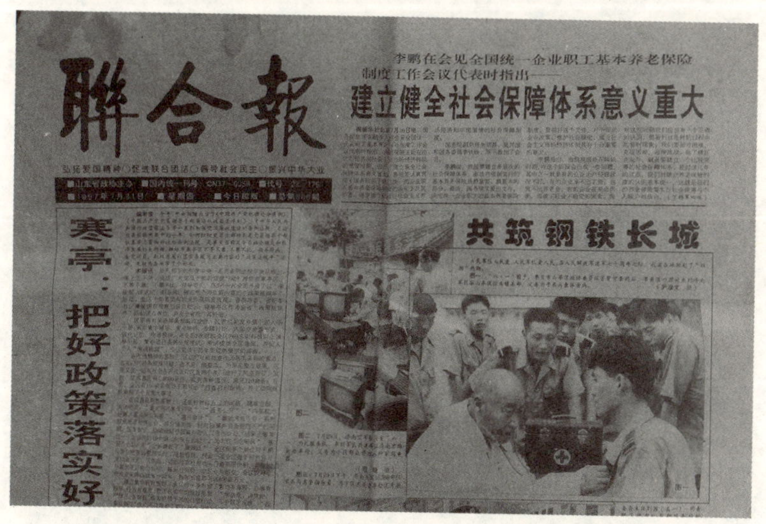

聯合報

弘扬爱国精神○促进联合团结○倡导社会民主○振兴中华大业

李鹏在会见全国统一企业职工基本养老保险制度工作会议代表时指出——

建立健全社会保障体系意义重大

寒亭：把好政策落实好

共筑钢铁长城

图49　1997年7月31日《联合报》报道陈芳贤事迹

王：您父亲是什么时间去世的？

陈：他是2002年7月去世的，83岁，他是属马的。我母亲是2007年12月去世的，91岁。

王：你们兄妹是什么情况？

陈：我弟兄2个、姊妹4个，我是老大，1978年接班，在镇中心卫生院从1999年至2007年，院长干了9年，现在任中心卫生医院支部书记，还没有退休。老二孔强，现在徐庄镇福利院卫生室工作。

王：对您父亲最难忘的是什么？

陈：最难忘的是教育我们兄妹几个，说一定要珍惜现在的生活，这一切来得不容易，原来的穷日子过惯了，一定要艰苦朴素。父亲很朴素，会过。

当时父亲在滕县上学的时候，有时连咸菜都吃不上，有次三叔问他，说哥哥我眼前怎么看不见东西呀？三叔得了夜盲症，就因为缺盐。

流亡四川，不改求学愿望；考入黄埔，达到报国夙愿；抗战中，在宜昌他为前线阵地运送炮弹；远征军里，他充当先头部队，历经千险终于与友军会师。他就是黄埔军校第十七期学生——李德让。

（八）李德让

1. 李德让档案

图 50　李德让老年照片

姓　　名：李德让

民　　族：汉族

出生时间：1918 年 4 月 8 日

属　　相：马（农历戊午年）

籍　　贯：峄县

出生地点：峄县台儿庄

成 长 地：峄县台儿庄侯孟唐庄村

毕业学校：黄埔军校武冈分校

学校期别：黄埔军校武冈分校第十七期

最高职位：国民革命军少校团附

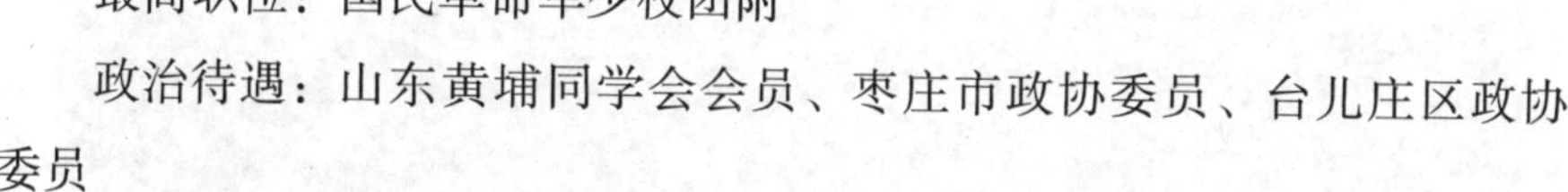

政治待遇：山东黄埔同学会会员、枣庄市政协委员、台儿庄区政协委员

去世时间：2008 年 10 月

2. 李德让简历

1918 年 4 月 8 日，在峄县侯孟乡唐庄村出生。

1927 年，在唐庄村读小学。

1930 年，小学三年级时辍学。

1932 年，到贾汪煤矿矿立职工子女学校继续读书。

1937 年，小学毕业。

1938 年春天，入国立湖北中学均县分校简易师范部学习。

1939 年 2 月，到达四川梓潼，同年于国立六中简易师范肄业；秋，考入黄埔军校第二分校第十七期。

1941 年 7 月，黄埔军校毕业，被分配至第二军九师直属辎重营四连。

1944 年 5 月，赴滇西参加中国远征军对日作战。

1945 年 1 月，远征军在芒友与新一军会师。升职为整编第九师第八旅第二十七团第三营第八连连长。

1949 年，任第二十七团少校团附；冬，在成都起义。

1950 年，回到老家。

1980 年，落实起义投诚人员政策。

1984 年，退休。

2008 年，去世。

3. 宜昌围攻战开始打响

1937 年八一三淞沪抗战失利后，南京也相继失陷。随着战局的恶化，国民政府被迫迁都重庆，军事委员会暂迁武汉。宜昌扼长江三峡东口，素有川鄂咽喉之称，自国民政府西迁后，遂成了拱卫陪都的第一道大门。正因如此，1938 年 10 月下旬，日军占领武汉，为了达到吞并中国的目的，加紧了西犯重庆的部署，宜昌又成了日军进攻的目标，于 1940 年 6 月攻陷宜昌。

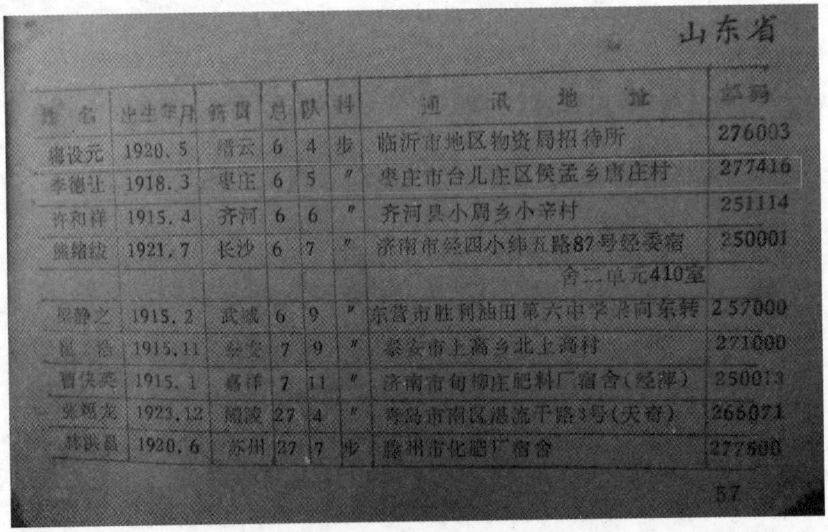

山东省

姓名	出生年月	籍贯	总	队	科	通讯地址	邮编
梅设元	1920.5	缙云	6	4	步	临沂市地区物资局招待所	276003
李德让	1918.3	枣庄	6	5	〃	枣庄市台儿庄区侯孟乡唐庄村	277416
许和祥	1915.4	齐河	6	6	〃	齐河县小周乡小辛村	251114
熊绪纹	1921.7	长沙	6	7	〃	济南市经四小纬五路87号经委宿舍二单元410室	250001
梁静之	1915.2	武城	6	9	〃	东营市胜利油田第六中学港向东转	257000
崔　浩	1915.11	泰安	7	9	〃	泰安市上高乡北上高村	271000
曹侠英	1915.1	嘉祥	7	11	〃	济南市甸柳庄肥料厂宿舍(经滓)	250013
张翊龙	1923.12	[illegible]	27	4	〃	青岛市南区湛流干路3号(天奇)	266071
林洪昌	1920.6	苏州	27	7	步	滕州市化肥厂宿舍	277500

57

图 51　李德让黄埔同学通讯录内页

宜昌沦陷，重庆震惊。国民政府军事委员会派遣参谋副总长白崇禧在鄂北老河口召开枣宜会战检讨会议，并紧急重组第六战区（将长江两岸划为第六战区），调军委会政治部长陈诚任第六战区司令长官（兼湖北省主席，公署驻恩施），孙连仲为副司令长官，赋予第六战区以“拱卫行都”与“收复失地”的任务。①

4. 第六战区临危受命

9月23日，第六战区下达作战命令，陈诚于30日由恩施赶到秭归，就近指挥作战。

9月28日中午，宜昌长江南北两岸的中国军队中央炮兵团、江防要塞及参战各军之炮兵集中140多门重炮，猛轰宜昌外围日军阵地。新一轮的宜昌攻防就此拉开。

在此次进攻战役中担任主攻的第二军于9月下旬分别从建始、巴东东下，经长途跋涉，于10月2日进抵宜昌西北地区。到达当天，该军所属之新三十三师猛攻滑石坑、谭家台子。3日，新三十三师猛攻小溪塔、茶店子，吸引了日军注意力。同时，第二军另两个师（第七十六师和第九师）乘机向前推进。当晚，第七十六师进入烟墩堡、黑虎山一带占领了警戒阵地，以掩护李德让所在第九师继续前进。

10月3日，日军各部均开始收缩阵地。

5. 第九师强攻东山寺

10月5日夜，第九师到达养儿河。日军很快发现了该部，立即向其集结地进行了猛烈的炮击，炮弹中夹杂着大量催泪性毒气弹，伤亡和中毒官兵很多，仅二十六团团部传令兵和勤务兵就伤亡了10多人。翌日拂晓，第九师损失很大，仅第二十六团就有两位营长负伤。天亮后，张金廷见部队伤亡太大，已无力攻击了，乃命部队向蜂子岭以东撤退，东山失守。

7日下午，第九师师长张金廷决定于当晚发动夜袭，遂召集各团、营长到师部开会，下达作战命令：以第二十五、第二十七团担任第一线攻击队，直扑宜昌北面的大娘子岗和土城日军主阵地，第二十六团为预备队。

---

① 西楼生的新浪博客《反攻宜昌战》，http：//blog. sina. com. cn/s/blog_ 5fc2001d0100e32k. html。

8日凌晨，第九师突然发起攻击。虽然将日军小队长今野一雄以下大部歼灭，但日军又相继投入两个小队和一个中队，仍未夺回东岳庙。

9日凌晨，中国军队对宜昌的总攻开始。

10日凌晨，中国军队再次对宜昌周围发起猛烈的总攻。凌晨2时30分，第二军集中迫击炮、山炮等进行了空前猛烈的火力准备后，开始反复冲锋。其中，日军经理勤务班防守的阵地曾三次被中国军队突破，危如累卵。拂晓前，第九师的突击团（第二十七团）一度占领东山寺以南大娘子岗主阵地，攻入宜昌市区，在距日军师团部不到1000米的圣母堂一带与守敌展开巷战，但日军施放大量毒气弹，使二十七团官兵大批中毒，被迫再度后撤。日军得以封住了突破口。

当年参加反攻宜昌之战的第二军第九师步兵第二十六团团部附员、李德让的战友解云祥，在《围歼日军，血战东山》一文中如是说："反攻宜昌的战斗，从部队开始调动到撤离战场，共约2个星期，而实际战斗只有几天。战斗中之所以遭到如此重大的伤亡，皆因我军在装备和训练方面均处于劣势，攻击各阶段又不能以火力压倒敌人（当时第九师的炮兵营是以八二迫击炮代替），除了以血肉之躯和敌人硬拼硬打外，别无他法；而我们的对手，不但装备精良，训练有素，而且还是装备有先进化学武器的强敌。尽管敌人在我攻击开始前就大量使用毒气，我军战斗力受到削弱，而官兵的战斗意志并未受到影响，相反仍不顾牺牲，前仆后继，打得敌人只能缩在坚固工事里负隅顽抗，始终不敢出来。"

在中国军队的凌厉攻势下，日军的防御变得越来越脆弱。10月10日傍晚，天降大雨，中国军队被迫停止了进攻。

11日下午5时，日军第三飞行团出动大批飞机，对宜昌城外中国军队阵地进行狂轰滥炸，并投掷毒气弹多枚，中国军队官兵中毒、受伤甚多。蒋介石得知这一情况后，也命令陈诚中止宜昌作战，恢复原态势。

战斗持续到10月26日，中国军队奉命主动退回江南。由于中国军队机动灵活，日军战果非常有限。战后，据第八军统计，在整个反攻宜昌的作战中，其所属的荣一师和一零三师仅伤亡300余人。[1]

6. 回忆战友壮烈殉国

虽然李德让所在部队也是第二军第九师，但他所在部队不是直接参战的步兵，而是师部直属的辎重营，从他的个人回忆录中，不难看出当年那场战役的残酷。他在纪念抗战胜利50周年的文章中，详细回忆了战友何新民无畏生死壮烈牺牲的情形：

今年是抗战胜利50周年，我作为一个老战士，参加过无数次打击侵略者的战斗，并随远征军转战缅甸。作为一个幸存者，我有责任告诉子孙后代那段似乎久远的历史。这里，我对大家讲述个真实的故事，让我们一起缅怀这些抗战烈士吧！

何新民，1916年生于河南唐河县，曾在地方政界任职，因不满国民党政界贪污腐败而弃政从戎，于1939年与我同期考入黄埔军校二分校十七期步科。1941年6月毕业，我俩一同分到四川秀山的第二军。报到后，他被分到九师二十三团一营一连任少尉排长，我在师直属辎重营四连任少尉排长，同年农历八月中秋（1941年10月5日），我们随军去宜昌，参加反攻宜昌的战斗。

宜昌位于长江北岸，两面环江，是敌人守备的天然屏障，其北部的杨叉路、子岑为敌人主阵地。中秋节拂晓，我师向敌人发起猛烈攻击，当天下午我第一线部队，已占领毛老店附近的高地，农历八月十七日，我师即向敌之主阵地实行攻击，因其阵地设有坚固的水泥工事及铁丝网，并有200余米的开阔地带，故屡攻不下。我方已有10余人伤亡，何新民也已负伤，但仍然坚守在自己的阵地上。此时，传来师长张金廷的命令，要第二十七团3日内攻破敌阵，将敌压至长江之内全歼之。第二十七团团长蒋治英决定当日夜即施行攻击。为使部队以迅雷不及掩耳之势越过开阔地，就必须在攻击前扫除敌之障碍。何新民自告奋勇，承担了尖兵任务，他率领10名精干士兵，在晚10点30分左右潜行到敌之铁丝网前，经过半小

---

① 以上据罗春《抗日中国15大城市保卫战》，http：//blog. sina. com. cn/haerluo。

时左右的作业，任务基本完成了。可就在这时，不幸的事情发生了，敌人发觉了我们的战士，无数枪弹密集射来，何新民及 10 名战士全部牺牲。这正是“出师未捷身先死，长使英雄泪满襟”，真是哀哉！壮哉！

7. 李德让之子李冠玲回忆父亲

为了解李德让的家庭情况，笔者采访了李德让之子李冠玲。

以下是笔者对李德让之子李冠玲的访谈记录[①]：

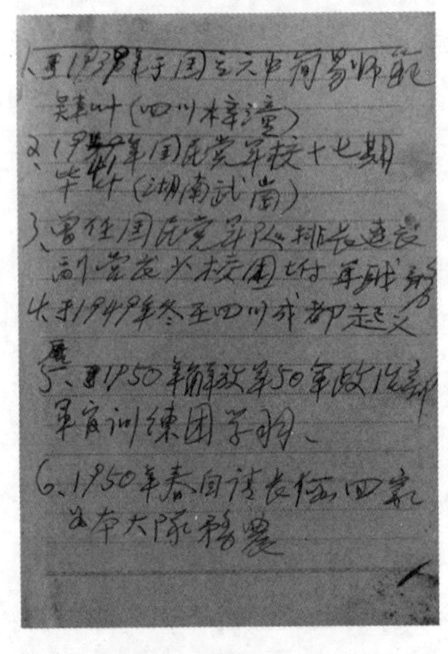

1、1938年于国立六中简易师范毕业（四川梓潼）
2、19[illegible]年国民党军校十七期毕业（湖南武冈）
3、曾任国民党军队排长连长副营长[illegible]军职务
4、于1949年冬在四川成都起义
5、1950年解放军50军政治部军官训练团学习、
6、1950年春自请长假回家在本大队务农

图 52　李德让手书个人履历

时间：2013 年 10 月 7 日

地点：台儿庄区侯孟乡唐庄村

王功彬（以下简称王）：您好李先生！我想了解一下您父亲李德让上黄埔和抗战的故事，您仔细讲讲好吗？

李冠玲（以下简称李）：他的事我知道的也不多，只知道他是黄埔军校十七期的学生。

王：看期别，您父亲和你们村的李冠元是同一期的，他们是一起去的黄埔吗？

李：我听说我父亲是和李德璞一块儿走的。

王：您父亲弟兄几个？

李：我父亲弟兄四个，父亲是老三，大大爷叫李德顺，二大爷叫李德谦，父亲老三李德让，四叔叫李德赞。到了我这辈，我们弟兄三个，我是老三李冠玲，1954 年出生，老二在十一二岁时有病去世了。老大李冠节，今年 62 岁。

王：听说过您父亲过去打仗的事情吗？

李：听说过，在哪里打仗不记得，他常说，就是没记住。他在西南

① 李冠玲，1954 年出生，李德让之三子，农民，现居台儿庄区侯孟乡唐庄村。

多，对四川、贵州、湖南、湖北宜昌了解得多，差不多都在那边。他好像是和李冠元他们一起起义的。

王：您父亲回家以后干什么工作？

李：从部队回来后在村里教学，早晚的有老师不得闲，他就去补课，在唐庄中心校，夜校也教过。那是六七十年代的事。后来一直在家种地。

王：您母亲什么时间去世的？

李：我母亲是 2005 年去世的，八十五六岁，叫蔡瑞琴，娘家是本庄的。

王：说说他在家的情况？

李：父亲是个很有修养的人，为人很好，有文化。钢笔字写得好，我记事的时候有很多人找父亲写信。

王：您父亲是什么时间去世的？生前与其他同学联系多吗？

李：父亲是 2008 年去世，91 岁。同学们经常联系，特别是与那个解云祥最多，经常来信。他得疝气的时候，都是同学给寄药治疗。

8. 起义返家，看人生感慨万千

有关李德让在国民革命军期间的经历及起义以后的情况，他的战友解云祥和汤铭山都曾来信，从中也可看出李德让的经历。

证明①：

李德让，原籍山东省枣庄市台儿庄区人，现年 77 岁，黄埔军校第十七期毕业，与我是同窗同学。1941 年毕业后，我们同被分发到原国民党第二军工作，以后同在第二十六团第三营当连长，李德让任第八连连长，我任第九连连长。

抗战胜利部队整编后，李德让任整编第九师第八旅第二十七团第三营第八连连长，我任第二十七团迫击炮连连长。部队在四川郫县暨云南正雄县起义时，我任第九师二十七团第一营少校营长，李德让任

① 《证明》系李德让黄埔军校同学解云祥（曾任国军第二军九师二十五旅五十三团一营营长，参加过对日武汉保卫战）所书，书于 1994 年 8 月 20 日，文中 × 为损坏部分。

第二十七团团部少校团附，分别同时在四川郫县和云南正雄县参加起义。

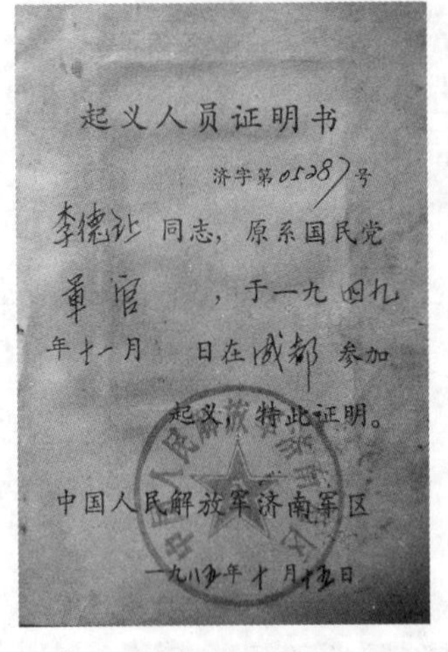

起义人员证明书

济字第05287号

李德让 同志，原系国民党

軍官 ，于一九四九

年十一月 日在成都 参加

起义，特此证明。

中国人民解放军济南军区

一九八[illegible]年十月[illegible]日

图 53 李德让起义证明书内页

部队起义后我在四川乐山接受整编，调任解放军第十八军整编团副团长，以后调任中国人民解放军第七步兵学校军事教员，1951 年又调到川南军区司令部军训科代科长。

李德让随军区司令部及其他部队，开到湖北天门县整编，部队属于第 50 军编余军官，经过短期学习，复员回原籍。

×××1980 年落实起义投诚人员政策，恢复公职，在×××××厂工作，同时加入×××，并被选为政协委员，于 1984 年退休。

我与李德让既是×××事，又同属起义人员，有义务本着实事求是的精神，×××和政府落实起义投诚人员政策，使起义人员×××在政府政策的关怀照顾下，老有所养，安度晚年，特此证明。

证明人：解云祥

1994 年 8 月 20 号

9. 走川鄂考取黄埔军校

有关李德让从学而戎的过程，他是这样回忆的：

我家祖居候孟乡唐庄村。这儿是半山半湖地带，土地比较贫瘠。丰收年景，尚可勉强度日，遇到荒年，则无法糊口。从我记事起，耕地少人口多，一年到头，所产粮食不能自足。父亲去世后，因生活所迫，租种富人家部分土地，才勉强生活下去。

我 9 岁起，在本村一所小学读书，小学三年级时，因生活所迫，只好中断学业。我 14 岁那年，经亲友介绍，到贾汪煤矿矿立职工子女学校

（一切费用由煤矿负担）学习6年。小学毕业后，又因生活困难，未能继续升学。

1938年春天，我19岁时，和本村的李德璞、李德蕴、李冠元等四人，在宋东甫先生的帮助下，侥幸同时进入国立湖北中学均县分校简师部学习。均县分校设在均县城内，学校的学生绝大多数是山东人。宋东甫先生就是这所学校的老师。宋先生是台儿庄区涧头集镇旺庄村人，他对我们非常关心，经常教导我们要胸怀大志，要有爱国之心，要刻苦学习，将来要为人民大众做些有益的事情，他在生活上也经常给予我们照顾。这一切，对于一个年轻人来说，是多么幸运。1938年5月，贺敬之和张延岭、陈德秀三人从家乡来到湖北均县，插入均县分校简师班四年级二班学习。我从此认识了贺敬之，并从这位青年的言谈中受到不少启发（1940年，贺敬之由梓潼去了延安）。

1938年冬天，日本侵略军占领我山东后，又大举进攻湖北武汉地区，学校奉命向四川梓潼搬迁。

从湖北均县到四川梓潼，有两千多里的路程，全靠徒步跋涉，历经月余，才到达梓潼。

记忆犹新的是，在长途跋涉中，我们翻山越岭，跨过无数条河流。在经过白河至安康的途中，我们发现从敌占区逃出的难民，他们衣衫褴褛，愁容满面，肩挑背驮，扶老携幼，迈着沉重的双腿，一步一步艰难地在路上走着，缓缓走向暂时无敌人魔爪的汉中平原。在他们的眼中，闪着同我们青年学生一样的无比仇恨的光芒。

这一切，对于我们有志的青年来说，怎能不同情，怎能不激愤！无家可归的人民啊，何时才能回到可爱的故乡，与亲人团聚?!

我们一边想，一边随着队伍缓缓地行进，忽然发现在路旁草丛中有一个大约不满月的婴儿。这个婴儿还喘息着，发出微微的嘶哑的哭啼声。我们同行的几位同学被这啼哭的婴儿感动得流下热泪，连我这个从不爱哭的人，不知怎地，控制不住，鼻子一酸，眼泪也流了出来。我们异口同声：这个婴儿的父母为什么扔下自己的孩子？难道这婴儿没有亲人吗？不，绝不！也许他的父母和亲人已不在人世了。我们问苍天，这难道不是日本帝国主义逼得人们无家可归，无依无靠，逃荒在外，流离失所所造成的吗？我们几个同学不忍心让婴儿活活饿死，就把他交给了当地一家农民喂养。从那以后，我们再也没机会打听这个孩子的情况了。

两千多里的长途跋涉，我们不但没有感到疲劳，反而增添了勇往直前、克服困难的勇气和决心。途中，群山耸立，迭峰绵亘，真可谓是“蜀道难难于上青天”，但我们手拉手，互相勉励，战胜了重重困难。

1939 年 2 月到达四川梓潼。这个小城位于四川盆地的北部，依山环水，西临潼江，川陕公路穿街而过。学校改为国立第六中第一分校（1940 年改为国立梓潼师范学校）。课余时间，同学们总是爬到小山上，面向祖国的大好河山，那金色的菜子花，浓香扑鼻；那潺潺的流水声，使我们陶醉。祖国啊，我们生活在您的怀抱里，该有多么幸福啊！学校的一切活动，使我们感到愉快，忘记一切烦恼。然而，一回到宿舍，闭上眼睛，那被遗弃的婴儿，那流离失所无家可归的人们，家乡人们的遭遇……就浮现在我的眼前，时时激起我对日本侵略者的无比仇恨。

当时，我中华民族处在生死存亡的关头，全国上下正掀起全面抗战的高潮，而当时的日本帝国主义也更加疯狂。

1939 年农历五月初十、十三两天，敌机在重庆狂轰滥炸，三万多无辜的居民被炸死、炸伤，当时的重庆公杂人员在处理死者时，却大发国难之财，他们简直连一点儿人性都没有了。各国报纸发表言论，谴责日本帝国主义的滔天罪行。同学们个个紧握拳头，高呼：我们决不能等待，决不袖手旁观，要以实际行动，报效祖国！

日本侵略军残杀中国人民的暴行，激起了每个青年学生一致抗战的决心。1939 年秋。我考入了黄埔军校第二分校，成为第十七期学生。校址设在湖南武冈，主任是李明浩。近两年的军校生活，除了军事技术理论课，就是政治课，而大部分时间是艰苦的军事训练。我记得政治课有这几项内容：①以三民主义为基础，坚持抗战必胜，建国必成的信念；②人人抱有“不成功便成仁”的为国牺牲精神；③军人以服从命令为天职，赴汤蹈火，在所不辞。

图 54　李德让印章

在军校所受的教育，是深刻的，使我明白了“国家兴亡，匹夫有责”的道理，为了早日上前线杀敌，我认真学习军事理论和技术。在实弹演习中总是一丝不苟，把靶场当作战场，把刻苦学习比作对敌作战，克服一个困难，就是消灭一个敌人。1941 年 7 月，我结束了军校生活，被分配到驻四川秀山第二军第九师直属辎重营四连，任少尉排长。不久，就参加了宜昌战斗。由学生成为军人，这是生活的转折点。我想，报效祖国的时刻到了，因此特别振奋。

10. 黄埔毕业后参加抗日

宜昌位于长江北岸，两面环江，地势险要，为易守难攻之地。日本侵略军占领宜昌后，上下封锁，肆意骚扰沿岸百姓，任意残杀人民，革命势力受到一定的威胁。

1941 年中秋节前一天，第六战区司令长官陈诚派第九师、三十三师、七十六师分别夹击宜昌。我排在这次战斗中担任前后方运输任务，随师部隐蔽待命。

这次战斗是在下午 5 点进入临战状态。晚霞斜照在江面上，显得那么平静。夜晚，月色格外明朗，映照着崎岖起伏的山路，踏在草上时时发出刷刷的响声，蟋蟀不停地叫着。到了隐蔽地点，不一会儿，战斗打响了，炮声、枪声交织在一起。

我和隐蔽待命的每一个战士，总觉得不如参加战斗来劲，但军人必须服从命令。我们趴在湿漉漉的草丛中，一动也不动。夜里的凉风伴着拍打江岸溅出的水，浸透了我的衣服，身上感到阵阵寒意。这时，上级命令我排到20里外的地方去领炮弹。接受任务后，我们马上出发。我感到任务的光荣，时间紧迫。在奔往运炮弹的途中，担任警戒的战士急来报告，前面的道路被敌人封锁，无法前进。我想，无论困难多大，一定要完成任务。于是，我毫不犹豫地带领战士，趁着敌人的火力间断的瞬间，通过了封锁，把炮弹及时运到了阵地，送到战士手中，让战士们狠狠打击了敌人。仗整整打了一夜，拂晓前开始全面反攻，不到一小时，敌人全部被歼。

此次战斗，我第十七期同学有40余人参加，有的同学在战斗中牺牲了。我们虽然付出了一定代价，但却赢得了战斗的胜利，消灭了盘踞在宜昌张牙舞爪的日本侵略军。胜利的消息传到百姓那里，无不拍手称快。

宜昌战斗胜利了，我的心情无比激动。我们为了中华民族的生存和自主，投笔从戎，奔赴前线，负伤流血。我时常默默悼念牺牲的同学们，你们的功绩将永远载入革命史册！你们的光辉形象，将永远活在宜昌人民的心中。

1949年冬天，中国人民解放军解放了大西南，我部在成都起义，回到了人民的怀抱，受到了党的教育。1950年，我响应党的号召，申请回家务农。在“文化大革命”中虽受到了风吹雨打，但更受到了锻炼和考验，更坚定了我热爱共产党的信念。我被荣幸地吸收为市政协委员。在十余年的政协生活中，时刻受到党和政府的亲切关怀和教育。今天，我已到晚年，但为报答党和政府的关怀，我愿发挥余热，积极参政议政，为振兴中华和祖国的统一做出贡献。

11. 血战滇西肉搏战①

宜昌战斗结束后，李德让所在部队又奉命进入印缅，参加了中国远征

① 本节为黄埔军校第十七期学生李德让的回忆文章，题目为编者加。

军，继续对日作战。在这个特殊的战场上，他这样回忆道：

图 55　李德让起义证明书

1944 年是抗日战争出现转机的一年，中日双方对峙的局面出现历史性的变化。日军以攻为守，而我军则以守转攻。5 月份，滇西战场我军司令长官卫立煌抓住战机，命十一集团军总司令宋希濂所辖第二、第六十六、第七十一三个军以主力作战，由第六十六、第七十一两个军自惠通桥经保山向陇陵腾冲之敌开始进攻。命我第二军军长王凌云（前任军长李延年）所辖第九、第三十三、第七十六三个师由顺宁（云南南部）镇康之线渡怒江，进攻西岸至芒市间敌人，反攻战线全面拉开。

我军第九师师长张金廷所辖第二十五、第二十六、第二十七三个团为先头部队。当时我任辎重营一连副连长，渡江后占领阵地，掩护主力渡江，待主力到达后，我师向象达沿途诸高地之敌发起攻击。当时我军士气旺盛，加之被敌人封锁的国际交通线——滇缅公路畅通，经半月的时间便将象达以东各据点全部攻克，唯有象达两侧高地之敌，凭借工事坚固负隅顽抗。敌工事外围筑有鹿砦，用直径 20 厘米的木材构筑，高 1.5 米，相当坚固，用一般的炮弹轰击无济于事。当时滇西气候异常恶劣，又值雨季，风雨交加，道路十分泥泞，交通困难，弹药及给养多用空运直接投掷。敌人龟缩在掩体内，以逸待劳。我师炮兵因气候所限未能及时跟进配合作战，因而攻击象达这两个据点时我师官兵伤亡甚大，我军采用分兵合围的战术，将敌困在据点内，断其粮草，陷敌于四面楚歌之境。加之战局大势所趋，终于6月初将其攻克。

攻占敌据点后，我部官兵目睹了敌寇残酷屠杀我无辜百姓的惨景，遍地都是残缺不全的尸体，有的未腐尚可识别，有的已面目全非，有的仅剩骨架了，其状惨不忍睹。我军将士无不义愤填膺，怒火中烧，杀敌决心倍增，俾雪人民之深恨。

6月中旬，芒市以北10余华里公路东侧，三关坡、铜果元等主峰高地有千余敌，凭借优势之天然地形，加之工事坚固，死守阵地。当时阴雨连绵，七十六师屡攻不克，伤亡巨大，军长王凌云命我第九师留一部分监视正面之敌，主力转移接替友军攻击三关坡。历10余日，每日每夜都有阵地争夺战和肉搏战，终于攻占了三关坡阵地。

此次战斗，二十五团一营营长周干成（黄埔十三期炮科）和二十七团三营营长刘玉秦壮烈牺牲，其他官兵伤亡200余名。

同年7月，我师奉命返回，向芒市东侧青水坡之敌攻击。我师以两个团的兵力轮番攻击，不到一周时间，终于消灭了敌人在芒市地区的最后一个据点。此次战斗，连长及10余名士兵牺牲。占领芒市后部队原地休息，整训待命。

1945年1月，我军奉命于公路左侧地区向畹町之敌发起攻击。敌人的兵力部署严密，据点林立，纵横交错，绵延20余华里，师长命我团第一、第三营为攻心部队。我当时任第一营营副，营长朱玉茂为右线攻心部队，目标是蛮结寨子，第三营为左线攻心部队，任务非常艰巨：一不得惊动敌人，二得绕道通过敌封锁线钻入敌人心脏。我全营官兵于是夜8时出发，悄无声息地沿山涧行进。敌人做梦也想不到我们会从阴森森的山沟通过。历时4小时许，我们顺利到达了指定地点，各连迅速构筑了简单工事准备战斗。在筑工事时，我们被敌人发觉了。午夜1时许，有200余名敌人，带两挺重机枪向我疯狂扑来。战斗打响后，敌人的兵力逐渐增加，从四面发动攻势。当敌人冲破我二连阵地时，连长萧相齐（黄埔十六期）奋不顾身指挥全连与敌人展开肉搏战，不幸光荣牺牲。其他官兵决心与阵地共存亡，继续与敌人展开英勇搏斗，一次次打退了冲入我阵地之敌。同时，敌人也正向我三连阵地猛扑而来，三连连长马德铭指挥全连沉着应战，待敌人距我阵地50公尺左右时，便命所有武器猛烈射击，并用手榴弹向敌人猛投，击溃了敌人，我英勇的连长光荣牺牲了。此时敌人的各个据点都发觉我营及三营钻入了他们的腹地，在黑黝黝的夜里，敌人摸不清我们有多少人，他们意识到自己已到了穷途末路的境地，拂晓即开始向芒友方向溃退了。

我们占领了畹町后，一面打扫战场，一面休整部队。我营奉命继续向芒友方向侦察。在芒友以南搜索时，与国外远征军由南向北进攻的新一军先头部队取得了联系。

12. 舍生取义，为国家英名长存的战友

有战斗就会有牺牲，李德让难忘在远征军战场上牺牲的那些战友，他回忆道：

吕守鼎是山东省寿张县人，1918 年生，与我同岁。我俩同班同级毕业于四川梓潼国立六中后，又于 1939 年秋一同考入黄埔军校第十七期，1941 年6 月毕业后，又一同分派到第二军，他任第七十六师第二十八团警卫排长。

1944 年5 月，远征军总部向滇缅公路沿线龙陵、松山、腾冲、芒市等地敌人发起进攻，我军为左翼攻击部队，第七十六师第二二八团为先遣部队，强渡怒江，向西岸的大尖山之敌实行攻击，以掩护我主力渡江。大尖山之敌凭借天险以逸待劳，我第二二八团进攻屡屡受挫。在此紧要关头，吕守鼎在接受任务的当天深夜，即亲自带领战士们，乘敌不备冲入敌阵，与敌展开白刃战、肉搏战，终于全歼守敌，并缴获轻机枪两挺，步枪10 余支及其他战利品大宗。吕守鼎以出色的行动，受到师部的表彰，并荣立一等功。

同年6 月28 日，该团又接受了向桐果园之敌实施攻击的任务，桐果园位于滇缅公路的东侧，亦是由龙陵、松山、腾冲通往芒市的咽喉重地，我第二二八团以秘密行动乘敌不备，将之一举夺取。敌人不甘心失去这一战略要地，急调芒市附近所有预备兵力，昼夜不停向我阵地猛扑，故桐果园阵地失而复得，几经易主，3日之内，达四次之多，争夺战十分激烈。在一次战斗中，吕守鼎率20名敢死队队员，跃身敌群，与敌人展开殊死的搏斗，这场战斗打得敌人死尸遍野，余敌狼狈逃窜，敌之指挥官自知无望，自刎于阵地上。我军大获全胜，缴获轻机枪3挺，步枪40余支，及其他战利品。更重要的是，我军占领桐果园以后，一方面阻断了敌之南北交通，迫使龙陵、松山、腾冲之敌向畹町、芒友方向溃退，最终进入我包围圈。另一方面，为我远征军会师扫清了道路、奠定了基础。我的好战友吕守鼎却在这次战斗中献出了自己年轻而又宝贵的生命，时年仅26岁！

1944年9月30日，我军协同友军，向畹町芒友之敌发起全面攻击。我营的任务是寻机钻入敌之后方——蛮结寨子，以策应我师主力。当我营秘密钻入蛮结寨子后，即行迅速构筑工事，以防敌人袭击。是夜23点30分左右，敌人紧急调集200余兵力附重机枪两挺，在火力掩护下向我营压来，企图夺回阵地。我营虽名义为一个营，但实际战斗力不足百人，因多次战斗减员未补充。在此紧要关头，战士们拿出以一当十的精神投入战斗。二连阵地是敌人攻击的重要目标。全连战士手榴弹都卸下了保险盖，枪都上好刺刀，战士们以视死如归的精神，与疯狂扑来的敌人进行着战斗。三连长马德铭见二连阵地危急，立即命令全连以火力支援，切断敌之后续部队。同时，亲率10余名战士杀入敌群，十几分钟后激战结束了，侵入我阵地之敌全部被歼灭，而我们两位英雄的连长也以身殉国了。我们把他俩的遗体安葬在畹町北约20华里的公路西侧的山脚下，待我们攻克芒友凯旋的时候，我们又一次去看望了他俩。在他们的墓前，我们怀念着战友……

50年过去了，我们依旧怀念着这些为国捐躯的烈士们。

13. 印缅战场与友军会师芒友

1944年7月，我友军先后光复了龙陵、松山、腾冲等地，我第二军东渡怒江，亦先后攻克芒市以及外围各重要地区。8月初，从缅北退守八莫的日军，受到驻印部队的猛烈攻击，敌人为确保其侧背安全，阻止我滇西远征军前进，即在畹町以北的黑山门、大黑山、回龙山一带构筑工事，进行顽抗。

我滇西远征军总部，为了争取早日打通中印公路，与友军商定共同作战，以友军第七十一军及第二〇〇师为右翼攻击部队，向黑山门、大黑山之敌发起攻击；我第二军为左翼攻击部队，向畹町以东地区展开攻势，其中我第七十六师攻击勐戛、白羊山，并向红球、营盘寨进攻，以协助右翼友军，我第九师经勐戛向回龙山前进，作攻击准备。回龙山位于畹町东北约10华里，地势险要，有敌人一个加强大队防守。

12月中旬，我第九师以第二十五团攻击回龙山，伤亡很大，旋与第二十七团合力攻击，亦未奏效，第二十五团副团长文步新、第一营营长张儒峰、第二十七团第二营营长龚国辉负重伤；第二十七团四连连长杨士桐及第二十七团八连连长罗相尧壮烈牺牲。

第二天，敌人增派一个大队及92步兵炮多门，我第十一集团军总司令黄杰得此消息非常气愤，即与驻昆明美国第十四航空队联络，美同意派2架轻型轰炸机协助作战，同时，黄总司令又增派友军第二〇〇师及第八十八师各一个团助战，协助我第九师第二十六团攻击回龙山之敌。我当时任第二十六团一营副营长，营长是朱玉茂。当我营到达指定位置时，美两架轻轰炸机也及时赶到，我们取得联系后，飞机便开始对敌阵地轰炸，共投下两枚燃烧弹。我攻击部队趁此良机奋勇打入敌人阵地，给敌人以致命的打击。除少部分敌人逃脱外，余者全部被歼。我军缴获大量武器和弹药，回龙山光复。

收复回龙山后，我军乘胜前进，于1945年1月15日拂晓我第九师主力进入畹町、玖谷，举行升旗仪式。

我军光复畹町、玖谷后，仍以九师为左翼攻击部队，继续向芒友进军，我第二十六营为先头部队，向芒友搜索追击。我营所经沿途公路两侧都是荒山野岭，而每个小山头都潜伏着少数敌人，多者3人，少者1—2人，他们主要是为了迟滞我部队行动，掩护其主力退却而被留下的。我营在进行中，先头连已过去，我忽然发现公路左侧约百米处似有敌情，即命1个班长和一名士兵前去搜索，果见一个敌人卧着装死，被当即击毙。

1945 年 1 月 23 日拂晓，我们进行到一个三岔路口，只见前面是一片平坦地，朱营长问我芒友究竟在何处？我也不知。便决定原地等待后续部队再行请示。这时尖兵连连长解云祥跑来告知，此处便是芒友位置。正在谈论时前面的山林中有炮弹爆炸声，而后一些散兵向我方跑来，我们正欲还击，但见信号弹不断飞向空中，并传来高声的呼唤，原来是友军新一军的先头部队，我们在芒友会师了。

1945 年 1 月 25 日上午 10 时，在缅北芒友一片平坦的空地上，举行了隆重的会师典礼，到会的有驻印各军之高级将领史迪威、罗卓英、郑洞国、孙立人、廖耀湘等，滇西远征军将领卫立煌、黄杰、霍揆彰、甘丽初、陈明仁以及各部队军、师、团、营级干部也参加了典礼。

与同族三弟兄，一同离家出走，去寻找救国之路；然后考入黄埔军校，之后入国民革命军著名的第一二二师，历经宜昌会战，见证日军投降。他就是黄埔军校第十五期学生——孙晋慈。

（九）孙晋慈

孙晋慈（1914—2001），台儿庄区马兰屯乡人，黄埔军校第十五期三总队通信科毕业，历任国民革命军连长、独立通信营营长，山东黄埔同学会会员，2001 年去世。

1. 孙晋慈档案

姓　　名：孙晋慈

民　　族：汉　族

出生时间：1914 年

籍　　贯：峄县台儿庄

出生地点：峄县台儿庄陇子村

成 长 地：峄县台儿庄陇子村

属　　相：虎（农历甲寅年）

最高职位：国民革命军独立通信营营长

去世时间：2001 年 11 月

去世地点：枣庄

寿　　命：87 岁

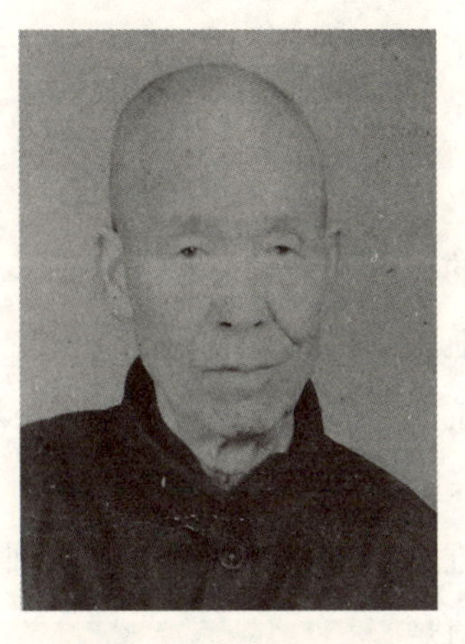

图 56　孙晋慈老年照

2. 孙晋慈简历

1914 年，在台儿庄出生。

1922 年，在台儿庄北洛读小学。

1928 年，在峄县南关教会学堂读中学。

1937 年，在峄县县立第六十四短期小学任教。

1938 年 1 月，考入黄埔军校第七分校第十五期三总队特科大队通信队。

1939 年 10 月 10 日，黄埔军校毕业，分配至第四十一军一二二师第三六五通信排。

1944 年，任四十一通信营副营长兼连长。

1949 年 12 月 12 日在四川起义。

2001 年 11 月去世。

3. 为抗战，四兄弟同考黄埔

台儿庄是一块英雄的土地，1938 年春天，中国军队在这里歼灭一万三千余日军，取得了著名的台儿庄大捷。作为在台儿庄长大的青年，孙晋慈是怎样走上抗日道路的，笔者采访了他的儿子。

以下是笔者对孙晋慈之子孙忠仪、孙忠彬①的访谈记录：

王功彬：请你们谈谈你们的家世和你们父亲的一些情况。

孙忠仪、孙忠彬：我们孙家是牛山孙，最早从牛山迁到道庄，后来到了陇子村。我父亲是老大，我二叔孙晋恪，三叔孙晋惇，四叔叫孙晋恕。

我父亲中学毕业以后，就在一个小学里教学，就在这时候，抗战爆发。为了报国，他就和我二叔孙晋恪、我另一个本族大爷孙晋思，和道庄的孙晋航一起去考了黄埔军校，我父亲、我二叔、孙晋思都考上了；孙晋航的学习成绩不好，没有考上黄埔军校，于是他就去了延安，考上了延安抗大。我二叔孙晋恪在军校学的是辎重科，毕业以后到部队当了辎重连连长，后来不知是什么职位；1949 年起义，他留在了解放军部队当教官，五几年的时候，他从部队回家，没有几年就去世了。孙晋思的情况不甚清楚。

我父亲黄埔军校毕业以后，就被分配到第四十一军第一二二师，后来当了独立通信营营长。他给我们讲过，在抗日战争中他在湖北襄樊战役中隔着汉江架设通信线路，当时没有船只，也没有其他设备，全凭着人力和胆量去干。没有船，就带人去砍竹子，砍来后再扎成小船，河对面就是鬼子，很危险很辛苦，最后他们还是完成了任务。也就是在那次战斗中张自忠牺牲了。

后来王耀武和师长熊顺义亲自找到了他，所以后来我父亲就跟随了他们的部队。后来他在四川什邡的时候，他属于孙元良的部队，当时他正返回老家送妻生子，结果被杜聿明的部队收留了，后来就在淮北被俘，后参

① 孙忠仪，孙晋慈长子，1950 年出生，农民；孙忠彬，孙晋慈次子，1953 年出生，农民。

南京黄埔军校同学会
入会批准通知书

鲁黄字第002959号

孫晋慈同志：

你申请参加南京黄埔军校同学会，已经本会审查批准为本会会员，特此通知。

南京黄埔军校同学会

一九八[illegible]年八月一[illegible]

图 57　孙晋慈南京黄埔军校同学会入会批准通知书

加解放军，1950 年回到了老家，在现在这个陇子村务农，后来被打成反革命，到了 1978 年才摘掉帽子。1989 年他加入黄埔军校同学会。

4. 中断教学，考黄埔参加抗战①

关于孙晋慈经历，他在回忆文章里这样写道：

1937 年 7 月 7 日，卢沟桥的炮声，揭开了全民抗战的序幕。当时，我在县立第 64 短期小学任教，学校在台儿庄附近，日机不断轰炸台儿庄车站和运河铁路桥，人心惶惶，正常秩序被打乱，在这样的情况下，学校也停了课。

国家兴亡，匹夫有责，一大批优秀的中华儿女，进行了气壮山河的抗日战争。

我决心投笔从戎，于 1937 年 12 月到徐州报考第十七军团学生队，于

---

① 本节据孙晋慈回忆整理而成，标题由编者加。

12 月下旬上车，向南开往陕西。过郑州、西安、咸阳，到虢镇站下车后，徒步到凤翔县城。

图 58　孙晋慈回忆录手稿

1938 年 1 月，学生军举行考试，进行甄别后，正式编入中央陆军军官学校第七分校第十五期第二总队特科大队通信队，驻凤翔师范学校内，校规森严，军校生活从此开始。

战时物质条件很差，学习时露天场坝就是我们的教室，无课桌，每人发一个小凳，一个图板，图板背面订上一个布袋，装笔和笔记本。

这段很艰苦的日子，不但没有磨灭我们学习和操练的热情，反而更是苦练杀敌本领，为的是早日把日本侵略者赶出去。

1939 年 10 月毕业后，我被分配到第四十一军第一二二师第三六五通信排任见习，后调军干训班教官及参谋处参谋，不久后又调军通信营第二连任连长。

在历次战役中，通信部队虽不在第一线与敌人拼杀，但为确保线路的畅通和安全，在抢修和抢架线路中，也起到了重要的作用。

现在回忆一段关于架设汉水过河线的经过。

那是 1944 年春天，第二十二集团军指挥第四十二及第四十五两军负责保卫襄樊任务。为了确保襄樊的安全，打击日本侵略者的进犯，需架一线路，以便联络两岸部队协同作战，通信是军中神经。

为了确保两岸的联络，总部命第四十一通信营负责架过河线，限三天完成。当时军部要我负责带队架设，施工地点是襄樊西 30 公里处的茨河镇附近，那时我是第四十一通信营副营长兼连长，奉命之后，连夜赶到工地。

在当时器材缺乏和技术落后，感到困难很大，但为了打击日本侵略者，我们应当排除万难，去完成这一艰巨的任务。

即日即分头赴山里砍树，寻找架线时过河需要的船只。过河电杆需要三节高，以便河中的船只通行。第二天挖坑接杆，第三天竖杆架线，在器材缺乏、竖杆没机械拉的情况下，全部用人力千方百计将杆竖起。士兵不顾疲劳，日夜奋战，终于在限期内完成了这一艰巨的任务，我们都感到自豪，后来得到军部的表扬。

5. 见证日军投降

我是黄埔军校第十五期第二总队学生，学习至1939年10月10日（双十节）毕业，当时颁发了几种东西：党证、黄埔军校纪念章、毕业证书、铸有“蒋中正”字样的电镀佩剑。佩剑背面一边铸有学生姓名，一边铸有“成功、成仁”（意为不成功便成仁）。剑把正面一边是“黄埔军校第十五期毕业纪念”，一边是“校长蒋中正赠”字样。

黄埔毕业后，我被分到湖北第五战区，驻老河口。第五战区司令长官李宗仁将军亲自点名讲话，点到我的名字，我上前三步给他行军礼。我被分到川军孙震那个师，属于第二十二集团军，后又分到四十一军一二二师，在王铭章三六五团，团长是副师长胡临聪（字剑门）兼任。每逢3月17日，我们这个团开会纪念他，大家高声诵读王铭章师长的最后一封电报电文。我是在湖北随县得知王师长殉国消息的，以后日军进攻武汉，我所在的部队在随县城西北襄阳至花园的公路上阻击敌人，这一仗打了20多天。此后部队在枣阳整编整训，每个连抽出几名士兵由我给他们上军事课。我在部队里和士兵同吃同住，从不开小灶，待遇一样，夏天南方的蚊子那么多，我也不撑蚊帐。只有你待士兵如子弟，士兵才会待你如父兄，所以他们才会与你同甘共苦，患难相扶，生死与共。这是中国军队的传统，也是一门军事科学。

日军进攻武汉时，我就在做这项工作，地点在武汉西边较远的地区。

日军分两路进攻襄樊，我部奉命迎击荆山至钟祥一线的敌人，在田家集与日军发生遭遇战，第四连连长阵亡，士兵死伤过半，我们边打边撤，经过一天一夜的时间，撤到汉水以西。汉水是天然屏障，日军不易进攻，我们夺取了襄阳黄龙垱，两军对峙，战斗持续10多天。有一天晚上日军发动了攻势，集中强大炮火，还释放了烟雾弹、化学毒气弹，掩护他们的水陆两用坦克强渡汉水。

当时我正在总机班里接转电话，突然觉得眼睛睁不开，鼻子酸痛，人们都拼命地咳嗽起来，我们立即用湿毛巾捂住。直到今天，我的眼睛还有毛病，都是受日军化学毒气之害。

我们终未守住，撤回到襄阳西边的保康，停了几天，从河南增援的部队赶到，才又把襄樊收复，日军不得不又撤回原来的阵地。

我们后又进驻湖北大洪山，秋天团长把我调到第二十二集团军任团参谋长，此后日军打到襄樊。

起义人员证明书

济字第05458号

孙晋慈同志，原系国民党军队军官，于一九四九年十二月十二日在四川参加起义，特此证明。

中国人民解放军济南军区

一九八七年七月二十七日

图59 孙晋慈起义证书

1945年8月15日，日军宣布投降，我们第五战区接受日军投降地点在洛河，其时，战区司令长官已由刘峙担任。刘峙将军主持了洛河受降仪式，我看见日军第二十军团司令英森孝，双手把军事指挥刀交给刘峙将军，鞠躬低头，表示投降。刘司令官向他训斥几句，接过军刀，看着英森孝灰溜溜地退出会场。

抗战胜利以后，我参加了淮海战役，后来到滕县受训，新中国成立后我到了四川万县找家属，她是台儿庄人，名叫尤广环，现已经去世了，回来后便在陇子村老家定居务农。

“文化大革命”中当然免不了受到冲击，拨乱反正以后，我加入了政协，曾在台儿庄参加过政协会议。台儿庄大战纪念馆建成以后，我的老上司 72 岁的熊顺义，已经是济南军区的主要领导，他接见了我。熊司令员当时是十六军团的参谋长，参加过台儿庄大战，我那时还是军校的学生，王铭章师长在滕县保卫战殉国后，我才在武汉编入以他名字命名的部队。熊司令员告诉我，在淮海战役中，我们是起义的部队，这样，我由原来被俘的身份可以认定为起义人员了！由此，才给我恢复了名誉，颁发了起义证书。

他出身贫穷，7 岁时被土匪从四川老家绑票至湖南。上学后成绩优异，高中毕业时，抗战爆发；为杀敌报国，他毅然考取黄埔军校，毕业后参加抗日战争，其间三次遭遇日军，最终却化险为夷。他就是黄埔军校第十七期学生——钱秉确。

（十）钱秉确

钱秉确（1920—2012），四川秀山人，黄埔军校十七期毕业。抗战时期参加过中原战役，豫、鄂西战役，历任国民革命军排长、连长、营长、少校团副，1949 年起义后参加解放军，后转到地方工作，曾任枣庄公共汽车服务站站长，枣庄市建委设计室主任，市建材科研所所长，民革枣庄市委主委，枣庄市政协常委，山东黄埔同学会理事等职。

图 60　钱秉确中国人民解放军戎装照

1. 钱秉确档案

姓　　名：钱秉确

民　　族：汉族

出生时间：1920 年 11 月 1 日（农历九月二十一日）

籍　　贯：四川

出生地点：秀山县（今重庆市）里仁乡凉水井村（今八堡村）

成 长 地：秀山县里仁乡凉水井村（今八堡村）

属　　相：猴（农历庚申年）

最高职位：国民革命军少校团副

去世时间：2012 年

去世地点：枣庄

寿　　命：92 岁

2. 钱秉确简历

1920 年 11 月 1 日出生。

1929 年，在本村读私塾。

1932 年，在秀山县立第二小学读书。

1933 年，在秀山县立小学读高级小学。

1937 年，入龙潭简易师范就读。

1938 年，在龙潭简易师范毕业。

1939 年春，入蜀华中学读高中。

1940 年，考取黄埔军校第十七期炮科。

1942 年 4 月，黄埔军校毕业，被分配至宝鸡特种兵联校炮科学生大队，任少尉区队附。

1943 年，任第十三军山炮营三连观测排中尉排长。

1944 年 4 月，参加对日洛阳保卫战。

1945 年 4 月，参加豫鄂对日作战。

1946 年，任新编炮兵第三连上尉连长。

1948 年 10 月，晋升少校团副；11 月，随第五十九军起义，后参加中国人民解放军。

1949 年 1 月，调第三野战军特纵炮团第十四团任侦察参谋。

1950 年 2 月，入南京华东军政大学学习。

1951 年 1 月，入南京军事学院，任助教。

1952 年 2 月，入沈阳高级炮校学习。

1958 年 9 月，调宣化炮兵学院，任教员。

1959 年 10 月 1 日，赴京参加国庆十周年庆典。

1962 年，担任辽东半岛全军演习炮兵侦察导演。

1965 年，赴张家口地区　参加“四清”工作。

1966 年 3 月，转业至枣庄市城建局，任市政工程队主任。

1969 年，筹建枣庄市公共汽车服务站，任站长。

1976 年，任枣庄市建委设计室主任。

1978 年，任枣庄市建筑科研所所长。

1984 年 3 月，离休。

1985 年，组建民革枣庄市委员会，任主委。

2012年，去世。

3. 三遇险惊魂动魄

关于抗日经历，钱秉确有过三次非常惊险的遭遇，他回忆道：

1942年4月，军校分配我到陕西宝鸡，在特种兵联校炮科学生大队任少尉区队附，并兼任炮兵观测课教学。一年后，随同学们抗日热潮的高涨，主动申请赴抗日前线。

在河南会战期间，我经历过三次惊魂动魄的险情。

1943年9月，我被调到河南登封县少林寺附近的文村，在第十三军山炮营第三连，任观测中尉排排长。1944年4月，日寇侵犯郑州、洛阳。我们在登封县城南郊阵地，以炮火支援守军三昼夜，给日军以大量伤亡。后在我军转移时，我因病发高烧（第一次遇险），离部队留在文村一百姓家养病。病愈后，随地方游击队，转入少林寺以南的山区，与日寇小股部队周旋半月多。后我趁雨夜摸过日寇封锁线，与一勤务兵化装成赶集的农民，绕道敌后，经禹县、襄城、午阳、方城，到达南阳我军防线，并找到我同学所在的炮兵第十六团，被该团挽留，任命我为第六连上尉副连长。

1945年4月，我团各营分别配属各部队，抗击日寇对豫、鄂西的进犯。

我炮兵营在南阳西郊卧龙岗附近占领阵地以火力支持南阳守城部队，对攻城的日寇造成很大的打击。激战4日后，我军转移，骡马炮兵行进到许褚墓附近公路上时，遭到日寇飞机的低空扫射（第二次遇险）。我身旁的通信兵、第一炮的两名驭手和两匹骡马、弹药队的1名班长，被击中牺牲。

我军转移到内乡县的师岗镇防线时，我炮兵在师岗西侧占领阵地，以猛烈炮兵火力给以密集队形向我阵地冲击的日寇大量杀伤。但我连阵地因被日寇飞机投弹轰炸，有两名炮手牺牲。

当我军转移到淅川县马担镇时，发现有日寇坦克4辆正向我军阵地靠近。那时，我军没有防坦克炮，我们的野炮太笨重，不灵活，不便直接瞄准射击。不得已，我下令四门炮埋伏在公路两侧，待敌坦克进到400米时，同时开火，当场击中两辆日寇坦克，其余两辆坦克才狼狈逃走。

当我连炮兵正从淅川南丹江南岸向西行进时，遭到日寇炮火拦击，使我一门炮陷入小沟内。时天色已晚，我连其他各炮已进入阵地，于是我组织人员把小沟内的一门炮拉出。此时，我与一通信兵，在村头一民宅院外（第三次遇险），发现有日寇十余人从近旁向我炮兵阵地靠近。我判断是日寇小股，乘黑夜摸入我军防线，妄想偷袭我炮兵阵地。由于我炮兵缺少轻武器，自卫力很差，仅有一个机关班（两挺轻机枪，4 支步枪），已随连长先走，我只能与通信员将马牵入院内，一手握住马嘴，不让马嘶叫，以防被日寇发现。待日寇走过，我们才急忙牵马出院，迅速找到连长和机枪班，组织两挺机枪和 4 支步枪火力，埋伏在炮阵附近，突然向靠近的日寇开火。日寇突遭袭击，才仓皇退去。天明发现日寇遗尸 4 具，不幸的是我炮阵地的第三炮长阵亡，另有 2 名炮手牺牲。

此后，我军转入湖北的汉江南岸，我炮兵在谷城地区占领阵地，与日寇隔江对峙。直到 8 月 15 日，日寇宣布投降。

4. 苦难不堪的求学经历①

经过查找，笔者终于得到一篇钱秉确的回忆文章，解开了他苦难不堪的童年经历和曲折的求学过程：

我于 1920 年 11 月 1 日出生于四川省秀山县（现属重庆市）里仁乡八堡村（原名凉水井）。

秀山县地处川（四川）、湘（湖南）、黔（贵州）三省交界处，我家离湖南省交界地仅 10 里，自古以来是有名的“三不管”之地，也是有名的“土匪窝”。政府无力管理乡镇，有时县城也被土匪攻占。各乡镇大多是土匪恶霸当权，有的乡镇同时有几股土匪互相争斗，常以战胜者当政。老百姓既要向当权的土匪缴纳捐税，又免不了被其他的抢劫绑票。我就是生活在这种提心吊胆的环境中。

① 以下为钱秉确自述文章，标题为编者加。

在我尚能记忆的童年岁月，我家有父亲、母亲、我和弟弟共4人。我村曾多次遭受土匪的抢劫，各家都曾逃到县城或他乡避难，也叫“躲匪”。我7岁时，我家和伯父家的兄弟共4人，都被湖南土匪绑票到湖南永顺县的八面山燕子洞，禁闭了近一年。家里倾家荡产，才将我们赎回。从此，我们的经济生活状况日益困难。

当时秀山县的各乡镇，大都因土匪当政而办不成小学。我只能在村里的私塾上了二三年学。1932年，父亲怕我再被土匪绑票，迫不得已才送我到县城去，上县立第二小学。那时，因我在私塾没有学过算术和作文，连阿拉伯数字都不认识，所以我虽已12岁，也只能入小学四年级。经老师单独补课和辅导，从头开始学算术和作文。因我已懂得学习用功，进步很快。当年的月考、学期考试成绩，都常得满分，学年考试成绩竟名列第3名。

1933年3月，正当我进入高小时，父亲忽得急病。因那时农村缺医少药，竟然难治而去世。后来才知是伤寒病。我回家奔丧。葬完父亲后，家境本已很困难，因我已知求学的重要，求学心切，苦苦恳求母亲，允许我继续上学。1934年7月，全县小学毕业班统一竞考，我名列全县第8名，被县立初中免考入学。

在秀山县立初中，我深知上学不易，学习更加用功，成绩进步较快。而且我求全面发展，各种体育运动，如足、篮、网、乒乓，全都参加锻炼。音乐（那时我已在家自做一胡琴并学拉胡琴、吹口琴）、国画（美术）也有专长，全班以我的国画最好。每年寒假前，同学们都请我为他们家画国画，做春节期间家里的糊窗纸。1937年7月，全县初中毕业班又是统一竞考。我在毕业竞考中成绩名列第16名。因那时各县都没有高中，只有酉阳县龙潭镇的省立龙潭中学附设简易师范。我报名后又被免考入学。在简易师范学习一年，于1938年7月毕业。按规定简易师范毕业后，可以担任小学教师。

因在那土匪当政的年代，我乡不但没办成小学，即使有小学的乡镇，那里的小学教师也难当。因为土匪当政，老师必须与他们合作，同流合污。如与之发生矛盾，必将遭到打击迫害。我深知在当地难以当好小学教师，但居家也是提心吊胆，难以安居。所以，我急切希望能离家外出求学，另找出路。

秀山县处在边远地区，周边各县都是经济不发达地区，既无高中可上学，也无就业环境可工作，必须到较远的经济发达地区，如重庆、成都、长沙、武汉等地。但到这些较远地区，一是交通不便（那时才开始修建川湘公路，但无定班客车），二是信息不通（那时各地不通电话，连收音机也不普遍，报纸也少而且迟到），不易随时知道外地学校报考情况。如要到外地上学，必须提前十天半个月，长途跋涉，先到大城市长期住旅馆等候报考，因而必须消费大量旅费。这样，也不是我那时家庭经济所能负担得起的。因此，那时要到外地求学，最好是在外地有亲戚，可以把亲戚家做一落脚地，省些费用。

恰好，1938 年 10 月，有一位表叔罗子钧（是远方姑婆的儿子，在成都川康绥靖公署任参军），受命到酉阳、秀山等地来招安土匪，但与土匪谈判，未达成协议，即将返回成都。我得此信息后，与一位小叔钱学淹，一同去恳求他带我们去成都上学。经再三恳求，才得同意带我们去成都。从此，我就远离家乡，求学找出路，几十年未回家。

我离开家乡后多年，秀山乡镇仍是土匪当政。我村各家仍经受多次土匪洗劫。特别是我离家 6 年后的 1944 年，全村不但被抢劫一空，而且各家房屋都被烧毁，甚至有人也被烧死。如果我当时还在家，真是不堪设想。直到全国解放，土匪才被剿灭。

秀山县离成都很远，大概有两千多里。川湘公路刚修成，尚没有通行客车。表叔罗子钧和一个参谋另有两个随员同行，都是搭乘商运货车往返。他们因公搭车，可以报销车费。我们交不起昂贵的搭车费，只能靠他们搭车附带报销（从秀山到重庆的搭车和船票就节省不少）。

从秀山到重庆，搭车搭船共用了 3 天。第一天从秀山到酉阳，大约是 210 里。中午到龙潭，土匪头子张绍卿还请吃一餐午饭（其中有红烧牛蹄筋）。第二天到黔江县，大约 120 里。第三天到彭水县，也是 120 里。在彭水等搭商船一天，坐商船走乌江 400 里两天才到涪陵。在涪陵搭小商船（民模号）在长江走 200 里，一天到重庆（现在已建成渝怀铁路，秀山到重庆只要5个小时)。在重庆，表叔请我们去澡堂洗澡(平生第一次进澡堂)、并看一次电影(平生第一次看电影，是卓别林的《摩登时代》)。在涪陵也是第一次看见电灯(那时秀山、酉阳、黔江、彭水都没有电灯)。

从重庆到成都的公路，那时已有客车，但车票很贵。表叔和参谋搭车可以报销，我们买不起车票只好走路。表叔和参谋搭车先走，让他两个随从带我们(共4人)，沿成渝公路徒步走。这里去成都约1000里路程。那时正是夏末秋初，白天长，我们一天可走100—140里。中间经过8个县城，我们每天走过一个县城。第一天从重庆到永川，我们竟走140里。8天我们就赶到成都。表叔家在成都市东北部有一个独门大院，很宽敞，有八间房，我和淹叔都住在他家。那时已是10月，学校都已开课，不能再收插班学生，我们只好在家里自学，准备明春投考插班。小叔钱学淹准备考初中。

5. 考入黄埔军校第十七期炮科

1939年春，我经插班考试，考入蜀华中学高中二年级。那时因家境已很困难，为节省住宿费，上学时仍住表叔家，每天走读。从成都市东北到成都市西南，风雨无阻地穿城而过。1939年夏天成都遭受日寇大轰炸后，学校迁到西郊，我才改成住校。到1940年高中最后一学期，行将高中毕业时，因我家庭已十分困难，想到高中毕业后，即使考上大学，家庭也供给不起，而且那时正当抗战最困难时期，全国各沦陷区的学生，流亡到四川的很多，甚至许多大学毕业生已很难找工作。所以，我对离家外出求学找出路的愿望，也很渺茫。那时，正值迁到成都的黄埔军校招生，我们高中毕业班的同学，被抗战爱国热情所鼓舞，因此，我和不少同学一起，就去报考黄埔军校第十七期。钱学淹也报考，但未考上，最后仍回秀山老家。

因在高三有考大学的准备，所以考军校时，成绩比较好，竟以第十三名，考入第十七期一总队，并因考试成绩和身体条件都较好而被分配到炮科。在炮科学习中，除学习普通大专课程如文学、英语、数、理、化等学科外，主要是军事课程的正规教育。先学习诸兵种的基础课，如各种体操、马术、劈刺、基本武器的使用等，而后再进行专业(炮科)课程系统学习。学习两年后毕业，被作为教育干部，分配到陕西宝鸡特种兵联校。一年后，我参加了抗战。

图61　成都黄埔军校学生列队

6. 起义后入新中国炮校任教

1946年，国民党军队整编，炮十六团被撤销，我被分配到四十一军野炮营。随即派我去武汉，接收日本交出的一个连炮兵装备。回到河南许昌后，任命我为新编的炮兵第三连上尉连长。因新编连都是新兵，所以，这个连一直随营部从许昌到新乡，再到郑州，都在训练新兵。直到1948年10月，我炮兵营随军从郑州开赴徐州。但在徐州，炮兵营又被整编，改编为骑兵团。我被任命为少校团副。骑兵团随即配属给五十九军，开赴徐州北郊贾汪附近。同年11月五十九军起义，我骑兵团亦随之参加中国人民解放军。

1949年1月，因我是学炮兵专业的，所以，将我调到第三野战军的特纵炮兵第十四团，任侦察参谋。在长江北岸为炮兵阵地进行测地。同年4月21日在渡江战役中于江阴附近渡江。1950年2月，我被选送到南京华东军政大学学习。同年12月毕业，又被选调到军事学院（当时院长为刘伯承)。

1951年1月15日,军事学院在南京正式成立。我被分配到训练部。因我当时在该会学历最低,年龄也最小,在教学中实际只能当助教,做辅导工作。所以,1952年2月,由训练部保送我和其他12个青年(都是大学毕业生)到沈阳的军委高级炮校学习。在那里我们先在短训班第五期学习半年,而后又在侦察系再学习半年有关炮兵仪器侦察的内容。直到1953年1月才回南京军事学院。但回南京后,我就被调到炮兵系(系主任高存信,黄埔十期),在炮兵侦察教研室任教员,主要教炮兵系的炮兵侦察战术课。此外,我还多次参加军事学院组织的全军性的军事演习。如几次在南京汤山的炮兵射击演习,其炮兵测地工作都由我来组织实施。在安徽临淮关的河川进攻演习,在山东的胶东军事演习,其中有关炮兵侦察计划的制订,多由我参加编写,并在演习中担任导演(名为调理员)。

在军事学院8年工作中,我曾多次受到奖励,如1956年和1957年,我都被授予三等奖。奖励中的一份纪念影册上有毛主席和刘伯承、陈毅、罗瑞卿等中央高级领导人以及苏联专家和学员中高级将领的合影的照片。1955年全军实行军衔时,我被授予炮兵大尉军衔。

1958年9月,由炮兵系扩大为炮兵学院,在宣化正式成立。我也随之调到炮兵学院。仍在炮兵侦察教研室任教员,负责原来的各项教学任务。因1959年南京军事学院情报系和海军学院还排有我担任的炮兵侦察课,所以我在1959年还两次去南京,远距离去上课。

在炮兵学院我还积极参加炮兵技术的科研活动,并取得一定成绩,1959年在一项科研项目上,获得院长陈锡联、副院长高存信授予的三等功立功奖状,并于同年10月1日参加北京天安门国庆十周年庆祝典礼,还在北京参加了全军炮兵科研成果展出。

在炮兵学院,我还担任炮兵实弹射击场的测地,组织几次对三线基地的地图测绘。1962年参加在辽东半岛的全军大演习,并担任炮兵侦察导演(调理员)。1965年参加了张家口专区组织的“四清”工作团,下农村搞“四清”,直到1966年春才回学院。

7. 转业到枣庄组建公交

1966年3月，由于林彪的掌权，炮兵学院被暂时停办。我被宣布转业，被任命为山东枣庄市城市建设局（后改为市建委）市政工程队（今市政工程处）的主任。主要负责城市的道路修建（如铺柏油路等）、桥梁排水设施建设、路灯照明、道路绿化及公园管理等。在“文化大革命”开始后，我被划为“走资派”而“靠边站”，曾一度让我当“沥青化验员”，使我对铺柏油的办法有所改进（由原来在铺路现场熔化沥青，改为在厂内熔化，再用汽车装运到现场铺路）。

1969年，我被“解放”“结合”后，市革委会让我筹建市公共汽车服务站工作。我先后到济南、南京等地去参观学习，积累公共汽车的经验，于1970年在枣庄正式成立公共汽车公司（当时叫“公共汽车服务站”），我担任了第一任经理（站长）。起初，只有5辆客车（因那时客车很难购买），所以只能跑枣庄、薛城和陶庄三条线，而且每隔半小时以上才能出一次车。以后每年增购的客车也很少（3—5辆）。1973年，省里发给我市的是10辆解放牌汽车的底盘，要我市自己设法装配成客车使用。我们只好组织一批修理工人去济南客车厂学习装配汽车。又因枣庄没有配件压成的设备，只得仍请客车厂帮助，将所需配件先压制成形，而后运回枣庄装配成客车。

1976年建委又调我到建委设计室，任主任。这项工作我不熟悉，只好一面学习，一面工作。

1978年，受全国科学技术大会的影响，各地掀起搞科研的浪潮。枣庄市建委也顺潮流办起了建筑科研所（以后改为建材科研所）。建委又把我调来担任所长。

8. 离休后组建枣庄民革

1983年年底，在当时全国提倡干部年轻化的情况下，我年龄已过60岁，所以主动申请离职退休。1984年3月经市委组织部正式批准离休，享受县（处）级待遇。

1985年年底，民革省委要求在枣庄市建立民革组织，以加强和平统一台湾的统战工作。我虽已离休，但决心再次发挥余热，做一点有利于祖国统一的工作而加入民主党派——民革。因此，我在枣庄市先后担任民革枣庄支部、民革枣庄市委的主委。直到 1998 年才正式退休，成为民革枣庄市委的名誉主委。

此外，在枣庄市 1978 年恢复人大、政协以来，我先后被选为市人大第九届、十届人大代表，市政协第二届、三届、四届、五届的政协委员和常委。在此期间，做过不少参政议政、促进祖国统一、振兴中华的工作。

现在，我还担任山东省黄埔同学会的理事，并已连任三届。每年都去济南参加理事会会议。

事实证明，我于 1938 年简师毕业后，不在家乡当教师，决心克服一切困难离家远出求学找出路，是正确的。1984 年我回乡探亲时得知：与我同学的初中和简易师范的同学，能正常当教学老师的极少。大部分同学都与土匪发生关系，有的与土匪发生矛盾，多被土匪杀死；有的与土匪同流合污，危害人民，中华人民共和国成立后被政府镇压。

至今，我离开家乡秀山已 74 年，四海为家，走遍半个中国。其中，在成都 4 年，陕西宝鸡 1 年，河南 6 年，南京 8 年，沈阳 1 年，河北宣化 8 年，来山东枣庄现已 48 年。

这 68 年的工作情况如下：在高中、黄埔军校学习共 4 年，在国民党军中和抗日作战 6 年，在解放军中 18 年，转业到枣庄在职 32 年，退休已 14 年。在职工作共 56 年（其中，在新中国工作 50 年，即 1949—1998 年，25—75 岁）。所做工作，对国家社会和人民都是有利的，算是我对国家人民的贡献吧。

9. 钱忠坚回忆父亲感慨万千

熟悉钱秉确的人称赞他是一个生活俭朴、工作认真的好干部，那么，钱秉确到底是怎样的一位好家长，好干部呢？笔者分别采访了他的儿子钱忠坚和外孙女徐玲。

以下是笔者对钱秉确之子钱忠坚的访谈记录[①]：

---

① 本节根据 2014 年 2 月 5 日笔者对钱忠坚的访谈整理。

王功彬（以下简称王）：请您讲讲您父亲钱秉确的一些情况好吗？

钱忠坚（1958年出生，钱秉确之子，工人）：老家原来属于四川，现在属于重庆，是个山区，自然条件非常差。我爸很少回老家，他说要从老家走到秀山，再从秀山走到重庆，还得从重庆走到成都，那地方还闹土匪，所以他一般都是用书信联系。后来他回家了一次，他回来讲的，现在交通条件比过去好了，通了火车，要先坐火车再坐轮船，还要换成汽车，最后还要走上很长的时间才能到家。我父亲是老大，我还有个叔叔，叫钱秉谦，他一直在老家务农，没有出来，要出来也就好了。

王：您父亲小时候在哪里上学？

钱：小学在秀山，中学在成都。

王：他为什么要考黄埔军校？

钱：我父亲当年之所以出来，就是因为家里非常贫穷，连饭都吃不上了，尽管他的学习成绩很好，即便考上其他国立大学，家里还得给掏学费；如果考军校，就不要费用了，这样就会给家里减轻经济负担。当时考军校也是很严格，那么多人报名，考上的不多。

王：他说过抗战的故事吗？

钱：说过。他是炮兵，在河南参加会战，打日本人的坦克车。

王：他受过伤吗？

钱：没有。

王：或许因是炮兵的原因，相对安全一些？

钱：不是，我爸说炮兵非常危险，过去炮兵装备非常落后，都是用骡马拉，一旦被日军发现之后，他们转移很缓慢。有一次他们打完日本人之后就开始撤退，日本人追了上来，他们就被打散了，日本人开始对他们包“饺子”。我爸他们把炮也扔了，就带了两个警卫员跑了，躲进了老百姓家里，换上老百姓的衣服，正赶上他有病“打摆子”，气色不好，也像老百姓。那次很危险，差点让日本人给逮住。

王：您在哪里出生的？

钱：我在南京出生的，母亲叫袁增昌，当时我父亲在南京军事学院当教官，那时候他们结合的。我母亲是1990年去世，才50多岁。

王：您是什么时间来枣庄的？

钱：我是跟着我母亲一起来的。来到枣庄以后，我母亲进国棉一厂工作，我就在那里上的中学。

王：您父亲让你最难忘的事情有哪些？

钱：他刚来枣庄的时候还没有公交车，那时候他就是来回跑。我来枣庄的时候十几岁，夏天的时候就见他整天戴着草帽，骑着一辆不能再烂的"大金鹿"自行车，上身穿着一件旧汗衫，下身穿条人造棉裤子，他胖啊，好出汗，裤子上都是汗碱，白花花一块一块的，气味熏人，看他忙得那个样子，哪像个领导啊，简直就是个老农民。他虽然享受着医疗保险，能报销医药费，但我们全家谁也不许沾他的光，他自己也从来不去医院，甚至说他没享受过免费医疗。所以说我们这些当子女的对他也充满了敬畏。

10. 外孙女赞外祖父品格高尚

这是笔者对钱秉确外孙女徐玲的访谈记录①：

王功彬：徐主任您好，我想请您谈谈您外公在工作和生活方面的一些事情。

徐玲：我对外公早年的经历了解不多，他给我的感觉就是生活简朴，为人低调；风格高尚，家风优良。

我外婆去世以后，他也不让子女照顾，就自己一人生活，每次到他家里，早上一看他吃的早点，无非是一杯牛奶，因为他是四川人，里面还放了一些辣椒，看得我很心酸，但没办法，他就那样。他身体很胖，衣服也买不合身，他就自己动手，裁剪缝纫，做衣服，虽不怎么美观，但他不嫌弃，不舍得到服装店里去加工。

他是枣庄城市公共交通的创始人，单位也有车辆，但他从来不因私用车，每天都是骑一辆大轮自行车，来来回回在马路上跑，也从不以老干部自居，很多人一直认为他就是一位普普通通的老工人，更不知道他是黄埔

① 本节据2014年2月5日王功彬对徐玲的访谈整理。徐玲，女，枣庄市人大常委会副主任，民革枣庄市委主委，枣庄学院政治与社会发展学院院长，山东黄埔同学会副会长，钱秉确外孙女。

军校的学生，是为国杀敌的英雄。

原来单位涨工资都是有名额，每次涨工资他都让给别人。总是说谁谁谁比咱还困难，这次就让给人家了。下次又该涨工资了，他又说谁谁谁也该涨了，又让给了别人。

他的家还是那套老房子，房龄已经有二三十年了，他一直没提出换房，我舅舅、舅妈，还有小姨都下岗了，生活非常困难，尤其是我舅舅，在国棉厂工作，现在已经下岗多年。他在世的时候，只要他出面给市里的领导说说，肯定会给他帮助解决，但他就是不开这个口。尽管这样，我舅舅全家都没有怨言，而且非常敬重我外公，他的女儿也是通过自己的刻苦努力，从专科到本科，最后又考了研究生，现在已到大学当了一名教师，全是靠自己的努力。所以说源于我外公的良好家风，和他们对子女传统教育，他们的子女对生活都非常知足，对生活充满了热爱。

考入曲阜二师，加入中国共产党。复入朝阳大学就读，又回乡创建地下党组织。为抗日，去投考黄埔军校；想回党组织身边，却进入国民党军队；他把生死置之度外，最后牺牲在抗日战场上。他就是黄埔军校第十三期学生——马镇。

（十一）马镇

马镇（1910—1944），原名马宗俊，又名马术先、马秀三，滕县后八里屯人，1910 年出生，1927 年入曲阜第二师范学习，1936 年考入黄埔军校第十三期，任国民革命军连长、营长，1944 年参加对日灵宝战役牺牲，时年 34 岁。

1. 马镇档案

姓　　名：马镇，字幻人，别名马宗俊、马术先、马秀三

民　　族：汉族

出生时间：1910 年

籍　　贯：滕县后八里屯村

出生地点：滕县后八里屯村

成 长 地：滕县后八里屯村

属　　相：狗（农历庚戌年）

最高职位：营长

去世时间：1944 年 6 月

牺牲地点：河南省灵宝县下桃花营

寿　　命：34 岁

2. 马镇简历

1910 年出生。

1919 年，在本村读私塾。

1925 年，在滕县读中学。

1927 年，考入曲阜第二师范学校，同年加入中国共产党。

1930 年，升入二师后师五级二班。

1932 年，赴北平朝阳大学就读。

1933 年，休学，赴福建参加国民党第十九路军。

1934 年，返回滕县教小学，创建滕县地下党组织。

1935 年，转至泰安教小学。

1936 年，赴南京，考入黄埔军校第十三期。

1939 年，黄埔军校毕业，分至四川广元宪兵队，任排长。

1940 年，离开国民党军队，返回滕县途中，被国民革命军第五十七师挽留，任连长。

1941 年，随国民革命军第五十七军驻防甘肃平凉、天水，升任营长。

1944 年 6 月，在灵宝战役中牺牲。

3. 中共党史中记录的马镇①

作为滕县早期的共产党员，马镇的名字已被载入中共枣庄党史。

这是中共党史对马镇的记载：

远在潼关外阌底镇的郊外，掩埋着当年为抗击日本侵略军而英勇献身的勇士们的忠骨。其中，有一位滕县籍的为国捐躯者，他叫马镇。

革命烈士证明书

马宗俊同志　对日作战中　壮烈

牺牲，经批准为革命烈士，特发此证，以资褒扬。

图 62　马镇革命烈士证明书

马镇，原名马宗俊，曾用名马术先、马秀三，1910 年出生于滕县后八里屯村（现属微山县）。少时，在家乡读书。他天资聪颖，且勤奋好

① 中共枣庄市委党史办公室：《烽火丹心》，1995 年版，第 342—343 页。标题为编者加。

学，是十里八乡出了名的才子。1927 年，他以优等的成绩，考入山东省曲阜第二师范学校，被编在七级二班。1930 年入后师五级二班学习。在校期间，思想进步，活动能力强。入校后不久，即加入了中国共产党，是二师早期党员之一。1928 年春，二师党组织被严重破坏，他幸免于难，便转入地下秘密开展活动，积极影响和引导学生会主要干部刘子衡等，推动进步学生运动。1929 年春，由他及另一名共产党员首倡演出话剧《子见南子》，与孔府代表的封建势力作坚决深入的斗争，后被学生会采纳，终于如期演出，酿成轰动海内外的《子见南子》案。

1931 年九一八事变后，国民党政府的不抵抗政策，激起了全国人民的无比愤怒，纷纷奋起要求抗日。此时，中共二师党支部重新建立。不久，支部又改建为二师特支，马镇为特支成员。在特支的领导下，二师学生会进行改组，成员大都为共产党党员。改组后的学生会主席由特支书记程金鉴（程照轩）担任，马镇为文化娱乐委员。这一时期，他成为二师学生运动的主要领导之一，党组织的骨干分子。1931 年年底，特支根据中共山东省委的部署，组织以二师为主的鲁南七校学生南下请愿抗日，为使这一活动能顺利开展并达到预期目的，成立了由 30 多名思想坚定、身强力壮的学生组成的敢死队，马镇被指定为“敢死队”4 个负责人之一。12 月 16 日，两千多名学生会集兖州火车站，他带头卧轨截车，坚持斗争，震动了全国。

1932 年 5 月，二师党组织再次遭到破坏，马镇被迫离校，与李雪斋等来到滕县，参与了中共滕县特支的活动。不久，即赴北平，到朝阳大学就读，但仍从事党的地下工作。1933 年，北平党组织选派他到闽西国民党十九路军工作，参与了蔡廷锴、蒋光鼐等发动的反蒋起义，并在起义后建立的福建省人民政府里供职。1934 年，福建起义失败，所建政府垮台，他返回老家滕县，在县城里谋一小学教员职业为掩护继续从事地下工作。当时，滕县地方党组织正处于低潮，活动相当困难，他便于 1935 年下半年，辗转至泰安，仍以教书为业。因形势所迫，难以立足，再次返回故乡，在微山湖西的亲戚家闲居，并与殷家成亲，自此，与党失去了组织联系。但是，近十年的革命生涯，练就了他不甘寂寞的性格，1936 年，考入了南京国民党陆军军官学校。

1939 年，马镇军校毕业后，分配至四川广元宪兵队任排长。其时思想消沉，心情苦闷，曾致信给他的叔伯弟弟马宗申。信中说：“我不能再干这个差事了。听说程金銮在山东山区打游击，我要跟他们一块去干！”

1940 年，他逃离了四川，只身返鲁。不料，在他逃到安徽阜阳时，巧与亲戚刘安祺相遇。刘为国民党五十七师师长。刘强留他在该师，并委以连长职务，派往甘肃固原驻防。后来，该师扩编为第五十七军，他又由连长升为城防营营长。1944 年，日军西侵，潼关告急。第五十七军奉命调防迎敌。马镇写信给叔伯兄弟马宗申说：“男儿报国，此去不复返”。不久，潼关战役打响。他将营部设于阵地最前沿，并激励官兵奋勇杀敌。当他率部与日军在潼关外牛庄激战时，不幸壮烈牺牲，时年 34 岁。

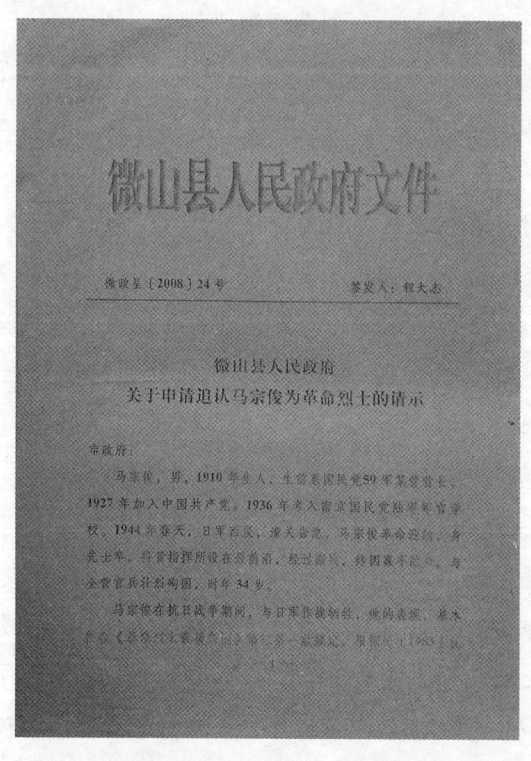

微山县人民政府文件

微政呈〔2008〕24 号　　　　签发人：程大志

微山县人民政府
关于申请追认马宗俊为革命烈士的请示

市政府：

马宗俊，男，1910 年生人，生前系国民党59军某营营长，1927 年加入中国共产党。1936 年考入南京国民党陆军军官学校。1944 年春天，日军西侵，潼关告急，马宗俊奉命迎敌，身先士卒，将营指挥所设在最前沿，经过激战，终因寡不敌众，与全营官兵壮烈殉国，时年 34 岁。

马宗俊在抗日战争期间，与日军作战牺牲，他的表现，基本 [illegible]

— 1 —

图 63　山东省政府关于批准马宗俊（马镇）革命烈士的批复

4. 叔伯兄弟回忆马镇[①]

因马镇牺牲较早，知情人甚少，最了解马镇情况的也只有他的叔伯兄弟马宗申。

以下是笔者访谈马镇族孙马彪时得到的马镇叔伯兄弟马宗申的回忆文章：

他父亲是我的叔父，因我由叔父抚养，故与马镇（马宗俊）关系密切。

我于1928年下半年随同马宗俊到曲师附小读书，1930—1931年马镇因父病休学一年，我转学至滕县一中，1931年秋我随同马镇再次回到曲师，1933年于曲师毕业。

1928年下半年，我们一同到曲师附小读书。

1930年，马镇因父亲患了重病，只好休学一年在家陪伴父亲养病。父亲病愈后，于1931年秋天马镇再次回到曲师读书，直至1933年曲师毕业。

初到曲阜时，我住在二师学生宿舍，有时住马镇宿舍，有时住在程金鉴（照轩）宿舍，晚间自习则在马镇的自习室。他要好的同学我都认识。当时二师的革命气氛非常浓厚，读马克思、鲁迅的著作，蔚然成风。马镇和他的好朋友也经常送给我一些新书，如《莫斯科印象记》《少年漂泊者》之类。二师学生日常谈话，乃至开玩笑都离不开“普罗里塔里亚”“布尔乔亚”“辩证法”“唯物论”这许多名词。新教师第一次上课，学生即要他表态，是不是教“普罗文学”，是否教“辩证逻辑”……如果教师回答的不满意，学生即会将他哄走。他们有些活动，我也隐约知道一些，只是我向来没有怀疑过他们是共产党。但自1931年截火车，赴济南请愿许多事件之后，特别是1932年春季之后，我看到他们的行动有了新的变化，他们秘密印刷传单，买了自行车，四处活动，像程金鉴等人，有时外出几天不回来，而且也似乎听说有人在校外被捕。我的印象中程金鉴

① 本文为马镇叔伯兄弟马宗申回忆文章，标题为编者加。

活动最紧张，可能是共产党，但对李天夫、蒋连萼等人，我却一直认为他们是爱谈爱笑的运动员，至于马镇这时有什么活动，我甚至完全没有觉察。

1932 年春季的大逮捕事件发生前，我已搬进“八府”附小宿舍去住，但仍然经常到马镇宿舍去玩，每逢周末，他们也时常来找我玩，并没有什么异常变化。5 月 23 日的大逮捕事件，我黎明便得知了消息，我当即赶到马镇宿舍，当时全校同学仍在慌乱不安之中，大家都在谈论着夜间发生的事情。五一班的孟明远看见我，立即悄悄地告诉我说你三哥已脱险，并将他如何侥幸越墙逃走的情况诉说了一遍，并要我放心。

5. 离开曲师投身革命

经过一段时间以后，我获知马镇已在北平朝阳大学就读，并改名为马术先。一年以后，他休学了。我当时认为他休学的原因是经济困难，这次看到曲师寄来的该校党史资料，提到这时是在北平从事地下工作，他休学即到福建去参加十九路军的起义和筹建福建人民政府，我过去一直认为这是他的个人行为，现在看来，他去福建一事完全有可能是受地下党组织的派遣。1934 年初福建人民政府失败，他回到滕县教小学（当时滕县一高校长张梅村与他关系好），但像他这样的戴着赤化和共产党嫌疑帽子的人，在地方上显然是难以立足的。1983 年春天我回山东时，滕县编县志的同志来找我问马镇的事迹，并告诉我，这一时期，马镇在滕县做了不少工作，他创造了滕县第一个地下党组织——国民书店。

1935 年前后，他转移到泰安县去教小学，我对他在那里活动的情况全不了解，但我衷心地祝愿他能在那里暂时得到一个安身之处。

1936 年暑假，我们二人都同时回到家里，我这一年初中毕业，准备考高中，在家中复课，他要我也帮助他复课，我觉得奇怪，经过询问，方才知道他回来之前没有接到学校的聘书，他又失业了。他决定投考国民党的政治大学（后来却考取了军校）。我意识到他已没有办法找到工作了。现在想来他想去泰安教书，以及以后的投考国民党的政治大学，显然都是与党组织有联系的。程金鉴（照轩）出狱是否与他见过面，他没有谈到过。我只从他以后的来信中知道，他是不止一次地去过程家。

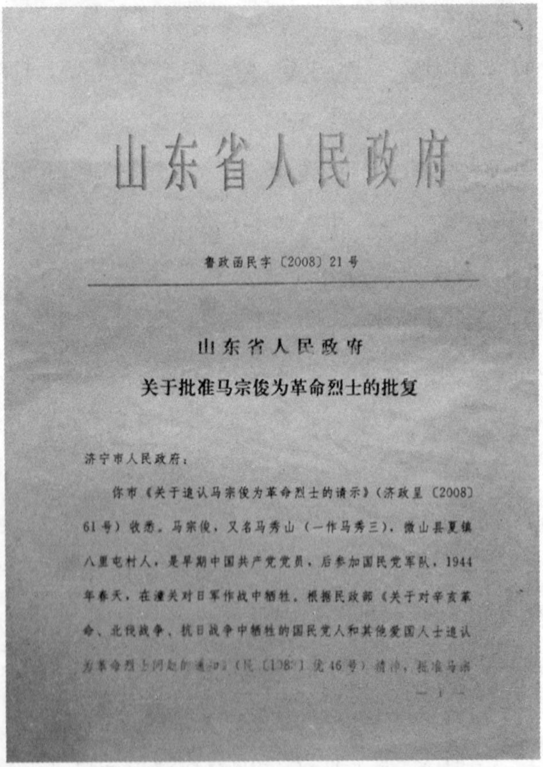

山东省人民政府

鲁政函民字〔2008〕21号

山东省人民政府

关于批准马宗俊为革命烈士的批复

济宁市人民政府：

你市《关于追认马宗俊为革命烈士的请示》（济政呈〔2008〕61号）收悉。马宗俊，又名马秀山（一作马秀三），微山县夏镇八里屯村人，是早期中国共产党党员，后参加国民党军队，1944年春天，在潼关对日军作战中牺牲。根据民政部《关于对辛亥革命、北伐战争、抗日战争中牺牲的国民党人和其他爱国人士追认为革命烈士[illegible]（民〔[illegible]〕优46号）[illegible]，批准马宗

— 1 —

图64　微山县人民政府关于申请追认马宗俊（镇）为革命烈士的请示文件

6. 黄埔毕业后逃离国民党部队

七七事变后，我们失去联系。1939年初，我随山东两三千流亡师生来到四川绵阳，成立了国立第六中学，一天忽然收到了马镇寄给我的明信片。他当时军校刚毕业，被分配到四川广元宪兵队当排长。他根本不想干国民党的这份差事，并一再来信讲，要到山东母亲（指党）的身边。我当时对他的话全做了错误的理解，我以为他是思念山东的老母和妻子，指出他的想法非常不切实际，不能希望在日本人的刺刀下，实现与家人的团聚。他认为我不能理解他，但却无法向我解说清楚。1940年上半年，接到他的信，知道他已“开小差”逃离广元宪兵队，并已只身踏上前赴山东的征途，只是到了这时，方才将他回山东的真实想法告诉了我：程金鉴（照轩）在山东打游击，干得很出色，回去同他一块干。直到这时我才懂

得他所说的“回到母亲身边”这句话的含义，是要找党组织。我默默地为他祝福，愿他一切如愿。

没想到，1941 年我来到西北农学院不久，忽然接到他从甘肃固原来的信，并把计划回山东的失败经过告诉了我。原来，当他快到山东地界时，意外地遇上了他的连襟、胡宗南部下第五十九师师长刘安祺①，坚决不放他回山东，并要他到他的部队去当连长。

从他给我的来信中可以看出，他这一时期的心情是极度苦闷的，一个党员眼看着他的同志们在战斗，而自己则长期羁绊在国民党军队之中，这如何不使他心烦意乱呢?！但自到第五十九师以后，却始终没有再谈到挂冠潜逃之类的想法。我完全理解这其中的道理，对他来说国民党的法网并不可怕，而真正可怕的却是各种社会关系所结成的网络，使他变得一筹莫展。

现在他有了更多的时间给我写信谈心了，他给我的信往往很长，有时多至十几页，除对我进行思想教育外，更多的是为了消磨时间和解除个人的痛苦。我当时生活很艰苦，我为自己提的口号是“冻死迎风站”，而他却要我做一个有益于社会的人，不要做一个孤芳自赏的人，鼓励我做一个自食其力的人，并建议用“自食其力不为贪”代替“冻死迎风站”；他告诉我他的生活也很艰苦，他不能对我有所帮助，并希望得到我的谅解（自我们从 1939 年通信以来，他先后给我寄过一件旧毛衣和七尺甘南毛斜纹布，后来我才知道即便这一点东西，对他来说已是十分不易了）。

7. 参加抗战壮烈牺牲

1944 年春天，日军西进潼关告急，我突然收到马镇的来信，说他的部队将于某月某日经过武功车站东上，要我届时到车站等候与他晤面。因为当时火车不能正点行驶，特别是兵车更是没有一定的行车时间，他乘坐的那列兵车，因为前方军情紧急，只能提前于夜间开过去。第二天我收到他交给车站工作人员转来的用铅笔书写的一纸便函，总共只有几句话，大

① 此处有误，（1）刘安祺部为第五十七师，后为第五十七军，下同。（2）刘安祺先后共有两位夫人，第一位王佩云，其去世后续黄经达为妻，与殷姓无姻亲关系。——编者

意是说：在这样有意义的时刻，未能看见我深引为憾事，并说他此次赴前方正是他报国之时，决心不生还，并希望我保重。这是向我诀别啊！他的这一短信至今思之，犹使我忧伤！

此后不久，传来了潼关大捷的消息，大家都为此欢庆，我独为此深感不安，当时已预感到不幸的事情已经发生。没有几天，我收到了他所在营的工兵排排长吴吞给我打来的电报，告诉我家兄已壮烈牺牲，并要我参加为阵亡将士举行的追悼大会。因为电报没有写清楚，追悼大会是在怀潼县第五十九师前防指挥部举行，我直接按发报地址赶赴潼关战场。我先后去过两次前防，第一次没有找到遗体，也没有得知埋葬地址；第二次是部队已找到埋葬的地址，要我前往扫墓。

通过两次前往前线，我见到了他所在营的工兵排排长和其他人，见到他驻地——牛庄和下桃花营的老百姓，使我对他生前的情况，有了更多的了解。他生前的军中生活十分艰苦，他的薪饷多用来为士兵买药治病，个人手头经常没有零用钱，他甚至连买被里子的钱都没有，被里子破了，常用破军服来补丁，直到千补百结，甚至使得勤务兵羞于拿出来找人拆洗。

我了解到他牺牲前，似乎已经患上了相当严重的肺结核病，身体很不好，经常咳嗽，病重时他既不治疗也不减轻工作，夜间照例睡得很迟，桌上放有一只小茶壶，内盛蜂蜜水，咳嗽起来呷一口便算了事。

他让工兵排排长将营指挥所的工事修筑在营阵地最前沿，大家都不同意他的这一安排，他下命令，非按照执行不可。士兵们见营长身在阵地的最前沿，敌人来了无不奋勇当先。我到前线时，除了见到工兵排排长外，几乎没有见到马镇营的任何士兵，中国官兵的尸体已由当地群众掩埋，剩下的只是成堆成片的日本兵的尸体。

马镇的陵墓在底阁镇下桃营村，埋葬于村民程天远①的土地上，我曾见到过程天远并给了他一些钱，让他好好保护马营长和张营长的坟墓。两位阵亡的营长坟前，皆立有墓碑。张营长也是滕县人，但我已忘掉了他的

---

① 据查应为张天远，下同。据马镇大哥之孙马彪回忆，2005 年 5 月，他曾去河南灵宝查找三爷爷的坟墓，方知此处程天远实为张天远。

名字。我到下桃花营时，当地不少村民闻讯赶来，向我追述马营长作战实况及关爱士兵的许多事例，他们告诉我说听到马营长阵亡的消息后，大家为他寻觅到最好的棺木，言下不胜唏嘘。

当时我对家兄之死，无限伤痛，当我想到他用自己的生命保卫了我们的国家，长了中国人民的志气，灭了敌人的威风，献出了年轻的生命，今天滕县县志为他立传，他的母校宣传他的事迹，我知道他必会含笑九泉的。

马镇阵亡后，他的全部遗物，是他珍藏的一本相册，并交给我保存，其中有他个人的照片，也有与友人的合影。在他的照片之下方，往往有他自己的题词，这些诗句，常常是一些顾影自叹和发自内心的悲愤之情，读之令人哀戚不已。

为报家仇，田家三兄弟离家出走考取黄埔。抗战爆发，弟兄三人各奔东西为国效力。长兄，入黄埔第十八期，后调十一战区任少校副官；二弟，黄埔第十七期毕业，参加对日灵宝战役，壮烈牺牲；三弟，考入黄埔军校第十五期，后入中央警官学校学习，曾留校担任教官。他们就是一门黄埔三兄弟——田培相、田培桂、田培材。

（十二）田培相、田培桂、田培材

田培相

田培相（1903—1977），字式如，又名国政、毅人，峄县枣庄殷村人，黄埔军校第十八期毕业，先后任国民革命军上尉副官、中校参谋。

1. 田培相档案

姓　　名：田培相，字式如，又名国政、毅人

图 65　田培相老年照

民　　族：汉族

出生时间：1903 年

籍　　贯：峄县枣庄殷村

出生地点：峄县枣庄殷村

成 长 地：峄县枣庄殷村

属　　相：兔（农历癸卯年）

最高职位：中校

去世时间：1977 年

去世地点：峄城区

寿　　命：74 岁

2. 田培相简历

1903 年出生。

1909 年，在峄县县立第二模范初级小学（齐村小学）读书。

1924 年，在峄县县立高等小学读书。

1925 年，入山东公立工业专门学校（山东大学前身）学习。

1928 年，参加抗日后援会。

1929 年，在枣庄南马道小学执教。

1938 年，任临郯费峄四县边联大队长。

1941 年 12 月 25 日，考取黄埔军校第十八期。

1943 年 10 月 8 日，黄埔军校毕业，后分配到第六十一军，任上尉副官。

1944 年，调第十一战区副司令长官部，任少校副官。

1945 年 11 月，调胶济铁路护路司令部，任中校参谋。

1950 年，在香港、广州一带从商。

1977 年去世。

3. 门庭辉煌，田毓沅惨遭杀害

说起田家，在峄县虽没有“崔宋黄梁”四大家那么声名显赫，但是，在清末民国期间，谁也不敢小瞧距中兴公司咫尺之遥的殷村田家。据田培材先生生前回忆说：

其曾祖父田广誉，为清朝贡元，有峄县“南郑北田”之称。因开采煤矿失败，四十余岁去世。其祖父田铭，因家道中落，田耕度日，也享有“文昌阁典籍”之衔。

图 66　田氏三兄弟之父田毓沅

其父田毓沅，字湘南，初在济南师范学堂毕业，后又毕业于兖州蚕桑学堂，曾任河南省清化县教习，峄县师范讲习所所长，是峄县师范教育最早创办人之一。曾先后任峄县实业局局长、长芦盐运使公署谘议、兖济道尹公署第一科长等职。

北伐成功后回归乡里，田毓沅联络地方士绅梁允富、金汉岭、金鸿才、金仲藩、金叙五、田毓岳、董鸣凯、董鸣峰、刘文卿等人，依照国民政府教育部公布的《利用寺庙办学管理条例》，在枣庄南马道利用结义庙，成立校董会，创办南马道小学，并被推举为校董会主任（今市中区实验小学），后又协助崔蘧庵、田毓凯（田瑶峰）组织地方武装，维持地方治安。抗日战争爆发后，协助其族兄田毓凯成立临、郯、费、峄四县边区联庄会（简称四县边联）抗日，与共产党人郭子化、朱道南、李微冬等领导的抗日义勇队联合。卒于1939年。新中国成立后枣庄市、区史志上记载为教育界的知名士绅。

据笔者查找，《枣庄齐村小学校史》记载：1913年，绅士崔毓相将三处教堂5间堂屋的神像全部拆除投入沙河，房间装饰一新，成为课堂，三间西屋是学生的休息场所。东西厢房是教师的办公室和宿舍，学校聘请前清秀才峄县城的黄子臣、田庄的师范讲习所毕业生田毓沅任教。

齐村义学受到峄县县署的重视，命名为“峄县县立第二模范小学”，校牌由秀才崔毓材书写，悬挂于学校大门上方。隐居在家的翰林崔广沅用隶体书写“勇敢、诚实、勤勉”校训，悬挂于学校二门之上。1914年，首届10余名学生毕业，其中蒋树棠、李成林、吴钦元、王柏山、张敬俊等考进济宁第七中学。1915年，黄子臣、田毓沅两教师离校，另聘薄板泉的刘国基和齐村的王钟岐任教，聘期一年。

离开教育的田毓沅，开始投身政治，在其不断声名显赫、出人头地的时候，其话语权也随之增加，有两件事对他影响巨大，其一：齐村王氏家族因得罪了崔翰林家族，崔家欲灭其满门，王氏家族甚是惊恐，连忙求助田毓沅，田出面协调，最后才得以平息。但此举却得罪了崔家。其二：枣庄中兴公司挖煤采矿，不慎将田家祖坟进水浸泡，田毓沅告到峄县政府，未果，又跑到济南告发，经韩复榘亲自过问，大笔一挥：挖人家祖坟，理应重赔。结果，中兴公司最后给田毓沅赔付大洋两万块。所以，久而久之，田毓沅以后的日子就开始充满了杀机。果然，田毓沅后来被中兴公司联手峄县四大家族的梁家，在峨山口被梁步海谋杀。

一时间，田家的这根顶梁柱瞬间倒塌，其膝下三子须重新审视自家的未来，再加之家乡枣庄已被日军占领年余，家仇国恨交织在一起，于是，弟兄三人合计，决定离家出走，考取黄埔，为父报仇，卫国抗日。

4. 田家后人回忆田培相

作为田氏三兄弟的兄长，田培相的确为下面两个弟做出了择业的榜样。

以下是笔者对田培相女儿田秀玲的访谈记录：

时间：2014 年 2 月 10 日

地点：枣庄市市中区荣华里小区

王功彬（以下简称王）：我想了解一些您父亲田培相的资料，请您说说好吗？

田秀玲（1944 年出生，田培相之四女，工人，以下简称田）：我姐妹四个，大姐叫田秀真，2013 年去世的，84 岁；二姐叫田秀华，今年 81 岁，现居台湾；三姐叫田秀芝，现在大连，今年 78 岁；我是老四，今年 71 岁。我父亲的事我知道得不多，知道他曾经干过南马道小学的校长，在抗战时候，还听说他当过四县边联大队长。新中国成立后先到香港、广州一带做生意，后来被安排在天津石油公司工作，谁知道他一辈子不能闻汽油味，打仗的时候靠两条腿跑，新中国成立后却分到了石油公司，所以说他一辈子都步行，不能坐车。这样的话，他干不了，就要求换工作，后来就去了济南，在济南自然研究所工作。

他在天津的时候，就偷偷把我二大爷家的大哥田永泰带走了，并给他找了工作。我二大爷是抗日死的，我父亲在济南刚刚找了工作以后，为了给我二大爷找烈士的事请了假，想回到老家给我二大爷开个烈士证明，结果超了假期 3 个月，被人家给除名了。

王：他后来的情况呢？

田：后来就在家里待着了，整天写，写回忆录，稿纸摞了老高。

后来他到了东北我大姐那里，所以他也一直靠我大姐养着。活了 74 岁，1977 年去世的，埋在峄城南面的山上。

王：他一生最大的爱好是什么？

田：就是喜欢看报、看书。

为了了解田培相更多的资料，笔者又采访了田培相的侄子田永豪。

以下是笔者对田永豪[①]采访记录：

---

① 田永豪，1959 年出生，田培桂之侄，三弟田培材之三子，工人，现居枣庄市薛城区。

图67 田培相墓碑

王功彬（以下简称王）：请讲讲您大伯父田培相的情况好吗？

田永豪（以下简称田）：说实话，我对他的了解也都是原来听我父亲说了一些。他有好几个名字，为什么呢？据我父亲说，他名培相，字式如，黄埔军校登记名字叫田国政，还有一个1949年以后叫的名字，叫田毅人，“文化大革命”的时候调查他的情况，问他到底上没上过黄埔军校，他为了避开国民党给他带来的影响，就只说叫田培相，无论怎么问他都不承认别的名字，后来才承认另外的名字叫田国政，承认上过黄埔军校。这件事我印象很深。他们弟兄三个名字里都带个木字旁。

王：他原来上学的情况您了解吗？

田：听我父亲讲，他小学最初在峄县上的，后来考了山东省公立工业专门学校，毕业以后到了枣庄中兴公司工作，时间不长，因军阀混战，就到南马道小学教书。

王：他是怎样考入黄埔军校的？

田：我爷爷田毓沅被人暗杀以后，我大爷就计划带着两个弟弟出去学本领，回来报仇，所以他们就一块出走了，这是小环境。大环境是当时抗战已经爆发，枣庄已经沦陷。

王：看您父亲写的资料，他们弟兄三个虽然都考了黄埔军校，但不是同一期。

田：据我父亲说，当时他们弟兄三个商量，一个考警察学校，一个考黄埔军校，另一个考什么记不清了。结果他们先后都考了黄埔，但我父亲最早，我大大爷最晚，是第十八期。

5. 积极抗日，在枣庄参加杀敌

关于大哥田培相的经历，三弟田培材是这样回忆的：

长兄田培相，字式如，又名田国政，新中国成立后改名为田毅人，先后毕业于峄县县立第二师范小学、峄县县立高等小学、山东省公立工业专门学校金工科、黄埔军校第十八期步科。

第一次世界大战以后，在山东省公立工业专门学校工科学习期间，日军强占德军占领的胶州湾，他加入了抗日十人团，宣传抗日，开展抵制日货活动。北伐军到达济南时，日军借保护日本侨民之名义，由胶济路出兵济南，遂与北伐军冲突，制造了著名的“五卅”惨案。北伐军为了继续北上，将山东省政府暂时设立泰安，全省各地纷纷组织抗日后援会，大哥与李微冬等人组织枣庄抗日后援会，揭露日寇暴行，开展抵制日货活动。后援会查封“华兴义”等几家百货商店，不准再卖日货，并将现存日货加盖后援会印章才准出售，为抗日做出了较大贡献。他曾任南马道小学校长、峄县教育会常务理事。中兴煤矿股份有限公司产业工会整理委员、国民党代表大会代表候选人、枣庄镇副镇长。抗战爆发后，任四县边联大队长。在此期间，他曾率队夜袭卓山日军碉堡，打伤了两名日军，沉重打击了日军的嚣张气焰。

四县边联解体后，他于1939年年初回到大后方，考入黄埔军校本校步科第十八期二总队，毕业后被分配到第六十一军任上尉副官，后调到第十一战区副司令长官部任少校副官。抗战胜利后，任胶济铁路司令部中校参谋。新中国成立后，在香港、广州、湖南一带从事商业活动。在香港，他和抗日名将、黄埔一期的李玉堂（二人曾是山东省公立工业专门学校的同学）一起与山东省政府副主席郭子化及朱道南、李微冬等高级干部取得联系，经郭子化写信介绍给广东省政府副主席方方，后由广东省人民政府资助回山东，安排在济南自然科学研究所工作。后请假回家办理二弟田培桂的烈士手续。因当时极少数村干部过“左”，总认为是国民党的军官，不予上报。时过三个月，超假太长，未能回原单位上班。后转赴北京石油公司工作，因对汽油过敏，又到东北辽宁华铜矿，在其长女田秀真处休养，后患肠癌卒于该处。

图 68 田培桂戎装照

田培桂

田培桂（1916—1944），字芳村，又名田滔，峄县枣庄殷村人，黄埔军校第十七期毕业，先后任国民革命军上尉参谋、中校参谋兼谍报队队长，1944 年在豫西战役中与日军遭遇牺牲，被国民政府追认为上校参谋。

6. 田培桂档案

姓　　名：田培桂，字芳村，又名田滔

民　　族：汉族

出生时间：1916 年

籍　　贯：峄县枣庄殷村

出生地点：峄县枣庄殷村

成 长 地：峄县枣庄殷村

属　　相：龙（农历丙辰年）

最高职位：上校（追认）

牺牲时间：1944 年 6 月

牺牲地点：河南灵宝县常家湾

寿　　命：28 岁

7. 田培桂简历

1916 年出生。

1922 年，在中兴公司小学读书。

1928 年，在济南爱美中学[①]读书。

1933 年，在枣庄南马道小学执教。

1938 年，任临郯费峄四县边联联络员。

1940 年 4 月，考取黄埔军校第十七期。

1942 年 2 月，黄埔军校毕业，后分配到军令部。

1943 年，入军政部谍报参谋人员训练班受训。

1944 年，在谍报参谋人员训练班结业，被分配到陆军第九十七师，任上尉参谋。

1944 年 6 月，参加灵宝战役牺牲，后被追任上校参谋。

8. 回忆父亲，田永泰感念复杂

作为儿子，一生中从没见过父亲该是怎样的一种心情！但在那个战火纷飞的岁月，父子又是那么容易理解。

以下是笔者对田培桂之子田永泰[②]的访谈记录：

时间：2015 年 4 月 4 日晚

地点：枣庄市安桥东城国际

王功彬（以下简称王）：您好老人家，请您谈谈您父亲田培桂的情况。

田永泰（以下简称田）：我对父亲没有一点印象，他牺牲的时候是 1944 年，那年我才 6 岁，并且在老家殷村跟着我母亲在一起，根本没见过父亲，所以说知道的一些也都是我大爷田培相给我讲的。

我的家世你也可能知道一些，祖父在峄县就是很知名的人物，后来被人谋害了。我父亲弟兄三个，说他们三个都是黄埔军校的学生，这一点我还真没搞清楚，只知道我父亲是黄埔军校第十七期。

我父亲在黄埔军校毕业以后，就跟着刘安祺干，当谍报队队长，那次在灵宝战役中，本来是牺牲不了的，就是因为他非常讲义气，爱兵。据我大爷说，他们当时在一个地方开会，突然日军的飞机来了，发现他们以

① 济南爱美中学，其前身为私立山东美术学校，在 1922 年由著名画家周爱周、俞剑华等人创办，1929 年后改为私立爱美中学，今山东省政府大院处。

② 田永泰，1938 年出生，田培桂之子，退休工人，现居天津市。

后，就进行低空扫射，我父亲为了去救一个战士，上去扑倒掩护，身上多处中弹，当时也没有牺牲，就被送去养伤，据说是因为失血过多，口渴要水喝，救护他的人也不懂救护常识，就给他喝了不少凉水，结果不行了。

王：后来是什么情况？

田：听我大爷说，我父亲牺牲以后，部队不知道，师长也瞒着不说，后来刘安祺追问起来才知道的，那个师长因为这事后来好像被枪毙了。

我大爷后来就去了那个地方找，据说也冒了很大的危险，那时是夏季，雨也特别多，他过河时一边举着写好的资料，一边蹚着水，差点被河水冲走。后来把我父亲的牺牲经过也都弄清楚了，上报后被国民政府追认为上校参谋。

新中国成立后，他继续为我父亲找烈士的事，几次到北京，据说他因为为我父亲找烈士的事，还把工作给丢了。我大爷脾气性格有点执着，认准的理就坚持到底，一生中除了写就是写，他对我父亲牺牲的经过了解得最清楚，他写的那些东西很可惜没留下来，要是留下来，也是很好的一个证据，很有史料价值。

图 69　田培桂墓碑

王：您怎么在天津工作？

田：我 15 岁那年，我大爷把我带到了天津，因为我三叔田培材当时在那里工作，谁知我到了天津时间不长，三叔就去了甘肃工作。从此我就一人在天津生活。为什么我不想回老家呢？觉得老家的日子也是苦，不如在天津好好干。刚开始，只有三叔给我留下的一辆旧自行车，也没有钱，就靠我给人家割草打煤球生活，有了生活保证以后，我又去了业余学校学习文化，后来被天津纺织机械厂招工，直干到退休。

王：说说您姐姐的情况吧。

田：我大姐叫田秀贞，去年 8 月已

经去世了。她和我大爷家的大姐田秀华都在峄县中学读书，也是全校学习最好的两个学生，考试时她们两个一直是前两名。1948 年的时候，我姐姐突然没了消息，只是给家里说学校带着出去开什么会之类，以致后来再也没什么消息了，这样一晃就是三四十年。大约在八几年她才从美国来了一封信，直接寄到了峄县，有人知道我们家，转来后，我家才知道我姐姐还活着。她曾经来过三次，那时我母亲还健在。

王：说说您母亲的情况吧。

田：我母亲一生非常坎坷，她比我父亲小 5 岁，父亲牺牲时 28 岁，于是她就从 23 岁时开始带着我们姐弟俩生活。当时我大爷也一直瞒着我母亲，就说我父亲在外如何如何忙，回不了家，我母亲也是习惯了，因为多少年父亲就没回过家。记得她知道我父亲出事的时候大哭了一场，我当时不懂事，也没上心。后来我姐姐又没了消息，再后来我又离开她到了天津，家里就剩她一个人孤苦伶仃地生活，生活难以为继。就在这个时候，是田永增一家救了她，于是我母亲就一直跟着他们家生活，过了几十年，直到去世。2008 年，还是田永增的儿子田思振出力出钱，操持着，给我父母立了一块碑，了却了我的一个心愿，我也真是发自内心地感谢他们。

9. 三弟、家侄回忆田培桂殉国

对于二哥在抗日战场上殉国，三弟田培材是这样回忆二哥田培桂的：

次兄田培桂，字芳村，又名田滔，先后就读于枣庄中兴公司小学、济南爱美中学，毕业后在枣庄南马道小学执教数年，抗战爆发后，任枣庄四县边联联络员。后到成都考入黄埔军校第十七期步科。毕业后，又到军令部谍报参谋人员训练班受训一年，结业后被分配到陆军第九十七师任上尉参谋，翌年晋升为中校参谋兼谍报队队长。适逢豫西战役爆发，该师奉令阻止日军前进。当时他在灵宝县与该县县长枪决了一名汉奸后，得知大队已转到陇海铁路常家湾，不料与日军发生遭遇战，因寡不敌众，被日军打散。在此战役中他与警卫员三人壮烈牺牲并葬于此处。战后该师师长胡希元[①]上报军长刘安祺，此时刘军长已到西安宏济医院养病，刘得知后，当即打电话问田参谋如何，胡师长只报说是失踪。

嗣后，长兄田培相亲赴灵宝县调查事实真相。证实牺牲后，上报至国民党军事委员会，获准按抚恤条例晋升一级，追认为上校参谋，同时颁发抚恤令。

次兄去世后，留有一男一女，儿子在天津市纺机厂工作，已退休。女儿田秀贞居住美国，其丈夫在美国空军俱乐部工作。

以下是笔者对田培桂之侄田永豪的访谈记录：

时间：2014 年 1 月 20 日、2015 年 4 月

地点：枣庄市工人文化宫、薛城东山华府小区

王功彬（以下简称王）：您对您大爷田培桂的情况了解多吗？请说说他的情况。

田永豪（以下简称田）：枣庄沦陷以后，我二大爷田培桂就跟着我大大爷田培相一起到了成都，考了黄埔军校第十七期。

黄埔毕业以后，我二大爷加入了军统，参加专门训练后，被分配到部队，当了上尉参谋，第二年就升为中校谍报队队长。听我父亲讲，1944 年在河南灵宝战役期间，他带了 100 多人的谍报队，突然与鬼子遭遇了，他是个急脾气，命令所有的队员在前面撤，他在后面掩护，最后被鬼子打死了。

王：牺牲时他多大岁数？

田：不大，不到 30 岁吧。他有两个孩子，一男一女，女儿在美国，大哥在天津。

王：国民政府没给什么认定？

田：给了。二大爷牺牲后我大大爷就亲自去了河南，了解真实情况以后就上报给国民政府，最后给他追认为上校参谋。当时是什么情况呢？韩庄的刘安祺是我二大爷的上司长官，灵宝战役结束以后，刘安祺就问，说

① 此处有误，第九十七师师长应为傅维藩，下同。——编者

田培桂呢？下面的人怕担责任，就说田培桂失踪了。后来我大大爷田培相知道以后，就请假到了河南，还差点被大水给冲走了，最后费了不少劲，才把事实给查清楚，上报给国民政府，这样才给我二大爷追认为上校参谋。

到了新中国成立后，我二大爷田培桂烈士的事没有被承认，我大大爷田培相为了这事把自己的工作都给耽误了。

王：到哪里去找？

田：到我老家。他到了我老家，找到村里，说明情况，结果把他在省里给安排的工作耽误了。

田培材

田培材（1918—2007），峄县枣庄殷村人，黄埔军校二分校政训科第十五期毕业，历任国民革命军连指导员、中校教官、警察局局长，新中国成立后入甘肃商业厅工作，区政协委员，山东黄埔同学会会员，2007 年去世。

10. 田培材档案

姓　　名：田培材

民　　族：汉族

出生时间：1918 年

籍　　贯：峄县枣庄殷村

出生地点：峄县枣庄殷村

成 长 地：峄县枣庄殷村

属　　相：马（农历戊午年）

最高职位：国民革命军中校

去世时间：2007 年 11 月

去世地点：枣庄

寿　　命：89 岁

图 70　田培材老年照

11. 田培材简历

1916 年出生。

1922 年，在峄县第四模范初级小学就读。

1923 年，因军阀混战辍学。

1929 年，考入枣庄中兴公司中学。

1931 年，考入枣庄中兴公司职业中学商科。

1935 年，中兴公司职业中学毕业。

1936 年，入济南齐鲁中学就读，后又转入北平志诚中学读书。

1938 年 1 月，参加“上海旅沪同乡会战时服务团”；6 月，参加江西九江“马当战役”；后又考入中央军校第二分校政训科十五期学习。

1940 年，分配至陆军第一六四师第九七九团和第九八〇团任连指导员，后转入中央军校第十八期二总队任副官。

1941 年，考入中央警官学校正科第十三期，毕业后分配至西安警察局，后调陕西省民政厅警务科。

1942 年，调礼泉县政府，任军事科长。

1943 年，调中央警官学校西安第一分校，任少校，后晋升中校教官。

1947 年，调徐州警察局，任保安大队副大队长，后任长淮水上警察局田家庵分局副局长。

1948 年秋，任命为东平县警察局局长，未到任。

1949 年，到达广州，开始经商。

1950 年，在皖北粮食公司工作，后到天津工作。

1962 年，回老家务农。

1981 年，在涡口乡史志办工作。

2007 年 11 月，去世。

12. 田培材戎马记忆[①]

从学校到军校，从军校到警校再到警局工作，田培材这样回忆自己的一生：

---

① 参见《夹谷 · 甘泉 · 翰林府》，《枣庄市市中区政协文史资料》第十四期，2013 年 12 月，第 221 页。

我名叫田培材，三兄弟中居幼。最早在峄县第四模范初级小学丁班就读，因军阀混战，辍学一年。北伐成功后，又从小学二年级读到六年级，毕业后考入中兴中学。两年后，因学校改为职业中学，我被编入商科学习，毕业后又到济南齐鲁中学就读一年。后又转入北平志诚中学住读，读到高中二年级时，发生七七事变，抗日战争爆发，旋即回家，参加"上海旅沪同乡会战时服务团"，在枣庄从事抗日救亡工作。

图71　田培材夫妇合影照

1938年3月18日，日军入侵枣庄时，即行南下到徐州，仍在该服务团工作。到达江西南昌后，考入江西青年服务团，从事抗日宣传救护工作。后转到陆军第十五师政治部工作，参加了江西九江之"马当战役"。随后又考入中央军校第二分校政训科第十五期学习。

毕业后分配到陆军第一六四师第九十九团和第九八〇团任连指导员。部队到达成都后，又转入中央军校政治训练班八期受训，期满后留本校第十八期二总队任副官。1941年考入中央警官学校正科第十三期学习。毕业后分配到省西安警察局工作，数月后调到陕西省民政厅警务科工作。一年后，调到陕西省礼泉县政府任军事科长。半年后又调回西安中央警官学校西安第一分校，转至警官甲级学员部队，任少校，后晋升中校教官。数年后，调到徐州警察局任保安大队副大队长。后来被任命为徐州坝子街派出所所长，因不合身份而未到任，遂到安徽淮南市田家庵长淮水上警察局田家庵分局任副局长。数月后经中央警官学校教育长介绍给山东省主席王耀武。到济南后，首先拜访了我在警官学校学习时的教官、山东省警官训练所所长马佩行。他说："现在局势不好，你来山东干什么?"然后又说："先在我这干着吧。"遂任命我为临时教官，并安排我住在胶济铁路护路司令阎毓栋家中。几天后，马来电话说王耀武司令召见我。某天晚上我见到了王司令官（省主席），与他谈了一些话。他最后说："你的工作由刘秘书长安排。"没过几天，省政府任命我为东平县警察局局长。接到任命不久，又逢济南告急。县长、县参议长催我立即到任。当时看到形势不好，立即离开济南转到徐州，又赴南京后借病辞职。1948 年到国家警察总署见到了教育长李骞，他给我提供三个去处由我选择：一是去台湾，二是去杭州，三是去上海。结果我选择先到上海，在那里见到了王国栋局长。王说："现在局里人多事少，多数地区已由共军占领，无适合你的职位，你先等着，工资照拿，以维持生活。"此时济南已经解放。几天后，淮海战役拉开序幕，时局紧张。这时我大哥田培相已来上海，于是我兄弟二人南下，辗转到了广州，靠跑单帮生意维持生活。后在香港与郭子化、朱道南等取得了联系。广州解放后，由我一人先行北上，到达蚌埠时，遇到了小学同学、皖北行署工商处长李继祥。此时刚解放不久，安徽尚未建省，分南北二署。北行署在合肥，南行署在屯溪。李继祥介绍我在皖北粮食公司工作。在支援大西北时，由天津调赴甘肃省商业厅，后辗转多个单位，直到 1962 年精减下放，回归乡里务农。享受退职老干部待遇，定期定额发给救济金维持生活。

1981 年，田培材在渴口乡史志办工作，同年被推举为第一届区政协委员，后又连任第二至第六届区政协委员。曾任枣庄市侨联代表、枣庄黄埔军校同学会会员及市中区台属联谊会理事等职。

13. 回忆抗日英雄张鸿仪同学

张鸿仪是枣庄著名的抗日英雄，曾与田培材在中兴公司中学同窗。对于张鸿仪，田培材这样回忆道：

我有一个同学叫张鸿仪，凡在中兴学校上过学的没有不知道他的。

我和张鸿仪虽在中学同学，但小学就已经认识了。

他是回族，住在金庄圩子里，我住枣庄中新街东门外，俺俩相距不远，他是中兴小学的学生，我在南马道小学上学，都在本镇，他是篮球健将，我也爱打篮球，我们经常在篮球场打球。

1932 年春末的一天，中兴小学与田庄小学在鞠仁医院球场赛球。中兴小学篮球队的中锋是张鸿仪，田庄小学篮球队的中锋是梁克鸿。他俩是全场中球艺最佳的：蹿、跳、跑、投，真似生龙活虎。张体力强，在一小时两场比赛中冲锋陷阵贯彻始终；梁体力弱，到下半场渐行不支，田庄队由于实力削弱，最终败北。张鸿仪在这场精彩比赛中的出色表现，我至今还留有清晰的记忆。

图 72　1935 年中兴公司职业中学秋季运动会合影（后排右二为田培材）

到了中学，他又爱上了足球。踢足球他仍是中锋。他的攻击性强，盘起球来别人休想从他脚下勾去，学校开运动会，标枪、铁饼、铁球他都拿第一。

张鸿仪是体育健将，学习成绩也很棒，每学期他都列在甲等榜上，他性格开朗，善于调解，同学之间发生口角，他以诙谐言词逗得双方一笑了之。

1938 年 3 月 18 日下午 4 时许，听说日本侵略军向枣庄开来了 4 辆坦克，到了西火车站，潮水般的人群向东撤退，我这时背着一支四川造的步枪，跟着四川旅沪同乡会战时服务团向东疾行，直到晚上 8 点来钟才走到离枣庄约 40 华里的税郭。一落脚，没有不感到劳累的。

图 73　1937 年张鸿仪带领中兴中学同学上街宣传抗日

不久，我见张鸿仪和搞工会工作的张福林两人由西而至，他们还轮换背着一个从滕县战场下来的伤兵。他们把伤员安顿妥当之后，我听他俩和战地服务团的宣传部长李浩然计议，说：听说枣庄商会的单某见日本鬼子来了，正准备成立维持会欢迎，得回去几个人干掉这些汉奸。张鸿仪首先要求返回枣庄去，当时我们听了很佩服张鸿仪的爱国热情和勇敢精神。

第二天吃早饭的时候，没有见到张鸿仪。自此，我们天各一方了！

70 年代，一天我和老同学梁克懿在徐州招待所会面时，梁谈到张鸿仪同学的牺牲，说是他在打羊庄时受了伤，流血过多，最后牺牲，当时他是铁道大队的政委。为此，我们两人还为张鸿仪同学捐躯痛惜了好一阵子。

少年立下宏愿，立志疆场杀敌；黄埔军校，他勤学苦练，表现优秀；南京大屠杀，他横渡长江，躲过一劫，最后却倒在了河南灵宝这块大地上。他就是黄埔军校第十一期学生——张扬。

（十三）张扬

张扬（1911—1944），原名张方宾，又名张劲扬，峄县韩庄前寨人，黄埔军校第十一期毕业，历任国民革命军连长、营长，1944 年参加对日灵宝战役时牺牲，年 33 岁，后追授为少校。

1. 张扬档案

图 74　张扬戎装照

姓　　名：张方宾，又名张扬、张劲扬

民　　族：汉族

出生时间：1911 年

籍　　贯：峄县韩庄前寨村

出生地点：峄县韩庄前寨村

成 长 地：峄县韩庄前寨村

属　　相：猪（农历辛亥年）

最高职位：国民革命军营长

牺牲时间：1944 年 5 月

牺牲地点：河南灵宝

寿　　命：33 岁

2. 张扬简历

1911 年出生。

1918 年，在本村读私塾。

1928 年，暑假后，入峄县县立小学五年级读书。

1930 年，小学毕业，考入私立徐州初级中学。

1931 年暑假，考取江苏省立徐州中学高中。

1934 年暑假，高中毕业，后考中中央陆军军官学校第十一期。

1937 年暑期，黄埔军校毕业，后入伍，参加南京保卫战。

1939 年秋天，任四川江津战干团中队长。

1944 年 4 月 27 日，参加灵宝战役，任第五十七军第九十七师第二九

○团第三营营长；6月10日，牺牲。

3. 回忆老乡张扬

自从二十多岁离开老家以后，张扬再也没有回来过，故查找他的资料也相当困难。经过了解，笔者还是从张扬的同乡、黄埔军校第十六期学生孙晋良那里得知少许。

以下是笔者采访孙晋良的访谈记录：

时间：2015年2月21日

地点：微山县韩庄镇小坊头村

王功彬：您和张扬是老乡，他的情况您了解多吗？

孙晋良（1920年出生，黄埔第十六期学生，张扬乡邻）：张扬家是前寨的，离我这里不远，张扬是后来改的名字，他原来叫张方宾。他比我上军校早，是黄埔军校第十一期的，在南京抗战的时候他就当营长了。他那个部队是守南京的。南京沦陷，他拿块木板跳江过来的，也是九死一生。跳江能那么顺当吗？敌人的飞机在上面跟着打，还有兵舰也扫射，江面上漂了很多中国士兵，连江水都染红了，长江江面那段是1300多米宽，他跑了十几里才从那个地方漂过来的。我有个同学叫刘安本，他是西安分校第十六期，家是韩庄的，他哥叫刘安南，是我的老师。他和刘安祺是本家，都是奔着他去的。河南战役打完以后，到了西安，我正巧遇见刘安本，是他给我说的。刘安本说张扬的部队奉命给洛阳解围，到达灵宝，在战斗中牺牲了。刘安本说，还有一个滕县人，叫马镇，也是在那次战斗中牺牲的。

4. 同窗撰文忆张扬殉国

经多方查找，笔者得到了张扬的同学宋汝浚撰写的一篇文章[①]，深情回忆了与同学张扬同窗的一段情谊，令人感动：

在对日抗战期间，民国23年（1944年）5月下旬，在河南省的灵保战役中，有一位不平凡的军官勇敢地为国捐躯了，他就是张劲扬营长，是张西正先生的长子，也是我情同手足的小学及中学同班同学。

---

① 宋汝浚：《怀念张劲扬营长》，台湾《山东文献》第7卷第4期，1982年3月20日出版。

山东省峄县有三大镇：枣庄因有煤质优良的煤矿著称；台儿庄因民国27年（1938年）3月与日军作战大捷而名闻全球；韩庄是居于苏鲁交通要冲的战略要地。韩庄村附近微山湖畔有一个前寨村，他就是张劲扬营长的家乡。

民国17年（1928年）国民革命军北伐成功，全国统一。是年暑假后，劲扬兄负笈来峄县城里，入峄县县立小学五年级。当时他的名字叫张方宾，我家住峄县城里五权街，有幸和他同班。

民国19年（1930年）劲扬兄与我小学毕业，皆考入徐州市（当时尚未建市，为江苏省铜山县所在地）的私立徐州初级中学。当时学校有春季班初一下一班，人数不足。第一次月考后，朱校长在一年级上期学生中，遴选八名在月考成绩优异者，升入一年级下期，劲扬兄与我包括在内。我担心跟不上班，向劲扬兄表示不愿跳级，他极力鼓励我不放弃上升机会。我本来不是十分用功的学生，跳入一年级下期之后，半路上读第二册，仍能表现优良成绩，大半应归功于劲扬兄对我的鼓励与督促。

民国20年（1931年）暑假，劲扬兄虽仅读初中一年，欲以同等学力改名张扬，考上江苏省立徐州中学高中，其学养之深厚，由此可见。劲扬兄原来小名叫羊，在小学时常有同学直呼其小名，扬与羊同音，故改此名。

山東文獻

懷念張勁揚營長

張勁揚營長遺像

宋汝濬

—22—

第七卷　第四期

—23—

图75　台湾《山东文献》载宋汝浚文章

是年九一八事变，日本侵占我东北三省，全国上下都极为愤慨。由于不见政府积极抵抗，各地大中学校学生纷纷集体赴南京向中央政府请愿，要求政府抗日，徐州的各中学也不落人后。一日，我到省立徐州中学去找劲扬兄，告诉他我要去参加请愿，他说他不愿参加请愿，要利用这段时间读书，并且极坚决地说，不再考虑升大学，高中毕业后一定投考中央军校。他认为报国途径很多，从军是直接报国。民国23年暑假，他高中毕业，果然考中中央陆军军官学校第十一期，得偿夙愿。当时深受在陆军第八十七师当旅长的刘安祺将军的赏识。

民国26年（1937年）暑假，劲扬兄军校毕业，适逢对日本全面抗战，正遂其报国宏愿，加入战斗部队行列，我则随国立中央大学迁往重庆继续求学。民国28年秋天，他在四川江津任某职干团中队长时，借赴重庆公差机会，到沙坪坝中央大学来看我，他说他可能奉调到西北去。临别时，他赠我一张相片，万没想到，这竟是最后的一面。

劲扬兄到了西北以后，大概是因为军中有同名同姓的，所以改名为劲扬，他的父母妻儿均留在四川江津，由于他公而忘私，无暇兼顾，生活艰难，其独子生病，也无力医治，因而夭折。

对日作战，战线逐渐扩张。民国33年（1944年）4月27日，日军开始进攻灵宝，劲扬兄时任第五十七军第九十七师第二九〇团第三营营长，奉命在第一线作战，在炽热炮火下，身先士卒，奋不顾身，战斗持续到5月下旬，终以身体暴露稍高，不幸左胸中敌人枪弹，为国捐躯。他的父母及夫人于抗战胜利后返回原籍。

劲扬兄在学校是模范学生，从军后是标准军官，其爱国报国以及治事公而忘私的精神，足为后世楷模，其官位虽不高，其风范山高水长，在我心中，永志不忘，除经政府明令褒奖外，特借《山东文献》篇幅，为文纪念。

5. 张劲松台湾祭拜伯父张扬

2015年春节期间，张扬之侄张劲松从重庆回老家探亲，笔者在枣庄对他进行了访谈。

时间：2015年2月20日

地点：枣庄市人民公园琴海饭店

王功彬：欢迎张先生回家来看看，就您伯父张扬的个人及家世情况，我想请您具体谈谈。

张劲松（1963 年 4 月出生，张扬之侄，现居重庆）：我伯父的情况我也知道不多，有机会还是请我天津的大姐给你介绍一下吧，我想把去台湾寻找我伯父灵位的情况说说。

我是在 2013 年 6 月份去的台湾，主要目的就是想去台湾忠烈祠寻找伯父的灵位。6 月 21 日上午，当我走进圆山忠烈祠的时候，竟很顺利地找到了伯父的牌位。忠烈祠的英烈牌位是按照职位摆放的，伯父是少校，所以他们那一排全是校级军官人员，有 100 多人。忠烈祠内非常安静，没有任何噪声，怕是惊扰了各位英烈。里面也非常整洁，离开时，忠烈祠又给我专门办理了烈士纪念证书，这方方面面，台湾方面做得真是好，体现了对这些英烈们的极大尊敬。

图 76　台湾忠烈祠张扬纪念卡

6. 女儿心中的父亲

通过张劲松先生，笔者联系到张扬烈士的女儿张爱光老人，并于

2015 年 4 月 13 日，远赴天津，拜访了张爱光老人。

时间：2015 年 4 月 13 日

地点：天津市河西区尖山街平江北里

王功彬（以下简称王）：我从山东过来，想了解您父亲张扬的一些情况？

张爱光（1933 年 2 月出生，张扬之女，现居天津，以下简称张）：我父亲有几个名字，原来叫张方宾，因为他的小名叫大羊，在读小学的时候同学们都这样叫他，所以后来就改名叫张扬。参加工作以后，他有个上级和他重名，所以又加了一个“劲”字，叫张劲扬。

我的爷爷叫张西正，原来也不明白，我家里到底是什么情况，到底有多少地，原来也没问过我母亲，后来我问了我表姐，她说我家里有 70 多亩土地，既没有雇长工短工，更没有佣人，所以以后给我们家划了一个地主成分，我很不理解。

王：您父亲考黄埔的情况你知道吗？他为什么要考黄埔？

张：我父亲有一个同学，叫宋汝浚，他曾经写过一篇文章，很详细地把我父亲上学的情况说了。他说我父亲上学的时候很用功，是个很好的学生。抗战爆发以前，很多学生游行，都去南京请愿，宋汝浚叔叔去了南京请愿，我父亲却没有参加，他说我要在家好好复习功课，以后去考军校。他说报国有很多方式，能投身抗日，到战场上去杀敌是最好的报国形式。

我是 1933 年出生，父亲牺牲的时候，我才十一二岁，对他根本没什么印象。他考完军校到部队以后，正值抗战全面爆发，峄县沦陷，他就把我们一家全带走了，其实他当时根本不具备这个能力。我们一家包括我爷爷奶奶、我母亲，还有我姑姑、姑父、舅舅等，一步步跟着他，从湖南衡阳，到湖北武汉。印象最深的是湖南衡阳的那次大火，记得火车是那种没有敞篷的车厢，火车从那个火里面钻出来，连火车上的伤兵、难民，还有我们的行李全烧了。那时候也联系不上我父亲，我们全家就像要饭的一样，很凄惨。后来我们到了四川江津，我父亲也顾不了全家的生活啊，所以我爷爷无论到了哪里都做一些小买卖养家。

王：那时候您对您父亲有什么印象？

张：那时候我见到父亲的机会很少，甚至很怕他。他回家的时候还问我学习的情况。

7. 没有父亲的日子

王：据说你们家和刘安祺家里关系很密切？

张：别人都说我家和刘安祺家里关系很密切，我也不清楚为什么我们家和他家关系那么密切。我姑父叫刘安珍，大概是因为他与刘安祺家是一个家族的吧。

父亲在世的时候，带我去过刘安祺家，见过他一面，他还说我鼻子是通鼻梁，肯定有福气，后来就一直没有见过他。我们家在甘肃平凉县，住的是平房，离他家很远，我父亲牺牲以后，他就把我们家搬过来，离他家很近，没隔几个门，当时他四个孩子和他母亲都在一起生活，他的四女儿叫刘颖，小名叫四毛，和我的年龄差不多，所以我也经常去他们家里玩。他的弟弟刘安愚也没干什么工作，就是管理照顾整个刘家的事情，我父亲牺牲以后，他们家对我全家照顾很多。

王：你父亲牺牲以后，你们家是什么时间知道的？

张：我父亲牺牲以后，家里很快就知道了。有人把他的行李给送回来了，是一个被窝卷儿、一块手表和一个戒指。这个戒指在“文化大革命”的时候怕抄家惹出麻烦，被我给折断扔了，手表也不知道弄哪儿去了。他牺牲以后我们也没条件去看最后一眼，被他们就地埋了，在灵宝车站附近，叫桃花营。

父亲牺牲以后，国家也给予了一定的补助，还派了一个勤务员，跟着家里服务。时间不长，内战开始，我们家就跟着刘家搬到了西安，我记得我是坐着小汽车去的，我母亲他们是和刘家的伙夫等一些人坐着马车走的。这样，我们家又和刘家生活了一段时间，我也在西安上了一年多的小学。大约到了 1947 年，时局不稳，我们也没办法继续跟着刘家生活，就这样，刘安愚就亲自把我们一家送到了老家韩庄。到了韩庄以后，我又到我奶奶的妹妹家里，一个叫江苏新沂的地方，继续读小学。也没有多长时间，我又回到了老家，我想读初中，但老家没有中学，后来听说南京有政府办的烈士子女学校，我母亲就托人，把我又送到了刘安祺家里，想找那所学校，结果也没找到那所学校，却找了个学校叫岱南中学，也是免费的，说是流亡学生。学了不到一年，共产党要打过来，就在这个时候，我叔叔张方宽过来了，当时他在陆军大学工作，我也不知道他什么时间去的陆大，可能也是通过刘安祺进去的。陆大这时要迁到广州，我叔叔就把我带到了上海，在同济大学住了几天，就到了广州中正中学上初中一年级。上了不到一年，形势发生变化，我叔叔所在的陆军大学一部分要去台湾，一部分要去重庆，于是我就跟着叔叔去了四川，入重庆第二中学读二年级。还没怎么上，重庆就解放了，我叔叔所在的陆军大学被解放军接收，转为西南军政大学，我叔叔也加入了解放军，离开了学校。这样就把我一人留在了军校，成为女子研究班的学生，后来参加了解放军。后来我们部队开到了东北沈阳，接着又到了佳木斯，我被分配到第五汽车学校工作。

1953 年，抗美援朝胜利以后，全军进行整编，除了文艺兵和卫生兵以外，其他女同志全部转业，我转业到佳木斯市政府工作。

王：您父亲弟兄几个？

张：我父亲原来弟兄三个，那个二叔早年有病去世，只剩下一个叔叔，叫张方宽。他的运气也不算好，原来在国民党陆军大学，后来又转到解放军西南军政大学，也不知道他是什么时间复员了，转到四川省武隆县工作，当了教育科长。到了反右时候，被打成右派，后来被下放到农场，再后来就回到了老家韩庄，后来得了肺病，就去世了，大约在 1967 年。他比我大八岁，1925 年出生。

我姑父也在陆军大学工作，干勤杂工作，后来也到了台湾，一直也没有音信。我姑姑没有去台湾，她去世也有二三十年了。我母亲叫季信卿，1956 年的时候她带着我妹妹到了天津，1966 年，因为政治原因，被送回老家，后来去世了，五十几岁，约在 1967 年五一之前。我妹妹张爱华是 1944 年出生，也是个遗腹子。因为不能进户口，在 1964 年的时候，被我们送到了新乡，当时我们在新乡工作，在那里给她找了份建筑公司工作，干木工，后来建筑公司搬到了四川江油县，在我母亲去世之前也去世了，也是 1967 年。

8. 感念父亲

王：您感觉您父亲对您有什么影响？

张：他改变了我们一家的命运。他在江津的时候，在什么训练班当中队长，后来调到了甘肃平凉。那时候我爷爷一直和我们在一起，家庭困难啊，爷爷就在家里开了一个小店，叫民生商店，卖酱油醋烟酒糖果之类的东西。我奶奶、我母亲、我姑姑全进了纺纱厂当工人，来维持生计。我和表姐被送到儿童教养院，据说是宋美龄办的。教养院里潮湿，里面有虫子啥的，我就得了一身疥疮，很严重，也不能上学了，母亲就把我接了回来，后来父亲就把我和母亲接到了西北平凉。我爷爷奶奶他们仍留在四川江津。所以我们一家人最初都在跟随着他，尽管他没有能力养活这个家。

我一直感觉，父亲是个很好的人，他是个好军人、好儿子、好丈夫。为了保家卫国，他选择投考黄埔军校，顾国家舍小家，最后以身殉国。为了我们这个大家能够在一起，他虽然没能力养活这个家，还是尽心竭力。他和我母亲是经过我爷爷和我姥爷包办的婚姻，我母亲又没有文化，还是个小脚女人，后来他却把我母亲接到了部队，当我看到他的照片以后就想，这么英武帅气的男人，对我母亲不离不弃，也真是很令人钦佩的。

1935年，日本人叫他一声"亡国奴"，差点被他铁拳打死，几乎引发国际争端；1939年，他一声令下，把鬼子从山头送上了高空；他带两个连冲上阵地，把鬼子杀得片甲不留，仅火化后鬼子的衣服纽扣就捡拾两筛子；1950年，他把培训好的炮兵亲自送到朝鲜，把美国飞机击落下来。他就是黄埔军校第六期神奇的炮兵团长——庄兴元。

（十四）庄兴元

庄兴元（1913—1991），滕县人，黄埔军校第六期毕业，历任国民革命军排长、连长、营长、团长、少将司令，参加过北伐和抗日战争。1949年在贵州起义，新中国成立后入西南军政大学研究生班学习，1952年返乡。滕县政协委员，山东黄埔同学会会员。

图77 庄兴元中国人民解放军戎装照

1. 庄兴元档案

姓　　名：庄兴元，号耀中

民　　族：汉族

出生时间：1913年1月9日

籍　　贯：滕县后沙冯村

出生地点：滕县后沙冯村

成 长 地：滕县后沙冯村

属　　相：鼠（农历壬子年）

最高职位：国民革命军少将司令

去世时间：1991年3月17日

去世地点：后沙冯村

寿　　命：78岁

2. 庄兴元简历

1913年1月9日出生。

1919年，在本村读私塾。

1927年11月—1928年4月，在徐州卫立煌部第九军十四师特务营，任上士班长，参加北伐。

1928年5月到1928年7月，晋升少尉排长，参加北伐；8—10月，驻蚌埠，在陆军第二师特务营，参加北伐；11—12月，入南京军校第六期军官研究生班，学员。

1929 年 12 月—1932 年 9 月，驻合肥，在陆军卫立煌第四十五师暂一团，宪兵，与冯、阎作战。

1932 年 10 月—1933 年 4 月，驻嘉兴，在蒋伏生第八十三师二四九旅旅部，任中尉排长，与日作战。

1933 年 11 月—1935 年 1 月，在南昌、北平军政司令部特务团三连，任中尉排长。

1935 年 1 月—1936 年 4 月，在南京高等警官学校任上尉教官，教授军事学。

1936 年 5 月—1936 年 9 月，驻浦口，在陆军第八十五师陈铁部五〇六团炮三排，任上尉副官。

1936 年 10 月—1937 年 11 月，驻蚌埠，在陆军第八十五师陈铁部炮兵连，任连长，守护津浦铁路。

1937 年 11 月—1939 年 3 月，驻山西赵城茅津渡，在陆军第八十五师陈铁部迫击炮连，任少校连长，参加抗日。

1939 年 4 月—1942 年 4 月，驻山西阳城，在陆军第八十五师陈鸿远部第二五三团一营，任少校营长，参加抗日。

1942 年 5 月—1943 年 4 月，驻洛阳，在陆军第十四军陈铁部炮兵营，任中校营长，参加抗日。

1943 年 5 月—1944 年 5 月，驻洛阳，在陆军张际鹏部第十四军八十五师二五三团，任中校代团长，参加抗日。

1944 年 6 月，驻华阴县，在暂四十九师一二三团，任上校团长，参加抗日；12 月，任三十三纵队司令（少将），参加抗日。

1945 年 4 月—1946 年 1 月，驻西安，在西安军官总队三十九中队，任上校区队长。

1946 年 1 月—1947 年 11 月，驻西安，在西安训练团交通训练班，任上校中队长。

1947 年 11 月—1948 年 5 月，驻徐州，在徐州指挥部尉官收训队，任上校队长。

1948年5月—1949年1月，驻湖南祁阳，在收训队第四大队，任上校大队长。

1949年1月—1949年7月，驻贵州遵义，在二七五师八二五团，任上校团长，起义后任附员。

1950年4月—1950年11月，在西南军区军大高研班三部，学员。

1950年11月—1950年12月，在石家庄炮兵基地训练科，任教员。

1952年4月，返回老家。

1991年3月去世。

3. 受尽欺凌的童年时期①

在众多的枣庄黄埔人中，庄兴元是唯一留下口述录音资料的人物，通过他的讲述，又把我们带到了那段战火纷飞的抗日岁月。这是笔者整理后的录音资料：

我于1913年（民国2年）1月9日，出生在滕县羊庄镇后沙冯村的一个贫农家庭，六七岁的时候就开始跟着父亲干些杂活。我家住在村子的最南头，靠着沟南是地主的土地。有一天我家的狗，跑到地主的地里，看青的狗腿子竟拿着枪撵到我家里将狗打死。我祖父那年是86岁，本来身体很好，俗话说打狗看主人，一看到这情形，一气一病就去世了。到了6月，我和我哥抬着瓦罐到南沟里去抬水，哥哥一回头，突然看见打狗的那人正蹲在崖子头上，我哥看见他就害怕，把瓦罐一扔跑了，这时，我听见那个打狗的人大声地说：跑什么，再跑就打死你！

这是中午12点左右，我哥跑到家里就被吓疯了，没过几天就死了。那时父母哭得眼泪都干了，几天都不吃饭，我也很痛心。在我幼小的心灵中感觉，穷人是没办法过，没法子去打官司告状，又到哪里去喊冤呢？

在我10岁左右的时候，就挎着粪叉子拾粪，当时这庄上有请的先生来教学，我想去上学，可是家里雇不起先生，我就趴在窗口上偷听，有个先生看见我很想学，就把我收了，不要我学费，在那时候就上了几年私塾。

① 本节据庄兴元在1990年中秋节录音资料整理，标题为编者加。

民国16年，这个地方先旱后淹，颗粒不见，人民无法生活，村里百分之八十的人没饭吃，都逃荒走了。我也是上不起学了，就糊里糊涂地跟着往外逃，主要是想活命要饭吃。

从徐州跑到了南京，我在那里参加了国民革命军。那时我不到16岁，年龄还很小，但个子很高，征兵的看我精神不错，就收了我。紧接着就开始参加北伐，在政治部搞宣传，宣传打倒帝国主义，打倒土豪劣绅，男女平等，铲除军阀这些。到哪里都提着糨糊带着标语，还演剧给他们看。

4. 北伐后被保送黄埔

我们一直北伐，打到济南，在济南突然遇到日军飞机，这就是1928年的“五三惨案”。就这样，我们一直打到北平，打到北平以后，张学良已经挑起青天白日旗易帜了，我们军马上调回徐州，开始整编部队，将所有多余的年轻军官送到南京，送到黄埔军校南京分校第六期。那时候黄埔六期的一部分学生在广州已毕业，另一部分在南京。我们到了南京，人家第六期已经入校一年半了，去了也考不上，于是后来就考了军干研究班，一年半毕业，待遇同黄埔军校第六期学生。

1929年冬季，我在军校毕业，分到了武汉钱大钧那里，在教导队第三师。武汉分校对中央派去的学生不大想用，所以就一直当见习官。见习官本来6个月可以转正，但我们一年了还没转正，有几个同学请长假不想干了，我请长假也准了，就住在武昌的周记旅馆，每天的生活费四毛五一天，被子、床单、吃饭都在内，就这样到年底，我们既没东西又没钱，旅馆老板又要算账，于是我们几个人跑到武昌黄鹤楼那地方躲起来了，买了五块火烧分着吃，谁知到黑天了我们竟无处投宿，于是又回到旅馆。老板有60来岁，很和气，说你们年轻躲什么的，知道你们没钱，我不向你们要钱。我们又继续在旅馆住下，三天内的所有生活用需都是老板请客，吃得也很好，都是鸡鸭鱼肉的。三天过后开始要钱了。

我有个同学叫陈永祥，他大舅哥的大舅子，叫张际鹏，是黄埔一期生，在武汉分校当大队长，想找他帮助，于是写封信叫我拿着去了。事情办得很顺利，回来时还是大队长亲自送到旅馆的，并给我们70块现洋，那时70块钱很管用。我们拿钱奔了合肥，当时卫立煌在合肥成立新军第十八军。我们几个见了卫立煌，陈永祥拿着陈铁给我们写的介绍信，住在副官室里候差。过了一月以后，卫立煌亲自找到我们五个人，安排我们去接寿州来的80多个新兵，并被分发到干一团第三连，陈永祥当连长，我们都是排长。大家干得很好，也很团结，被称为模范连。

1930年，河南中原大战爆发，我们部队奉命到蚌埠一带维持治安，参与护路，我连被具体派到符离集护路，后来调到淮北矿区的田家庵煤矿护矿、护路。当地的群众不准开矿，老百姓天天围着我们打骂。我们是收完麦子去的，到秋季庄稼长起来以后，却走不了，最后等收完庄稼以后我才回到蚌埠。后来在蚌埠训练很久，然后把我调到炮兵学校学习，炮兵学习结束以后，到第八十五师任炮兵连副连长，驻军浦口。

5. 入豫、晋参加抗日

1933年以后，我被选送到北平高等警官学校，任警备部警卫团的副连长，带一排人守新华门，日本人每天成排地到新华门来游玩，当时团长就下命令做工事，并架机关枪准备，只要日本人进来挑衅就打。那时有个日本武官，每天都到中南海的流水井钓鱼，团里让我们派两个人明里来保护他，其实是暗里监督。直到日本投降以后，才知道这个人原来是曾任日本首相兼藏相的高桥是清。

还有一次我们一连人去北海游玩，突然过来几个醉酒的日本人，带两个女人坐着小船，看见我们就直接喊我们亡国奴，战士们年轻冲动，都气坏了，上去就打，差点把日本人打死。这下子不得了了，惹起外交争端，最后把我关了两个星期的禁闭，才算了事。

抗战爆发后，战士们都恨透日本人了，个个摩拳擦掌准备战斗。我们师从蚌埠出发，坐车北上德州，在路过滕县时，我来不及回家探望亲人，一心奔向前线，就写了封信丢在车站上，想让好心人捡到送到我家里，后来得知，也该送到了。信的内容如下。

父母亲尊上：

孩儿为保家卫国已北上抗日，若为国不幸捐躯，也是为中华民族而殉国的，对家中是无限荣耀，无愧于家乡及父老乡亲，无愧于父母教诲。叫妹、二弟、三弟上学，我深知没文化之苦衷，深习忠心报国，勤俭持家，以我为荣，儿足矣。……

儿跪拜过滕地

子耀中亲笔

民国27年8月5日

我们由德州下车徒步前进，奔任丘，然后向河北良乡、涿州方向前进，到了涿州后奔涞水县。在良乡时我们就开始作战，打得很紧，后来进张坊镇，到达卢沟桥以西的宛平县第八区。我师到达千军台时，正值日军向留守千君台的我军发起攻击，我师官兵在陈铁的指挥下，增援上去，同时，我迫击炮猛击敌军阵地，击败了日军的进攻，两天后，保住了千君台。

1937年9月，我师在河北北宛及山西忻口，与日军打了七天七夜。黄河保卫战抢渡拉锯战，天下着大雾，与日军很近，炮火很猛烈，伤亡惨重。我在指挥打炮时，突然感到心里非常难受，便急下令士兵到下面掩体中。当我倒卧在掩体的瞬间，一枚榴弹炮弹落在我刚才指挥站立的地方，又向前冲滑了十几公分爆炸了。官兵们很震撼地拍手喊道：连长命大，咱都跟着命大！

图78　板垣征四郎

1937年10月，日军为占领山西，控制华北，由板垣征四郎指挥最精锐的三个师团约6万人，先后攻占崞县、原平，向忻口进犯。忻口是晋北通往太原的重要门户，为保太原中国军队调集了16个师的兵力，由二战区副司令长官卫立煌指挥，布防忻口以北的龙王堂、南怀庄、大白水、南峪一线。我师奉命调到山西，加入第二战区第十四集团军对日作战，相距很近处的第五六九团官兵是北方人，个子都很高，用的是新式汉阳枪，刺刀很长，钢火也很强。我们与日本军队拼了两天刺刀，到最后这么坚强的一个团，只剩了两个连的步兵。战斗打到七八天以后，涿州失守，敌人要占领良乡，切断涞水通道。我们是从张坊镇进去的，就赶紧撤退到张坊口，后来就一直南撤到石家庄，再由石家庄上车，走正太路向娘子关，直奔太原。太原以北是忻口，于是忻口大会战爆发。

忻口大会战打了十五六天，战争非常激烈而残酷。在太原、忻口保卫战中，我师位于最左翼，为日军进攻的重点，调集了大批坦克和十几门大炮，向我师发动猛攻。陈铁带领全师官兵向敌军反复冲杀，顽强抗击，经过五六天的肉搏战斗，团长刘眉生等阵亡，该师伤亡惨重，卫立煌部第九军军长郝梦龄、师长刘家麒相继阵亡，忻口失守。

我师撤到红沟路村，官兵们在窑洞里防空。原来阎锡山部队挖了很多很大的窑洞，但敌人炮弹一打，飞机一炸，窑洞就塌了，战士都是成排成班地压死在里面。我们不愿躲在窑洞里面，在外边也不知道什么叫防空，就挖了圆形的工事，然后用高粱秆四周一插，又赶上当时是10月天气，我们也刚刚发了灰色的棉衣，加上土地是红的，所以目标很大。有次日本人飞机来了，几个四川兵正喝酒，被日本飞机看见了，喝着喝着炸弹就落头上了。日本人用的是燃烧弹，把阵地旁边都烧的“啪啪”响。而日本军队穿的是黄军装，是土色的，卧倒以后不容易发现他们的目标。

陈铁师长因为所部伤亡过半，而申请辞职时，蒋介石没有追究他的责任，反而去电嘉奖，并从新八师抽调两个训练有素的团补充第八十五师。

我们这个部队本来是预备师，但后来参加了战斗，后又奉命撤换，下来整顿，经过临汾一直撤到黄河以北的平罗县，在茅津渡渡口整编整训。

这时，我奉命到安徽合肥去带五六百新兵，当时情势非常危险，因为南京已经失守，合肥万分危急，路上的铁道已让群众给扒坏了。我带着新兵，经过灵璧、泗州，过潼关到洛阳，在洛阳正遇见日本的九架飞机与中国的七架飞机开始空战。我军飞机击落了日军飞机三架，我军飞机被敌机击下来四架，战斗持续了一两个钟头。我们战士都卧在麦地里隐蔽，待飞机走后，我们到掉下来的飞机去看，日本飞机上的人都摔死了，我们的飞机上有一个人还活着，被赶快救扶走了。后我将全部新兵带到师部报到归队。

1938年2月，我第八十五师北上抗击闻喜、侯马之日军进攻，在临汾、河州与日军遭遇战，与敌对峙，战斗异常激烈，我第六十八团的一个营长阵亡。我指挥迫击炮连发，击中敌炮阵地，不一会儿，敌炮找到我炮阵地，打坏了我一门炮，我冒险指挥快换炮位，战士们拼命将炮移动了三四十米，大批敌炮弹落炸在我刚才的阵地上。原来日军的一枚炮弹是试射的，于是我下令，找准敌炮坐标猛打，有力地配合了全师官兵的攻击日军。

后来我们撤到汾西县，在那里住下来，分了两个团，驻了很久。其实我们师有两个团跟着卫立煌已经过了黄河西，剩余两个团被师长带着。我在玉门口住了有半个多月，还一下子找到了粮、盐仓库，里面不仅有米面，还有很多棉衣，那时前方非常缺粮少盐。于是我就通过当地群众保甲找了很多牲口，再加上自身带了几十头牲口，驮了很多粮食进山，找了一个多月，才在江陵县和师部联系上，师长见了非常高兴，把我抱起了老高。

1938年春季，我们把铁路扒了，逼得敌人重新铺路，我们过到铁路以东，又在山地跟日本人打，打得很激烈，后来打到渭水、夏县。

台儿庄会战期间，我们部队分别在外围几个县城包围了日本人。在夏县一次就围了600多日本人，敌机低飞怕被打着，不低飞怕空投的物资投不进去，所以很多大米、冬瓜，还有红版的交通银行票子，都落在了城外，我们得到了很多降落伞，战士都弄它当帐篷。夏县县城打开以后，城里的日本兵都饿得不能走了。这些包围战，对台儿庄会战来讲，是一个很好的策应，我们给予了极大的援助。那时候日军为什么没有援军呢？顾此失彼，因为主力部队都上台儿庄了，人抽不出来；如果抽出来援军，台儿庄的日军就弱了。渭水、夏县战役之后，我晋升为步兵营长。

图79　庄兴元抗日时期使用过的大刀

1938年5月，闻喜、夏县战役之后，我调到山西垣曲县王茅镇一带整训，我营驻东石村，后到济源县、菜园、南洋圈，与敌柳北旅团遭遇，战斗打得异常激烈，第八十四师、第八十五师和第十师左右围着日军打，我们营担任预备营。那次战斗敌人用了毒瓦斯，将我军的第五六九团正面进行分割突破，一举占领了两三个山头，使该团左右受敌，我军全线受到了牵制，情况万分危急。团长陶布朝给旅长打电话，请求赶快增援。团长立即把我叫去，命令我营从中央突破，增援南洋圈，我接令后就带人冲上去了，然后命令两连在前，一个连在后，冒着枪林弹雨，亲自带着弟兄们往上冲，结果在两个小时之内，我将南洋圈阵地重新给夺了回来，不仅活捉了30多个鬼子兵，还缴获了轻机枪、60小炮其他武器等战利品，但我们的战士也伤亡了70余人。与我们作战的是日军的牛岛部队，其旅团被全歼，最后牛岛是被日机低飞带走的，据说到达太原之后切腹自杀了。

南洋圈的老百姓也纷纷跑到战场，在阵地上捡拾手榴弹的木柄烧锅。日本阵地那些战死的士兵也都被火化，仅日本兵火化以后的铜扣子，老百姓就拾了两三筛子。

仗打完之后回来开会，由旅长傅少谦主持。他是在日本毕业的士官生，经常用日语骂日本。他说这个仗打得很好，却点名批评了我，说庄兴元是张飞营长，12点钟往上冲，不看地图，也不知山有多高，地有多远，就这样把我一个种子营带上去打，伤亡70余人，这不叫什么胜仗，叫败仗！他把我批评得很厉害。为什么这叫种子营呢？因为每次战斗后各团各营都有剩余的老兵，尤其我这个营剩的北方人最多，外号叫侉子营，如果各连缺班长或者排长，都会到我这里挑了用，所以叫“种子营”。旅长声音很大，说得我很难过，散会后他叫我跟着去他旅部，我心里也很害怕，为什么呢？这样的伤亡对比，说杀我也是可以的。到了旅部后他让我坐下，我心里这才踏实一点。他说大会上不能不这样批评你，你干对了，打鬼子没有这个猛劲是不行的。

1938年6月，侵占河南济源的日军企图打通垣曲与晋南运城之日军联络线，我师在薄掌地区狙击敌人，激战八昼夜，终将日军打退到一片树林里。我指挥所有迫击炮向树林之敌猛烈围打，直打到树林燃烧，轰炸成片，官兵们杀上去，见许多日军被烧焦炸烂，变形，收取了很多战利品。

1938 年 8 月，我们从潼关到茅津渡，过河北到山西侯马，终于赶上了部队，紧接着进行第二次整训，然后继续北进，过临汾、洪洞，这期间与敌人展开了遭遇战，第一六八营营长阵亡，然后我们一直打到河州一带的山区。后来我们炮兵又撤退到临汾，想过一桥，但桥已被烧坏，只有一部分过去了，我没有过去。就在这时，正好在临汾城外遇见车站出来的两个女子，她们是山西省民族革命大学的学生，还带着小手榴弹，正出东门，问我到哪里去？我说想去车站，她们说车站已被日本人占领，赶快走。于是我们把弹夹一解，赶紧过河。汾河下面有淤泥，走慢了就往下陷。

果然，驮着零碎物件和子弹的牲口站河里起不来了，我们把座子掀了也动不了，只好眼睁睁地看着四五只牲口站那里不能动。我也是走不动，累得几乎上不了岸，于是几个人一起拽着我的皮带走，又幸亏湖南来的新战士有气力，一把把我拉上岸来。上岸后天就黑了，大家衣裳也都湿了，我们就组织两班人住在一个坟地里，用一夜的时间烤衣裳。其实我们过河以后，日本人占领了临汾城，在城西北角用机枪往我们这边扫射，这时候一些散兵也越聚越多，甚至是成班成排成连，武器也不整齐，见我的级别高，非跟着我走。当时我还带着炮，目标很大，天一亮日本飞机就会飞来，所以我不想带那么人多，可是他们非跟我不行。我突然想起我们部队过去有十个“杀”，以保证战斗力，像买卖不公者杀、强暴妇女者杀、临阵脱逃者杀、翻箱倒柜者杀、攻敌不前者杀等等。于是我就下令：跟随我就得服从我的命令。随即我编了四个连，直奔玉门口方向走，一直走到江宁县。

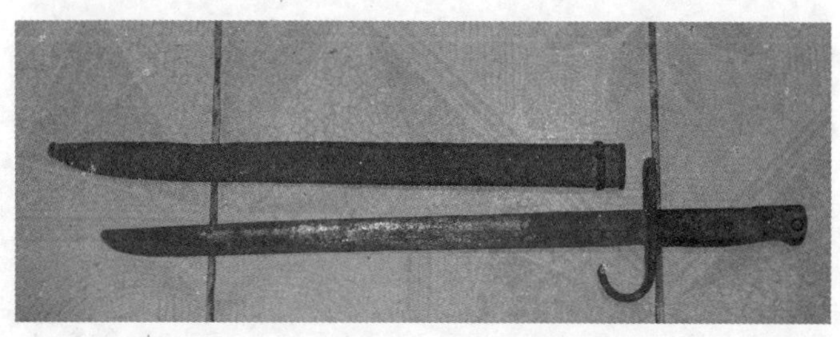

图 80　庄兴元抗日时期使用过的刺刀

1939 年 3 月，第十四军驻守在晋东南的悬崖边，背面是黄河，北面是日军，东面是太行山，西面是中条山，我第八十五师驻守洛阳、西安的主要通道。一次我接受一个沿路设防警戒的命令，说有重要的长官路过，我很认真地执行护卫命令，事后师长才与我说，是中共的刘少奇从延安到华北去的。

1939 年 6 月，我第八十五师进驻翼城以东地区，监视翼城敌情，得知日军向阳城窜扰，我军在北山阻击，打得很激烈，我部的炮弹打光了，这时候师团长们很着急地说，怎么搞的，上去一个连没有了，上去一个连没有了，拼光好几个连，谁能行呢？我听知后自告奋勇，说我去。紧接着我率本部上好枪刺背着大刀冲上山头。见山北面的日军已攻到山头的树林，在树林里长枪不好使，我带领全连官兵拿着大刀与敌展开肉搏战，一气把敌人拼死很多，日军拼不过我连，很少活的，我连战士们也累得卧倒爬不起来了。这时，我军冲占了山头，击败了向阳城窜扰的日军。我部很少伤亡，这与我平时亲自教授官兵刀、拳、拼刺、对练有关。因战功，我被晋升为第八十五师第二五三团一营少校营长。

从抗战以后，就没顾得上给家中去信，父母亲一定很着急了，现在打了胜仗，立了战功，我心情很好，就给家中报个信。

父母亲大人尊上：

儿在北上前线，对日作战，曾在千军台、忻口、良乡、太原、临汾等地与日寇拼搏征战，因而升至营长，特向父母亲报喜。儿心已决，犯我中华者，虽远必诛。为捍卫我中华，无愧军人的职责，为家中父老乡亲争气，为父母亲的育儿教育争光。我吉星很好，每次都逢凶化吉，遇难成祥，还望父母亲在家安心，静待儿抗日得胜的佳音。儿万拜父母康健，儿无忧奋勇杀敌，为妹妹、二弟、三弟做榜样，报国为民，以达忠孝。

儿跪拜尊上

愚子耀中亲笔

民国 28 年 6 月 16 日

1940 年 5 月，翼城的日军从东西两面向阳城发起了夹击之势，我师阻击翼城东进的日军，激战十多天，一股日军迂回我部侧后向阳城进袭，我部侧向右旋回，反击日军后方，迫使日军返回翼城，第十四军第八十三师同时击溃日军的进攻。

6 月，我部调往山西，后来到山东武城镇，看见地上有敌人的电线，我们就踩着敌人的电线往前走，一直走到晚上，想住在一座庙里，有个战士到里面一看，原来是几个日本哨兵，他们一看我们人多，不敢动，被我们当场活捉住，接着把他们的电线给割断。

1940 年 7 月，第八十五师移驻晋城以北二十里铺，日军向我师部发起猛烈攻击，我指挥所有迫击炮，同时向日军打击，激烈的战斗中，炮弹打得日军飞多高，成片的死伤，打死日军 500 多人，我自身伤亡也很严重。

第二天，在开往中条山到临汾的路上，夜行时一个炊事员挑着锅的绳子断了，他蹲在地上结绳子，结着结着竟睡着了，后面的就认为前面休息了，也蹲在路上等，结果前面的早走了，后面也不知道。炊事员醒了一看，前面的部队早走远了，就拼命地追，后来追上一个团。团长叫古希，命令在那个村宿营，住下吃饭。

早晨，这个炊事员起来去挑水，一看敌人四面八方挑着小太阳旗攻上来了，团长得到情报以后很沉着，急忙把部队布置好，命我向东西日军同时猛烈开炮，一边打一边跟着向汾西县撤退突围，我们炮兵就在里面跟着撤退出来了。整团人撤退突围出来以后，开始清点人数，结果发现随军的家属们没有突围出来，全体官兵非常着急，我带上一个连又冲回去，在村庄西北的柴堆里找到了她们，遂将这些家眷孩子们救出，其中有我爱人及二妹和孩子，虽然将他们救了回来，我连却伤亡过半，为此我向团长请罪，团长却嘉奖了我，说要不是你拼命反击冲杀日军救回家眷和孩子，她们要落到敌人那里就别想活命了，你是她们的救星，是功臣。团长虽这样说，我还是心疼那些跟我几年的好弟兄们啊。我决心多杀敌，为死去的官兵们报仇，叫他们得到安息。

到中条山后，驻防整训。年底，第八十五师移驻渑池守河防，陈铁升任第十四军军长。

1941年5月，陈铁军长令第八十五师二五三团和第二五四团北渡黄河，增援垣曲以北的第九十四师和刘茂恩军团的第十五军抗击日军。我在山西垣曲王茅镇一带整训，我营住在原来休整时曾住过的东石村，命我炮营掩护我军抢渡黄河，我骑着白马带着炮在黄河岸边行军时被日军飞机发现，于是，日机就像阴了天一样密集，向我扫射，把我逼到一棵大树下，一颗炸弹落在我跟前两步远，马惊跑了，我被炸弹掀起的土埋了进去，敌机走后，官兵们才把我从土堆里扒了出来。我即指挥定炮位，向日军打去，日军成群地攻来，我观测到大约560米能打到日军群中，果然，把日军炸飞老高，掩护了各团的北渡。

许多伤兵因为战势紧，来不及救治，只好等到战后收救。我在船上收救时突然发现迫击炮尉官我妹夫魏玉德，正倒在船上，泡在血水里，他的右腿已被日机炸烂，当时他在船上扛着炮打日军，掩护渡河。他被救起后被送往后方医院，右腿被截肢了，他要求把截下来的那条腿埋在黄河岸边，要与殉国的官兵们一起继续守河防。

我去立碑写道：

血染黄河坚守关，忠烈守防家未还；
英雄卫国居岸在，不准日寇渡黄来。

庄兴元题

民国31年6月

就这样，我们在阳城、翼城、晋城等几个县来回转，与日军作战，过去是正规作战，后来是一天打好几仗。有次打着打着发起了大水，敌人被逼在河西，我们在河东。那个地方老百姓很少，只有八户人家，日子也都穷苦，没有粮食吃，我们饿得实在不行了，就在山后窑洞里弄了点玉米回来煮着吃，因为几天没吃东西了，结果撑死我们两个士兵，我也吃了一碗多，涨得不得了。战争就是这么残忍，每次作战几乎都是这样。

1942年9月，我营迫击炮位设在树林里，隐蔽打击日军阵地，我站在树上指挥，连发数炮，正准备移位时，敌机找来，我即令全体到掩体别动，敌机向下扫射转了几圈，把我头顶的树叶扫落一地。敌机走后，我指挥马上换位，向敌军阵地开炮，击溃了敌人的进攻，为此，我提升为中校代团长。

1943年5月，黄河河水下去，仗也不打了。就这样的背水之战，我们前后在黄河以北与日军相持五年之久。后来我们过了黄河，奉命到偃师、洛阳、孟津、长葛一带守河防，先后两年多，边整训边补充，接着参加了洛阳龙门之战。

革命軍人證明書
莊興元同志係一九四九年
現在　工作
革命軍人　享受優待
司令員 陳錫聯
政治委員
中國人民解放軍砲兵 副司令員 萬毅 蘇進
副政治委員 彭嘉慶 邱創成
一九五

图81　庄兴元革命军人证明书

1943年5月，我在洛阳河防线上，不时会有恶战发生，不知生死，想给家里写封信，很想见到家中的音信，真是：烽火连三月，家书抵万金！信是这样写的：

父母大人尊上：

儿经百战，奋力抗日不愈，现在洛阳渑池一线守河防，责任重大，军人天职在身，系我中华之危亡，儿虽有前功，但国破未愈，再建卫国之绩，因战所累，儿已升至为中校代团长。

这是父母教诲有方所致，眼前，背水之战在即，所未知生死存亡，即便战死事不期，怎忍日寇占国土，践百姓，亡国之恨。男儿不展报国志，空得父母赐给躯。如若殉国，也是为国所生，卫国所死，是家辉壮史，儿已做好捍卫中华的准备，随时与日军拼搏，日寇不走，战火不熄。

请二老照顾好二弟、三弟，要他们上学读书，有志报国为民，要自强不息，我寄回的东西每人一份。

儿跪拜

子耀中

民国 32 年 5 月 8 日

6. 回河南游击抗战

1944 年 1 月至 5 月，我任第十四军第八十五师第二五三团中校代团长，期间，参加了背水黄河之战、洛阳龙门之战。

日本人开始进攻龙门时，我们这个军在龙门外围打，我军的第九十四师守洛阳城。打了几天以后，龙门失守，我们部队被迫撤到七里河。那场战斗打得很窝囊，部队被打得很零散，不少连长、营长阵亡，几个团长有的逃走，有的阵亡了。打到七里河以后，我在那里负责收容部队。第 94 师师长是张士广，按照作战部的命令，守 21 天就行，结果守了 30 天也没有援军，后来他只好零零碎碎狼狈不堪地撤出来。

我们撤到灵宝，敌人就追到灵宝，我们守在千金庙跟敌人打，相持了 8 个昼夜。谁知，打着打着，师长的电话也接不通了。不见了师长，师部也不知到哪里去了，我营已被敌人全部包围，于是我命令开始突围撤退，一直撤退到函谷关，到函谷关这才找到师部。当时我很冒火，提着手枪指着师长大声斥问，参谋长谭本良在当中劝说，这才算罢了。当时师长被我弄得很难堪，后来一想也有点后怕，为什么？那时候他们可以随时借故杀人的。

1944 年 5 月，我任第四十一师第一二三团上校团长，后到卢氏县整理后，就跟师长请长假，他不准。后十四军要调往重庆，担任警卫军，我不愿意去，想继续和日本人作战，所以他们出发到重庆那天，我也离开了部队。那时我已是团长，就带了几十个人，带着骡马，到了事先找好的地方，并派人在路口收容不想去四川的士兵，仅仅一个星期之内就收容了四五百名，编了三个连。当时没有多少枪支，一个连也就是几十只枪，用的也是我警卫排的几支枪，还有几挺轻机枪。我们在那里占了两个堡，粮食以国军的名义向堡里要，县长也认识我，我也找他要一部分粮食，这样维持了两个多月。

有一天，我突然遇见军事参议院院长张钫的儿子张广举，我们原来很熟，就商量一块组成一个部队，他的部队虽然比我有力量，但力量也不算大，只是手枪多。在那里他还与我换了帖，结拜成兄弟，一个姓程的黄埔六期生是老大，大学生毕华山是老二，我是老三，张广举是老四。

我们开始在偃师县一带与日军打游击战，坚持了一年多，但枪械弹药没办法补充。

1944 年 12 月，我因常常带队攻击日军，渑池的日军不敢出城，我就带队攻击渑池城，活捉日军队长、小队长及 11 个日本兵，押送到一战区卫立煌部，于是给我们发了一部电台，还给了个番号，叫第三十三抗日游击纵队，任命我为三十三纵队司令（少将）。

与日军作战，我们都恨透了日军，战士们打仗都顽强英勇，不怕艰苦，更不怕拼死，我曾写词鼓励全体官兵：

铁血之躯卫中华，恨击日寇惨国家；
健儿不惧抗日险，愿为国家把身捐。

接着，我把爱人李新民给我写的信叫官兵们转看，以鼓励他们的抗日志气，信的内容是：

耀中公：

一别年余，常在念中，现国难当头，匹夫有责，何况我夫是国民军官，男儿志要报国才有家全；我们即是生死离别，是为卫国家，不念个人私情，是当之无愧的。愿你团结官兵们，英勇抗击日军，救国救民。

我曾被日军飞机轰炸，险些丧命。中学放学刚入家门，日机来了，突然爆炸，母亲喊叫我，但我被黑烟遮着，张不开口，都是弹药味，我用手伸摸着行走，突然，又一枚炸弹的爆炸声把我推倒，震昏过去。

待醒后，见父母亲和许多邻居们围着叫我，我才知道人们是从废墟里把我扒出来的，炸弹与我只一墙之隔，墙被炸倒，把我埋在里面，大家都说我命大，以后定是福贵之人。

耀中公，日寇不灭，国家都不会安宁，你要以保卫国家大局着想，我在家等待你抗日得胜的佳音。多保重。

此致敬礼

妻　李新民字

1944 年 12 月吉日

我任第一战区第三十三纵队司令后，驻守河南渑池，并把洛阳的日伪军打败，在作战和行军路上，遇见很多逃难的老百姓，我就把从日伪军缴获的衣物和粮米面，救济他们，经常在日伪军中抢救回很多的老百姓和中国官兵。

1945 年年初，因我在带队攻打日军中，常活捉不少日伪军，因而日军及上官子平的皇协军联合来攻打我部。

战斗十多天，敌我双方伤亡惨重，我们没有补给，弹药拼打光了，我部撤到河南熊耳山一带坚持打仗，后到民权，准备到灵宝，结果弹药打尽，无法补充，于是我下秘密命令：化整为零，化装成小贩，奔取西安汇合。

于是，我化装成一个商人，买了些纸烟、布匹，用毛驴驮着，带着家眷随从，逃离灵宝。在路过一个山头拐弯处，顶头遇上了一大队日军，我手里的拐棍掉在地上。这时上来4个日军，端着刺刀前后把我顶住，左右胳膊被架着。一日军官问我：你的什么的干活？前面有没有毛猴子？我为了掩护部下安全撤退，拖延时间，就说：有的。日军官就指挥向山南打炮。这时我的手就一直在裤兜里握着手枪，只要觉得疼，就扣枪打死几个日军。我被逼的不能转头，正要拼命时，化装成小二子的勤务兵根旺，跑到日军翻译官跟前说：他是做生意的商人，带着家眷孩子常在这条路上走，人家是良民，都知道的。翻译官看着家眷和孩子们正绝望地哭着，就走到日军官跟前说：他们的良民，放行的有！这时日军官正指挥着向山南打炮，顾及不到，就把我们给放行了。

走一段路后，我对根旺很感激地说：要不是你大胆冒死去说情，救大伙，等到日军打完炮以后，搜人搜车时就暴露了，枪支都藏在布匹里呢，我的内衣里穿着中国军装，太危险了，要不家眷、孩子和我二妹都完了，给你记一大功！

我们到了西安以后找到张钫，把情况跟他一说，他就在铁道北铁工厂里给联系地方住下，还给点粮食，等他儿子张广举来了以后，就组织了个新六旅，他任旅长，我任副旅长兼团长，干得很好。

7. 起义后先军后农

1946年1月，调我们到铁门新安县，归第二十八师指挥，而后将我部收编，任我为师副，后奉命到飞机场点名，到达后才知道要乘机到云南，因我不愿走，被长官部关了起来，后来我就托张广举的父亲张钫讲情，才把我放了出来。

1946年5月，我到军官队报到，任西南军官总队第四队队长。

干了4个多月后，调我入中央训练团西安分团总队三十九中队交通人员训练班第五中队，任上校队长。

淮海战役爆发以后，我奉命带着部队去南京，后来想去找在湖南的军长张际鹏，张际鹏回电，叫我立即到岳州会谈，有要事相商。谁知我还没来得及过去，他就随着程潜的部队起义了。白崇禧部队过来后，把我们当成程潜的人，不管不问，把我弄到衡阳，当军事专员，开设征兵处，还没正式活动，又命我到桂林的广西大学，结果被扣留起来，我后来说服了卫兵，离开后到了遵义，找到陈铁，被任职为团长。

1949年11月，我部驻贵州黄平，那时解放军已进至黔东南镇远马场平以北，师长陈得明召集我们团级军官开会说，我们是跟着大部队走呢，还是怎么办？大家研究一下。最后决定叫我和师部连长陈英到遵义去问陈铁看怎么办，陈铁写了一封信，叫我与陈英带回交给师长，信的内容是将部队拉回遵义再作研究。其时，早与陈又新有联系了。陈又新是国民革命军陆军中将，第二十八集团军副司令。

我到马场平和贵阳，与陈又新取得联系，因过去我是陈又新的部下，他认识我的。他问我部队的情况，我将上情告诉了他，他说，你回去对你师长和陈铁说，快带着部队起义。并说了很多共产党和解放军的伟大。还说，你们这个师连中央毛主席都知道，起义后官兵都不动，看人数多少，可能保留这个师存在。我回到遵义西平镇，将陈又新所说的情况转告陈铁及陈得明师长，我师决定全体武装拉到遵义龙坪镇起义。

我为什么参加起义投奔共产党呢？我想，全面爆发的八年抗日战争我没离开战场，为的是抗日救中国之危亡，国共几次合作，抗日是团结的力量，打败了日本帝国主义的侵略，国共是兄弟是同胞，中国人不打中国人。每逢想起那些共同抗击日寇而殉国的英灵们，我都万般难过，他们怎能安息？怎能感到胜利的音信呢？所以我一直没有参加内战。

于是我给在洛阳的爱人李新民去了一封信，内容是：

爱妻新民：

近期岳父母大人尊安？

八年抗日奋战已经胜利，国共合作抗战应民心所向，国之幸统战之力也！今日之胜，国家得保，人民得安，全国普庆，无愧抗日英雄。

今日内战，我拒不参加，我不忍同胞兄弟相残，我愿被编外撤职，也不从军参战，我不能让为国抗日战死英灵们失望，更不叫亲人们失望。

八年抗日，家中父母亲病重及去世之时，我未及回家见上最后一眼，母亲半月不进食，怀抱着我的衣服鞋子，等念着我，含泪死去的。几次北上抗日路过滕地，也没时空回家，为驱除外寇，我不计个人及家中亲人得失，忍受着与亲人们生死离别之痛苦，一心前赴抗日前线，拼搏拼命，不怕流血战死，直至抗战胜利，回想来之不易。

今日我是抗日之功臣，而为上校团长，是在亲人们卫国为民而付出的代价助长而成的，外寇才是我真正之敌，我决不会中国人打中国人，请爱妻放心吧，你与岳父母大人要多保重，夫在此拜过！

夫　耀中亲笔

1947 年 1 月 3 日

到了 1947 年 12 月 2 日，我才接到爱人李新民从洛阳寄来的回信，内容是：

耀中公：

近期可安？

你的来信收悉。抗日八年，你的战功有嘉，我与父母为之高兴，不愧我公之英勇，同时也万分同情家中只因你抗日父母大人因病双亡时的痛悲之疼，英雄自古忠孝难两全。

目前内战在即，妻在万分担忧，今见你信内容后，甚是有好。

公在抗日中，因正义之师，你保家卫国是应战不辞的，今日内战，我公不参为佳，我赞同你的志向，决定的中国人不打中国人，是对得起国共合作抗日而殉国之英灵的。

妻愿你以国家人民不遭到践踏损害之大局为重，胸怀要大，眼光要远，为国家人民着想。

愿我公多保重，身体健康，才有将来。

此致敬礼

妻　李新民字支持我公

1947 年 10 月 16 日

我率队武装起义之后，被编入中国人民解放军，仍为上校团长原职，接着到湄潭、修文等地进行整顿、教育，争取了许多地方武装，最后起义，直到安定解放。

新中国成立之后，许多学生报考军政大学，我想，新中国了，学点新军事知识，也想上大学，以便在新的社会里生存。于是，在参加中国人民解放军以后，我就写了申请，后经批准通过了。于1950年2月，送我到中国人民解放军军政大学五分校学习。同年4月18日，将团级以上的干部，调到重庆西南军大高级研究班第三部十班学习。入学后首先最感动我的是各首长及工作同志对我们同学在态度上非常诚恳，并说：我们都一样，是同志，起义的都与我们老同志一样对待，你们都是部队里团及以上的干部，等学习完成，可能回原部队或到别的机关和部队，你们思想不要怕，绝不会叫你们作排连级及地方生产部门工作，共产党政策不会变的，自起义之日起，一切行政待遇在保留原职前提下，即与中国人民解放军同级别的军官一视同仁，起义革命不分早晚，一律为人民解放军的干部。他们对我照顾得很周到，我的思想很受启发，学习也很有进步。

在校一年半时，陈铁、陈又新到学校看我，说给刘伯承谈谈，把你留在西南军区吧？我说：新军队不讲这些，就听从组织分配吧。

1950年10月23日，抗美援朝开始动员报名，我就写了申请书，要求参加人民志愿军，入朝参战，保和平卫祖国。我鼓励同学们参加抗美援朝，还写了诗：

朝鲜林暗天地急，祖国相邻黑烟起。
战火逼近待引弓，为保和平我愿程。

申请批准后，我提前三个月毕业，分到西南炮兵司令部，又经12月1日调到炮兵一师训练抗美援朝的炮兵部队，次年2月，并编到石家庄解放军第三炮兵训练基地司令部训练科任教员，期间护送入朝炮兵两次。这段时间的证明人是王绍祖。

1952 年转业回到滕县务农，“文化大革命”中遭遇不公正待遇，后来落实了政策，参加了枣庄市统战部组织召开的起义军人座谈会，重新领取起义证，并待我以同志相称，心里非常高兴，也可以说我又得到了第二次解放，紧接着又参加了黄埔同学会，我更是高兴了。后来我还参加了滕县政协，任两届政协常委。

8. 回忆丈夫往事

以下是笔者对庄兴元夫人李新民的访谈记录：

时间：2015 年 2 月 21 日

地点：滕州市商校宿舍

王功彬（以下简称王）：老人家您好，请您讲讲庄兴元老人的一些情况。

李新民（1929 年出生，庄兴元之妻，离休教师，以下简称李）：我是河南洛阳人，在洛阳明德中学念初中的时候与庄兴元认识，他当时在洛阳驻军。他的部队离我们学校很近，后来我们就认识了，再后来就结了婚。还有一事需要说明，我原来不是洛阳人，也不姓李，我的老家严格地讲应该是陕西韩城县人，我姓王。我现在的继父当年到韩城去做生意，认识了我父亲，当时我家里兄弟姐妹五个，生活极为困难，于是父亲就以四块钢洋的价格把我卖给了我的继父，改姓李。丈夫比我大 17 岁，我 61 岁那年他去世的，是 1991 年阴历二月二日，78 岁。

王：你们在洛阳结婚以后，您干了什么工作？

李：结完婚以后我还是在洛阳上学，但时间不长，洛阳就沦陷了，我也没法再读书了，就回到家里，他也离开了洛阳，往北去参加抗战了。从此，我们就分手，一直到了 1951 年解放以后，我们才有了联系，那时候他已经参加解放军，在石家庄军校工作。于是我才去了石家庄，开始在一起生活。

王：您听说过他打鬼子的故事吗？

李：他给我说过，打过鬼子，大的战斗就打了 30 多次，但身上从没受过一点伤。他说，我做了那么多的好事，救了很多人，好人有好报，所以就没有受伤。

王：救过什么人？

李：他在洛阳的时候，团里抓了一个汉奸，就准备枪毙，他见了以后，问了那个汉奸几句，又反复看看汉奸的衣服，最后才知道这个人不是汉奸，是个八路军，他就保了下来。这个担保很危险，得自己写个字条，要真是个汉奸，就得用自己的命来抵。那个八路住在沟口，我也见过，名字忘了，胖胖的，有四五十岁。是他把八路送走的，送到县里，共产党的县长还送给他一根人参。那时候他就对共产党、八路军有好印象。

王：他上军校的事情您知道吗？

李：他是第六期，不是黄埔军校本部的，是南京分校。

9. 儿子回忆父亲庄兴元

以下是笔者对庄兴元之子庄隆范、庄隆鲁的访谈记录：

时间：2015 年 2 月 21 日

地点：滕县市商校宿舍

王功彬（以下简称王）：请讲讲你们的家世。

庄隆范（庄兴元四子，1954 年出生，工人）、庄隆鲁（庄兴元五子，1952 年出生，干部，以下简称庄）：我家祖籍福建，后来迁到滕县羊庄后沙冯村，到我父亲这辈是第五代。我爷爷叫庄美君，靠给地主打长工过日子。他弟兄两个，行二，因为家里穷，大爷爷没成家，40 多岁得病早逝。

我父亲弟兄四个，我父亲是老二，我三叔叫庄兴宗，四叔叫庄兴敬。我三叔是抗战时期白彦县地下游击队队长，共产党员，后来当了解放军营长。新中国成立后转业到滕县生产资料公司当主任，1986 年去世。我四叔也是共产党员，是党总支书记。

我父亲小时候没上过学，他在村里背着叉子拾粪，就趴在私塾学堂的窗口偷听，老师提问，学生回答不出来，我父亲就在外边给答出来，老师一看他很爱学，就免除了学费，让他到私塾来上学了。

就这样一直到 15 岁，家里常受人家欺负，生活也困难，日子实在没法过了，父亲就和本村的庄龙聚、庄兴怀，跟着路过的奉军走了。他出去有两个目的，一个是想学成本领为家报仇，再就是觉得自己得有远大抱负。我父亲的部队到了徐州一带，结果被打败了，被关在一个大院子里面，胜利的军队就进来挑人，挑走的留下，剩下的就用机枪扫射打死。他们三个人就抱在一起哭，说咱三个人无论谁活着回家，一定给家里人捎个信。有个军官把我父亲挑出来，一看他还是个小孩，就留下当了勤务员。我父亲很勤快，干了一两年就被长官送到北京武术学校学武术，武术学了两年毕业。

父亲毕业时 18 岁，一毕业就被挑选到了南京总统府站岗。我父亲说站岗时，经常有个人喜欢摸自己的头，后来有人告诉他，这人是蒋委员长。

我父亲的武术练得很好，像燕青拳、八极拳、查拳都会，最厉害的是单刀、双刀。单刀是雪花刀，双刀是力劈四门滚躺刀。他跟着蒋介石当了一年多警卫，蒋介石说这小伙子不错，就保送他到南京的黄埔军校。他的文化低，怕是考不上，所以就保送。考试的时候考官给他一连人，让他在操场上出操喊号，看他喊的口号洪亮不洪亮。监考官在五里外听着，听到这个口号说很响亮，就一拍板很顺利地录取了他。

王：他讲过在黄埔军校学习训练的故事吗？

庄：他说，在军校的时候很艰苦，说吃饭的时候故意往米里掺沙子，锻炼你吃苦，而且吃饭时间只有五分钟，吃完吃不完就没有了。如果桌子下面有掉下的米粒，桌上的菜饭就被全部端走，全桌人都不得吃。吃完饭以后，就靠墙站十分钟，全身贴墙，不能有一丝缝，如果有一点缝隙，教官就用钢针戳。最受罪的是训练，我父亲说，把他们拉到城外，然后把吊桥拉起来，逼着他们往护城河里跳。护城河有四米多宽，五六米深，练出来的都是好样的，有练不好的同学掉进去就死了。冬天时候下着雪，在室内都把棉衣脱了，有的甚至还扒光了膀子，出去训练，回来时教官在门口堵着，摸摸你的头后边是否结冰，没结冰的要回去继续练。当时请的都是德国教官，练爬杆的时候他们就拿着针锥，顶在学生的屁股下面，向上爬一步跟一步，一落下来针锥就扎进了肉里。我父亲练得好，刚开始背一挺轻机枪，腰里别 10 颗手榴弹往上爬，后来背两挺轻机枪，别 20 颗手榴弹。毕业的时候，同学们都哭了，说给学校敬个礼吧，可受完罪了。

王：黄埔军校毕业以后您父亲去了哪里？

庄：他黄埔毕业以后，被分到陈铁的部队，陈铁是他们的军长。

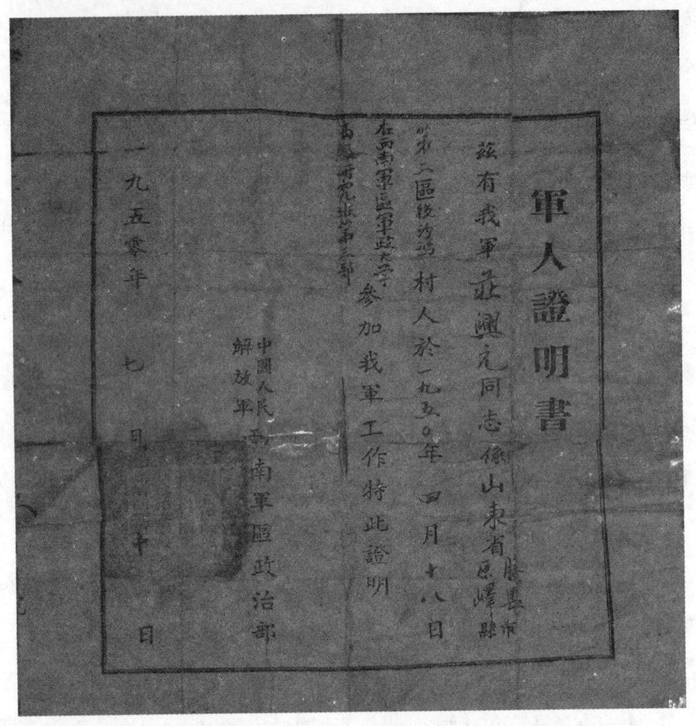

軍人證明書

茲有我軍莊興元同志係山東省 縣 村人於一九五〇年四月十八日在西南軍區軍政大學參加我軍工作特此證明

中國人民解放軍西南軍區政治部

一九五零年七月十日

图 82　庄兴元军人证明书

王：请讲讲他抗战的故事。

庄：抗战爆发的时候，我父亲从南往北去，坐火车路过滕县，当时没办法回家，就写了一封信，从火车上扔下来，如果谁拾到了，就有可能送到家里。当然也没人送，这只是一种自我安慰。信上说自己去抗战了，保家卫国，不知道以后还能不能回家。

我父亲在抗战期间一直在河南洛阳和山西一带打仗，他说大大小小的战斗他参加了几百次，光大的战斗就打了 30 多次。

他说了一个从炮兵连长升营长的时候，在洛阳西边的一个土山头上打鬼子的故事，地方大概是渑池县。那座山山西是国军，山东是日军，他们的部队上去一个连没有了，再上去又没有了，我父亲说从望远镜里看得清清楚楚，国军一个劲儿地从山上往下滚。我父亲一看离敌军阵地还差 200

米，就往前挪了大炮。那时候炮弹少，也舍不得乱用，用了就得用到恰到好处。结果一炮打过去，就打中了鬼子阵地，看见鬼子飞老高，战士们都高兴地拍巴掌，跳起来往山上冲去。

有一次战斗，我军部队和日本鬼子混打在一块了，大炮用不上了，双方准备开始拼刺刀。日本军队拼刺刀很厉害，所以我军胜算不大，团长就问谁能上去把敌人拼下去，我父亲自告奋勇，说我连上去。原来我父亲任连长以后，就把全连战士都教会了武术，特别是单刀双刀的，都用得很好，所以他们连的士兵背后都别着两把刀。我父亲的连冲过去以后，把全部的鬼子一气拼了，一个没剩，回来报数时全连没有一个伤亡。后来父亲说，连他自己都没数清到底杀了多少日本人，当时全身通红，跟血人一样。所以陈铁军长对我父亲特别赏识。

打台儿庄的时候他也参加了，他们炮兵打的是外围战。

还有一次是夜行军的时候，走着走着突然听到前面有动静，一问是谁，听到的是日本人说话，马上掏枪就打，就这样打了一夜，到第二天才知道对面的鬼子就是日本的精锐部队板垣师团的一个联队，距离自己只有20 多米，扔过去的手榴弹爆炸以后，木柄竟能反弹回来。

我父亲有次被军长陈铁叫到军部开会，骑着马回来的时候，突然发现天上敌人的飞机像鸟群一样黑压压地飞过来，我父亲就喊警卫排赶快卧倒，这时候鬼子飞机也发现了他们，开始扫射。他骑着马目标也大，一时没有躲藏的地方，就赶紧躲到一棵大树下面。后来父亲说上面日本飞机用机枪扫射，把下面那棵大树的树叶全部打光，树下的地面全被打成浮土，可他没有一点破皮伤，真是神奇。

王：这期间您父亲和家里有联系吗？

庄：他在战场抗日没回过家，有时给家里来信，也不一定能收着，所以我奶奶后来想我父亲都想迷了，每天用草棍在地上翻腾着找他，去世时还抱着他的一只鞋，才 46 岁，但最后也没见到他。

10. 起义进炮校培养人才

王：您父亲是什么时间起义的？起义以后又去了哪里？

庄：军长陈铁给他去信，说我已经起义了，你也抓紧起义吧。接着他

1949 年 11 月就在贵州起义的。他的团是加强团，人很多，他说起义的时候骑着马走出了几里路看见城门里还在往外出兵。

起义以后，我父亲参加了中国人民解放军，后来在重庆考了西南军政大学，毛泽东给他讲过课，他说毛泽东非常能吸烟，从进课堂到下课一直抽着烟，没停过。

军政大学还没毕业，他就提前三个月提出要求，到石家庄炮兵基地训练炮兵，为抗美援朝的需要往朝鲜输送炮兵，来来回回十几次入朝，还参加了三次战斗。当时用的大炮是苏联的“喀秋莎”，我父亲是连人加炮一起送。我父亲说美国的炮比当年日本的大炮还精确，打日本时打完三炮日本人才能测算出我们的位置，但美国人只需要一炮，就可以精确算出我们的炮位，有一次竟打进他们的炮眼里面。所以他们都是打完就跑，抓紧调整炮位。有一次打美国的飞机，原来是把大炮排成一排，效果不好，我父亲经过测算以后，就把大炮摆成圆形，一下子就把美国飞机打下来了。因此他也立了功，但那些立功奖章证书后来都没了。

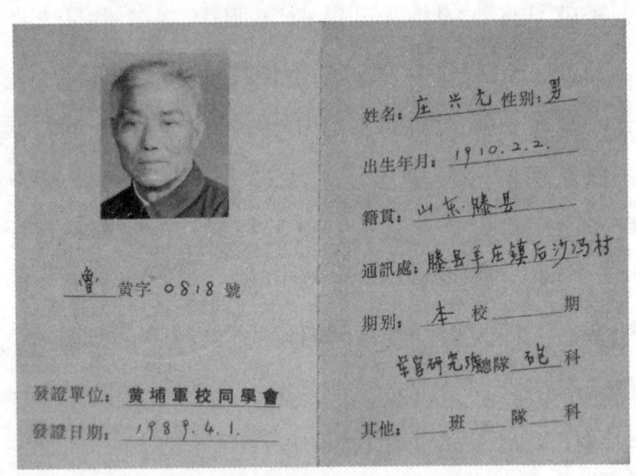

曾 黄字 0818 號

發證單位：黃埔軍校同學會

發證日期：1989.4.1.

姓名：庄兴元 性别：男

出生年月：1910.2.2.

籍貫：山东滕县

通訊處：滕县羊庄镇后沙冯村

期别：本校____期

军官研究班總隊 炮 科

其他：____班____隊____科

图 83 庄兴元黄埔同学会证书①

王：他是怎么回到老家的？

庄：1952 年的时候响应国家政策，他说现在全国都已解放，已不需

① 证书中出生年月有误，应为 1913 年 1 月 9 日。——编者

要打仗了，自己本身就是个农民，所以想回到老家去种地。

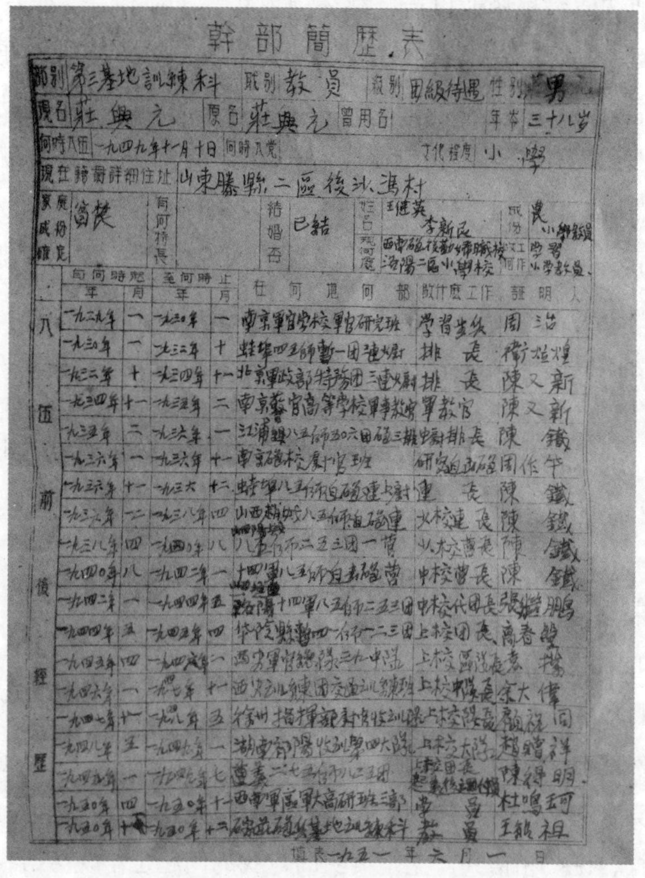

幹部簡歷表

部別：第三基地訓練科　職別：教員　級別：团級待遇　性別：男

現名：莊興元　原名：莊興元　曾用名：　年齡：三十八岁

何時入伍：一九四九年十一月十日　何時入党：　文化程度：小學

現在籍貫詳細住址：山東滕縣二區後[illegible]村

家庭成份：貧農　有何特長：　結婚否：已結　姓名：王[illegible]英　李新民　成份：農　小學教員　現在何處：西南[illegible]　洛陽二區小學校　作何工作：學習　小學教員

自何時起 年	月	至何時止 年	月	在何地何部	做什麼工作	證明人
一九二九年	一	一九三〇年	一	南京軍官學校軍官研究班	學習生[illegible]	周[illegible]
一九三〇年	一	一九三二年	十	蚌埠四五師[illegible]一团[illegible]	排長	[illegible]
一九三二年	十	一九三四年	十一	北京軍政部特務团三連[illegible]	排長	陳又新
一九三四年	十一	一九三五年	二	南京警官高等學校軍事教官	軍教官	陳又新
一九三五年	二	一九三六年	一	江浦[illegible]八五師[illegible]团[illegible]	[illegible]排長	陳鐵
一九三六年	一	一九三六年	十一	南京砲校[illegible]班	研究[illegible]	周作[illegible]
一九三六年	十一	一九三六	十二	[illegible]八五師[illegible]砲連[illegible]	連長	陳鐵
一九三六年	十二	一九三八年	四	山西[illegible]八五師[illegible]砲連	少校連長	陳鐵
一九三八年	四	一九四〇年	八	八五師[illegible]二五三团一營	少校營長	陳鐵
一九四〇年	八	一九四二年	一	十四軍八五師[illegible]砲營	中校營長	陳鐵
一九四二年	一	一九四四年	五	[illegible]十四軍八五師二五三团	中校代团長	張[illegible]鵬
一九四四年	五	一九四五年	四	[illegible]一二三团	上校团長	高春[illegible]
一九四五年	四	一九四六年	一	西安軍官總隊[illegible]中隊	上校[illegible]	袁[illegible]
一九四六年	一	一九四七年	十一	西安[illegible]訓練团交通訓練班	上校中隊長	宋大偉
一九四七年	十一	一九四八年	五	徐州指揮部[illegible]訓[illegible]	上校[illegible]	[illegible]
一九四八年	五	一九四九年	一	湖南[illegible]四大隊	上校大隊[illegible]	趙[illegible]祥
一九四九年	一	一九四九年	七	[illegible]二七[illegible]師八二五团	上校团長 起義後[illegible]	陳得明
一九五〇年	四	一九五〇年	十一	西南軍區軍大高研班三部	學員	杜鳴珂
一九五〇年	十[illegible]	一九五〇年	十二	[illegible]基地訓練科	教員	王[illegible]祖

填表一九五一年六月一日

图 84　庄兴元西南军政大学干部简历表

回来以后，北京曾经有人来滕县叫过他三次，要求回去，都被他拒绝了。

“文化大革命”时被打成反革命，经常扫街，挨斗。1979 年平反。

他一直在老家劳动，像种地瓜什么的，他都会干。生产队耕地撒粪的活儿都交给他，说他撒得远撒得匀，三个人的活儿他一个人就能干了。那年他已是 66 岁。

王：在你们的心目中，您父亲是怎样的一个人？

庄：父亲是个很威严的人，我们弟兄几个都怕他，小时候我们在家里正玩着，一听到他的脚步声就赶紧忙活，有的扫地，有的擦桌子，谁也不敢闲着。他黄埔军校毕业以后，被分到连队当了连长，突然有几个兵逃了，被抓回来以后问为什么，士兵说看见连长就从心里害怕，所以跑了。但父亲是个心地善良的人，在战场上缴获了那么多的日本战利品，他都分给了老百姓，从不自己独贪。有时候到村庄，老百姓见了他们就跑，他就喊别跑，然后救济他们。有的国民党军队队伍风气很坏，甚至发生偷盗、强奸的事情，我父亲就对老百姓说，我家里也有姐妹，你们不要怕。他给自己的部队定了十个杀：强奸妇女者杀、非作战糟蹋庄稼者杀、临阵脱逃者杀等，所以很得民心。

尽管在“文化大革命”中他有了这样的遭遇，我父亲依然坚强，他曾对很多人说：我没干过坏事，还救过很多人，包括八路军。我母亲刚才说了他救八路的事，那时候正赶上团长生了个儿子，他就趁机去报喜，说你生个儿子是个大喜事，可不能再见什么血光，用了这个计谋，才把那个八路救下来。他起义的时候也是遇了很大的危险，说起义以后，有天来了个光膀子的邮差送信，说是家信，被我父亲一眼识破，当场拿下，一审才知道是个特务，来奉命暗杀他的。以后蒋介石也曾在报纸上悬赏，通缉我父亲。虽然他在“文化大革命”中也受到不公平的待遇，但他说：我是相信共产党才起义的，相信共产党对我会有个公正的评价。他对我们的教育也是这样，说要相信共产党是英明的，我的问题也早晚会给我解决。所以在“文化大革命”中，他始终没去北京找陈铁他们。

11. 看今朝家和万事兴

王：说说你们家庭现在的生活情况吧。

庄：父亲先后有两位夫人，大母亲生有大哥、二哥。大哥庄隆平，1943 年 5 月 18 日出生，生有三女一子，都已工作。大哥 1964 年任教，1996 年 8 月病故；二哥庄龙华，生于 1947 年 4 月 10 日，是个单身，生活在老家。

我母亲是二夫人，生有我们弟兄五人，按弟兄七人排序，老三叫庄龙获，现名王怀民。生于 1952 年 6 月 13 日，后被送到舅家改王姓，现有二子一女，其长子王屹峰，1977 年出生，毕业于中南财经政法大学，现就职于陕西省计算机信息系统集成资质认证中心；次子王伟峰，1979 年 4 月 30 日出生，毕业于中国政法大学，现就职于陕西省西安监狱，干警；女儿王丹丹，生于 1981 年，现在韩城市新城三小学校任教。

老四就是庄隆范，在滕州市龙泉街道办事处工作，已退休。生有一子一女，子庄群峰，生于 1983 年 9 月 24 日，毕业于北京航空航天大学，现就职于山亭区水利局；女庄群艳，生于 1987 年，毕业于聊城大学，现就职于滕州市第二实验小学。

老五庄隆鲁，现就职于滕州市水产局，公务员。生子女各一。女庄君，1983 年出生，毕业于北京大学，医学博士，现就职于北京大学附属医院；子庄健，1987 年出生，现长江大学研究生在读。

老六庄隆东，军人，曾参加对越自卫反击战，荣立三等功，后转业在滕州市供电局工作。生有子女各一。子庄尚，1987 年出生，现就职于滕州市供电局；女庄慧，1989 年出生，大专学历，现自由职业者。

老七庄隆舟，1964 年出生，复员军人，现就职于滕州市北辛街道办事处，生有子女各一，子庄壮，1987 年出生，毕业于济南建筑工程职业学院，现为自由职业者；女庄娟，1991 年出生，毕业于枣庄科技职业学院，现自由职业者。

16 岁那年他做了三件事：参加国民党游击队，端掉日伪小据点，离家出走考黄埔。他虽为国民党军官，却暗中与共产党交往；一发炮弹把他震得昏厥。一篮鹌鹑蛋去看老长官李仙洲，几多好作品回赠新社会。他就是黄埔军校第十九期学生、书法家——赵厚昌。

（十五）赵厚昌

赵厚昌，1926 年出生，山东滕州羊庄人，黄埔军校（鲁干班）第十九期，十六总队第二大队步科，曾参加过对日豫中会战，1945 年 7 月在西峡口战役中负伤，伤愈后返家耕读。现居上海，为山东黄埔同学会会员，中华弘儒会理事顾问，书法家。

图 85　赵厚昌近照

1. 赵厚昌档案

姓　　名：赵厚昌，字文三，号听涛老人

民　　族：汉族

出生时间：1926 年 11 月 12 日

籍　　贯：邳州

出生地点：滕县羊庄镇东石楼村

成 长 地：滕县羊庄镇东石楼村

属　　相：虎（农历丙寅年）

最高职位：国民革命军中尉

健康状况：良好

2. 赵厚昌简历

1926 年 11 月 12 日出生。

1933 年，在土城村随王传秀先生读私塾。

1936 年，在羊庄“山西会馆”读初小。

1942 年 1 月，加入国民党地方游击队；2 月，袭击南塘日伪小队；夏，入皖成城中学学习；10 月，入黄埔军校（鲁干班）第十九期学习。

1944 年 10 月，军校毕业，分配至暂编九军第二十七师。

1945 年 3 月底，参加遂平战斗。

1945 年 7 月，参加对日西峡口战斗，受伤；8 月，日军投降，在病床上养伤。

1946 年至今，返回老家务农。

3. 参加游击队，智端日伪炮楼

寒意袭人，笔者驱车三十公里，当见到赵厚昌老人时，心里霎时温暖起来。

以下是笔者对赵厚昌老人的访谈记录：

时间：2015 年 1 月 16 日

地点：枣庄市山亭区人民医院宿舍

王功彬（以下简称王）：老人家您好，请您谈谈您的家世及小时候上学读书的经过。

赵厚昌（以下简称赵）：我的祖籍是江苏邳州，就是现住的下邳，直到明末清初，黄河故道泛滥，我祖上才从下邳迁至滕县土城，后来又迁到石楼；到了民国初年，我家家道中兴，已经积有良田 400 亩，算是当地有名的乡绅望族。我祖父叫赵玉璠，父亲叫赵存良，我兄弟四人，本人排行老二。

我自幼入私塾学习，7 岁时跟着土城的王传秀先生学习，在 10 岁的时候，到了羊庄镇“山西会馆”读初小，因为天津著名的书法家华世奎先生与族人有亲戚关系，所以我曾拜华世奎为师，向他学习书法。

就在我刚刚上高小的时候，抗战爆发了，无奈，我只好辍学，在家自读习书，这样坚持了五年。

王：您后来是怎样参加抗日的？

赵：日本鬼子侵占滕县的时候我 12 岁，但就在滕县刚刚失守后的 1938 年初春，日军有一支小队就驻在土城，土城离我村只有 2 里路远。我听说鬼子在这一带烧杀抢掠，无恶不作。有一次我亲眼看见在小河滩上，一队鬼子兵把我们这一带有抗日倾向的两个年轻人抓来，绑在一起，让新来的鬼子兵练习刺杀，那个场面真是惨不忍睹。

这时候，乡公所的一些汉奸，就开始想方设法、变本加厉地盘剥我家，两年多的时间，家里田地已经不到 100 亩了。就这样，我一看国也没有了，家也快不成家了，实在没有活路，抱着这种亡国之痛，就开始暗自下决心，一定要寻求机会，出去学好本领，去参加抗日。

说来也巧，我村西边的村子叫西于村，村里的马冠淮是我表哥，他曾干过国民党第九十二军的机要秘书。就这样，在1942年大年初六的时候，我就经表哥马冠淮的介绍，秘密加入国民党敌后游击队。

王：那时候您不大啊，打过仗吗？

赵：我那年不到17岁。他们有个计划，打算端掉驻羊庄二区南塘村的伪军小队，这个小队有30多人。我们人数也不多，要是硬碰硬地去打，根本不行，所以就提前做了工作。原来，早在1942年的2月17日，也就是大年初三，我还没参加游击队之前，他们就派了邹坞的曹万昌去伪军小队当兵，提前在那里当卧底了。到了3月10日，那天赶上曹万昌站夜岗，是晚10点到12点的岗，见机会来了，马冠淮就带领我和李荣玉、龚真、于荣启、于荣耀等7个人，蒙面夜行，潜到附近待命，因为事先已经和曹约定好，以拍三声巴掌为信号，所以待听到曹万昌的暗号以后，我们一起冲进了伪军营房。营房是3间屋，刚过完年，当时夜里冷得很，伪军们都在被窝里睡觉，其他人等拿枪对准伪军，我和曹万昌负责收缴枪，就这样兵不血刃，我们一下子搞到了30支长枪和2支短枪，全部交给国民党部队。初战告捷，我们打了一场漂亮的战斗。

4. 离家赴皖北报考军校

王：您是怎么去考军校的？又是怎样一个经过？

赵：我们搞完这次活动以后，就担心自己的身份暴露，怕敌人来报复，就在1942年的初夏，经马冠淮的堂兄弟马友三介绍，我们去考了军校。马友三是国民党第九十二军敌后的政工人员，专门到后方去招收进步青年学生，去考军校。

我们一共去了五个人，由黄士田带路。黄士田的家也是西于村的，他是国民党军队的一个随从副官。我和皇殿岗村的黄保奎、张汪的李夫元、八里桥的汪兴铎，被黄士田带着，由夏镇到大屯，在黄口过陇海铁路，经永城、涡阳，最后到达阜阳临泉第九十二军的驻地，然后进入成城中学补习班，开始学习。

路上也是经历了不少危险，因为这些地方都是敌占区，要是我们五个人在一起走是非常危险的，所以我们就分开走，或者化装成做买卖走亲戚的，一两个人在一起。有时晚上就得住在野外，不敢住旅店，走了半个多月才到了安徽阜阳。

王：讲讲您在军校的情况吧。

赵：1942 年 10 月，我们先在成城中学补习了半年的文化课，总共有五六十名学生，也都是从山东过来的，代课老师是第九十二军的科长。半年后，我们就去报考驻鲁干部训练班。实际上这个军校是第九十二军李仙洲军长自己开设的干训班，像这样的干训班很多，因为战时用人，很多国军就自己开设干训班，后来也被统称为黄埔军校。我是第十九期第十六总队步科，我们的班主任就是第九十二军军长李仙洲，总队长是庄奉忱，副班主任有两个，一个叫傅立平，另一个叫易克新。校址在阜阳临泉吕大寨，离第九十二军军部有 8 里路。所学课程有《政治课》《步兵操典》，以及投弹训练、野外训练，还有《射击教范》，射击是一周一次，每次 3 发子弹。

在军校里刚开始吃不惯大米，我得一粒粒地嚼，但只给 5 分钟的吃饭时间，后来就囫囵咽下去，要不然吃不饱啊。有时候也会突然来个夜间紧急集合，吃饭后再进行十里行军，很辛苦。

在军校里，高魁元曾经给我们讲过课，这一点我印象特别深，因为他是邹坞人，离我家也不远，所以感到特别亲切，还有侯镜如也讲过课。李仙洲是每周都到学校，叫作“纪念周”，他讲三民主义什么的。在军校我们读了不到三年，于 1944 年 10 月 10 日，那天是双十节，正式毕业。

5. 军校毕业时几多波折

关于这段经历，赵厚昌的同学马绍良是这样回忆的：

……由沦陷区来的学生，大都素质较差，因之决定派员分赴各分校及三个干训班，举行甄别试验。本班为应付军训部甄试，于 7 月开始进行第二阶段入伍教育，以修习中学课程为主，尤以理化、英数、史地、国文为重点，至 11 月中，军训部派一中将率 20 位考试委员，莅班举行甄别考试，近二千名学生，录取不到一半。民国 32 年（1943 年）三月初奉到军训部通知共录取 735 人，余幸被录取，是在第二阶段入伍教育四个多月中，不分昼夜风雨晨昏，猛记英文单词及理化习题所获的结果，735人编为第十九期十六总队。

我们第十九期十六总队同学，预定10月10日毕业，在分发部队任职时，所需用品，除服装由班部制发外，其余学术课笔记本、纪念章、同学录，尤以校长蒋中正名义赠送的“亲爱精诚”“成功成仁”佩剑，视为无上光荣之纪念品，均须由学生自行筹备制作，乃由八个中队各推选二人，组成毕业用品筹备委员会。上述各项用品，笔记本、同学录、佩剑等在皖北无法制做，乃由张艺余率同崔景熹赴西安订制，纪念章由刘修岑赴阜阳订制，各项所需经费，班部无专款支援，均由学生自筹。学生80%来自沦陷区，远离家乡，汇兑不通，只好由每月之伙食节余移作支持，在筹办中陷于困难，后终于突破困境，达到目标。当佩剑、笔记本由西安起运，到达平汉铁路，深恐被敌伪发现，则纪念品与人员性命，均难保安全，几人商议，购买薄板棺木一口，装载佩剑、同学录、笔记本，孙胜伟同学买了一套孝服披在身上，头戴白孝帽扮作孝子，四人扶柩过了铁路，安全运回吕大寨，分发各同学领用。10月10日举行毕业之同时，军训部通知鲁干班撤销，新招收二十期入伍生一个营，移交湖北省均县草店镇第八分校代训，军事委员会命令第九十二军副军长兼代本班班主任傅立平中将，升任陆军暂编第九军军长，所有鲁干班原有之人员、物资、器材、兵马等，均编为暂九军司令部及警卫营，毕业学生720人，按命令分发各部队，军辖有暂编二十七师王金相部、第三十师洪显诚部、第一〇七师廖运泽部。

6. 遂平站毙敌百余

王：军校毕业以后被分配到哪里？

赵：我被分配暂编第九军暂编第二十七师，以少尉任用，我们军长叫傅立平，师长王金相（又名王金铎）。

我得多说几句我们师长王金相和暂编二十七师。王金相，别名王金铎，字醒斋，河南镇平县白坡村人，他上面有个哥哥，叫王金声。王金相小时候跟着一个叫彭子善的先生读私塾，和谁一起呢？和彭雪枫在一起读书，而且是同桌，俩人关系也好。后来彭雪枫跟着他本家叔去了冯玉祥办的军官学校上学，王金相让他舅介绍到了河南督军在开封办的军校。后来，彭雪枫的本家叔回乡建立自治民团，王金相的哥王金声就在那里，结果他也把王金相给叫了过去。以后，彭雪枫的本家叔被杀，王金相的哥哥就当了民团司令，势力也大，管了13个县，王金相就跟着他哥当团长。抗战一爆发，王金相就亲自带兵，在第一线和鬼子打，据说1940年5月在内乡那次战斗中，王金相是扒光了膀子挥着大刀拼的，日军死伤无数，他也身负重伤，那一仗让他一战成名。

1942年我刚刚到安徽阜阳的时候，蒋介石就批准在安徽临泉成立鲁苏豫皖边区司令部，让汤恩伯任总司令，何柱国任副总司令，负责收编地方民团。当时汤恩伯的老婆孩子就住在镇平，王金相的哥哥王金声就抓住了这个机会，安排弟弟王金相抓紧再征集一个团的新兵，上报给汤恩伯，请批准成立一个“鲁苏豫皖边区挺进第四纵队”，让王金相任司令。这事果然办成了，于是王金相就成了少将纵队司令，开赴河南周口、安徽界首一带和日本人作战。就在我被分发暂二十七师的半年前，国民政府军政部，将王金相的第四纵队进行改编，叫陆军暂编第二十七师，王金相为少将师长，在河南的项城、漯河、遂平一带活动。

王：请讲讲您抗日的故事。

赵：1945年3月30日下午，我们暂编二十七师及骑兵第六团向汝南楚铺方向出发，前方有情报报告，说石寨铺有日军的一个排，伪军一个连，正在向老百姓征收粮食。军长得到消息以后，马上下令暂二十七师以两个团的兵力向石寨铺紧急进发，并令骑六团分为两翼进行包抄，这次战斗我们共歼灭敌军34人。1945年4月1日，日军为了报复，从铁路向遂平车站增加援兵，到了夜里，由暂二十七师派出10组官兵，每组又配上一组工兵，民夫10人，加上官兵30人，共四五十人，渡过汝河向遂平车站方向紧急前进；骑六团分为两个组，在距遂平车站三公

图86　赵厚昌黄埔军校徽章和黄埔纪念章

里的两端设下埋伏，并随时准备破坏铁路，为阻击敌伪军做好准备。所有10个步兵组及工兵民夫等，也分为10个点对铁路进行破坏，另以一团兵力进行掩护。就在这个时候，天忽然下起了大雨，所有官兵都被淋了个通透。两个小时以后，10个破坏铁路小组的工作已经完成，这时候北面突然驶来一列日军火车，当行驶至遂平北面的时候，前头的一节车已经脱轨颠覆了，我们的步兵骑兵部队见时机一到，便同时发起攻击，当场击毙敌军120多人。其中我所在的营就毙敌28人，其余的鬼子见状不妙，便下车逃跑。遂平城里敌人听到枪声以后，马上出兵增援，还用大炮向我们射击。我们破坏任务已完成，歼敌目的也已经达到，而且当时夜黑雨大，周围环境很不清楚，长官果断下令，就开始紧急撤退了。

关于这次战斗，赵厚昌的军校同学马绍良这样回忆道：

民国34年（1945年）3月28日，暂二十七师及骑兵第6团（600匹马编为6个连）集结完毕，傅军长视察慰问，并训话勖勉加强战备，3月30日下午率部向汝南楚铺方向出发。忽哨兵报告石寨铺正有日军一排，伪军一连，向民间征收粮食，军长立即下令第二十七师以两个团向石寨铺急进，骑六团分两翼包抄，军长亲率由骑兵20人组成之指挥所随第二十七师跟进，距石寨铺约三华里处，第二十七师两团就地展开，正准备发起攻击，忽有便衣数人，急步跑来，面见军长自称是石寨铺村长前来报告，日伪军得到我军到达消息立即仓皇逃窜，向遂平县方向跑去。现石寨铺已无日伪之踪，请示军长要不要进寨休息或宿营，军长指派骑兵一连前去作威力搜索，步兵就地待命，安慰石寨铺村长，请回去休息，本军不到寨内宿营。移时骑兵连长回报敌伪均已远去，前方归于平静，军长令部队转向西北方运动，进入一大寨稍事整顿，并请村长征调民夫100人，各携铁锹、铁锤等工具，至入夜，由第二十七师派10组官兵，各组配以工兵一组，民夫10人，官兵20人，渡过汝河向遂平车站方向急进，骑六团分两组于遂平车站两端各三公里处埋伏，并准备破坏铁路，阻杀敌伪军作战准备，所有步兵十组及工兵民夫等，分十处破坏铁路，另以一团兵力掩护进行破坏工作。忽天降大雨，官兵衣履尽湿，约两小时后，十组破坏铁路工作大致完成，忽由北方驶来火车一列，行抵遂平北方前头一车脱轨翻覆，我方步骑部队一齐发起攻击，押车敌军被击毙多人，其余下车逃跑，遂平城敌军听到枪声，立即出动，并用大炮向我方盲目射击，我方以破坏任务已达到，且以夜暗大雨，情况不甚明了，乃急行撤退。安全返防，惟衣履尽湿，道路泥泞行走困难……

7. 暗中支持彭雪枫武器弹药

王：刚才您讲到王金相和彭雪枫是同学，他们后来的关系怎么样？

赵：1945 年 6 月暂编二十七师在豫东与新四军彭雪枫师协同作战时，师长王金相看到彭部武器简陋，曾暗中命令我营护送给彭重机枪两挺、轻机枪 10 多挺，还为其补给弹药。后来因为这件事，抗战胜利后，国民党没有给暂编二十七师战死的官兵家属任何抚恤，反而以部队“赤化”为由，将其遣散。

关于这段历史，原暂编第二十七师排长、后去台的王清峰回忆说，暂二十七师在漯河、遂平等地对日作战时，伤亡惨重，子弹打光后，就与敌人拼刺刀；被俘的官兵全被日军用刺刀捅死；少数藏匿起来的重伤兵也因无人照料，饥渴疼痛难忍而上吊或喝冷水死去。抗战胜利后，国民党不但不给为抗战而死的暂二十七师官兵家属以任何抚恤，反而将这支抗日有功的部队遣散，每念及此，殊甚痛心。

原甘肃张掖市教师进修学校老师杨鸿儒先生回忆说：1946 年夏天，当时在整编第六十八师政治部工作的上尉军统人员魏金典对我说：军统早就侦查出暂二十七师师部中有镇平籍的共产党分子李铁、郭痒生等多人；王金铎（王金相）还暗中支持新四军彭雪枫重机枪两挺、轻机枪十余挺，以及不少步枪、子弹。

王金相的次子王书林也曾撰文回忆道：“父亲积极配合新四军抗日，多次向新四军支援枪支、弹药、马匹、药品，并掩护在暂编二十七师工作的许多地下党员。这使我想起 1954 年曾听母亲讲，抗战初期，彭雪枫将军曾两次到我家，在村外和父亲密谈，彭雪枫每次都是夜间只带一个人来，他和父亲一直谈到鸡叫头遍天快亮时才走。”

王：您在抗战中负过伤吗？

赵：负过伤。那是离抗战胜利还有一个多月的时间。

1945 年 7 月，日军为打通西安通道疯狂进攻豫陕要道西坪、内乡、淅川。日军坦克、大炮、飞机都用上了，暂编二十七师在西峡口进行惨烈的白刃战，击退了敌人一次又一次的进攻。当时与我一起来鲁干班的老乡黄宝奎牺牲了。后来日军用火炮猛烈轰击我方阵地，一发炮弹落到了离我 4 米的地方，炸起的岩土和气浪将我吞噬，我失去了知觉。醒来时已经在军部医院了，身上多处受伤，其中头部受伤最为严重。至此伴随我 70 年的眩晕症状一直存在。

8. 厌倦战争，返家耕读

1945 年 8 月中旬，日军投降，我在医院的病床上高兴地流泪。伤愈后，内战的气氛越来越重，当初考军校抗日的初衷，已经实现。真心不想打内战，假借母亲重病，回家耕读一生。

图 87　赵厚昌（右）向笔者展示其书法作品

1984 年我承包了村里的 7 亩桃园，生活渐渐地好起来了，主要的任务是培养子孙求学，供其读书，改变命运。我培养了村里的第一个大学生和第一个名牌大学生、第一个博士生。

1984 年黄埔同学会成立，以“发扬黄埔精神，联络同学感情，促进祖国统一，致力振兴中华”为宗旨。同学们齐聚一堂，贡献余热。

台儿庄大战纪念馆成立后，我应邀写了两幅字，一幅《忆秦娥》：

庆胜节，难忘卢沟烟尘月。烟尘月，滕城呐喊，奋起拼搏。还我山河从头说，征衣尽染倭夷血。倭夷血，尸陈战地，祭吾先烈。

一幅《绝句》：

投笔从戎非为官，东倭宁次犯中原；

台庄一战惩敌寇，回顾先烈血未干。

1985 年，我带了一篮鹌鹑蛋来到济南看望李仙洲班主任（莱芜战役被俘，1960 年释放，民革中央监察委员会委员和常务委员，1988 年在济南逝世），虽然保健医生规定会谈不要超过半小时，但这次足足谈了两个多小时，感慨万千。

2005 年我移居上海后，积极参加社会活动，分别受聘为中华弘儒会、阳光信友会顾问，捐赠的作品被收藏或被义拍，救助弱势群体。

2012 年我在上海市北京东路举办了个人书画展，上海市书协、文联、黄埔同学会和上海企业界的朋友过来捧场祝贺。

家境不好自己勤奋学习，考取黄埔又娶来名门之女；参加抗日险些搭上性命，“文化大革命”遭罪却始终爱国爱党。他就是黄埔军校第十七期的学生——华绍屿。

图 88　华绍屿中年照

（十六）华绍屿

华绍屿（1919—2004），字云亭，峄县韩庄人，黄埔军校成都分校第十七期毕业，参加过对日蒙城战役、皖北战役，历任排长、连长、营长、团长，1949 年随侯镜如部起义。2004 年去世。

1. 华绍屿档案

姓　　名：华绍屿，字云亭

民　　族：汉族

出生时间：1919 年

籍　　贯：峄县韩庄

出生地点：峄县韩庄

成 长 地：峄县韩庄

属　　相：羊（农历己未年）

最高职位：国民革命军上校团长

去世时间：2004 年 3 月 16 日

去世地点：北京

寿　　命：85 岁

2. 华绍屿简历

1919 年，出生。

1924 年，在本村读私塾。

1926 年，在韩庄小学读书。

1933 年，在韩庄读中学。

1936 年，在临沂乡村师范读书。

1937 年，考取济宁乡村建设研究院。

1938 年，代理郯城县县长三个月。

1940 年，考取黄埔军校第十七期。

1942 年，黄埔军校毕业，分配至第二十一师第六十一团第二营，任连长。

1944 年 3 月，调赴四川万县；7 月，参加长（沙）衡（阳）会战。

1945 年春，参加湘西会战；8 月，调往武汉接受日军投降；9 月，赴北平，担任北平城防警备任务。

1949 年，随侯镜如部起义，任团长。

1950 年，考取北京机耕学校（今中国农业大学）财会班，毕业后留校。

1952 年，开始劳动改造。

1970 年，到达四川，支援三线建设。

2004 年 3 月 16 日，去世。

3. 九十二军入鲁抗日①

下面是华绍屿的一篇回忆文章：

1941 年第九十二军奉命驻守皖北，守备涡河东南西北之线，深沟高垒，严防日军进犯。部署为：军部及直属部队驻阜阳；第二十一师守蒙城至涡阳河防；第一四二师驻守蒙城至淮阳之线；第十四师驻守阜阳以东南北之线为二线预备队。全军五万余人，日夜秣马厉兵，充实、训练，准备杀敌报国。

1942 年春，蒋介石手令“以第九十二军为基础，配以涡北游击队及地方团队成立第二十八兵团，准备入鲁抗日，迎接山东省主席于学忠回后方参加总攻会议”，并任命李仙洲为第二十八兵团总司令，刘鉴秋为参谋长。

侯镜如为第九十二军军长（黄埔一期）

聂杜溪为第二十一师师长（黄埔三期）

① 引自华绍屿文《第九十二军援鲁抗日纪略》，载《文史资料存稿选编》，中国文史出版社 2002 年版，第 507—509 页。

刘春岭为第一四二师师长（保定军校）

廖运泽为第十四师师长（黄埔一期）

各军、师长奉命后到部队视事，加紧训练，待命行动。

部署完毕后，李总司令当即下达入鲁命令，所辖部队随即于1942年4月18日晚开始行动，向山东进发。

1942年4月18日晚8时，各部队开始夜行军，五万人马在总司令李仙洲、军长侯镜如率领下，人衔枚，马上笼，乘着夜幕，浩浩荡荡，寂静无声地向涡北进发。

大部队过涡河，乘夜幕向龙山以西进发。正在行进之时，忽然遇到驻守李口据点之敌向我开枪开炮，曳光弹满天飞舞，枪声如雨，炮声隆隆，而我官兵只管奋勇前进，不理不问，队形整肃，无人惊乱。军长当即命一骑兵连予以出击，大队继续前行。

4月19日一早，我五万大军在八路军游击队刘子仁部密切配合下，经一夜行军，顺利到达距陇海铁路李庄、黄口封锁口不远的砀山西北地区。军长侯镜如令各部队就地隐蔽休息、就餐，待命行动。于是各师、团、营、连长带领官兵分散在砀山以西至李庄以南地区休整。

10时许，砀山以北突然炮声隆隆，向我轰击，并有日军步兵出动；北面有敌铁甲列车在铁路上巡视，西有大队人马出动，似有向我围攻之势。总司令李仙洲、军长侯镜如令部队展开迎敌。各部队奋勇迎战，杀声不已！当时我在第二十一师第六十一团第二营当连长，率兵血战竟日。至下午5时，战斗稍息，歼敌不少，我伤亡也不少。我连黄孝平、杨福祥排长与战士奋勇冲杀，为国壮烈牺牲。日军由于伤亡甚众，退至外围，战事稍息。但我军已处在大包围之内，如何越过铁路到山东抗日，迎接于学忠总司令呢？李总司令和侯军长下令"各部就地游击，伺机听命行动"。各部队受命后即就地游击，日休夜出，徘徊在此30公里直径的大包围圈中，游击约两周。此时全体官兵因受命未达，忧心如焚，但均表示"不打到山东去非好汉也"！

1942年4月30日总部军部决定以精锐之旅第二十一师一部，第一四二师大部随军部继续向山东开进，其余部队回归涡南整训。

早在1942年4月初，经八路军配合，共同说服陇海铁路李庄敌伪碉堡爱国官兵，许以放行之后，于4月30日夜8时，李总司令和侯军长率全部官兵以碉堡守兵开枪、大喊“平安无事啦！平安无事啦！”为号，迅速爬过深沟，冲过铁路，连夜赶到山东单县地区，开始抗日活动。旋即转战滕县、微山湖、金乡、嘉祥、鱼台等地区，为苏鲁战区于学忠总司令回后方参加总攻会议创造条件。

第二十八兵团总部及第九十二军到达山东地区后，即以单县为基地，第二十一师为主力与日伪展开作战；第一四二师主力由刘春岭师长指挥，在当地游击队配合下向微山湖东北地区深入；同时与费县、抱犊崮山区之刘桂堂部联合，到处袭击日伪军，使其心惊胆战，难以度日。

李总司令与侯军长不久即与于学忠、高树勋二位司令取得联系，并派人与守备陇海铁路黄口之伪军中爱国官兵洽定时间，待机掩护。于、高二司令于1942年8月25日夜间顺利地通过铁路，经涡北由留守之第二十一师第六十一团派兵迎接，安全胜利地到达阜阳，尔后转赴大后方，参加总攻会议。

李总司令、侯军长率部入鲁抗日，计在鲁与日伪激战半年，予敌重创。我军也伤亡官兵万余人，武器损耗大半。如第一四二师第四二六团去时3000人，战后只剩600余人，其他部队之伤亡可想而知。1942年9月，第二十八兵团总部及第九十二军奉命回师涡南、阜阳等地，待命行动。

4. 女儿回忆父亲坎坷的经历

为了解华绍屿参加抗战及他的家世情况，笔者远赴北京分别采访了他的女儿和儿子。

以下是笔者对华绍屿之女华玲的访谈记录：

时间：2013年9月25日

地点：中国农业大学

王功彬（以下简称王）：请您谈谈您所知道的华家的事情。

华玲（1958年出生，华绍屿之五女，就职于中国农业大学水利工程学院，现居北京。以下简称华）：我知道得不多，只知道我的爷爷也是在老家，我没回去过老家，我姐姐她们知道得多。我知道我父亲是跟着傅作义在北京起义的，他的上司是第九十二军军长侯镜如，现在不在了，他去世的时候我也去祭奠了。

王：他给您讲过他打仗的故事吗？

华：我知道他身上有两处伤疤，我记得他给我说，打仗的时候他还往前冲呢，一看后面没人了，结果受了伤，子弹从嘴巴穿进去，从脖子出来，受了重伤，就送到后方医院抢救，整个脑袋肿得像脸盆一样大，当时基本判定他没命了，突然有一天，鼓的那个脓水哗啦一下全出来，就捡了一条命。

王：是哪次战斗？

华：这个我不清楚，有本杂志上有，是黄埔同学会出的一本杂志，是抗日的资料，你可以去找找看。他肯定是抗日有功，受过重伤的。把日本鬼子打败以后，他就到北京来接受日军投降，是从重庆坐飞机来的，从那时就在北京没走。

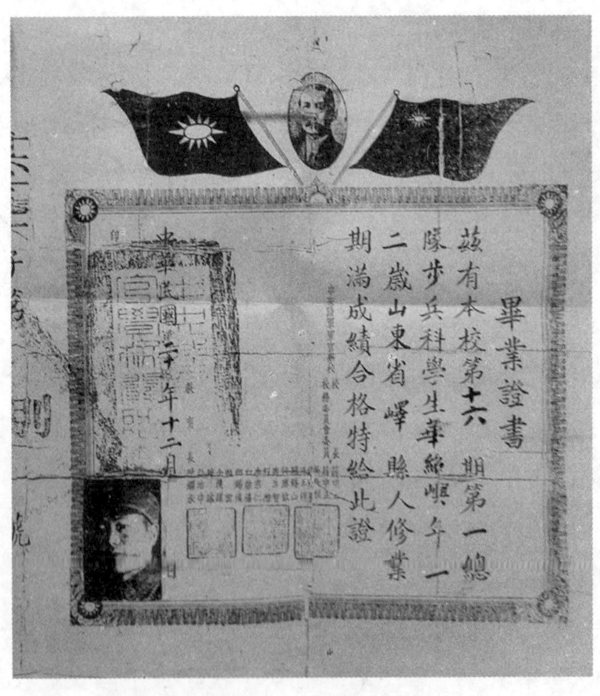
畢業證書

茲有本校第十六期第一總隊步兵科學生華紹嶼年一二歲山東省嶧縣人修業期滿成績合格特給此證

中華民國　年十二月

图 89　华绍屿黄埔军校毕业证（复印件）

王：新中国成立以后呢？

华：新中国成立以后他没工作，家里老婆孩子还得吃饭呢，就到处去找工作，结果就考了这个学校。中国农业大学原来叫机耕学校，考的是财会班，毕业以后就留校了。

王：后来他在学校干到什么职位？

华：什么职位也没有。他是梁漱溟的学生，在乡村建设研究院毕业，这个梁漱溟给他出过证明。梁漱溟对我父亲特别器重，他能力特别强，到哪儿都能冒出尖来。就是在这里，他都退休之后好多年了，再去他单位看，很多东西都是他写的，牌子什么的。后来有了电脑才撤下来。单位很多同事写家信什么的都找他，他对同事特别好。1952 年以后就被撤下来劳动改造，到了后勤修缮队，跟着和泥，抹墙，烧锅炉，干了好多年。林彪当时有个一号通令，要到地方支持三线，学校就搬到了四川。那是 1970 年，我 12 岁。从那时候开始，我才对我父亲有所了解。

王：他原来上学的事情您知道吗？

华：听他说过，他上完学以后还当过什么小学校长，接着日本鬼子就来了，北方被占领了，他就和同学南下，走到武汉，说当时有两条路，一个是上黄埔军校，抗日救国；再一个是什么呢，不知道了。说当时有个证人，可以保他去黄埔军校。

王：那个证人是谁呢？

华：这个我不知道。黄埔毕业以后呢，就参加抗日战争了。他是一步一步做上来的，最后做到营级参谋。反正他这一生挺坎坷的，什么都经历过，“文化大革命”历次运动他都受洗礼，无论什么运动都没落下他。他很内向，我妈又不盛事，在外面所受的一切委屈什么的都是他一人承担。对我们的教育都是正面教育，一概不提过去的事，让我们入党。

他去世的时候，民革的、黄埔同学会的、学校的都去了，讣告写得挺好的，说生前一直为党工作，为海峡两岸的和平统一积极奔走，贡献自己的力量。

王：您是不是还有个哥哥？

华：对，他岁数比较大，知道得比较多，他来北京的时候已经好几岁了，他经历比较坎坷，因为我父亲的原因，当时考大学，考上不让上，当兵不让当，后来回通县了。现在是个画家，他上中学的时候画我父亲的照片，画的跟照片一模一样。现在已经退休了。

5. 华敬俊对父亲肃然起敬①

以下是笔者对华绍屿的儿子华敬俊先生的访谈记录：

时间：2013 年 9 月 26 日

地点：北京市通州区武夷花园紫荆园

王功彬（以下简称王）：请您谈谈华家的情况。

华敬俊（以下简称华）：我爷爷就哥儿一个，到我父亲这儿，他哥儿四个。大大爷叫华绍伦，二大爷叫华绍坤，我爸爸是老三，叫华绍屿，我四叔叫华钊。我家不富裕，一共几十亩地。我二大爷抽烟喝酒，所以地被他糟蹋了不少。

我大大爷跟吴佩孚当马弁随从，特威风，就他给家里点钱，供我父亲和四叔在韩庄上学，后来哥儿俩就考上了临沂师范学院。

图 90　华绍屿旧居照片

① 华敬俊，1943 年 6 月生，号齐人，华绍屿之子，中国美术家协会会员，中国书法家协会会员，北京教育学院艺术系教授、副主任，现居北京通州区。

王：毕业以后呢？

华：他们中学毕业之后，就考到济宁乡村建设研究院，跟了梁漱溟学习[①]，后来又跟着他南下，到了临沂南边的郯城县。

王：在郯城干什么工作？

华：赶上那会儿抗战刚开始，整个县城都空着，梁漱溟就委托我父亲当了三个月的县长，他也就在那个时候入的国民党，两手、脖子上都刺了国民党党徽，我爸后来给拿刀割去了，但我还能看得明白。后来日本兵来了，梁漱溟南下，我父亲就到了成都，考了黄埔军校。

王：后来呢？

华：那时候我四叔华钊也在黄埔军校，是炮兵科，后来他当了共产党。抗日战争以后，我四叔没当国民党连长就走了，后来在武汉，哥儿俩碰见了，我父亲黄埔军校毕业后已是连长了，还给了四叔一把手枪，他就北上走了，后来什么情况不清楚。六几年山东省委来找过，说华钊在苏北的赣榆县或是丹徒县，是县委书记，后来没有下落了。

王：以后呢？

华：我父亲从军校毕业以后就是连长，在1942年，日本鬼子南上，我父亲的部队奉命在皖北蒙城、涡阳狙击，那次战役国民党死了很多人，这是父亲给我聊的。

王：他受过伤吗？

华：我父亲在涡阳战役受的伤，他说整个连都打没了，只剩下他和一个通讯员，就往后撤，结果绊一跟头，一看是一机枪，趴土堆上就打，终于把鬼子打退了。父亲却挨了一枪，从嘴下巴打进去，从耳根子打出来，十颗牙被打掉。后来撤到了武汉，他升了个营长。然后武汉丢了，又到长沙，长沙以后再到贵阳。

王：那时您呢？

---

① 宋振华、唐毓光、唐士文：《张里元在鲁十年》（《临沂文史资料》第三辑，第91页）。张里元对梁漱溟在邹平等地兴办乡村建设研究院的主张和行动倍加推崇，各乡农学校一般由经过乡建院和本地乡农学校受训的毕业生担任。独树头村乡农学校指导员华绍屿是三乡师学生，在济宁乡院受过专门训练。

华：他驻军在涡阳的时候，我奶奶和母亲都随军，我就出生在涡阳。他涡阳受伤以后就撤到后方养伤了，我们就回了老家，也一直没见着，不知死活，到1952年才见到他。

王：回家以后你们的生活是什么情形？后来怎样联系上您父亲的？

华：我们回来后就一直住在姥姥家，我1952年上小学的时候，我姑妈家的一个亲戚与我父亲在一个部队，他们联系上了。后来那个亲戚到了北京一看，才知道我父亲又结婚了。

王：什么时间结的婚？你继母是哪里人？

华：他是1945年结的婚，我后妈姓徐，民国大总统徐世昌弟弟徐世光的亲孙女，还有一个与名人有关系的人物，我后妈的奶奶知道是谁吗？是扬州八怪郑板桥的孙女，这老太太我小时候见过她，那时候她有90多岁了，满头白发。

那时我父亲当侯镜如长官公署的副官，官职虽小，职位重要，一直是侯镜如的情报参谋。

王：您父亲以后是什么样的待遇？

华：我父亲是1949年跟着侯镜如起义的。这里面还有一个故事：起义以后他有一老乡姓牛，从部队跑了，说是我父亲给策划的，这事也一直没弄清楚，所以他也一直不受重用，就那么活着。到了1978年那个姓牛的没死，一落实，确实是自己跑的，但已经晚了，父亲已七八十岁了，只是恢复了工作，没有安排职务。“文化大革命”被弄四川去了，侯镜如一直保护他，姐妹几个编筐卖，就留下我和大妹在北京。我们俩已经工作了。侯镜如、周恩来对我父亲还是很照顾的，“文化大革命”中被打破了头，侯镜如安排来一辆车给拉走了，半年时间不知他上哪儿去了，我继母也不知道，半年以后才知道他在四川。

王：您父亲是什么时间去世的？多大岁数？

华：2004年3月16日，85岁。

王：您父亲对你的教育严格不严格？

华：倍儿严格呀！我跟他住一块儿，他每礼拜回一次家。我天天写日记，不写不行，所以我的字特别好，很多字都像他的字，这是受他的影响。后来我拜了欧阳中石为师，欧阳六几年在通州师范，后来去了首师大，我一直跟着他。

父亲对我要求很严，一般不怎么打人，只打过我一次。因为我偷电影票。五几年吧，都是自觉买票，自个儿拿，那时候我们几个小孩儿没钱，偷了几张卖了，买冰棍吃。后来没打过我。我怕他啊，从小就躲着走，所以我从小学习就好。

王：你父亲抽烟喝酒吗？

华：他不抽烟，喝一点酒。他都 70 多岁了，睡觉从来都是正面躺着睡，我说老爸你歪着点儿，他就躺着，倍儿直。

第三章　敌后游击战场上的枣庄黄埔人

出身地主家庭，却叛逆除暴安良；加入国民党支部，却支持联共抗日；他办过学校，当过老师，最后深明大义接受共产党的领导，牺牲在抗日战场；他被罗荣桓称为“敢在鬼子头顶上跳舞”的“舞蹈队长”。他就是黄埔军校第六期学生、新中国300名著名抗日烈士之一的孙伯龙。

（一）孙伯龙

图91　孙伯龙

孙伯龙（1903—1942），原名孙景云，字伯龙，枣庄市薛城区陶官乡李庄人。1926年考入黄埔军校第六期预科，历任小学校长、国民党县党部书记长、运河支队支队长、鲁南军区副司令。1942年1月2日牺牲。

1. 孙伯龙档案

姓　　名：原名孙景云，字伯龙

民　　族：汉族

出生时间：1903年

籍　　贯：峄县陶官乡李庄

出生地点：峄县陶官乡李庄

成 长 地：峄县陶官乡李庄

属　　相：兔（农历癸卯年）

最高职位：八路军鲁南军区副司令员

牺牲时间：1942年1月

牺牲地点：峄县毛楼村

寿　　命：39岁

2. 孙伯龙简历

1903 年出生。

1910 年，在本村读私塾。

1916 年，在韩庄小学读书。

1921 年秋，考入山东省立第一师范。

1926 年，投考黄埔军校第六期步科。

1928 年，参加北伐，任国民党峄县支部书记长。

1931 年，赴安邱、博山县党部任职。

1934 年，回峄县筹办文庙小学。

1938 年，参与组建山外抗日军四部联合委员会。

1939 年，成立运河支队，任支队长。

1940 年 11 月，任鲁南军区副司令员。

1942 年，在毛楼牺牲。

3. 黄埔精英，抗日楷模①

山东黄埔同学会会长陈镇中先生曾经写过一篇文章详尽叙述了孙伯龙的一生：

枣庄市市中区光明广场东南侧，耸立着一座雄伟壮观的建筑，这就是运河支队抗日烈士纪念碑亭。碑亭正面上方，贺敬之题了“怀烈亭”三个字，张爱萍将军题写了“青山到处埋忠骨，后继奋起振中华”楹联。武中奇则题写了“遏津浦踞陇海扼敌衔要，迎苏皖朝延安卫我通途”。亭内黑色大理石纪念碑正面，由著名书法家舒同书写“运河支队抗日烈士纪念碑”。碑亭建筑素雅大方，庄重肃穆。提到运河支队，就不得不提起首任支队长孙伯龙。

孙伯龙，原名景云，生于 1903 年。1921 年毕业于韩庄小学，同年秋赴济南考入省立第一师范。1926 年投考黄埔军校第六期步科。毕业后，随北伐军北上回到山东，留在国民党峄县县党部工作，任书记长。在风起云涌的革命浪潮影响下，他积极组织工会、农民协会，开办农民训练班、妇女

① 选自陈镇中《黄埔精英　抗日楷模》，《黄埔》1994 年第 6 期。

识字班，宣传革命道理，提倡男女平等。1929年国民党山东省党部派武汉三接任县党部书记长，孙伯龙降为秘书长，训练班被撤销，各协会亦停止了活动，一时新风敛迹。1931年孙伯龙先后调安丘、博山县党部任职。由于他爱国心强，富有正义感，于1934年辞去县党部职务，回峄县筹办文庙小学，聘请梁巾侠、张跃两青年任教师，掩护他们进行救亡活动。七七事变后，梁、张为寻找抗日组织，相继离去。孙伯龙遂在家乡组织抗日武装，活动于周营一带。1938年6月徐州失守，苏、鲁边境沦陷，为挽救民族危亡，共产党员纪华、朱道南等，于微山湖东、运河南北之峄、滕、铜、邳四县毗邻地区，联合爱国志士孙伯龙、胡大勋、邵剑秋、孙斌全等四支抗日武装，组成山外抗日军四部联合委员会，开展游击战争。义旗初张，即进击杨庄、侯集、曹家埠、新庄等据点，获全歼日寇之胜利，大长人民志气。

1939年经好友朱道南介绍，孙伯龙认识了张光中。同年秋，八路军第一一五师东进鲁南，孙伯龙、邵剑秋等部组建为一一五师运河支队，孙伯龙任支队长，朱道南任政委，邵剑秋任副支队长，胡大勋任参谋长，文立正任政治部主任。运河支队成立后，学习和继承八路军优良传统，官兵一致，纪律严明，受到群众拥护。当年使敌伪闻风丧胆的铁道游击队，就隶属于运河支队。他们活动于南北通衢，钳制着敌人的战略要道，神出鬼没地袭击日寇，截汽艇、扒铁路、炸火车、拔据点，灵活机动地战斗在敌伪腹地。弯槐树村战斗，日军上千，我仅百余。我支队经顽强奋战，克塘湖据点，消灭敌军一分队；闯峄城簧学兵营，斩伪军百余；智进枣庄除奸，活捉维持会长；常埠桥伏击，歼日寇广田中佐以下200余人；打贾汪、柳泉，各俘伪军数十；袭击台儿庄车站，生擒日寇站长；耿集地区两次反击，斩获伪军700余名。还巧妙地护送革命干部去延安，形成南锁山东大门，北辟延安通道之势，使日寇闻之丧胆，人民赖以定心。当时流传着这样的民谣："打日本的邵士澄，保家卫国的孙伯龙。"形象地描绘出孙伯龙领导的运河支队与人民的鱼水关系。

1940年10月上中旬，日寇集结重兵，南北拉网，分进合围，运河支队数次受创，12日，孙伯龙率部在朱阳沟与敌激战终日，以敌我伤亡七比一的代价胜利突围。11月，进山休整，孙伯龙升任鲁南军区副司令员。

不久，他向组织表示，愿重返前线，到敌占区发展武装，适鲁南军区决定成立抗敌协会自卫军，委任他为峄山支队长，彭畏三任政委。1941年2月与运河支队同返运河两岸，除伪抗顽，粉碎了日伪多次扫荡，给日寇以巨大威胁。日寇企图以远地集结、长途奔袭的伎俩，向孙伯龙部进击。当时该部驻峄县毛楼村已半月，距涧头集日军据点仅六里路。1942年1月1日晚，日军乘我部队与村民张灯结彩共度新年之际，集中千余主力部队，星夜奔袭。1月2日凌晨4时，日寇完成了对毛楼村的包围，并在南侧山口设重兵埋伏，截击我军突围。战斗打响后，日军以炮火轰击毛楼村，掩护其步兵从东、西、北三面发起冲锋。孙伯龙断定部队已被重兵包围，便率部向南突围，当进入敌伏击圈时，敌伏兵蜂拥而上，他急命后队夺回毛楼村固守，自己则奋不顾身，率少数战士掩护。他身中数弹仍坚持指挥，但终因寡不敌众，倒在血泊中，为保卫国土献出宝贵生命，年仅39岁。

4. 少小大志，报考黄埔

就孙伯龙在抗战中的英勇表现笔者采访了孙伯龙之子孙继龙先生。以下是笔者对孙伯龙之子孙继龙的访谈记录：

时间：2013年11月20日、2014年10月15日

地点：枣庄市薛城区人大宿舍

王功彬（以下简称王）：孙主任您好，孙伯龙烈士是我们山东乃至全国著名的抗日英雄，今天我想请您详细讲讲他的故事。

孙继龙（1934年出生，孙伯龙之次子，原薛城区人大调研室主任）：

我们孙家祖籍韩洼，我的祖父叫孙茂金，我父亲弟兄四个，是老大，原名孙景云，后改名叫孙伯龙；二叔叫孙景震，三叔叫孙景毅。我父亲生于1903年，先在本村读私塾，后来小学是在韩庄上的，老师是张捷三①。

① 张捷三（1894—1984），原名张景凯，枣庄市市中区郭里集乡营子村人，枣庄师范学校创始人。1916年考入山东第一师范，1926年被推选为峄县教育局代理局长，1938年10月加入中国共产党。在抗日战争中，张捷三历任峄县党的地下联络站负责人，峄县民主政府财政科秘书，微山湖办事处主任，峄滕铜邳边区县文教科长和运河县参议长等职。1945年春，接收峄县中学，被命名为鲁南三中。1948年9月被委任为台枣专署文教科副科长，1949年下半年成立台枣乡村师范学校（即枣庄师范前身），任校长，直至1972年退休。1984年2月29日去世。枣庄历史学会《枣庄史话》，山东友谊出版社1993年版，第96页。

王：他小学读了几年？

孙：当时的小学是三年制。他小学毕业的时候已经十几岁了，在学校读书的时候，赶上一个大的环境，就是日本逼迫袁世凯签订《二十一条》，遭到全国的抗议，接着全国各地就爆发了抵制日货的运动。我父亲在韩庄小学里就是个学生头儿，他带头上大街搞宣传、游行，据说把韩庄街头一个卖日本“太阳”牌白布的布摊子给掀了，把白布弄到大街上用火烧，还把校长办公室里的一个日本挂钟给砸了。呵呵，这事弄得校长到俺家来找我祖父。

1921 年秋天，我父亲到济南考入省立第一师范。他和朱道南都是师范的同学。在师范学校里，他受到许多进步思想的影响，觉悟有了很大的提高。当时全国正处在军阀混战的局面，他在省立一师毕业以后，就想追求更大的人生目标。回到家里以后，就想去考黄埔军校，后来经过邹鲁介绍，就去了广州，去找老乡刘安祺，考了黄埔军校第六期。

王：他是什么时间在黄埔军校毕业的？

图 92　孙伯龙全家合影

孙：其实他没毕业。有不少文章写我父亲黄埔军校毕业了，那是不准确的。当时我父亲在黄埔军校的时候，正赶上北伐，就随着部队到了山东。孙百万是奉军军阀，早在 1917 年就占领了峄县城。北伐军赶跑孙百万以后，我父亲就被留到国民党峄县县党部，任书记长。那时候他就组织工会、农会，办训练班和妇女识字班，搞宣传，提倡男女平等。搞的峄县很有名气，还有一个顺口溜叫："打倒王鲍梁，打倒许鲁阳；武官不怕死，文官不贪赃。"所以就遭到一些旧势力的不满，结果把他的县党部书记长给撤了，降为秘书长，那些训练班什么的也都撤了，协会也停了，什么事都受压制，我父亲一看这样下去不行，1931 年就调到了安丘和博山县党部，还是不行，于是又回到峄县，时间是 1934 年。

5. 回乡办学，弃文抗日

王：回到峄县干什么呢？

孙：他回到峄县就开始筹办文庙小学，自任校长，还聘请了不少有名的老师来代课，梁巾侠[①]就是那时候来的。那时候办学可苦了，什么都是自己动手，我父亲自己编教材，自己讲课，自己刻钢板印字，自编校歌，歌词是这样写的：

> 骇浪惊涛，华夏在风雨中飘摇，冲风冒雨，是我们的学校，肩负重担，是我们英勇儿童大众。坚毅沉着向前进，我们是中国的主人。前进！用我们的热血，争取民族的生存，前进！用我们的全力，打倒最大的敌人！不怕艰险，团结一心。提起脚步，进！进！进！进！中国儿童勇敢向前进！文庙儿童勇敢向前进！[②]

九一八事变的时候，他就印宣传单，到大街上贴，宣传抗日，当时就有人说是共产党干的，峄县政府也查，他怕有人认出自己的字体，就用左手来刻钢板。后来梁巾侠还回忆说，我父亲那时曾经写过一首诗，只记得最后两句了：

---

① 梁巾侠（1916—2000），女，又名梁再，原峄县张林村人。1916 年出生，曾在峄县文庙小学当教员。抗战爆发后，开始从事抗日活动，任运河支队政治处宣传股长。抗战胜利后，调往安东、延吉、吉林的中学工作。1951 年在江西大学中文系兼课，评副教授职称。后调湖南大学工作。1983 年离休，2000 年 5 月病逝，享年 84 岁。枣庄市市中区文史委：《枣庄市中文史·人物专辑》，2004 年，第 207 页。

② 原载《薛城文史·抗战楷模》第四辑，1991 年。

一犁且耕神州雨，平生图报沈阳仇。

七七事变以后，一看学校办不下去了，他也想抗日，就在老家组织了一支抗日队伍，有几十个人，也都是老家的邻居亲戚。

王：是共产党领导的吗？

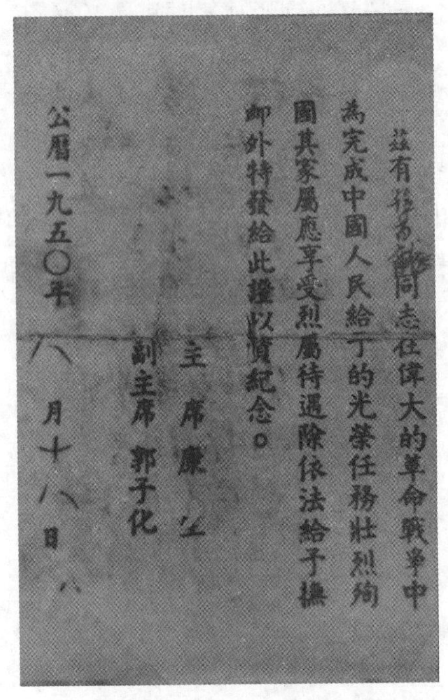

茲有[illegible]同志在偉大的革命戰爭中為完成中國人民給予的光榮任務壯烈殉國其家屬應享受烈屬待遇除依法給予撫卹外特發給此證以資紀念。

主席 康生

副主席 郭子化

公曆一九五〇年八月十八日

图 93 孙伯龙烈属优待证

孙：不是。那时候我父亲和共产党没有一点关系，都是自发组织的，靠周边的大地主支持，去这家弄点粮食，到那家吃顿饭，都是他们养活的。他们活动的范围也不远，都是在老家周营一带，这些地方熟啊。1938 年 5 月台儿庄大战结束以后，国民党军队因战略转移，撤离鲁南，接着徐州失守，苏北鲁南全部沦陷。这时候，这个地区已经有了四支抗日武装队伍，邵剑秋在滕县羊庄烧了鬼子的汽车，胡大勋在贾汪一带进行抗日，孙斌全在微山湖一带活动，就在这个时候，朱道南找到了我父亲。朱道南那时早就是共产党党员了，他和我父亲既是老乡，又是省立第一师范的同学。由他出面，把胡大勋、邵剑秋、孙斌全和我父亲等这四支抗日武装全部联合起来，组成一个"山外抗日四部联合会"，活动范围在微山湖以东、运河南北两岸，以及滕县、铜山、邳县、峄县等四县相邻地区，开展游击战争。

6. 运河两岸的抗日英雄

王：您听他讲过他们打鬼子的故事吗？

孙：我举个例子吧，最有代表性的就是1940年的曹埠战斗。那一次就消灭了21个鬼子。那次他们在曹埠一带活动，正好有情报说有个鬼子小队要来，我父亲就说，要是鬼子不从这里走，咱就不惹他，要是路过这里，咱就打他。谁知鬼子正好路过曹埠，于是我父亲就联合邵剑秋的队伍，埋伏在一边，等着鬼子进入他们的口袋阵，一下子就把鬼子全部打了。鬼子的装备好，过去打仗最好的结果是咱牺牲三个他死一个，这次是咱一个他三个，是一场名副其实的胜仗。

1939年，经过朱道南的介绍，我父亲认识了张光中①，他们的队伍也被并入八路军第一一五师，和邵剑秋、胡大勋、孙斌全等部组建为第一一五师运河支队，我父亲是运河支队第一任支队长，朱道南任政委，邵剑秋任副支队长，胡大勋任参谋长，文立正任政治部主任。

那时候运河支队人员最多的时候达到两千多人，干什么的都有，像铁道游击队，就属于运河支队领导，他们活动在枣庄至临城的铁路线上，扒铁路、爬火车的干了不少。我父亲那时候很有名，有个顺口溜，说"打日本的邵士澄（邵剑秋），保家卫国的孙伯龙"。

王：现在感觉运河支队就不如铁道游击队的名声更大一些？

孙：这事啊，刘知侠最清楚了。事情是这样的，当年刘知侠来鲁南采访的时候，主要采访的是运河支队，但他后来为什么没写运河支队却写了铁道游击队呢？就是因为运河支队比铁道游击队复杂得多。像我父亲最初是峄县国民党县党部的书记长，后来才自己拉起了队伍，又被整合到国民党部队。胡大勋那支队伍，原来是旧军队改编过来的；孙斌全原来是日伪

① 张光中（1901—1984），又名张心亭、张耀华，江苏沛县宋庄人。1931年8月加入中国共产党，八路军第一一五师支队长。1940年后历任鲁南军区司令、鲁中南军区副司令，徐州警备区司令兼徐州市市长、市委副书记。新中国成立后任江苏省人民检察院检察长，江苏省政协副主席等职。1984年6月8日逝世。

初占台儿庄时期的伪六区区长；邵剑秋那支队伍原来是国民党的谍报队，而且这几个人的出身都是地主家庭。这样一看，就不如铁道游击队里那几个人物的出身显得清楚，他们都是贫农出身。在当时那个特定的政治环境下，写铁道游击队就容易得多，写运河支队就不好把握，要写的话得冒很大的风险。你看铁道游击队后面那些故事，都是运河支队的故事，打微山岛那次，是运河支队邵子真[①]打的，他当时是运河支队一大队大队长，结果被刘知侠写到了铁道游击队里面去了。

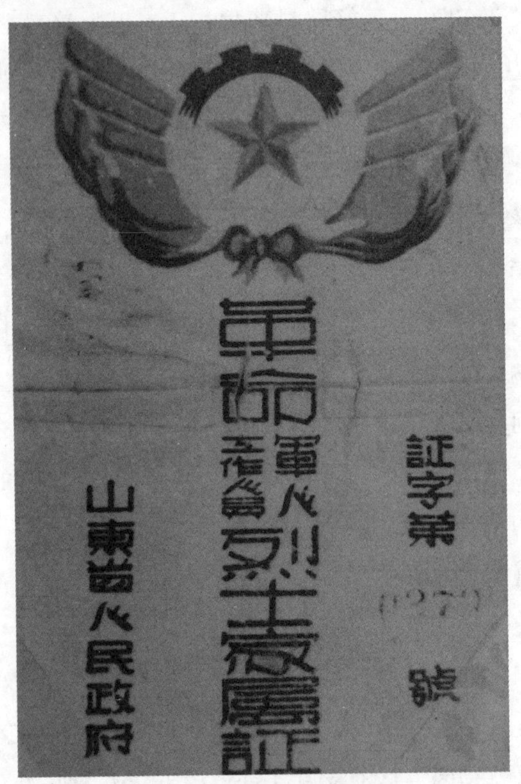

图 94　孙伯龙烈士家属证

---

① 邵子真（1902—1975），又名邵泽儒，峄县人。1923 年 8 月，考入济南育英中学。1938 年春在本村拉起了抗日武装，后被编入运河支队，并任第一大队大队长。1940 年 4 月入党。后历任运河县参议会副参议长、鲁南行署总务科长、鲁南支委会秘书、渤海中队生产股长、鲁中南行署司法处科员等职。新中国成立后先后任法院审理科副科长、法院院长、监察委副主任、劳动局局长、农科所副所长。1962 年任连云港科委副主任。

运河支队仗打得多。打弯槐树的时候，鬼子上千，运河支队只有100多人，打得很惨。打峄城簧学兵营，打死伪军100多。打常埠桥，把鬼子一个中佐指挥的共200人打掉了。打台儿庄火车站，抓了一个日寇站长。两次打耿集，打了700多伪军，还打了徐州东贾汪、柳泉这一带，把鬼子打得很害怕。

7. 日军疯狂的报复

王：日军不对你家报复吗？

孙：怎么不报复？1940年就有一次。那次鬼子来了不少，就直奔我家去了，正好发现得早，就剩下西边还有一个口没被堵上，我们一家人就往西跑，那边鬼子上来了，我们家里有个保姆，家是周营的，她也跟着跑，一想我妹妹秀娟还落家里呢，就忙着跑了回去，把我妹妹抱了出来，要是不抱可就麻烦了。鬼子把俺家的房子全给烧了，一间没剩，我妹妹要不然也肯定会被烧死。后来我妹妹就认了那个保姆当干娘。

王：你们全家没出去避难？

孙：出去了，也就是从那时开始，我父亲一看这样不行，鬼子还得来报复，就把我、我母亲和我大哥一起送到了济南我外祖父家。

我外祖父叫葛协五，是齐鲁大学毕业的。我大舅叫葛福臻，是枣庄中兴公司的高级职员，也是他把我母亲和我二姨从济南带到枣庄。我母亲和我二姨就在峄县文庙小学读书，也是那时候我父亲与我母亲认识的，后来结了婚。我二舅叫葛福兴，曾经在国外留学，学的是雷达，蒋介石很重用他，在国民党军队里服务。1949年的时候，共产党就对他很注意，恐怕去了台湾，就派人截他，谁知他早已起义了。我三舅叫葛福昌，干医生，后来落在四川成都。我四舅叫葛福亭，是个建筑设计工程师，花园口是他设计的，还有徐州的大郭庄飞机场，奎河淮海纪念塔，都是他牵头设计的。

王：您在济南待了多长时间？

孙：待了5年，从1940年到1945年鬼子投降。

王：当时您父亲与地方关系是怎么处理的？

孙：他们打仗很拼命，所以地方上一些土匪二鬼子什么的也都怕，像韩庄的张来余，就是不敢惹我父亲他们，因为什么呢？都是乡里乡亲，谁都知道谁的，离这么近，他们也怕运河支队夜里去摸他们家，再说了，都是中国人，我父亲也是抗日打鬼子，一致对外的。

王：您父亲有没有遇到过最危急的情况？

孙：那个时候危急的情况当然多了。最危险的一次在朱阳沟。原来一听到鬼子扫荡的信息，他们就开始转移，在运河南北转悠。运河南的鬼子和运河北的鬼子不协调，所以运河南一扫荡，他们就往运河北跑，运河北一扫荡就往运河南跑。那次可不一样了，运河南北的鬼子这次都有准备，在运河南把他们团团包围，他们就往运河北突围，到了运河北一看坏了，鬼子一切都准备好了，结果打得很残酷，最后突围成功。那次代价很大，有的队伍被打散了，结果被地方武装抓住了，那些汉奸又把这些抗日战士交给了日军，所以就有了“巨梁桥惨案”①，鬼子一次杀死了28名抗日战士。也就是那年的11月，我父亲进山休整，被升任为鲁南军区副司令员。

8. 留取丹心照汗青

王：看资料说，您父亲是1942年牺牲的，他牺牲的原因是什么？

孙：关于那次被围，有几种说法，一是说有汉奸告密，给鬼子通风报信，鬼子来了把毛楼围上；也有一说是“龙瓜屋子”② 给鬼子报的信，也有的说不是“龙瓜屋子”，他一直就和我父亲熟悉，也干过运河支队，后来和他们属于谁也不找谁的事，到现在还没有准确的说法。那是1942年1月1日的晚上，我父亲他们头天刚刚开了联欢会，就放松了警惕，鬼子就趁他们过新年的时候，集中了1000多主力部队，在夜里包围了毛楼，而且还在南面山口设了埋伏，怕他们突围。我父亲遇到这种情况很多，过

---

① 1940年10月11日，日军纠集7000多兵力，向大运河南北的抗日根据地发动大“扫荡”，妄图将活动在这一带的八路军运河支队和苏鲁支队、峄县支队一举消灭。运河支队二大队的科长陈诚一和手枪队队长沙玉坤带着部分战士被打散后，突然被红枪会匪首刘善云抓住，然后被其交给日军，28名战士在巨梁桥被敌人残忍杀害，制造了“巨梁桥惨案”。

② 龙瓜屋子，本名龙希贞（1903—1945），字元一，枣庄市台儿庄区马兰屯乡龙口村人。1934年被国民党峄县县政府委任为峄县“剿匪”民团团长。1940年春，率部参加八路军，被编入运河支队第三大队，任大队长。同年10月，投降日军，1945年9月7日被八路军生擒，10月15日将其枪决。

去一旦遇到日军扫荡，就往别的地方一躲就过去了，他趴在沟里一看，这次可不一样了。开始打的时候鬼子先用迫击炮，猛轰毛楼，随后掩护着步兵从东、西、北三个方向开始攻，我父亲一看今天完了，断定自己已被鬼子的大部队包围，就向南突围，又进入了敌人的伏击圈，他忙命令部队后撤，再杀回毛楼，自己却带着少数战士掩护。他身中数弹牺牲了，那年他39岁。

王：您是什么时间知道您父亲牺牲的？

革命烈士证明书

孙伯龙同志　在抗日战争中　壮烈牺牲，经批准为革命烈士，特发此证，以资褒扬。

中华人民共和国民政部

一九八三年　八月　一日

图95　孙伯龙革命烈士证明书

孙：我当时还在济南我外祖父家里呢，有七八岁，最先是我四舅知道的。他是怎么知道的呢？说是从报纸上看到的。日军打死我父亲对他们来讲是很大的一件事，就在报纸上大张旗鼓地报道了。一家人还瞒着我母亲，怕她知道难过，后来也就知道了。

王：你们什么时间回来的？

孙：1945年。我们回来以后，我大哥就带着我去了峄县中学上学，我上小学，我大哥读简师，宋东甫是我们的校长。1948年，他带着峄县中学学生往南撤，我到了徐州有病，没走成，就回了家，我大哥就去了台湾。

王：您父亲对您的一生有什么影响？

孙：我跟我父亲见面的机会也不多，在一起的时间很少，就感觉他是一个追求光明的人，义薄云天，爱憎分明，从小就爱打抱不平，充满了正义。原来在没和共产党接触之前，他就是凭着一个中国人的一腔热血，来抗日报国的。他原来和黄僖棠在一起拉队伍打游击，为什么后来他们分开了？就是因为政见不同，黄僖棠信奉的是国民党“攘外必先安内”，我父亲就主张共同抗日，所以他以后就开始追随共产党。他看到抱犊崮孙美瑶[①]被杀以后，就写了一句诗：

惜哉无大志，吞沟入樊笼。

说一个人要有雄心大志，这样的人才会对这个国家和民族有作用。

① 孙美瑶（1898—1923），枣庄市山亭区付庄乡康宅村人。1923 年 5 月 6 日凌晨 2 时 50 分，孙美瑶部至临城，劫持中外旅客 69 人至抱犊崮山区，制造了民国大劫案。后被招安，任旅长。1923 年 12 月 19 日被诱至枣庄中兴煤矿公司遭暗杀。

在小学时，他因打抱不平怕他人报复而远走济南，就读省立师范；在师范学校，他参加青年团，继而投考黄埔军校；在军校，他加入共产党，而后追随叶剑英参加广州起义。他把国民党牢狱坐穿，不顾重病缠身，当过半年野人，最后回到家乡找到党组织，继而发动“邹坞暴动”组建运河支队。他就是《大浪淘沙》的作者、顾大明人物原型——朱道南。

（二）朱道南

朱道南（1902—1985），原名朱本邵，枣庄市薛城张范人。1902 年 7 月生。1926 年 10 月入武汉黄埔军校学习，曾参加广州起义，先后任班长、排长，抗战时期任运河支队政委、峄县县长、鲁南专署秘书处主任。新中国成立后，先后担任山东省政府办公厅副主任、上海市房产管理局党委书记，1985 年去世。

图 96　中年时期朱道南

1. 朱道南档案

姓　　名：朱道南，原名朱本邵

民　　族：汉族

出生时间：1902 年 7 月；

籍　　贯：峄县张范乡北圩村

出生地点：峄县张范乡北圩村

成 长 地：峄县张范乡北圩村

属　　相：虎（农历壬寅年）

最高职位：共产党上海市房管局书记（副省级待遇）

去世时间：1985 年 3 月 1 日

去世地点：上海市

寿　　命：83 岁

2. 朱道南简历

1902 年 9 月 21 日出生。

1909 年，在本村读私塾。

1914 年，在峄县国民小学读书。

1922 年 6 月，到济南省立师范讲习所就读，之后转省立第一师范学校就读。

1925 年夏，参加了共产主义青年团。

1926 年 10 月，考入黄埔军校武汉分校。

1927 年 3 月，转入黄埔军校长沙第三分校，加入中国共产党；12 月，参加广州起义。

1930 年，回到峄县老家。

1932 年秋，任峄县教育局教育委员。

1937 年 9 月，与党组织取得联系；10 月，领导“邹坞暴动”。

1938 年 5 月，成立苏鲁人民抗日义勇总队；6 月，建立“山外抗日四部联合委员会”，任主任；后为中共峄县县委委员。

1939 年 12 月，组建运河支队，任政治委员。

1940 年 9 月，任峄县县长。

1942 年 8 月，任鲁南专署秘书处主任，后任鲁中南行署党组成员。

1950 年 9 月，任山东省干部学校党委书记、山东省人民政府办公厅副主任、华东军政委员会办公厅副主任、华东行政委员会机关事务管理局副局长等职。

1955 年，任上海市房产管理局党委书记、副局长、顾问等。

1962 年，回忆录《在大革命的洪流中》被改编拍成电影《大浪淘沙》在全国上映。

1977 年，当选为上海市政协第五届常务委员。

1984 年 7 月，经中组部批准，享受副省级待遇。

1985 年 3 月 1 日在上海市逝世，终年 83 岁。

3. 党史记载朱道南革命一生①

作为枣庄地区早期的共产党党员，中共枣庄市委党史资料对朱道南有

---

① 张维新：《人民抗日义勇队专辑》，中共枣庄市委党史资料征集研究委员会编《枣庄地区党史资料》第五辑，1987 年 5 月，第 161 页。

较为详尽的介绍：

朱道南，又名朱本邵，生于1902年7月，山东省枣庄市薛城区张范乡北圩村人。早年家庭生活比较富裕，后来因受战乱影响，家境渐趋衰败。其父朱玉煊，是一位受当地群众爱戴的私塾先生，有四子一女，朱道南排行老四。

朱道南自7岁在本村念私塾，后去峄县县城国民小学读书，1922年6月到济南省立师范讲习所，之后转山东省立第一师范学校就读。在此期间，军阀割据，革命风云骤起。青年时代的朱道南受时局影响和党的教育，便毅然投身于革命的洪流，参加了闹学潮，街头演讲，散发传单，游行示威，积极从事反对军阀的革命活动。1925年夏，他参加了共产主义青年团。

1926年10月，朱道南受党组织委派，去武汉中央军事政治学校学习。在国民党宁汉分裂后，参加了该校起义，后转长沙黄埔军校第三分校。在这一时期，他学习了马列主义理论，广泛接触到党的一些活动分子，自觉地接受党的领导，积极参加对国民党反动派的斗争，于1927年3月，经暴崇德、刘赤血介绍入党。同年5月，湖南军阀许克祥发动马日事变，袭击革命组织，解除工农武装，捕杀共产党人和工农群众，革命形势骤然逆转。朱道南在党的领导下，同反动势力进行了英勇斗争，经受了考验。俟后，他跟随叶剑英率领的部队离开长沙到达广州。同年12月，他参加了张太雷、叶剑英等领导的广州武装起义，被编入中国工农红军第四师十团，先后任班长和排长。在随同部队向海陆丰地区进发途中，他曾以红军代表的身份参加海陆丰苏维埃政府成立大会。不久，所在部队在战斗中失利，不幸被捕，羁押于广东省陆丰县监狱。在狱中他始终坚贞不屈。后来被黄埔同学担保出狱，流落广东山区年余，从此与党组织失掉联系。在返回家乡途中，又被抓到国民党江苏省保安总队迫击炮连当兵，因在敌人内部进行革命宣传，被拷打后逐出。朱道南历尽各种苦难，沿途靠乞讨度日，终于在1930年回到家乡。

此时，朱道南体质虚弱，疾病缠身，在家养息数月后，被聘请到峄县齐村小学教书。1932 年 9 月，又被县教育局聘为督学。这时，峄县仍在白色恐怖之下，他利用合法身份作掩护，继续从事革命活动，向青年学生宣传革命道理，创办“南华书店”，传播进步思想，团结爱国力量，积极引导青年走革命道路。1937 年 9 月，他与鲁南中心县委取得联系，经宋子成同志介绍重新恢复党的关系。

抗战爆发后，朱道南经常深入农村，发动和组织群众，为革命斗争积蓄力量。1937 年 10 月，他和刘景镇等人，领导了邹坞乡农学校暴动，打死了该校反动校长王效卿，铲除了当地危害人民的大恶霸，打击了反动势力，缴获了部分枪支弹药，建立起一支拥有 100 多人的抗日武装，命名为“鲁南抗日自卫团”。这支队伍创建后，因供给发生困难，曾暂编于阎锡山落伍师长杨士元组织的“鲁南民众抗敌自卫军”，仍保持了党的领导和部队的独立行动。1938 年 3 月，杨士元假借上前线抗战为名，企图把队伍合编于国民党庞炳勋部，将我鲁南抗日自卫团“吃掉”。滕县失陷前夕，杨士元逃往徐州，鲁南中心县委派朱道南、纪华前往自卫团驻地滕东城前村，采取果断措施，将部队拉回枣庄。3 月 18 日枣庄失守，他们又率部转移到抱犊崮山区。3 月底，在墓山与郭致远、邱焕文等所率的大北庄抗日武装合编。1938 年 5 月，苏鲁人民抗日义勇总队成立时，这支队伍编为三大队，成为苏鲁边区的重要抗日武装力量。

是年 6 月，奉特委指示，朱道南率三大队出山到峄县西南一带，会见四支爱国抗日游击武装的领导人孙伯龙、邵剑秋、董尧卿、孙斌全（怡然）等，宣传党的抗日民族统一战线政策，揭露国民党顽固派的分裂阴谋，促进协同，配合抗战。几经磋商，建立了山外抗日四部联合委员会，朱道南任主任，并以此名义办了训练班，为各抗日武装训练骨干。1938 年夏，朱道南被委为中共峄县县委委员。

抗战初期，国民党峄县县党部、复兴社、CC 派应运而生，与地方封建势力、兵痞、土匪勾结，纷纷拉起武装，妄图浑水摸鱼，升官发财，峄县局势异常混乱。朱道南同志利用个人的社会影响，积极奔走于各地方势力和社会上层人物之间，宣传党的抗日方针政策，号召团结抗日，为建立党的统一战线努力奔波。1938 年 8 月，他受特委派遣带领一批干部到地方土顽武装王学礼部，并担任该保安第五旅参谋长兼政治部主任，做改造王学礼部队的工作。

1939年9月，八路军第一一五师进入鲁南。在党的领导下，组成社会各阶层参加的峄县抗日运动委员会，朱道南任主任委员，负责发动抗日武装，筹备建立人民政权。峄县人民政府建立后，朱道南选为县政府委员。1939年12月底，运河两岸的孙伯龙、邵剑秋、胡大勋等爱国抗日武装奉命合编组建运河支队，朱兼任运河支队政治委员；1940年9月接任峄县县长。同年秋，罗荣桓亲临峄县县政府所在地——南泉村，他和县委书记纪华汇报了峄县的武装斗争形势和工作情况，罗政委十分满意。

抗日战争以至解放战争时期，朱道南同志积极动员民众，为党筹集经费，团结各派武装力量、建立地方政权，发展党的统一战线等项工作，呕心沥血，奔走呼号，为革命事业做出卓越贡献。

图97　在上海工作时期的朱道南

朱道南曾受聘为中国作家协会会员，他利用业余时间，以自己的亲身经历撰写了革命回忆录《在大革命的洪流中》一书，深受读者喜爱。1962年该书被改编成电影《大浪淘沙》，使广大观众受到深刻的革命教育。朱道南同志于1985年3月1日在上海市逝世，终年83岁。

4. 朱平坦回忆父亲朱道南一生

为了更全面地了解朱道南的家庭情况，及其家人在抗战中的遭遇，笔者采访了朱道南的三子朱平坦老人。以下是笔者对朱道南之三子朱平坦老人的访谈记录：

时间：2011年6月10日、2015年3月3日

地点：枣庄市市中区光明广场小区

王功彬（以下简称王）：朱校长，请您详细讲讲您父亲朱道南的情况。

图 98　朱道南三子朱平坦（右）与作者

朱平坦（1934 年出生，朱道南之三子，原枣庄农业学校校长，以下简称朱）：我父亲原名叫朱本郜，生于 1902 年 7 月，老家是薛城区张范乡北圩村人。早年，我们家境还是比较富裕的，后来因为土匪横行和时局的混乱，家境就渐趋衰败了。我的祖父叫朱玉煊，在老家是个私塾先生，生有四子一女，我父亲朱道南排行老四。

王：您父亲从小在哪里读书？

朱：听我父亲讲，他七岁在俺村里念私塾，后来到峄县城国民小学读书，在学校里，他积极好学，热心助人，也好打抱不平。他见有马兰屯的黄姓同学欺负贫穷的学生，就上前打抱不平，这一下子把黄家得罪了，黄家是峄县“崔宋黄梁”四大家之一，谁敢跟他过不去啊?！于是我父亲吓得连忙离校，怕黄家再来报复，就连夜走了，这是 1922 年的 6 月。到了济南以后，他考取了山东省立第一师范学校。

在学校期间，也正是中国军阀割据时期，到处是战乱，那时候一些革命党人也积极组织斗争，这对我父亲来讲，也受到了很大的影响和教育。他就开始参加闹学潮，还在济南街头进行演讲，发传单，参加游行示威。

王：他是什么时候去考取的黄埔军校？

朱：1926 年 10 月，我父亲受党组织的委派，去黄埔军校武汉分校学习，后来又到长沙的黄埔军校三分校学习，也就是在那里加入的中国共产党，大约是 1927 年 3 月。后来形势不好，他就离开学校，跟着叶剑英的部队离开长沙，到了广州，年底参加了广州起义，随后被编入红军第四师第十团，当班长和排长。以后他在战斗中被打散，被国民党逮捕，关在陆丰县监狱，后来被一个黄埔同学保释，才得以脱身。在那个时候我父亲就走投无路了，一是和党组织失掉联系，再就是自己的身体也不好，就决定回家。

王：后来呢？

朱：回家也没有路费啊，我父亲就一边讨饭一边寻找机会，在走到江苏境内的时候，又被国民党部队抓到江苏保安总队当兵。后来找个机会离开保安队，要着饭，终于回到了老家峄县。

王：这是什么时间？

朱：1930 年。回来以后，我父亲在家歇了几个月，就被聘请到齐村小学教书，后来又被峄县教育局聘为督学。

王：他是什么时间与党组织联系上的？

朱：1937 年 9 月，他才与鲁南中心县委取得了联系，经宋子成介绍重新恢复党的关系。

王：抗战爆发以后，您父亲在干什么工作？

朱：抗战爆发后，我父亲干了几件大事，都很有影响。一是和刘景镇等人领导了邹坞乡农学校暴动，打死了校长王效卿，为老百姓除了一害。第二件事是拉起了一支一百多人的抗日队伍，叫“鲁南抗日自卫团”。后来虽然被国民党部队收编，但仍保持着共产党的领导，不受国民党部队的制约，后来他们借上前线抗战为名，想把队伍合编于国民党的庞炳勋部，我父亲一看不行，就将部队拉了回来，转移到抱犊崮山区，继续抗日。这支队伍后来被编入由共产党领导的苏鲁抗日支队。

到了1939年年底，运河两岸出现了四支地方抗日队伍，我父亲就把这四支队伍联合起来，组建了运河支队，孙伯龙任支队长，邵剑秋任副支队长，胡大勋等任大队长，我父亲任运河支队政治委员，第二年又接任峄县县长。

王：后来您父亲又从事了哪些工作？

朱：到了1942年下半年，我父亲就被安排到华东高级党校学习，学了一年，被分配到鲁南专署秘书处，干主任，随后转入地方政府工作。

王：新中国成立以后呢？

朱：新中国成立以后，他先后任山东省干部学校党委书记、省政府办公厅副主任，华东军政委办公厅副主任、华东行政委机关事务局副局长等职。1955年任上海市房产管理局党委书记、副局长和顾问，一直到离休。1984年7月，经中央批准，享受副省级待遇，党龄也从1927年3月算起。

5. 难忘日寇凶残的报复

王：请您讲一下您在那个残酷的抗日岁月当中，有什么深刻记忆？

朱：我印象最深的就是我和我母亲被日本鬼子抓走那件事。

这事还得先从我大哥说起。我大哥叫朱平凡，1939年参加革命，一直跟着我父亲在运河支队干宣传，后来因为我父亲领导运河支队抗日，把日本人惹恼了，到处抓我父亲没有得逞，就出了一个坏点子，把我大哥抓走了。当时是怎么抓住我大哥的呢？那时候正赶上我大哥有病，很厉害，也不能在运河支队工作了，我父亲就安排一个本家，叫朱平实，他也是我父亲的秘书，让他把我大哥送到兖州我三姨家看病，结果在临城刚一上车，日本人就来了，把我大哥给抓走了。原来这个朱平实早就叛变了。

我大哥被抓走关进了临城宪兵队，这时候正好遇见一个看守，这个看守原来干过八路，认识我大哥，也是出于对我父亲的尊敬，他就给我大哥出了个点子，找了一个酱油瓶递给他，说要是有人问你，就说是打酱油的，就这样，我大哥混出了日本宪兵队。

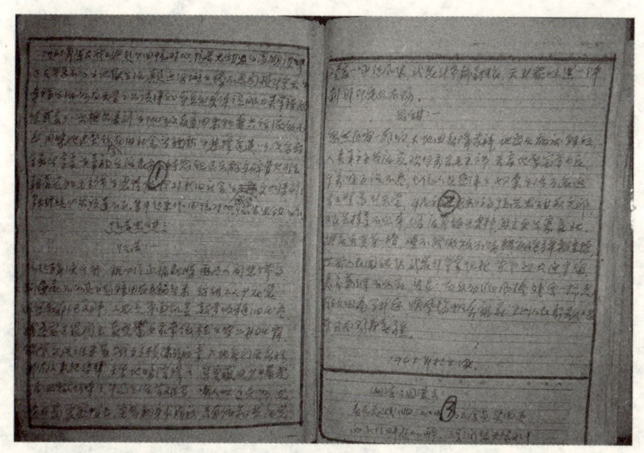

图 99　朱道南《忆苦思甜》手稿

我大哥逃出来以后，鬼子大为恼火，又派来一队鬼子，让朱平实带着，直奔兖州我三姨家。那时候我正好跟着母亲，也在我三姨家。那是在1942 年的冬天，天很冷，我外祖母也住在三姨家，她身体不好，平时喜欢每天喝上几口酒，那天赶巧家里没有酒了，就让我出去打酒，回来的时候，正好跟朱平实带的日本兵走个迎面，接着就把我给带走了，我母亲不愿意啊，说把她带走把我留下，日本人不同意，就把我们娘儿俩都带到了临城，关进了临城监狱。这一关就是三年，一直到 1945 年日本人投降前夕，才被放了出来。

为什么把我们娘儿俩放出来呢？这里面还有我父亲的三舅赵富安起的作用。赵富安做生意，平时和临城的日本人关系处得不错，所以经过他多次暗中协调，鬼子才同意放我们回家。在那几年当中，我曾经得过一次大病，眼看着不行了，我母亲就给日本人说，想回家给孩子看病，看好病再回来，鬼子也真让走了，看好病我们也真又回来了。觉得赵富安在里边帮忙，不会出什么事。

鬼子投降以后，赵富安先知道的消息，就赶紧对我们说快点回家，这样我们娘儿俩就坐着火车到了邹坞。邹坞是我一个本家朱玉相把守的，他原来干八路，后来投敌了，当了个皇协军司令，那时候日本人不行了，他的日子也难过了，所以就不敢怎么着我们。后来，赵富安去了香港，可能现在还活着。

王：我看过您父亲写的一本书，叫《在大革命的洪流中》，请您讲讲他创作的情况。

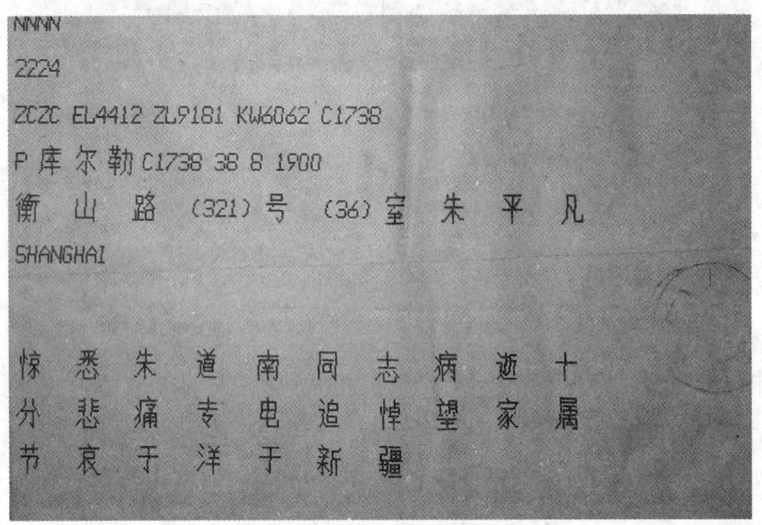

NNNN

2224

ZCZC EL4412 ZL9181 KW6062 C1738

P 库尔勒 C1738 38 8 1900

衡 山 路 （321）号 （36）室 朱 平 凡

SHANGHAI

惊 悉 朱 道 南 同 志 病 逝 十

分 悲 痛 专 电 追 悼 望 家 属

节 哀 于 洋 于 新 疆

图 100 电影演员于洋悼念朱道南电报

朱：也正是因为这本书，他被聘为中国作家协会会员，那本书都是以他自己的亲身经历写的，写了以后呢，就有人建议，说要是拍成电影多好，对下一代也有教育意义。就这样，在 1962 年把这本书改编拍成了电影，叫《大浪淘沙》，也曾引起了不小的轰动。

我父亲去世后，他的一些老同事老战友，电影《大浪淘沙》剧组的演职人员也都发来唁电，上海市委、市政府专门成立了治丧委员会。当时任上海市委组织部副部长的曾庆红是治丧委员会的成员，吴邦国当时任上海市常务副市长，他们都参加了追悼会。枣庄市市委、市政府委派了当时任枣庄市副市长的汪纪戎和政协主席高继信等，也专程到上海悼念。

他和朱道南打过架，又和张春桥是同学[①]；七七事变之前，他变卖田地赴日本求学；抗战爆发以后，他回乡拉起队伍去抗日；共产党斥他“贪生怕死，带着队伍到处活动，游而不击，从未和日军作战”；国民党赞他“配合国军，策应台儿庄会战，厥功甚伟”，是功是过，孰是孰非，谁人评说？他就是黄埔军校第六期学生、国民党第五〇游击支队司令、少将高参——黄僖棠。

（三）黄僖棠

黄僖棠（1909—1989），字公如，峄县马兰屯人，1926 年考入黄埔军校第六期，后入日本东京专修大学，参加过北伐，历任国民党第五〇游击支队司令、沂水县县长、少将高参、济南防守司令部参谋长、青岛警备司令部参谋，1949 年 6 月撤台，1989 年病逝。

图 101　黄僖棠老年照

1. 黄僖棠档案

姓　　名：黄僖棠，字公如、谏鱼

民　　族：汉族

出生时间：1909 年 4 月 22 日

籍　　贯：祖籍福建省邵武府秦宁县

出生地点：峄县新河社马兰屯镇（今台儿庄区马兰屯乡）

成 长 地：峄县新河社马兰屯镇（今台儿庄区马兰屯乡）

属　　相：鸡（农历己酉年）

最高职位：国民革命军少将高参

---

① 陈东林：《张春桥：“叛徒”与党员身份之谜》。1933 年，张春桥 16 岁，在济南正谊中学读二年级，结识了一批文友。春夏之际，济南高级中学一个叫李树慈的学生找到张春桥，要发起一个文学组织“华蒂社”，“华蒂”，即英文“WHAT”。最初社友有二三十个人，如李树慈、金灿然、马蜂（又名马吉蜂）、吴稚声、张春桥、孙任生等，都是发起人。1976 年 11 月 13 日，李树慈这样交代：我是 1933 年在济南由黄僖棠介绍参加“中华革命同志会”的，后改为复兴社。在山东省的国民党复兴社正副头目是秦启荣、黄僖棠。1933 年春夏，黄僖棠授意我，以编文艺刊物为诱饵，收买拉拢一批青年学生，成立了“华蒂社”。这个组织是由我和张春桥、马吉蜂等人发起的。

去世时间：1989 年 6 月 14 日

去世地点：台湾台北三军总医院

寿　　命：80 岁

2. 黄僖棠简历

1909 年 5 月，出生。

1915 年，在马兰屯读私塾。

1917 年，在峄县高等小学读书。

1922 年，在峄县高等小学毕业。

1923 年，在济南正谊中学就读。

1926 年夏，考入黄埔军校第六期。

1927 年，参加北伐，任宣传委员。

1929 年 1 月，任国民党济南党部监察委员。

1933 年，任山东省党务整理委员会组织部干事，兼济南正谊中学训育员。

1935 年夏，入日本东京专修大学。

1937 年，回国参加抗战，任别动总队第五〇游击支队司令。

1941 年冬，任沂水县长，后调临朐县县长，兼苏鲁战区战地青年服务团团长。

1944 年，任山东省训团区县训练指导处处长、山东挺进军总司令部少将高参。

1945 年 8 月，参与受降工作，后任济南防守司令部参谋长。

1948 年，任第十一绥靖区司令部少将高参，兼代青岛警备司令部参谋长。

1949 年 6 月 2 日，撤台。

1989 年 6 月 14 日，去世。

3.《枣庄人物》中的黄僖棠①

峄县有“崔宋黄梁”四大家族，黄僖棠就是黄氏家族的一个代表人

① 选自张守德、张远辉主编《枣庄人物》，济南出版社 1996 年版，第 314—316 页。

物，《枣庄人物》是这样介绍黄僖棠的：

黄僖棠（1909—1989），字公如，国民政府军事委员会别动总队华北第五十支队司令，枣庄市台儿庄区马兰屯人。出生于大地主家庭，其父黄近仁，清朝秀才，诨号“小诸葛”。民国初年，任峄县新河社社长兼团练长，掌握民团武装，家有土地千亩，在马兰屯开设粮行、牲畜行，有住宅数十间，并有家丁20余人持枪护院，是峄县崔、宋、黄、梁四大家中马兰屯黄家有权势的显赫人物。黄僖棠兄弟五人，他最小，外人称他为黄五。

黄僖棠幼年时在马兰屯读私塾，后在峄县高等小学和济南正谊中学读书，民国15年（1926年）考入黄埔军校第六期，在军校学习期间参加了国民党。北伐期间任随军宣传员。黄僖棠在黄埔军校毕业后即由他四兄黄华棠（毕业于山东大学法学系，早年参加国民党，大学毕业后，在国民党山东省党部工作，成为党部重要成员）引荐在济南正谊中学充任训育员，讲授公民课（政治课），宣讲三民主义和蒋介石的反共反人民的愚民政策。由于他善于交往，深得当时山东省国民党上层人物的器重，先后被委任为济宁党务指导兼训练部长，济南市党部监察委员，山东省党务整理委员会组织干事等要职。

1935年年底，自费去日本留学，专修政治、经济学。抗日战争爆发后，他一方面出于爱国之心，也由于乱世出英雄思想的指导，于1937年下半年回到家乡，筹组武装抗日，并从山东省国民党党阀秦启荣处领得军事委员会别动总队华北第五十支队的番号。他以此为荣，在峄县各地滥发委任状，各区的联庄会长都被他委为梯队司令，计有第一梯队司令杨惠联，第二梯队司令马玉山，第三梯队司令孙云亭等。他在组军期间，得到峄县上层人物崔蘧庵、孙伯龙等人的支持，崔、孙两人分任他的副司令、参谋长。黄僖棠少年离家，在峄县没有多大的社会基础，因此，他亲自组织、指导的军队不过百人。孙伯龙开始曾率部和他在马兰屯一带活动，因其顽固执行反共政策，致使孙伯龙离开他而单独活动，崔蘧庵也借故活动在抱犊崮山区。

1939年春，黄僖棠带领部队常靠近其第三梯队孙云亭部驻地东楼一带活动。是年初秋，黄僖棠的司令部驻石头楼山套之老汪崖村。

1939年秋，八路军第一一五师东进鲁南山区，鲁南形势开始发生变化，黄僖棠自知由于极端的反共政策，将会遭到八路军的攻击。他带领部队转移到抱犊崮山区，将分散各地的部队，集中起500余人，靠近国民党第五十一军活动。不久，其部队整编为补充团，他任团长。1940年调他离开补充团，先后任沂水县县长、临朐县县长兼任鲁苏战区战地青年服务团团长等职。1941年在日军大扫荡中，他只身逃往敌占区，藏身于韩庄伪峄县警备第四大队长张来余家。他和张来余是姑舅表兄弟，故得到张的极好照顾。数月之后，潜回国民党统治区大后方。1945年国民政府军事委员会授予他少将军衔。日军无条件投降后，他被国民党派到济南为接收人员，随后担任德州专员。1947年，任国民党济南防守司令部参谋长。继任第十一绥靖区司令部少将高级参谋，兼青岛警备司令部参谋长。1948年逃往台湾。抵台后，奉准离职退役。1989年6月14日病逝。

4. 文史资料中的黄僖棠[①]

而在《台儿庄文史资料》中，又是这样介绍黄僖棠的：

黄僖棠，字公如，亦字谏鱼，清宣统元年（1909年）农历三月初三生于峄县新河社马兰屯镇（今台儿庄区马兰屯乡）。其先世自福建省邵武府秦宁县从军随明永乐帝（燕王朱棣），北征蒙元，立有战功，曾屯兵于此而定居。世代宗族繁衍，成为峄南之望族。

1935年夏，黄僖棠入日本东京专修大学，研究政治、经济学科，并作社会调查。

七七事变后，黄僖棠即束装返国参加抗战，被国民党中央军事委员会委任为别动总队第五〇游击支队司令。他首先以黄氏家族的看家武装为基础，又得到峄县上层人物崔蘧庵、孙伯龙等人的赞助，将各区、乡的联庄

① 节选自政协枣庄市台儿庄区委员会文史资料委员会《台儿庄文史资料》第2辑，1990年，第108—110页。本文有删减。

会、自卫团首领如杨惠联、孙云亭等，以及一些原先的匪伙如马玉山、李良镇等一齐联络、招纳过来，分编为3个梯队。后因意见不合，观点各异，孙伯龙与崔蘧庵各带所部，分道扬镳。

1939年秋，黄信棠部奉命北撤入抱犊崮山区，被改编为第五十一军，黄任补充团团长，继又改定番号为第七支队。1941年冬，国民党军政当局为强化鲁南抗战基地，特任黄信棠为沂水县县长，后调任临朐县县长，兼任鲁苏战区战地青年服务团团长。山东省政府迁往皖北后，黄信棠又历任山东省训团区县训练指导处处长，山东挺进军总司令部少将高参等职。抗战胜利后，奉命参与受降工作。完成任务后，即为济南防守司令部参谋长，又奉省令调任第四区行政督察专员，继调第十一绥靖区司令部少将高级参谋，兼代青岛警备司令部参谋长职。青岛解放时，随军逃往台湾。1989年6月14日病逝于台北三军总医院，享年80岁。

5. 五〇游击支队战士杀敌立功①

关于黄信棠领导的国民党第五〇游击支队在抗战中的表现，《枣庄市中区文史资料》中有这样的记载：

1938年3月18日，日本矶谷师团气势汹汹地侵占了枣庄。3月19日下午三点左右，有三名日本兵骑着马由塔埠南岭窜进了永安乡东部的张林村。这时，正在李庄征粮的第五〇支队抗日游击队队员刘召宪和队长董某等突然发现张林村有几名妇女拼命飞奔李庄而来，经过询问，方知有日本兵进了张林村。血气方刚的刘召宪，怒火心烧，要求董队长带人去张林村惩罚日本侵略者。董答复了要求，带领十多名队员向张林村跑去。来到村前，董队长先安排刘召宪到村北去阻击日军，他与其他队员埋伏在该村村南的桑树林里。

张林村北是平原地，连个隐蔽的地方都没有。刘召宪来到村北，正想找个地方藏身，忽听村前自己人打了两枪。刹那间，只见两个日军骑着马

① 周庆陛：《刘召宪杀敌立功》，枣庄市中政协文史委《枣庄市中区文史资料》第二辑，1992年11月，第48—50页。

从村里向他跑来。刘召宪急忙卧倒身子，向头边的鬼子开了一枪，没有打中，又紧接着打了三枪，两个鬼子来个蹬底藏身，一边向正东方向跑，一边回头向刘召宪还击。

两名鬼子逃跑后，刘召宪误认为张林村没有鬼子了，就提着枪向村内跑去。刚跑进村中，只听见一名青年妇女边跑边喊救命。刘召宪寻声找去，只见一名日军头目正在一个农院里追赶一青年妇女。那妇女夺路逃进堂屋西侧房，顶上门。那个日军头目兽性大发，一边推着门，一边叫着"花姑娘大大的好！"

刘召宪亲眼目睹日寇在自己的家乡胡作非为，怎能容忍？他端平枪，大喝一声：狗娘养的，我毙了你！接着扣动扳机，哑火！那个家伙听到声音，转过身来见有人端着枪对着自己，就拔枪对着刘召宪连开三枪。刘召宪连忙闪到门旁，没被打着。鬼子心虚，举着短枪冲出堂屋，刘召宪猛然一个飞脚把鬼子的短枪踢出两步远。刘召宪刚想去捡枪，鬼子又拔出东洋刀向刘召宪刺来。刘召宪转身一架，又把鬼子的洋刀弹掉，随后又飞起一脚，把鬼子扫得仰面朝天。这时，刘召宪的步枪也丢了，只剩赤手空拳，就用一只脚踩着鬼子的胸腹。鬼子在地上一手狠抓刘召宪的脚脖子，一手挣扎着去抢东洋刀。刘召宪当机立断，运足力气，脚下来了个"千斤坠"，顿时这个为非作歹的侵略者气绝身亡。

事后，刘召宪在第五十游击支队支队长黄僖棠和队长杨惠连等15人的陪同下，带着缴获的战马、快慢机、东洋刀、日军的头颅及军用地图，到第五战区李宗仁的司令部去报功。接待刘召宪一行的是司令部年约50多岁的康主任。康看到了战利品，询问了杀敌经过，并当天向李宗仁司令作了报告。第二天早饭后，康主任对刘召宪一行说："由于李司令忙于战务，不能亲自接见你们。他对刘召宪的杀敌爱国精神十分钦佩，希望你们再接再厉，英勇杀敌，报效国家！"说罢，奖励步枪20支，子弹五箱（2000发），交通币3000元。

6. 黄僖棠哥儿俩命运不同

有关黄僖棠家世及他的抗战情况，笔者分别访谈了黄僖棠的侄儿和侄女。以下是笔者对黄僖棠之侄黄如英的访谈记录：

时间：2013 年 10 月 16 日

地点：枣庄市市中区振华小区

王功彬（以下简称王）：请介绍一下你们黄家以及您五叔黄僖棠的情况。

黄如英（1922 年出生，黄僖棠之侄，退休教师，以下简称黄）：我知道的也不多。我们黄家祖籍福建，后来行军打仗来到了山东，最后落脚峄县的，到现在已经几百年了。到了我祖父这辈，家业已经很大了，家族也分了几个地方，在贾口、新河庄和新楼，都是黄家的人，人口有三四万，土地有五六百顷。我祖父叫黄近仁，我父亲共弟兄五个，我父亲是老大，叫黄伯棠，一辈子做生意，在峄县城里开了一个叫“盛兴公”的商号，1945 年去世，活了 54 岁。二叔早逝。三叔叫黄澍棠，他跟着我五叔干游击队，在 1939 年被鬼子给杀害了。四叔黄华棠，在峄县很有名气的，他是山东法政大学毕业，是抗日时期峄县党政军督察团团长，后来去了台湾，40 多岁的时候得了脑出血，朋友亲戚想资助他，他不愿意接受，后来夫妇一起跳海死了。有人给他俩写了一副对联：

烈妇宁愿随夫死，

丈夫绝不受人怜。

四叔有两个夫人，大夫人姓刘，在老家，有一个儿子住在新河庄；二夫人叫刘碧如，在台湾和他一块跳海死的。我五叔就是黄僖棠。五叔在峄县上的小学，后来到济南正谊中学上中学，最后又自费出国，到日本读大学，抗战开始以后，他就回国，到了峄县老家，拉起了游击队，被国民党收编为第五十地方抗日游击队，有两千多人，他是司令，后来被编入国民党第五十一军一〇四团，他是团长。再以后他就到了地方政府，干过沂水县县长和临朐县县长。抗战胜利以后，他到了济南，干齐河县专员，后来跟着王耀武干城防司令参谋长，后来去了青岛，跟着刘安祺，还是城防司令参谋长，以后就去了台湾。

王：您见过他吗？

黄：见过也不多，他有一米七多高，整天不在家，我那时才十三四岁，见得少。

王：您听过他打日本人的故事吗？

黄：没有。他不在正面战场打鬼子，主要做侦查工作，不以作战为目的，牵制敌人，扰乱敌人。

王：他受过伤吗？

黄：没有。

王：他有几个孩子？

黄：他一共有五男八女十三个孩子。五叔也有两个夫人，大夫人叫王相波，是泰安人，他们在济南上学时认识的，王相波生了五女二男。二夫人叫杨秋萍，生了三女三男。我五叔 81 岁去世的，在台湾，至于什么时间，我记不清了。

王：您对抗战时期的黄家人还有什么印象？

黄：我那时还小，只记得整天跟着家里大人逃反，因为我五叔拉游击队抗日，怕鬼子报复。在运河两岸，什么涧头、阴平、褚楼一带的，都住过。当时带了 4000 块钱，每人身上都装点，怕万一跑散了，也好有饭吃。

王：谢谢您老接受我的访谈，祝您健康长寿！

7. 赴日求学变卖家产

以下是笔者对黄僖棠侄女黄谛的访谈记录：

时间：2014 年 11 月 2 日

地点：枣庄市市中区光明广场

王功彬（以下简称王）：请您谈谈你五叔黄僖棠的一些事情。

黄谛（黄僖棠侄女，退休教师，以下简称黄）：我们黄家当时在峄县的确是大户人家，人口好几万，庄子 36 个。其实到了我父亲这代只是名声在外，家里并不是多么富裕。我爷爷弟兄三个，每人分了八顷地。我父亲是弟兄五个，刚开始的生活还行，看着地也不少，谁知道我爷爷去世的早，弟兄五个就全靠我父亲一人。我爷爷是在 1939 年去世的，他这个人很有公心，见有不平的事，无论花多大的代价都舍得。说他在世的时候，峄县有个赵家，也是个大地主，经常欺压百姓，还勾结山里的土匪，到峄县来绑票，我爷爷就打抱不平，卖了不少土地，跑到省城，疏通各种关系，常住在济南，自己写诉状，终于搬倒了赵家，地主也被峄县政府给枪毙了。到了抗战前夕，家里为了供我五叔黄僖棠到济南正谊中学上学，卖了不少地，后来他又到日本上大学，家里就把所有的地都卖了，还不够学费，实在是没有能卖的东西了，就把剩下的48棵椿树卖了，这才凑够了学费，五叔才去的日本上学。峄县沦陷以后，家里已经没有一点地了，亏得几个本家凑钱，给俺家买了36亩地。后来我四叔黄华棠、五叔黄僖棠都参加了游击队，家里怕日本人报复，我父亲就把这36亩地卖了，到了峄县城里，开了一个商号“盛兴公”，经营杂货，以维持家里生活。

8. 游击抗日牵连家人

王：您五叔的抗日游击队给家人带来什么影响？

黄：我四叔黄华棠是游击队司令，并且五叔黄僖棠是国民党第五十纵队抗日游击队司令。这样一来，我们黄家名声可就大了，一家出了两个司令，日本人就开始报复，这样我们全家就开始逃反。在我父亲的带领下，在运河两岸来来回回地跑了四年。

王：那时候您多大？

黄：我两岁多。也是那时候见过我五叔的，根本没有印象，我还不记事呢。这里面还有个事呢。鬼子抓不着我们，就抓了一个本家，这个本家在前程村当账房先生，结果被鬼子抓走了，拴在马后面，被活活给拖死了，才36岁。后来我父亲也去世了，我三叔就鼓动家族人，对俺家讹诈，最后把俺家的78间房产卖了，也彻底离开了老家，搬到了峄县。

王：您五叔黄僖堂家庭是什么情况？

黄：我五叔原来老家有位夫人，生了一个女儿，叫黄信，目前在黑龙江。她是怎么回事呢？五叔有她的时候正处在抗战期间，家里也不稳定，就把她送到了韩庄的张来余家里。张来余当时也在游击队，和我五叔一样，都在打鬼子。这样黄信一住就是几年，到她七八岁的时候五叔再去接她，她不认，所以没办法就把她放在张家。后来才把这孩子领回去，就这样，黄信才回到了老家，但我五叔早就去了台湾。后来，有支边的政策，黄信就报了名，到了东北，在那里成家了。

图 102　老年时期的黄僖棠

9. 去世后治丧委多为乡邻

王：您五叔去了台湾以后，你们听到过他的消息没有？

黄：到了 80 年代后期我们才知道五叔的消息。他是 1989 年去世的，治丧委员会里有很多是我们峄县人，也都是在台湾各个方面有很高声望的高官，如军界的刘安祺、刘安愚弟兄俩，高维民、高魁元爷儿俩，黄毓峻、黄如藻本族人，还有郑济芹、周寿亭、屈象久等峄县中学的老师。

讣告是这样写的：

闻陆军少将前青岛警备司令部参谋长（中央军校第六期毕业）黄僖棠（公如）先生，于1989年6月14日，病逝于三军总医院，享寿81岁。谨定于7月9日（星期日）上午9时30分，假台北市民权路市立第一殡仪馆福寿厅，举行公祭。仅此奉。

这是治丧委员会：

黄僖棠将军治丧委员会

主任委员：刘安祺

副主任委员：高魁元　易劲秋　龙冠军

委　　员：王文中　王凤峤　朱宗轲　汪圣农　宋梅村　宋宪亭

吴　斌　武士嵩　武鸿轩　邵玉铭　周寿亭　屈象久

祝基滢　马云升　高维民　陈祖耀　毕圃仙　张晓古

张　伟　黄毓峻　贺叔昭　杨宝琳　杨天毅　杨道平

赵公鲁　刘孝义　刘安愚　刘晓波　郑贞铭　郑济芹

臧元骏　萧赞育　魏隶九

总 干 事：张　通

副总干事：李继孔　黄惟栋　黄如藻

他一生都在寻找。少年时为生活寻找出路，长大后入军队寻找靠山；北伐后入黄埔寻找真理，反“围剿”受伤后寻找部队；回老家进滕县寻找名流，抗战时为抗日寻找中共。他就是黄埔四期学生、滕县人——黄玉玺。

（四）黄玉玺

黄玉玺（1906—1995），字国珍，山东滕县人，黄埔军校第四期毕业，曾参加南昌起义，长征时因伤回故里务农。1995 年去世。

图 103　黄玉玺戎装照

1. 黄玉玺档案

姓　　名：黄玉玺，原名黄永喜，字国珍

民　　族：汉族

出生时间：1906 年 8 月 12 日

籍　　贯：滕县级索潘家楼

出生地点：滕县级索潘家楼

成 长 地：滕县级索潘家楼

属　　相：马（农历丙午年）

去世时间：1995 年 12 月

去世地点：滕县级索潘家村

寿　　命：89 岁

2. 黄玉玺简历

1906 年 8 月 12 日出生。

1913 年，在本村读私塾。

1916 年，在龙岗小学、中学读书。

1923 年，参加国民革命军。

1925 年冬，考取黄埔军校第四期。

1926 年 8 月底，北伐，参加汀泗桥、贺胜桥战斗。

1927 年 8 月，参加南昌起义。

1929 年 6 月，入红军第三十一师。

1931 年 11 月，经历国民党军队第三次“围剿”。

1934年10月，身负重伤，转入后方养伤。

1935年春，返回滕县老家；夏，寻找部队未果；秋，寻找部队未果。

1938年，组建龙山游击队，未果。

1995年12月28日去世。

3. 黄埔军校网中的黄玉玺[①]

中国黄埔军校网是这样介绍黄玉玺的：

黄玉玺，字国珍，曾用名黄永喜，男，汉族，1906年出生（属马），山东滕县级索潘家楼人。

黄埔军校第四期（民国16年，中央军事政治学校军官政治训练班学员，政治科）毕业生。

老师：熊雄、恽代英、萧楚女，校长：蒋中正，政治部主任：邵力子。

1927年4月国共分裂，在徐向前、聂荣臻部队任职。

1934年解甲回家。

1995年12月病逝。

4. 参加北伐独立团[②]

《滕州日报》也曾专版介绍了黄玉玺：

1925年7月，19岁的黄玉玺随同全国各地和邻近兄弟的革命青年赴粤应试，报考黄埔军校第四期政治科并被录取，初为入伍生（本期于1925年7月至1926年1月期间，先后经九次考试分七批入校）。由于那期被录取的人数众多，故将之编为入伍生一、二、三团，设入伍生部专职管理。1926年1月，黄玉玺经入伍生升学考核转为学生，被编入黄埔学生军步科第二团第九连，并参加了隆重的开学典礼。学习科目分步、炮、

① 中国黄埔军校网：黄埔档案·黄埔师生·黄埔四期·黄玉玺，http：//www. hoplite. cn/。

② 原载《滕州日报》往事副刊，2009年5月1日。标题为笔者加。

工、政治和经理五科。1926年6月5日，广州国民政府通过出师北伐案。7月1日，发表《北伐宣言》，9日，国民革命军誓师北伐，黄玉玺随黄埔学生军迅速奔赴北伐前线，被编入北伐军第四军叶挺独立团，任班长职。叶挺独立团是中国共产党直接领导的部队，共有两千余人，连以上干部全部为共产党党员。独立团是第四军的开路先锋，6月5日攻占攸县，取得了入湘作战的首次大捷。在此次战役中，黄玉玺由于勇猛杀敌，表现突出，被提升为排长（后任营副官）。8月25日开始攻打武长（武汉至长沙）铁路线上的军事要隘汀泗桥、贺胜桥。汀泗桥是武汉南面的门户，地形险要，易守难攻。北伐军要攻占武汉，必先攻占此桥。吴佩孚把司令部设在贺胜桥，亲自督战，下令死守汀泗桥。8月26日，第四军以六个团的兵力发起进攻，双方争夺激烈，汀泗桥四次易手，仍不能决定胜负，双方伤亡惨重。27日晨，独立团在当地农民引导下，从东面大山的小路迂回到汀泗桥东北面敌人背后发起猛攻，敌因受前后夹击，慌乱溃退，吴佩孚下令用大刀砍杀败退官兵，也不能稳住阵脚。当天北伐军占领汀泗桥。第四军英勇善战，获得了“铁军”称号。8月29日，北伐军第四、七军向贺胜桥发起总攻。30日下午叶挺独立团首先突破吴军防线，当日占领贺胜桥。就在这次战斗中，黄玉玺带领全排战士发扬不怕牺牲的革命精神，冲锋在前，他接连击毙敌军十余名，不幸中弹两处（腿部和腰部）。因伤势严重，被撤到后方治疗养伤。

1927年4月12日，蒋介石集团在上海发动了震惊中外的“四一二”政变，实行清党反共，屠杀共产党人和革命群众。4月18日在南京另立国民政府，与武汉国民政府相对峙，并协同帝国主义对武汉实行经济封锁。汪精卫在4月初从法国回上海，随即赴武汉。他把自己装扮成左派领袖，取得了武汉国民党中央和政府的大权。但武汉政府面临外交孤立，经济困难，反共军人夏斗寅、许克祥相继叛乱。汪精卫于6月19日到徐州与蒋介石达成“清党反共”协议，7月15日在武汉实行“分共”。至此，第一次国共合作最后破裂，国共两党合作进行的北伐战争中途夭折。期间，黄玉玺伤势基本痊愈，回到叶挺部队。面对蒋介石、汪精卫反共、反人民的行为，他非常气愤，坚决反对国民党反动统治。

5. 反国民党“围剿”身负重伤

1927年8月1日，黄玉玺参加了由周恩来、贺龙、叶挺、朱德、刘伯承等领导的南昌起义。凌晨2时，中国共产党领导的各路起义军向驻守南昌的国民党军队发动进攻，经过四个多小时的激战，占领了全城。当天上午，在南昌举行了国民党中央委员、各省区特别市和海外各党部代表联席会议，通过了《中央委员宣言》，成立了中国国民党革命委员会，同时对起义部队进行了整编，仍沿用国民革命军第二方面军番号，以贺龙兼代总指挥。因敌以重兵进攻南昌，中共前委决议依中央原定方针转兵广东，相机夺取广州，再次北伐。起义军自8月3日起先后撤离南昌，经江西瑞金、会昌，转进福建长汀、上杭，于9月下旬到达广东潮州、汕头地区。随即被优势敌军击散，黄玉玺随一部分部队退至海陆丰地区，加入了东江地区农民的武装斗争，开展游击战争。1929年6月，通过黄埔军校同学的引导，黄玉玺所在的部队被辗转编到徐向前领导的中国工农红军第三十一师，在鄂东北建立鄂豫皖根据地。

1931年年初，第三十一师连续挫败国民党军对鄂豫皖苏区第一、第二次“围剿”。11月，黄玉玺所在部队粉碎了国民党军对鄂豫皖苏区的第三次“围剿”。1932年10月，由于敌人的强大和张国焘战略指导的错误，鄂豫皖红军未能打破国民党军的第四次“围剿”，红四方面军主力两万多人被迫撤出鄂豫皖苏区，黄玉玺随部队开辟川陕革命根据地。1933年10月，蒋介石调集100万军队、200多架飞机，采用“三分军事，七分政治”的方针，向各革命根据地发动了第五次“围剿”。对中央根据地，蒋介石动用50万兵力，分路“围剿”中央红军。徐向前指挥所部抗击国民党军20多万人的“六路围攻”。在王明“左”倾冒险主义思想的影响下，李德等人先是推行“军事冒险主义”策略，后在敌人的猖狂进攻面前采取“拼命主义”，最后发展成“逃跑主义”，导致中央红军第五次反“围剿”失败。1934年10月，中央红军主力被迫退出中央革命根据地，突围转移，开始长征。黄玉玺因负重伤，昏迷不醒，被转移到山东省潍坊地区治疗养伤，伤愈后去找部队，但因部队大转移，失去联系，只能解甲归田。

新中国成立后，黄玉玺积极参加社会主义革命和社会主义建设，广泛宣传党的方针政策。

1995 年 12 月，黄玉玺老人因病医治无效，与世长辞。

6. 找部队未果，好机遇错过

以下是笔者访谈黄玉玺外孙孔祥鹏的记录：

时间：2014 年 2 月—2015 年 2 月

地点：枣庄市工人文化宫、滕州市级索镇潘家楼村

王功彬（以下简称王）：您知道您外祖父是怎样入的黄埔军校吗？

孔祥鹏（1976 年 12 月出生，山东滕州人，黄玉玺外孙，以下简称孔）：外祖父小时候家里非常贫穷，他在 17 岁的时候到村子西边去拾粪，见有一个队伍往南走，就和同村一个姓邵的一起跟着部队走了，一直到了南方入伍当兵，后来由一位云南讲武堂出身的军官介绍，他去考了黄埔军校。

图 104　黄玉玺老年时照片

王：你外祖父在黄埔军校读的是哪个科？

孔：他是黄埔军校第四期军官政治训练班，恽代英是他的政治总教官。

王：黄埔毕业以后，你外祖父与恽代英还有联系吗？

孔：后来在北伐战争、南昌起义和广州起义期间，由于工作的关系，他们有联系。我外祖父说蒋介石发动“四一二”反革命政变以后，黄埔军校一夜间就秘密逮捕了 83 位进步学生，说头天还在一起上课训练的同学，第二天就不见了。他也给我说过叶剑英，他是通过叶挺认识的叶剑英。在北伐和南昌起义期间，我外祖父一直在叶挺部下任职，是个副官，1934 年 10 月红军主力开始长征，我外祖父受重伤，转移到后方治伤。

1935 年上半年，他养好伤以后，和他二哥推了一车黄姜，先到了合

肥，然后就去了六安、霍山、寿县一带，这是第一次。1935 年夏天后，他又第二次出门寻找部队，经丰县到安徽的亳州、阜阳，然后到了潢川、黄安、应山等大别山一带，到这些自己当年战斗过的地方，去寻找大部队，结果也没找到，只好回家了。

王：部队没来找过他？

孔：以后有人把黄玉玺失散的过程告诉了叶挺，叶挺在 1938 年夏天，亲自写封信，派人来滕县寻找黄玉玺。当时他不在家，他母亲又隐瞒，所以没能回部队。那人就把信留下，还给了一部分钱就走了。

王：那封信还有吗？

孔：没有了。"文化大革命"期间，我姥娘恐怕引火烧身，就把我外祖父所有的资料都烧了，包括黄埔军校期间的合影照片和叶挺那封亲笔信。没办法，那是一段特殊的历史时期。

王：你外祖父参加的是谁的部队？

孔：我外祖父参加南昌起义后，就在海陆丰、东江参加了游击战，然后通过黄埔同学的介绍，转编到徐向前的红三十一师。他经历了蒋介石对红军的三次"围剿"战争。红军长征后，因受重伤，才被送去后方养伤。

王：你外祖父还常提起他的那个黄埔同学吗？

孔：他去世前，常提到有个河北乐亭人，姓李，叫李运昌[①]，他们都是黄埔四期的同学。

王：抗战期间他干什么了？

孔：抗战爆发以后，他就拉了 20 多人的队伍，想跟鬼子干，但没有枪支，借着进城的机会，到滕县找到好友黄以元和布衣大师刘子衡，想通过他们和共产党方面联系。刘子衡推荐去找朱道南，于是我外祖父就背了 20 斤小米作为掩护，从滕县步行到了薛城的邹坞、张范一带，去寻找朱道南。朱道南的武装是运河支队，隶属于八路军第一一五师，领导人是罗荣桓，人员全部是北方人。当我外祖父费尽周折找到朱道南以后，暗号却

---

① 李运昌（1908—2008），河北乐亭人。原名李芳岐。1925 年入黄埔军校第四期，历任八路军晋察冀军分区司令员、东北民主联军第二副总司令、热河省政府主席。1978 年任司法部第一副部长、全国黄埔同学会会长。2008 年去世。

对不上，朱道南的戒备心理也很强，结果就非常遗憾地离开，随后放弃了这件事，再加上老家一大家人都指望他挣饭吃，他说，要是我一走整个家就都完了，家里人不是饿死就得被鬼子杀死。这是 1989 年夏天他给我说的，说游击队的名字都起好了，叫龙山游击队。但是，我外祖父在家里也没放松对家乡青年的教育和培训，他把在黄埔军校学到的知识毫无保留地教授给年轻人，教育他们去爱国杀敌，训练杀敌本领，最后那些年轻人也都参加了抗日队伍，走向杀敌战场。

王：你见过他身上的伤疤吗？

孔：见过，他腿部、腹部和臀部，有 20 多处伤疤。

王：新中国成立后他在家是什么情况？

孔："文化大革命"期间，中央还专门派人来滕县找他，怕连累家人，他没敢承认。他在黄埔军校刚入学的时候，用的是原名黄永喜，学习的时候是老师建议我外祖父改的名，叫黄玉玺，说玉玺多好啊，是皇帝的大印，所以配的字叫国珍，还帮助刻了一枚水晶石的印章；解甲归田后，老人家一直用的是原名黄永喜，而不是黄玉玺。当时帮助改名的几个人牺牲得早，以后只有叶挺知道他有两个名，后来叶挺又没有了，谁还知道他有两个名？

图 105　黄玉玺印章

1979 年年底，中央又先后派人来了三次，继续寻找失散的革命者，找到了村党支部书记黄永相调查情况。这人没文化，认识不到这个问题到底是好还是坏，就草草地把人家给打发走了，三次都说没有这人。后来我外祖父知道了这事，要求家人去上级反映，结果家人害怕有影响，就没积极联系。

1986 年 10 月，叶剑英元帅去世后，他曾要求家人带他到北京，去拜访徐向前和聂荣臻两位老帅，然后再去广州黄埔岛看看。因为他年事已高，怕身体吃不消，就没能成行。他曾给我舅舅说：我是闹革命的，是孙中山和周恩来的学生，是属于中国的早期革命人士。

王：你外祖父是什么时间去世的？

孔：1995 年，89 岁。

为报家仇，他和高魁元等考进黄埔军校；为报国仇，他在太原会战中英勇作战。身染重病后被送回老家静养，躺在病床上却始终没忘抗日，究竟他有怎样一个传奇故事——陈敬。

（五）陈敬

陈敬（1906—1942），字子敬，1906 年出生，峄县邹坞人。幼时入读私塾学堂，后考入峄县峄阳中学，1924 年与高魁元等入黄埔军校四期，黄埔毕业后参加北伐战争，曾任阳谷县县长、公安局局长，后任师部参谋处处长。抗战爆发后，参加太原保卫战，后染病，去莫斯科治疗未果，后送回老家，于 1942 年去世，年 36 岁。

图 106　陈敬黄埔军校戎装照

1. 陈敬档案

姓　　名：陈敬，字子敬

民　　族：汉族

出生时间：1906 年

籍　　贯：滕县东郭镇大绪庄

出生地点：峄县邹坞镇中陈郝村

成 长 地：峄县邹坞镇中陈郝村

属　　相：马（农历丙午年）

最高职位：国民革命军上校参谋处处长

去世时间：1942 年

去世地点：峄县教会医院

寿　　命：36 岁

2. 陈敬简历

1906 年出生。

1912 年，在本村读私塾。

1916 年，在陈郝村学堂读小学。

1924 年，在峄县峄阳中学读书。

1925 年 9 月，考取黄埔军校第四期。

1926 年，参加北伐。

1931 年，任国民革命军新编二十师上校副官主任。

1937 年 11 月，参加太原保卫战，后染病。

1941 年，回家养病。

1942 年，去世，年 36 岁。

3. 陈兴国回忆爷爷陈敬[①]

这是陈敬之孙陈兴国撰写的回忆文章，虽然涉及陈敬抗日的内容不多但总体展现了陈敬的成长过程。

因为我爷爷（陈敬）去世的早，对他老人家的了解多是从长辈和邻里那里得到的。我们家在我高祖一代由山东滕县（今滕州市）东郭镇大绪庄移民至枣庄市薛城区邹坞镇中陈郝村（俗称陈郝街），至今已经七代人。高祖父和曾祖父都重视农耕和商贸，经过两代人的辛苦料理，家业在他们手里得到兴旺。曾祖父是清末的童生，满腹经纶，学富五车，会易经，精诗文，会书法，是辛亥革命时期陈郝街一带著名的文化人，他推崇勤劳俭朴、孝敬父母、友爱兄弟、家庭和睦、亲善邻里、教育后代和勤学苦读的家风。

图 107　中陈郝村清漳桥

爷爷就出生在这样一个并不富裕的耕读家庭。爷爷兄妹六人，他排行老大，他既要参加家里的农活劳作，又要挤出时间读书学习，其苦心可见一斑。他天资聪慧，幼年便显示出卓尔不群的才华，先后在陈郝街的洋学

① 选自陈兴国《我的爷爷》。陈兴国，1965 年出生，陈敬之孙，现为上海对外经贸大学后勤处副处长、副教授，现居上海市。

堂和峄县中学读书，他惜时如金，刻苦读书，学业长进很快，各门功课都非常优秀，书法很有功底，真草隶篆无所不能。为了追求更高的人生目标，实现人生理想，1925 年 9 月，爷爷与他的结拜兄弟高魁元、阎毓栋等人赴广州考取黄埔军校。黄埔毕业以后，我爷爷先后在很多地方任职，既干过地方公安局局长，又在部队担任职务，从排、连长开始，直到师部参谋处处长。特别在抗战爆发以后，爷爷在太原保卫战中浴血杀敌，立功受奖。正因此举，他不幸染病，最后英年早逝，但他永远是我们家族中最为荣耀的一面旗帜。

我爷爷给我们留下的不仅仅是黄埔军校学生这个光荣称谓，更重要的是他老人家像一座丰碑，用自己短暂的一生，在上面给我们镌刻下“忠爱自立，勤勉耕读”，和“有志，有识，有恒”至理真言，使我们知道做人的道德，明白处世的事理，至真至善至忠诚，爱国爱家爱民族。

我时常以出生在这样一个以“勤俭立身，耕读保家”为家训的家庭而自豪。性格中的诸多因素都和我们家庭有关，家族的血脉和家风的传承，是我们的立身之本，也是我成就事业的基础。

4. 惨遭匪祸，为家国投考黄埔

以下是笔者访谈陈敬之子陈玉周老人的记录：

时间：2011—2014 年

地点：枣庄市市中区光明广场、枣庄市工人文化宫

王功彬（以下简称王）：您祖籍是哪里？

陈玉周（字鞠仁，1935 年出生，陈敬之子，退休工人，现居枣庄市市中区。以下简称陈）：我祖籍是滕县东郭镇大绪庄，清朝后期俺祖上来到枣庄。那时候滕县一带土匪四起，老百姓日子难过，我的曾祖父叫陈松，他见生活无望，就一头挑着女儿，一头挑着锅碗瓢盆，从老家逃荒到了中陈郝，我祖父陈殿和就出生在这里。中陈郝的商业特别兴盛，十天四个大集，一年两个庙会。刚来中陈郝村时，我曾祖父陈松先给峄县四大家的梁家放牛打短工，后来他跟随一个山西商人跑生意，从枣庄往江浙贩运大枣，然后再从江浙往山西、山东贩运茶叶。山西商人生意越做越大，在

中陈郝村购置了不少田地，我曾祖父就被山西商人任命为头领，带着两个长工耕种或做生意。有一年，山西商人要回山西探亲，就把一切生意交给我曾祖父管理，谁知道他一走半年没有回来。我曾祖父也到山西找了一次，没有找着。就这样，我曾祖父等了三年，后来所有财产全部落到我们陈家。我家一夜之间变得富有，也成了中陈郝村的一大士绅家庭。日子也慢慢好了起来，却引起了马子的注意，后来俺一家人有几口子都死在马子手里，所以我父亲就立志报仇，才去考了黄埔军校。

王：跟谁一起去考的黄埔军校？

陈：那时候我父亲已经十八九岁了，家里不断出事，父亲就暗下决心，但一直找不着出路。

1925年秋天，父亲到邹坞街找开油坊的朋友阎毓珠聊天，阎毓珠说高魁元从济南正谊中学放暑假回来了，说韩庄的刘安祺在黄埔军校，来信劝他招呼几个同学去广东考黄埔军校，结果父亲就去了。据说开油坊的阎毓珠给了他们几个人30块银元，他跟我父亲关系好，又多给我父亲塞了两块银元。

王：您父亲黄埔军校毕业以后呢？

陈：黄埔军校毕业以后，他参加了北伐战争，还参加过中原大战。后来干过阳谷县的县长和公安局长，是师部参谋处参谋，参加过太原保卫战，打过鬼子，后来得了肺结核，被蒋介石安排送到苏联莫斯科看病，后来又送到庐山疗养，最后回到家里去世的。

王：他去世那年您多大？还记得什么吗？

陈：他去世时我9岁，我记得他得病在家，住在西楼上，我老爷怕传染，不让我去。他去世的时候成殓，他穿了一身军服，戴个太阳帽，圆形的。

王：他去世后没留下什么东西吗？

陈：他有两箱子书，还有一把中正剑，还有我祖父、祖母的合影照片。中正剑没有了，我祖父和祖母的合影照片还有。

姓名	别字	年龄	籍贯	通讯处
蒋家骥	弭西	二六	湖南衡阳	本城司前街天成纸号转
赵芹圃	友泮	二二	湖南石门	本县正街本宅
李德芳	月舫	二二	湖北黄梅	本县独山镇本宅
王章	时声	二〇	四川	四川江北县唐家沱背街交
刁其宏	烈荣	一九	广西	广西武宣县东乡墟万福堂号收转金榜村交
赵经庭	治邦	二二	江苏	江苏高□县定埠镇顺风楼转交
廖公达		一九	广东梅县	梅县西镇杨屋坪庶榴潭号转又广州贤藏街谢家祠交
余炤煃		二四	四川	四月隆昌县考棚左侧
瞿惕群		二一	湖南醴陵	醴陵南乡鳌仙瞿立昌号转
陈海晏		二〇	河南商城	光山县双轮河集
侯汉雄	鸿翔	二五	福建	福建泉州南门土地后正水字号转
唐化南	侧夫	二四	湖南零陵	零陵鼓楼街祥云斋交东乡马跪塘
邢德荣	承天	二三	陕西合阳	合阳东街益信兴交山阳村
邬藻春	悦清	二三	湖北京山	湖北京山瓦庙集永发祥转台李庙山万顺交
王继孔	伯鲁	二六	四川阆中	阆中毛家巷孔宅孔繁勋先生转
黄秀南	福坦	二六	福建永定	厦门坎市富市
胡行方	萃霖	一九	湖北汉川	汉川系马口陈聚太转瑞鹤洲
高国杰	志理	二一	湖南益阳	益阳城内北正街陈氏宗祠陈毓山家转
廖傅霖	觅荪	二七	湖南临湘	临湘沅潭当铺内
覃正格	汝村	二二	湖南石门	石门北乡所市区邮局转
黄壮飞	宛背	二〇	广东梅县	梅县桂里学校交
刘景桂	子册	二二	陕西	陕西保安县邮局转
赵桐	春涛	二〇	云南阿迷	阿迷城内崇文街第一号本宅
陈敬	子敬	二〇	山东峄县	峄县郐郐镇交
唐缦辉	锐炎	一九	江苏	南汇县南汇邑庙东首交
蒋泽	超北	二〇	湖南长沙	长沙经武门外杜家山十号交
张辅材	五成	二〇	湖南浏阳	浏阳南乡枫林市张福美号或张升元号代收交
戴义赞	仲宜	二一	河南光山	光山泼陂河余公兴号转
朱兴汶	济民	二一	山东滕县	滕县东门外春秋阁东交
宗树衡	慎时	二四	江苏宜兴	宜兴官林大享号收转
王强	仁强	二五	广东罗定	罗定黎少口墟永生隆号收转
郭枚涛	挽澜	二六	湖南嘉禾	嘉禾坦市下马托交
谢贲荣	华甫	二〇	福建上杭	上杭灵岳庙东山试馆转
向雄	辑虞	二〇	湖南沅陵	沅陵马底驿转来溪庙五山交
陈在权	月禽	二二	湖南湘阴	湘阴北顶街仓颉祠内转
吕道立	卓如	二二	河南巩县	河南孝义镇李存仁转交和义沟村
白鑫		二三	湖南常德	常德火星池十六号
沐绍英		二四	安徽巢县	安徽南陵
陈邦正	光进	二三	浙江临海	临海涌水镇谷森泰号转大管岙
张邦彦	希文	二二	福建惠安	惠安东门外益利米铺转东湖乡
罗锦光		二二	广东兴宁	兴宁兴民中学
袁振声	千门	二六	江西宜春	宜春翠村分局转上店
段克勋	导堂	二三	云南邓川	邓川城南门本宅
刘之陇	积鑫	二三	河南新蔡	新蔡城内西街
李子祥		二四	云南昆明	昆明北门九属会馆或大姚正街平通号李子清转
周晤均	光事	一九	湖南石门	石门沿市邮局交汲水街
田志	惜阴	二七	湖南临武	临武西城卢家村
卓飞	子粦	二二	福建闽侯	福州东门外东岳前梯东学校
胡轨	步曰	二二	江西萍乡	萍乡衙前同泰恒转三山交
李旦卿	立身	二四	湖南临湘	岳州桃林寺杨春盛号转

图 108 陈敬黄埔军校通讯录

王：您还记得他在家时常与哪些人有来往吗？

陈：峄县的八路跟他有来往，像朱道南、刘景镇等人。还有北安阳村的张裕国，他是峄县政府的司法科长，在俺家避过难。

5. 病床上陈敬不忘抗日

以下是笔者采访陈敬族侄陈广翰的记录：

时间：2011 年 6 月

地点：枣庄市薛城区邹坞镇中陈郝村

王功彬：您跟陈敬是本家，您说说他家的情况好吗？

陈广翰（1930 年出生，陈敬族侄，农民，现居枣庄市薛城区邹坞镇中陈郝村）：说起陈家的遭遇，真是惨，都跟马子有关，陈家对马子仇很深。陈敬他爷爷陈松 80 多岁的时候，一伙马子翻墙进了门，陈松就摸了把铡刀把门，把土匪吓走。谁知土匪没算完，又想了一个法，从屋山墙掏了一个洞，进屋里去了，陈松不服啊，土匪就开了几枪，把陈松老两口和闺女都打死了，只剩下陈敬的父亲陈殿和活了下来。陈殿和有四个儿子两个闺女。陈敬是老大，自幼爱学，后来考了黄埔军校；老二参加峄县政府的队伍，进山剿匪被马子打死了；三儿子与二女儿陈习贞一起跟朱道南上过学，四儿子小时候得病死了。命运最惨的是老三，9 岁的时候被抱犊崮山区的土匪给绑票了。当时他家里早被土匪洗劫得很穷了，陈殿和无钱去赎三儿子。这时候峄县政府也对隐藏在山区的土匪进行围剿，赶上是寒冬腊月，大雪齐腰深。土匪见陈家没钱赎人，就把老三埋进了雪窟，想灭口证，没想到遇见一位东伏山姓张的好人，从雪窟里把快冻僵的老三给救出来，到家后忙用火烤，结果把腰以下的血脉给烤毁了，结果老三两条腿都被截去了，落得一生残疾，用橡胶皮包着，走路的时候得往前挪着走，跟肉球样，很惨。

以下是笔者对邹坞村民阎景奎的访谈记录：

时间：2011 年 6 月

地点：枣庄市薛城区邹坞镇邹坞村

王功彬：您知道中陈郝的陈敬吗？

阎景奎（1921 年出生，邹坞镇邹坞村人，农民，现居枣庄市薛城区邹坞镇）：知道。陈敬和张范的朱道南、刘景镇关系都好，朱道南曾到他家里避过难；跟邹坞的高魁元、阎毓珠几个人的关系不一般，是结拜兄弟。陈敬最出名的是在太原打鬼子，据说打了一次大胜仗，立了功，受到国民党部队和峄县政府的奖励。打了胜仗就高兴，听说陈敬就是喝完庆功酒以后得的病，在苏联看了半年也没看好，蒋介石就用飞机把他送到徐州，然后送回老家，没过多长时间就去世了。

以下是笔者对中陈郝村民韩邦富的访谈记录：

时间：2011 年 6 月

地点：枣庄市薛城区邹坞镇中陈郝村

王功彬：你知道陈敬“文化大革命”时坟子被扒的事吗？

韩邦富（1939—2013，原邹坞镇中陈郝村支部书记。已故）：知道一些。陈敬的父亲叫陈殿和，是清末的童生，他学问很大，会易经，会作诗，会书法，是那时候陈郝街有名的文化人。听说陈敬小时候学习就好，在陈郝街的洋学堂学了不到三年，老师就教不了了，就到峄县学堂继续上学，门门功课都优秀，原来有个陈敬的同学叫李兴义，他说过，陈敬不仅文化课门门优秀，在音乐方面也是高才，喜欢吹小号，水平很高，连老师都比不上。

图 109　中陈郝村泰山庙

你说的扒坟子这事是在 1968 年，陈玉周家里起坟，起坟的是蒋振方和王士杰，他们扒开陈敬的坟墓一看，里面有个牛皮枪套，但没有枪，这事马上报告给公社，结果一查一审，最后在西集南伏村找到了一支德国的手牌手枪，外加 38 发子弹。那个藏枪的叫甘同新，跟陈敬是老表，他跟陈敬当勤务员。把枪取来以后，一对那个牛皮枪套又出问题了，枪套大手枪小，不配，就再审陈玉周，审来审去陈玉周就是说不出道道，最后峄县武工队队长李兴志说出了实情，说那把手枪是把驳壳枪，让运河支队的刘景镇给拿走了。原来陈敬跟峄县一带的八路都有来往，关系不错，他在家养病时就常有八路到他家食宿，有一天刘景镇来了，陈敬就把那把驳壳枪送给了他，说我躺床上也没法去打鬼子，送给你去替我打鬼子吧。刘景镇只把枪别腰里了，没要枪套，说我是八路，怎么敢大摇大摆地身上背着枪，让鬼子发现了可不得了。

毕业于“红二师”，却考入黄埔军校；参加了国民党，却有共产党嫌疑。本来奔赴敌占区指导抗日，却惨遭国民党地方武装杀害。究竟他是不是共产党的地下工作者——刘修文？

（六）刘修文

刘修文（1915—1945），原名锦堂，号舍吾；滕县横岭埠村人，黄埔军校第十六期毕业，曾任国民党少校中队长，1945 年被国民党章丘地方武装王连仲杀害。

图 110　刘修文黄埔军校戎装照

1. 刘修文档案

姓　　名：刘修文，原名锦堂，号舍吾

民　　族：汉族

出生时间：1915 年

籍　　贯：邳县艾山

出生地点：滕县横岭埠

成 长 地：滕县横岭埠

属　　相：兔（农历乙卯年）

最高职位：国民革命军少校参谋

去世时间：1945 年 6 月 22 日

去世地点：章丘

寿　　命：30 岁

2. 刘修文简历

1915 年 9 月 16 日出生。

1921 年，在本村读私塾。

1935 年，考入曲阜第二师范学校。

1938 年，曲阜第二师范学校毕业。

1939 年春，考入黄埔军校第十六期三总队。

1940 年 4 月，黄埔军校毕业，被分配至山东流亡政府，驻安徽阜阳。

1944 年春，从阜阳至明水，任明水地方抗日武装少校参谋。

1945 年 6 月 22 日，被杀害。

3. 族弟回忆刘修文

关于刘修文在他老家的诸多传奇，笔者访谈了刘修文的族弟刘锦明：

时间：2013 年 7 月 16 日下午

地点：枣庄市山亭区山城街道横岭埠村

王功彬（以下简称王）：横岭埠刘家是从什么地方迁来的？刘修文家是什么情况？

刘锦明（1928 年出生，刘修文族弟，现居枣庄市山亭区横岭埠村。以下简称刘）：横岭埠刘家是大户，我们是从邳县艾山搬过来的，到我这辈是第十代了。刘修文的原名叫刘锦堂，他祖父叫刘存善，他父亲叫刘增瑞，生有四个儿子：老大刘锦召，老二刘锦风，老三刘锦堂，配孙氏有一个儿子，叫刘兴华；老四叫刘锦太。

王：你是什么时候见的刘修文？

刘：1936 年到 1937 年的时候我上三年级，他回家过年，骑着自行车带着我，那时候我 8 岁，那时候他是从济南来的。

王：您知道他上黄埔军校的事吗？

刘：他是 1939 年上的黄埔军校，是在西安上的。这村上和他一起上学的有两个，那一个没考上，姓褚，没考上就回家了，然后回家做老师了，到后来就当了国民党。

王：刘修文后来是什么情况？

刘：老四刘锦太比我大六七岁，1943 年的时候就参加了共产党。当时有个叫赵建一的教唱歌，还有一个叫苗世华，妇女宣传员，他们在双山县①参加共产党的队伍。1944—1945 年的时候，他回家我跟着他玩，当时在打游击，他哥刘锦风是共产党，怕挨斗就逃亡走了，去了滕县。那时候日本人还没有投降，因为老四是共产党，去济南找老三的时候被国民党给发现了，逮了以后把他弟兄俩都杀了。老四是活没见人死没见尸。刘锦堂死了

① 双山县：1943 年 8 月，鲁南区党委确定费滕边实验县和边西县合并建立费滕峄中心县委，集中有效力量开展与敌九十二军和地方土顽的斗争。1944 年 4 月，区党委及军区为集中力量主动抗击敌顽，开辟新区工作，决定将费、滕、峄中心县委改为双山县委。下设九个区委（区公所）和一个枣庄市委（市政府）。县委机关驻徐庄镇核桃峪村。

之后就埋在济南东章丘庙上，他在明水东琅沟那里有个媳妇，姓宋，叫宋什么我不知道，他小孩我知道，叫刘兴华，住在明水东琅沟。从他父亲一死，他就住在他姥姥家，听说刘修文埋在章丘庙上，死的时候是30岁。

王：刘修文在老家还有个大夫人？

刘：刘修文的大夫人姓孙，死了有十几年了，没有孩子。家谱上写配孙氏生一子，实际上孙氏没有儿子，是小夫人生的，叫刘兴华。刘兴华1993年回家来，还上我这里吃了一顿饭。他今年有68岁了，1945年的人。他没见过他爹，到我这里来想找他爹照片的，我哪有？老四刘锦太也没有后人，刚结完婚没几年就走了，夫人后来改嫁。1942年、1943年的时候，刘父去世，准备发大丧，因刘修文在外上学没回来就等他来发丧，结果刘修文偷着回来，看看就走了。

王：您听说刘修文小学在哪儿上的吗？

刘：和他同学的有一个姓王的，叫王有逊。上学的时候，老师一教完刘修文就把书一搁，再上课的时候他就能背下来，所以说他很有天分，很聪明。

王：他是怎么上的黄埔呢？是谁介绍去的？

刘：黄埔军校是他自己考上的，不是别人介绍去的。他在济南上完中学，然后就自己考上了黄埔。

王：刘修文长的什么样子？

刘：他个头比我高，四方脸，大脑门，长得不丑。要是老四刘锦太不去找他，就死不了了。

王：他大夫人是什么时间去世的？

刘：孙氏娘家是沙冯村的，土改结束后就上她娘家住去了，在娘家死的，在这里发的丧，可能是八几年死的，有五六十岁，人很好。

4. 曲师毕业，黄埔毕业后分配阜阳

以下是笔者对刘修文之子刘兴华的访谈记录：

时间：2013年9月17日下午

地点：济南章丘市东琅沟乡东琅沟村

王功彬（以下简称王）：我想了解一下您对横岭埠刘家的情况，特别是对您父亲的这些事情，您知道多少？

刘兴华（1945年出生，刘修文之子，农民，现居济南章丘市东琅沟乡东琅沟村。以下简称刘）：我把我知道的都给你讲讲吧。我父亲可能是1915年或者1916年出生。他1939年考入黄埔，当时是23岁。档案上写着，刘修文，山东滕县城东横岭埠，23岁。他在1939年之前，是在曲阜二师[①]毕业。在八几年的时候，《联合日报》有篇文章，是二师老师高文浩写的，介绍二师从反封建、五四运动，一直叫红二师，我跟他联系过，问有我父亲的名字吗？他说资料上写的只有万里，还有些共产党党员的。曲阜二师有“红二师”的称号，那些教育工作者差不多都是共产党党员，其中有楚图南，也是从曲阜二师出来的。日本鬼子一来，曲阜二师就撤了，我父亲在曲阜二师毕业没毕业不知道，他就考了湖北的军校，第十六期，三总队。他毕业以后就去了山东流亡政府，济南那时候已经成了敌伪的了。在安徽的阜阳，写着什么驻阜阳办事处，那时候他就和周保黎、沙林夫在一起，周保黎是主任，沙林夫是副大队长，也叫副主任。

王：周保黎是什么身份？

刘：是少将总队长。后来我听一个人从台湾来的人说，在1949年去台湾，从青岛上船，在中途，给装麻袋里掀海里去了。我问那个人我父亲是怎么死的？他说你父亲是区队长，周保黎改名叫周瑜了，这个大队长都掀海里去了。

据说当时周保黎到济南来巡边的时候，看看这地方的游击队素质不行，就派来了不少人，有参谋什么的，我父亲就被派到了程学通[②]的部队。这个人是北大毕业的，抗日战争以后，他就自己买枪拉起了游击队，后来成了国民党的游击队，听说后来是国民党的国大代表，当过台北市的市长。

我父亲来到章丘以后，说还带来了两部电台，一是提高队伍的素质，

---

① 曲阜第二师范学校创建于1905年，后变更为“山东省立第二师范学校”，1926年成立中共二师支部，曾引发“子见南子”案和卧轨请愿事件，故有“红二师”之誉。全国人大常委会原副委员长楚图南等曾在此执教，原全国人民代表大会常务委员会委员长万里、著名诗人贺敬之、作家吴伯箫等曾在此就读

② 程学通，原国民党淄川县长，后去台湾，曾任台湾“国大代表”。《章丘县志》文：1944年8月，程学通自阜阳潜入县境，对分团部进行整顿，改称为“诚谦堂”，3个股合并活动。

再就是成立参谋部，他是参谋部主任。

5. 刘修文是不是共产党成为悬疑

王：您父亲是什么时间来章丘的？

刘：是1943年年底，从济南到的明水。这又得说起我四叔了，他叫刘锦太，在枣庄双山县八路军的宣传队里，他到明水来了。来了半个来月的时候，程学通不知怎么得到了消息，就把他给关了起来。关他的地方不严，在一个兵营，让他和那些兵在一起，不让随便活动。那时候还抓了一些人，他们也不是什么共产党，是章丘的、莱芜的，来这里卖姜的卖麻的商贩，当时抓住一个就杀一个，都杀完推到井里。俺叔知道这个情况以后啊，就想：抓住就必死无疑，还不如去和他们拼命。他被抓起来的第二天，我母亲给他送饭去，他就说，看来我也是活不成了，还不如死在他们面前。我母亲就劝慰他，说你等着，你哥哥千方百计要把你给救出去，说完留下饭就走了。就在我母亲出来的时候，听着里面有一声枪响。后来听他们说，那声枪响是枪卡壳的声音，再以后就是一阵子枪声。听我母亲说，兵营里有磨盘，他就躲在磨盘后面，从中午一直坚持到晚上，天快黑的时候，他就开始爬墙了，爬一下没爬上去，就被一阵乱枪给打死了。那天是五月十三的晚上，我父亲没回家，我母亲在明水的一个小学教学，到了第二天中午，就把我父亲给抓住了，拉到查旧庄的南头，有棵老槐树，叫了几个士兵，两头拉起绳子，把他勒死的。据说，我父亲死了以后，程学通把我母亲叫了过去，他说：刘修文通共产党这个案子也不是一天半天了，压我这里告他的信都一大摞了，这次

图111　刘修文墓碑

呢，我也没有权力处理，这是后方来的密电，说他是共产党，让我代替执行的。据说在头天晚上，程学通召开了个会，把从后方过来的这些头头都叫在一起，说出了这事咋治？最后争取大家的意见，同意处决我父亲。

有个在程学通部队里干委员的人说过，当时后方发来的密电是他亲手收的，说刘修文是共产党。那是 1945 年阴历五月十三日，鬼子还没投降。

王：那棵大槐树还有吗？

刘：没有了。原来没迁坟的时候，每年的五月十三日，我都跟着母亲上坟去。到我迁的时候，怕迁错了，又没墓碑什么的，据说当时是用大户人家的薄皮棺材给装殓起来的，后来我母亲说是，因为啥呢？他穿的毛衣还没烂，毛衣上那个钢拉片的扣子还有几个。

王：当时处决他时你母亲在场吗？

刘：没有。埋在那个地方以后才告诉我母亲的。父亲那年 30 岁。

王：那年您还没出生？

刘：我出生了，我是头年的腊月二十六日出生的。阴历五月十三是阳历的 6 月 20 多号，到了 8 月 15 号日本鬼子不是投降了吗？各处的头头都到济南去庆祝领奖，那些人问，刘修文怎么没来呢？程学通说刘修文病故了。

王：您到后来有见过程学通这个人吗？

刘：没有。也没打听过他，只听说他 1949 年去了台湾，后来当了“国大代表”，是台北市的市长。

6. 孤儿寡母的惨淡生活

王：听说您舅舅也是黄埔军校学生？

刘：是的，他叫宋锡善，在 2009 年去世，89 岁。他先参加的南京炮校，接着参加了淞沪战役，后来考的黄埔军校。

王：他跟您父亲是黄埔军校同学？

刘：应该是同学，但不认识。他是胡宗南的部队，一直在重庆，后来他起义了。

王：您从小就跟您姥爷生活？

刘：我父亲死了以后我就跟着母亲，在姥爷家生活。我姥爷家有我舅母，我舅舅是两个夫人，家里的舅母没有孩子，他在重庆又成了家。我母亲一直带着我，也没再嫁，加上我姥爷姥娘，总共五口人。原来家里有六七亩地，后来一入社地就没了。

王：您母亲是什么文化程度？

刘：她上过高小，就在西琅沟上的，她的班主任就是共产党党员，这人叫赵若琴，是泗水仲家庄的，鬼子来了以后他就去了延安，跟我父亲是校友，曲阜二师毕业的。

王：您父亲在老家有大夫人吗？

刘：有，他们结婚以后父亲就没回过家，也没有后代。

王：您见过吗？

刘：见过。1963年的时候，我姑父领我回去一趟，待了一天，主要是看她的，我当时不知道这些情况。

王：您父亲和母亲是怎么结合的？

刘：是程学通介绍的。那时候我母亲在明水教小学，我父亲也是刚从后方调过来不长时间，那时候参谋部的几个都找了老师。

图112　刘修文夫人与儿子刘兴华

7. 刘修文是共党的确凿“证据”

王：讲讲您父亲被杀的主要原因？

刘：我父亲给张家庄设计的围墙，应该东南西北留四个门，他只留了一个门，那意思就是说一旦打起来了只有一个门，关起来就能一锅端，这也是他被杀的原因之一。再一个，就是在1944年，组织了一批青年去空军训练班，训练班在西安，他们是在济南坐飞机，让我父亲给他们送行训话。我父亲说这次你们是坐的飞机，去了以后就不知会是怎么样了，也不一定能坐着飞机回来了。一讲完，就有一大批人不干了，说让我父亲给瓦解了。这也是他被杀的原因，再加上后方来的密电，我四叔是八路，又来了这里。

王：这么说，程学通当时杀您父亲时也是很矛盾的？

刘：他是执行了后方的密令。程学通也是个有政治头脑的人，北大没毕业就回到了章丘，拉起了队伍。

王：您父母是什么时间结婚的？

刘：是1944年春天，来到章丘明水不到半年。我父亲也不愿在这里待，想待半年就回阜阳。

王：周保黎是共产党党员吗？

刘：不知道。就知道装麻袋里掀海里去了，是不是共产党现在也没有承认。也不了解沙林夫后来的情况。我父亲是少校参谋主任，周保黎是少将总队长。

王：您知道您父亲其他的黄埔军校同学吗？

刘：不知道，也没了解过。听老家的人说过，是在解放战争的时候还是台儿庄战役的时候，四十军还是四十一军的军长驻守在我那老家里，就说和那个刘修文是同学。

王：您母亲对老家有什么看法？

刘：我母亲对老家就非常不满，她说我父亲的事都是老家人连累的。那时候老家来的人很多，与我父亲关系不错的就都来了，到这里一听不是当地口音，就怀疑。

当时有个刘宜良，还有个刘世伟，是横岭南边的南塘村的，跟我父亲是一班的同学，来往很频繁。我父亲在这里管点事，就常来找他，他们不知道这里面的利害。

王：您母亲来过横岭村吗？

刘：没有。1948 年的时候，我二大爷来叫了，我姥爷说，你是刘家的人，带着孩子去吧，结果走到济南东郊，火车道给炸坏了，没去成，又走着回来了。

王：与您父亲在一起工作的您还知道谁？

刘：还有个乔廷坤，他被派到有个叫岳伯芬①的游击队里去了，也成立了参谋部。有一年夏天中午，天很热，他洗澡去了，被汉奸报告给日本鬼子，就在他们回来的时候在俺村头上与鬼子遭遇了，他被打死了。乔廷坤是博山的，我父亲给他主持装殓，把棺材送回了博山。这乔廷坤可能跟王耀武感情很深，王耀武从济南往青岛跑的时候，化名就叫乔坤。

说起来迷信，说老家在日本鬼子来的时候，老家的屋上落了一片乌鸦，拉了一片屎，从那以后家境就败了。

王：您听您母亲说起您父亲生活方面的小故事吗？如生活方面、学习方面、为人处世方面等？

刘：我母亲与我父亲待的时间少啊，不到两年，对他的了解也是一知半解。他曾对我母亲讲过这样一个故事，说在草原上放羊，突然从天上掉下来一块陨石，连人带羊都砸地底下了，那意思就是说不要把生死看得那样重。他死得突然，我又那么小，也没听说他对我有什么话。

王：您什么时间起的坟？

刘：1964 年。过了 20 年了。村里设了公墓，就起出来了，当时那棵大槐树还有。

王：您父亲留下什么遗物吗，如钢笔、手稿什么的？

刘：没有。他死得突然，肯定也都被他们给搜走了。他从后方到前线来，也不可能带那么多的东西。他的字写得挺好，能两只手同时写毛笔

---

① 岳伯芬（1910—1950），名岳嗣芳，又名岳滋芳，化名李自信，字伯芬。历城县唐王镇岳家寨人。曾抗日，后任国民政府历城县县长、保安旅旅长。1948 年 9 月被抓获，1950 年 8 月被枪决。

字，说程学通母亲过生日的时候，是他给写的寿联。

8. 目击“王共党”惨遭杀害

以下是笔者采访当年刘修文被杀见证者的访谈记录：

时间：2013 年 9 月 17 日下午

地点：济南章丘市明水镇查旧村

王功彬（以下简称王）：查旧村这个地方过去是不是有棵大槐树？

高培祥（1930 年出生，农民，现居章丘市明水镇查旧村，以下简称高）：这地方原来是有棵大槐树，一搂多粗，下面有个一米见方的石头，我小时候就在这里坐着玩，这就是当年程学通、王连仲[①]杀人的地方。

王：王连仲是干什么的？

高：他们是一伙的，王连仲跟着程学通干，号称土匪司令。后来跑到了上海，连机票都买好了，可舍不得他的军械厂，他能造枪，后来被抓住枪毙了。

王：您听说过杀的都是什么人？

高：哎哟，他杀的多了，我亲眼见过，大都是莱芜人。还杀了一个地下党啊，共产党党员。这个地方有个大庙，大槐树就在庙南门的西边。程学通的家是后家，王连仲的家是浅井。程学通去了台湾，我从报纸上看到的，他是台北市的副市长。程学通的小闺女与我是同学，叫程响铃。

王：程学通的参谋部就在这里？

高：程学通有参谋部又有司令部。他有个参谋长姓王[②]，他弟弟是共产党员来找他，到这里来找他哥哥，结果露馅被抓住了，关在屋里；早上看管他的士兵去洗澡了，他就想爬墙跑，结果被发现打伤了一条腿，后来就被打死了。是在浅井叫王连仲的部下给打死的。他哥哥是参谋长，这人有文化，参谋部一开始成立他就参加了共产党。他弟弟是来这里侦查的，

① 王连仲（1915—1950），又名王子元、王锡山、王建光、王元祥。山东省章丘市明水镇浅井庄人。初以为人扛活、打工为生。抗战爆发后，历任国民党程学通部传令兵、班长、队长，后任国民党山东保安三十四旅副旅长，山东挺进军二十八梯队副司令等职。1946 年年初，任博山县县长。1948 年 9 月济南解放后，潜匿上海。后被抓获，1950 年 8 月 16 日在济南被处决。

② 记忆有误，王姓指刘修文。——编者

暴露了就被打死了，接着也把他哥哥给抓起来了，用绳子在大殿里给勒死了。

王：您那时多大?

高：我虚岁十六七了。是在1945年的时候，我正在上学。

9. 刘兴华著文详解父亲刘修文①

这是刘修文之子刘兴华给笔者提供的一篇文章：

我父亲刘修文，名锦堂，号舍吾，原籍山东滕县城东横岭埠人，1915年生，自幼上学，1935年考入曲阜二师。曲阜二师的师生思想进步，有“红二师”之称。1938年后，父亲又参加了由何思源等人主办的兖州训练班。家人曾回忆说：送我父亲去兖州上学，送到一处高墙下他就不让再送了。1939年，父亲考入黄埔军校成都本校十六期电报科，1941年在四川铜梁毕业。毕业后被分配到安徽阜阳，即山东省政府阜阳办事处工作，任少校中队长。在安徽界首曾遭遇上日军，发生过激烈的战斗，他给我母亲说起过，晚上他们都睡在路边的大车底下。1943年前后，他曾与少将主任周保黎去临沂招收过黄埔学员，还在“鲁干班”给学员上过课。1944年年初，山东省政府阜阳办事处对省府人员进行重组，对黄埔军校毕业生委以重任（军训处长、保安司令等职），此时，吴化文部在鲁中投靠了日伪，山东抗战形势依然严峻，何思源、周保黎等通过巡边，想稳定住胶济沿线各抗日游击队，就从阜阳办事处抽调部分人员配备电台，到山东协助抗日。1944年年初，我父亲被派到明水车站一带的程学通、王连仲部任参谋主任（该部后改编为山东省保安第三十四旅）。直接与后方联系人是周保黎主任和沙林夫副主任。他来到明水以后，根据军统的组织安排，马上建立了“诚忠堂”商号，任第一任总经理，对外以商号的名义开展工作。后来，有人告发我父亲，说刘修文不是国民党党员。父亲闻听后没有正面回答是或不是，说：“我是参谋主任，又是‘诚忠堂’经理，哪有不是国民党党员的道理，真是岂有此理！”

① 本节根据刘兴华《他没等到抗战胜利》一文整理，标题为笔者加。

1945 年 6 月 22 日离日军投降不到两个月，他就被程学通部以“共党罪”在章丘县查旧庄（当时参谋部所在地）用绳子勒死，年 30 岁。1945 年 8 月 15 日，日军投降，何思源等人经胶济线明水站，到济南受降，问起刘修文，要带他一起参加接收，随人说：前些日子他病故了。

程学通在我父亲死后，召见我母亲时说：我们没有权力杀刘修文，是后方来的密电，说：刘修文是“共党”，也就是看你们是当地人，要不也就一块执行的（“文化大革命”清队时该部的电报员说，电报是他亲手接的）。又说今天执行的不光是他一个人，在山东各地都有。后来听说给我父亲定的罪名有三条：一是自 1944 年来章丘以后，八路军部队就没有与其发生过正面摩擦，有时他的队伍与鬼子交火时，八路还在后面支持。二是刘修文设计的张家庄圩子和地道，只留了一个出口，试图日后八路军打过来一锅端。三是 1945 年，国民党组织一部分青年，赴西安参加中美特训班学习，刘修文到济南给他们送行，作动员讲话时讲到“今天有飞机送你们去，来日就没有飞机去接你们”等，对学员起到了瓦解作用。而且各方面的告密信也起了一定的作用，有时一天就接到两封。程说开始我们并不相信，都挡了回去，直到后方来电，我们才相信他是共产党。

在我的老家墙内，“文化大革命”时扒出来“鲁南抗日自卫队总指挥部”和鲁南抗日自卫队一至十大队（其中缺少四、七大队的，四大队的印章被李乐平拿走）的印章。2001 年由刘兴华交给了枣庄市博物馆一李姓同志，说将由枣庄市博物馆转交给台儿庄大战纪念馆收藏。这足以证明“鲁南抗日自卫委员会”与我的老家横岭埠有很大关系。

在处死我父亲的前一天，也就是 1945 年 6 月 21 日，他的胞弟、我的四叔刘锦太也被枪杀。程学通部接到后方来电，说共产党有一个联络员来明水接头，随即把前来找我父亲的四叔刘锦太扣押起来，关在兵营里。四叔非常了解程、王部是疯狂反共的（只要是南部根据地过来的，哪怕是卖姜、卖麻的民众，都被他们以八路军探子的名义，拉到煤井砍头填井），这次入了虎口就不会有生还的希望。所以他就从兵营里夺了枪，抵抗了一下午。天黑想越墙冲出来时，被乱枪打死。程部说如刘锦太不是八路，他怎么什么枪都会使呢？（当时用的有步枪、机枪、匣子枪都打没了子弹）我父亲当时只说了“这孩子无知”一句话。四叔刘锦太在抱犊崮、徐庄一带，干双山县八路军的文教工作，陈方信（原济宁粮食局局长）、张金庭、张立芹（后在马鞍山市压缩机厂工作）他们了解。

当地年老的群众都亲见或听说我父亲和我四叔英勇事迹，都认为是理所当然的烈士，可是由于种种原因，我们只能从为革命牺牲的无名烈士中去理解他们了。

知情人说刘修文的“共党案”处理是早晚的事，他弟弟来这一行动不过是促进提前了而已。

第四章　中国远征军中的枣庄黄埔人

三岁丧父时，爷爷也一并去世；居家迁至峄县时，又家道中落。无奈他离家出走，考取军校，参加远征军。抗日战场他拼杀在前，战功却在63年之后才得以知晓；“文化大革命”中受辱，不耽误勤奋学习；教书育人，喜看桃李满天下。他曾出版自传，多次出席抗战纪念活动，而且两次受到习近平主席的亲切接见。他就是黄埔军校第十六期学生，抗战老兵——尤广才。

（一）尤广才

图113　尤广才戎装照

尤广才，1919年出生，峄县台儿庄人，黄埔军校第十六期毕业，曾任国民革命军排长、连长、副营长。参加过中国远征军对日作战，北京黄埔同学会会员，现居北京。

1. 尤广才档案

姓　　名：尤广才

民　　族：汉族

出生时间：1919年9月3日

籍　　贯：峄县台儿庄镇

出生地点：台儿庄

成 长 地：峄县峄城镇

属　　相：羊（农历己未年）

最高职位：国民革命军少校

现居住地：北京

2. 尤广才简历

1919 年 9 月 3 日出生。

1929 年，在文昌阁小学读初小。

1935 年，在峄县北街读高小；夏末，任临时教师。

1937 年 8 月始，宣传抗日。

1938 年 5 月，离家到达徐州；6 月，考取战干一团。

1939 年 9 月，任战干团区队长；

1941 年，春夏之交，入国民革命军第五十四军。

1942 年，升任第五〇师特务连连长。

1944 年 3 月 16 日，参加西保战役。

1945 年 5 月，经由缅甸腊戌回国。

1948 年春，在沈阳与杜婉结婚。

1957 年春，到北京学习中医针灸。

1959 年春，被劳教 6 年，发配到北京茶淀清河农场。

1965 年 3 月，返回山东峄县老家；秋，下放到西王庄公社，做赤脚医生、民办教师。

1988 年，与女儿杜恒相见。

1980 年，摘掉“历史反革命”的帽子。

1992 年，从西王庄中学退休。

2004 年，当选北京黄埔同学会理事。

2008 年 11 月，参加滇西“抗日远征军追忆行”活动。

2010 年 12 月，在香港向 25 个学校香港师生讲述了远征军历史。

2011 年，个人传记《血鉴》，由团结出版社出版发行。

2014 年 7 月 7 日，受到习近平主席接见。9 月 3 日，再次受到习近平主席接见。

3. 幼小时尤广才家境悲惨

以下是笔者对尤广才老人的访谈记录：

时间：2011 年 7 月 15 日、2014 年 10 月、2015 年 4 月 14 日

地点：枣庄市市中区青檀南路、北京东城区安定门外东河沿小区

王功彬（以下简称王）：尤老，请讲讲您的家世和小时读书的情况好吗？

尤广才（以下简称尤）：1919 年 9 月 3 日，我出生在峄县台儿庄一个书香门第，老家紧挨着台儿庄顺河街关帝庙。

我有位本家祖父叫尤民，字超凡，他曾参加过同盟会，后来反对袁世凯，在山东积极进行“倒袁”活动。1916 年 8 月，他南下投奔孙中山，结果被保皇派的张勋部属发现，将他逮捕押解至徐州，最后处以剥皮极刑。这一点在我小时候就对我触动很大。

我的祖父尤以诚是清代童生，一生设馆教书，可惜到了我父亲尤惟一这一辈，家道中落，最后居然破败到家无隔夜粮了。更不幸的是父亲和祖父同时因病去世，一口棺材停在西屋，一口棺材停在南屋。那时家里一贫如洗，除了满屋子散乱成堆的书，年幼的我翻来翻去不愿意放手，也不知道哭。那年哥哥 15 岁，我不满 4 岁。

母亲 40 多岁才生的我，家中变故，此后全靠母亲一个人操持生活。她给人当过乳母，还帮人缝缝补补，受尽了劳累，两个手指都累得伸不直。每逢年关也是穷人的难关，母亲总是心情不好，不是找碴儿拿我撒气，便是无缘无故痛哭。这个时候我总是呆若木鸡，不知所措。

虽然日子过得艰难，但是母亲是个有慈悲心肠的人，她信佛，碰到要饭的到我家门口，她总是要撕下一块煎饼打发他。母亲也出身于耕读世家，虽是文盲，但很明事理。她常挂嘴上的有两句话：“有志不在年高，无志空长百岁”，“人过留名，雁过留声”。

4. 到图书馆工作

我 10 岁那年，已成年的哥哥在枣庄中兴煤矿公司谋得警卫的差事，就把家迁到了峄县三清观，这时我才开始上学，但已经比正常的学龄儿童晚了三四年。家里依然是非常贫穷，以至于学校几次催促交学费，记得最后还是母亲把从台儿庄老家带来的一只下蛋的老母鸡卖了，我才交了学费。

我的初小是在县城东南角的文昌阁小学上的，前后上了四年。14 岁时，我初小毕业，升入峄县北街高小，当时流行美国教育学家杜威的实用主义教育思想，对我印象非常深刻的是峄县北街小学校门口两侧，写着杜威的名言，是一副对联，上联是："学校即社会"，下联是"教育即生活"。

除了国文、算术，高小又增加了历史、地理、自然、公民等课程。阐发三民主义的《党义》课本是小学的必修课。国共两党纷争，连我们这个县城小学也波及了。峄县北街高小直属县教育局，有的老师是国民党县党部的干部，有的老师还是共产党党员。高小每周一举行总理纪念周活动，教政治的老师做时事报告，经常向我们讲江西"剿共"的事，但是我们这些半大孩子听来总是无动于衷，还不晓得"剿共"是怎么回事。

1935年夏末，黄河决口，鲁西南菏泽等地十几个县受灾，大批灾民涌进了峄县城，被临时安排住进县城东关的文庙和北门外的寺庙道观里。县里要求给灾民补习文化，每天教灾民识字，这时候我正好高小毕业，就很高兴地到文庙干了这项工作，虽然没有分文报酬，但可以领到一些粮食，以解家中断粮之忧。

就在这时，峄县图书馆馆长孙海秋突然发现了我，看到我当文化教员很能吃苦，就非常欣赏。救灾结束后，他把我安排到图书馆当了练习生，具体负责保管图书，每月补助六块现大洋。见到我能找到工作，母亲高兴得不得了，而让我最高兴的是能够看到图书馆内丰富的藏书，借着这个机会学习，通读了很多书，像胡适、冯友兰等人的哲学著作，梁启超的《饮冰室合集》，以及《东方杂志》《独立评论》等。

1937年，卢沟桥事变发生，全面抗战爆发。当时媒体不发达，订阅报纸的人少，当地拥有收音机的人就更少。山东省城济南都没有电台，只有南京中央广播电台。图书馆为了宣传抗日，专门购买了一架晶体管收音机，从此收听和记录新闻，就成为我的兼职工作了。

每天晚上11点，我收听南京中央广播电台，快速记录新闻，而后校正誊写，每晚12点以后才能睡觉。第二天一早，孙海秋馆长再把抗战新闻写成大字报，一写就是七八张，由我骑着自行车到县城四个城门和街道上张贴。

那时我十分自豪地向人夸耀：我参加抗日宣传了。

5. 离开家乡投考黄埔军校

王：您是怎么考取的黄埔军校？

尤：1938 年 3 月，日本人过了滕县，12 架飞机开始轰炸枣庄煤矿，峄县县城不保，我一看待不住了，就决定逃亡，先是在峄县乡下躲了一个多月，觉得那里也不安全，而且战事进展太快，如果再不走可能就走不了了。当时我也是满怀爱国热情，听到《大刀进行曲》《九一八》这些歌曲时热血沸腾，就想流亡到大后方，去参军抗战，但唯一觉得放不下的是我母亲，她当时已经 60 多岁了，根本不想让我走，但也肯定留不住。养儿本是为了防老，当下是国难当头，忠孝不能两全了。

1938 年 5 月，我跪别了老母亲，孤身一人从峄县乡下出发，一口气走到了徐州附近。看到炮火连天，心里很是发愁，分不清是走到敌占区还是进了我军的防区。

那时候徐州已经是岌岌可危。台儿庄战役后的 5 月 15 日，中国军队为保存实力，第五战区国军开始撤离徐州，由张自忠将军所率领的第五十九军等少数部队殿后，掩护主力撤退，并在四天之中，完成了主力撤退计划。

此时也正是我逃到徐州的时候，正赶上了大部队越过津浦铁路，向西经皖北和河南潢川方向迅速撤退，逃难的大潮也开始汹涌。我就夹杂在国军的军队里，部队走我就走，部队休息我就休息。逃难的老百姓慌不择路，只好白天黑夜都跟着部队走，每天要走七八十里。我从没有徒步走过这么长的路，而且要跟着部队在夜间急行军，沿路河道纵横，很多时候不得不涉水前行。累极了，疲乏极了还得坚持走，怕敌人追上来就没法子了。那时我总感觉到渴，到一个村庄就赶紧找水井喝水，其实是因为流汗盐分消耗太多，喝水以后也根本不解渴。

我跟着撤退部队，从山东经过江苏，在宿县越津浦，过铁路到达了皖北，在凤阳渡过淮河，又从安徽颍上走到河南潢川，完全靠两条腿。我穿着母亲给我做的一双鞋，都能看见鞋底穿洞了。一路尽是逃难的百姓，我清楚地记得当时冬小麦都黄了，有些地里小麦黄得都发干了，但是战时人心惶惶，没人有心思去收割。

开始逃亡的时候，路上没饭吃，都是走到哪儿，就向当地的老百姓要饭。过了淮河以后，国民党军队在后方都有收容所，就相对比较安定了。我印象比较深的是皖北的民众抗战热情很高，对我们这些流亡的学生很好，但会责骂国民党官兵：你们为什么要撤退？

我到河南潢川以后，住进了旅馆。发现旅馆有张告示，说抗战青年团的战干团一团正在招生，我觉得这是好机会，马上去报考。不过，当时还有一个很现实的原因：没钱了。从家里走的时候，我身上只有6块现大洋，现在不投考也实在没办法了。其实跟着军队逃难的时候，也有官长想让我当兵，但是我不愿意当兵，因为我是学生，还是想投考后方军校，想有学上。

这个战干团在当时有个大背景，它是1938年1月在武昌由蒋介石开始创办的，而实际负责人是教育长桂永清，专门招收沦陷区青年，包括回国参加抗战的华侨青年，文化水平参差不齐，有大学生、留日学生，也有初中毕业生。特别是日军侵入内地后，北平、天津、南京、上海的学校大部分都停办了，各地流亡到后方的男女学生数量越来越多。早在台儿庄战役之前，李宗仁就创办了"第五战区徐州抗战青年干部训练团"，受训学员有四五千人，各地青年来投奔的依然络绎不绝。潢川训练团也创办了，但因故后来停办，"战干团"又接着招生，成为流亡青年的战时收容所。因为战时需要，战干团降低了录用标准，所以，我虽然只有小学毕业，但是凭借勤奋自修，发榜时居然名列前茅。

1938年6月，我被战干一团录取，很快从信阳坐火车抵达武昌，就驻扎在武昌师范学院，但我流亡的生涯并没有因此而结束。1938年8月22日，武汉会战全面展开，此前，国民政府就开始把重要的物资、工厂都往后方转移，战干团也奉命向后方转移。

1938年8月，战干团开始陆续从武昌驻地出发，经蔡甸、仙桃等直至沙市，8月中旬在沙市渡江，经过澧县、临澧到达湖南的常德。9月，战干团全部迁至湖南桃源县，团本部进驻桃源县城，师生们得以进行了短暂休整。

在桃源，我度过了一段难得的安定时光，进行了正规的军事训练。战干团起初设立了军事、民训、军训、政训四科，分别培养军事干部、地方武装警察干部、中专学校的军事教官和军队政治工作人员，后来就只设政训科以及直属军事队。我不想干政治，就想当军人到前方杀敌去，所以桃源分科的时候便申请进了军事科。

然而好景不长，1938 年 10 月 25 日，武汉沦陷。战干团又陆续向四川转移，1939 年 4 月，战干团结束了历时 8 个月、长途跋涉约 30 个县市的大转移，抵达四川。我当时就驻扎在綦江三角镇，没有营房，我们就住在老百姓家里。战干团的骨干教官大多是中央陆军军官军校出身，训练的内容和要求基本上承袭了中央军校的模式。我们学习了军事教程：《步兵操典》《阵中勤务令》《射击教范》《筑城》等基本功课，此外还有野外训练和学习打仗的基本技术。

因为战时前线干部折损严重，战干团缩短了训练时间，我们的正式训练不足一年，便于 1939 年秋天毕业。1939 年 9 月 14 日，恰逢第一次长沙会战爆发，大批同学便直接分配到了长沙，加入当时的第九战区代司令长官薛岳的部队。日军当时出动了十万兵力，最终被薛岳率部英勇阻截，第一次长沙会战胜利结束，但战干团的很多同学在这次会战中壮烈殉国。

毕业的时候，我因为成绩好，没有分配到部队，而是留在战干团里当了区队长，直到一年多后战干团被裁撤。

从 1938 年创办，到 1941 年结束使命为止，战干团共办了六期，各期毕业学生，加起来有 1 万多人。战干团学员的学籍一律按中央陆军军官学校毕业生同等对待。我们那期十分幸运，招生时还是战干团，但毕业的时候，已经发的是中央陆军军官学校的文凭，合并到中央军校二分校第十六期，我也领到了具有标志意义的佩剑，中央军校后来统称为黄埔军校。

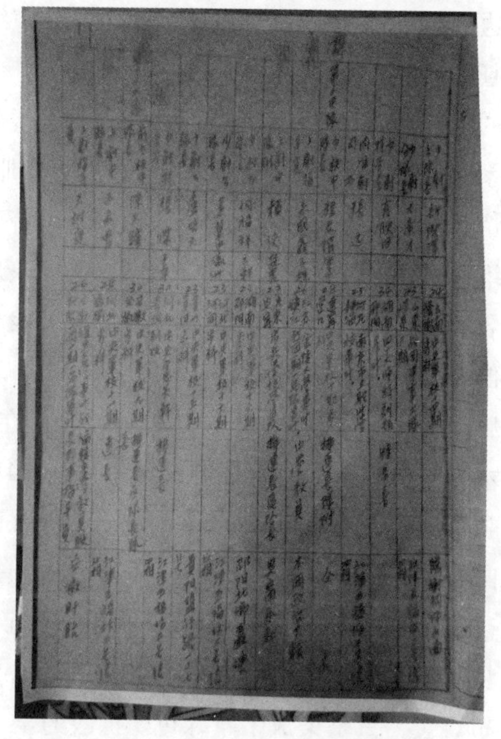

图114　尤广才战干团登记表

中央陆军军官学校二分校其实离我受训的綦江相去甚远，当时驻扎在湖南武冈，原为武汉分校，1938 年 3 月奉命南迁到武冈。战干团合并到二分校后，该校编制内便下辖三个大队，即驻扎在武冈的两个大队，驻扎在綦江的一个独立军事大队，后者又分成三个中队，包括我们第十九中队。当时每个中队大约有 150 人。我还清楚地记得我们中队长的模样，他的名字叫高振芳，是军校十期的。

6. 赴缅甸远征抗日

王：您军校毕业以后，被分配到哪个部队，讲讲这期间的经历。

尤：1941 年春夏之交，战干团解散后，经人介绍，我被分配到云南，进入国民革命军第五十四军黄维的部队。第五十四军下辖第十四师、第五〇师、第一九八师，军长黄维是黄埔军校一期毕业生，参加过淞沪会战、武汉会战、缅甸反攻战，为抗日立下汗马功劳。1939 年，日本军队攻占越南后，在滇越边境集结，严重威胁到大后方的安全，黄维曾亲率第五十四军由昆明紧急赶赴滇越边境支援。

我当时所在的第五十四军就属于国民党中央军的精锐部队，基层干部多来自陈诚的嫡系部队。黄维很重视我们这些受过专业训练的知识青年，开始把我分配到特务营里当排长。我曾有一段时间负责警卫，经常有机会和他在一起，黄维那时还担任昆明防守司令等职，我印象最深的就是黄维宴请昆明那些有名的学者，他请客时，我基本都在场。我当时和黄维关系很不错，现在和他的女儿黄慧南还保持着联络。

到云南一年后，我升任第五〇师特务连连长，先后在滇越边境线上，比如云南文山古木、芷村等地驻防，防御日军进犯。1941 年 12 月 7 日，也就是我到云南驻防的第一年，日军偷袭珍珠港，太平洋战争爆发。中国在独力抗战苦撑四年后，成为世界反法西斯盟国中的一员，但是老百姓的生活却每况愈下，前线抗日官兵的给养也严重缺乏。第五十四军身为中央军的嫡系精锐，装备已经相对杂牌军精良，但我们那时穿的军服都是粗麻编织的，像个麻布口袋，只是染成了草绿色。抗敌的士兵们连饭也吃不饱，米里掺了很多稗子，天天吃盐水煮青菜，几乎见不到肉。

此外更让我头痛的，就是逃兵不断。因为战场上伤亡不断增加，需源源不断地补充兵力，但当时能招募的兵都已经招募了，最后募集不来就干脆抓兵，可是进到部队里又吃不饱、穿不暖，只好当逃兵了。我当连长时，就经常遭遇逃兵事件，一逃就是四五个，上面知道了还要处分你，说你怎么带的兵，把兵都弄跑了？我受了不少气，很苦恼，但是没有办法。我是黄埔军校毕业的，尚有爱国主义情怀，总不能像士兵一样逃跑，再说，又能逃到哪里去呢？士兵也是逃出这个单位，又逃到那个单位。有些逃回家，又出来当兵。兵荒马乱的岁月，又有哪个地方能安身立命呢？

我们只能对士兵加紧看管，有逃兵就去抓，有些能抓回来，有些根本找不到了，只好再就地补充兵源，弥补缺额。不过兵越来越难征了。有的地方出现了“娃娃兵”，我连里的士兵年龄也都不大，也有的还不到 18 岁。新兵的体质也开始下降。听说后来再征新兵，10 个人中只有 3 个勉强够上健康标准，而这 3 个人日后还被送到了远征军为国出战，可见当年国民党军队抗战之艰苦。

王：听说您参加了中国远征军，请讲讲那段经历。

尤：1944 年 4 月，我被调入第五〇师，和第十四师一起被编入中国驻印部队，从云南祥云驿机场空运入缅甸作战。此次是中国军队二度远征。缅甸与中国的云南和西藏接壤，控制着由马六甲进入印度洋的要道，是陆上通往中国的重要门户，也是抗战时中国通向外部的唯一生命线。1942 年，第一批中国远征军约有 10 万人入缅作战，由于盟军内部协同不当，高级指挥官失误，伤亡达 5 万多人，几乎折损过半，余下部队一部分撤入印度，一部分则由缅甸撤退到滇西。

1943 年 2 月，蒋介石任命陈诚为远征军司令长官，后来陈诚因病辞职，由卫立煌接任，负责训练部队，筹划反攻方案。我所在的五〇师也经常向官兵宣讲缅甸战场的局势，人人都做好了反击缅甸日军的准备。卫立煌亲自检阅部队，我印象特别深的是他当时留着的小胡子。

图 115　尤广才在远征军时的留影（画圈者为尤广才）

我们是从云南祥云驿机场登机的，沿着驼峰航线，从昆明直飞印度的汀江机场。其实并没有驼峰这个地理名词，驼峰是美军的说法，因为其间需要飞越被视为空中禁区的喜马拉雅山脉，下方群山耸立，好像骆驼的峰背。这是世界上最艰险的一条航线，机毁人亡的不幸常常发生。我们上飞机之前，也进行了跳伞训练，不过只训练了很短的时间，每个人发一个背囊，里面装着一个降落伞，教大家在紧急的情况下，能够从空中跳下来逃生。

我记得我们那次“穿越”驼峰飞了三个多小时。我坐的是C47美式运输机，能够装载40多个人。飞机飞得太高，高空寒冷，空气稀薄，极度缺氧，我在飞机舱内冻得直打哆嗦，下飞机之后，我听说有体弱的士兵竟然在飞行中被活活冻死了。而穿越“驼峰”时，飞行高度近1万米，汀江机场的海拔不过200米，如此巨大的落差，更让人难以承受，飞机着陆许久后我的两耳还嗡嗡作响。

关于这一段经历，我事后还填过一首词，题为《念奴娇·飞越驼峰》：

穿越云海，战心切，大军远征印缅。
驼峰横亘，听说是，海拔万仞险关。
敌炮轰隆，高寒抖颤，胸中烈火燃。
遥想当年英武，觅敌求歼，敢骑虎登山。
万里擒贼囊物探，国威军威赫显。
战地神游，激情油然，重现当年。
疾风劲草，无愧吾生人间。

7. 印缅的环境苦不堪言

到达汀江之后，我们一踏上异邦的土地，首要的事情就是防疫。机场就地搭建了一个浴池，我们每个人脱掉军装，先集体洗了个澡，而后又排队等待军医给我们打防疫针。印缅气候湿热，疫病很容易流行。在攻打密支那的战役里，我听说一个美军上校就在行军途中死于斑疹伤寒。中国远征军第一次入缅作战时，杜聿明也曾患伤寒，被人用担架抬着走。这次我们全体官兵一入境就都注射了疫苗，后来果然安全无恙。

处理完防疫事宜，紧接着就是更换装备了。中国驻印军的全部补给来自租借法案中的援华物资。当时军服由英国供应，我们每个人都换上了与英军相同的米黄色新军服，装备则由美军供应。我领到了美军军用睡袋、毛毯、蚊帐、面罩等防蚊用品，以及防蚂蟥的666粉。那个美军睡袋后来传给了我女儿，她想念父亲，在黑龙江建设兵团插队时把这个睡袋带到了北大荒。害怕被人告发，她还把睡袋改成了褥子，把“US”字母用布缝在了里面。如今这个睡袋已经被捐赠到中国人民抗日战争纪念馆，既是我们父女情长的见证，也是这段历史的见证。

虽然有了质地优良的美式军服装备，我仍然觉得很心疼。我们出国前，每个人都特地换发了一身新军装，为了防疫，却和背包一起都被投入了熊熊大火。我们在国内新发的毛毯也被烧了。要知道那时中国的部队还被称作是“草鞋部队”，赫赫有名如贵州草鞋兵，还不得不赤脚穿草鞋，抵抗穿皮鞋的日军。

我们在印度顶多待了半天，没有过夜，因为战况紧急，部队换上美式装备后，立即又登机飞往缅甸重镇孟关。

一个月前，中国驻印军的第三十八师和第二十二师刚刚攻克了缅北门户孟关。我们到达孟关时，还能看见双方血战的痕迹，机场附近到处是被战火烧焦的森林，满地都是炮弹壳。进入缅甸，我们就完全听从美国方面指挥了。美军安排了那种有十个轮子的大卡车，一辆车能装四五十人，很多辆车绵延不绝，把空运来的中国部队直接拉进了大森林里。下车的地方有一条小溪，我们领了砍刀、斧头和锯子。砍刀当时是必需品，每人一把，行军时候披荆斩棘，宿营可用来砍柴

图116　印缅战地风光

劈树。我们在靠近水源的地方，开辟了一片宿营地，搭上帐篷就驻扎了。

我觉得军队生活质量一下提高了，不仅吃饱穿暖，打仗还随时有弹药补充。缅甸不冷，穿件毛衣就可以过冬。我们天天可以吃到美军的牛肉罐头，但后来吃腻了，大家都不想吃了，也有大米可以随便吃，只是大米由英国供应，不太新鲜，吃起来有味道。后来又吃到黄豆罐头。因为长期吃不到新鲜蔬菜，我们有时也会出去挖野菜，不过所获有限。

当时的补给完全靠美军空投供应。我们为此还专门学过布板通信。空投的时候在森林中开辟一块空投场，铺上白色的布板，这是一个近 1 米宽、3 米长的白色布条。装在麻袋里的大米一般就直接抛下来，投递罐头的降落伞是用白布做的，投递军械弹药的降落伞则是彩色的人造尼龙丝。这些降落伞投下来以后美国人也不要了，师部的军需处就收留起来。听说有人拿来做衬衣或被面，或者缝成布袋装炮弹。我则亲眼看到师部的人拿来搭帐篷，师长的帐篷就是用人造丝制的降落伞搭起来的，看上去很高级。

部队的生活条件得到了极大的改善，国内令我最头疼的逃兵问题也解决了。在大森林里面士兵逃不出去，也不想逃了，士兵战斗意志提高了，当排长当连长的更高兴了。那个时候发卢比，我还记得连长一个月大约 200 多卢比吧，是印度钱，缅甸也可以用。

驻扎在缅北丛林里，看不见天日，都面对面了才看见有人。印象最深的就是整天听到猴子叫。刚到缅甸的时候，大森林里面太孤单，猴子一叫，有些胆小的士兵夜里睡不着觉，惊恐地大叫起来，其他人也跟着大叫，整个营地都惊动了。每逢这个时候，我都会严加训斥，说你要闹营我就处分你，你要乱七八糟的不行。

我们几乎与世隔绝，普通官兵看不到报纸，也收听不到电台。我只在缅甸腊戌由师部组织，收听过一次蒋介石广播讲话，内容是鼓励大家，抗战就要胜利了。

8. 西保战役立功勋

王：请讲下您最难忘的一次战斗。

尤：西保（Hsipaw）战役是我在抗战中亲历的唯一一场战役。我当时任师属特务连上尉连长，负责警戒搜查工作，并不直接参加战斗。但是奇袭密支那战役过后，全连官兵都想打仗，他们鼓动我去找第五〇师师长潘裕昆请战，师长很支持，西保之战时，就把我们连配属到第一四九团第二营。第一四九团当时的团长叫罗锡畴，是黄埔七期毕业生。张永龄任第二营少校营长，他是我的山东老乡，1941 年，我们同时在第五十四军军部教导队工作。1944 年，我们又都被调入第五〇师，跟随潘裕昆少将远征缅甸。第二营是个加强营，西保战役中负责沿公路正面进攻市区。

这一仗打得很惨烈，拂晓开始攻击，一直打到中午敌人还在顽抗。我的连当时有三个排，一排和二排打冲锋，三排作为预备队。我心里很着急，亲自带着贴身号兵和传令兵直接到第一排去督战。结果被日本狙击兵发现，号兵周勇当场被打死，牺牲时还不到 20 岁，每次想起他我都非常难过！

狙击兵的目标一般是对着指挥官的。当时我不敢怠慢，连忙倒地摸爬滚进，上到火线一看，一排正在和敌人肉搏拼刺刀呢，赶忙让传令兵再叫第三排支援。两个排并肩作战，又拼了半个多小时的刺刀，敌人才溃退。我们乘胜追击，一直追到伊洛瓦底江支流瑞丽江边。

这一仗，我们连伤亡了 27 人。《陆军第五〇师缅甸西保战役有功官兵勋绩表·附表八》里，当时师部对我的评价是："忠勇果敢，指挥从容，行动坚决，于 3 月 16 日攻破敌坚固阵地，一举追敌至数英里，使敌不遑而抵抗。"

我是主动请战的。当军人的，特别是黄埔军校出身的，哪想到过怕死？每次打仗我都跑到头里去，就是一股劲，也想不到那么多。

缅甸大反攻之所以能够取胜，美式装备功不可没，这极大地鼓舞了中国军队士气。当时一个连配备了四门 60 迫击炮，以前想都不敢想。我对这些武器并不陌生，都试射过。出国之前，我曾在云南祥云驿机场附近参加了美军举办的一个军官训练团，这个训练团轮训连长、排长，教我们学习热带丛林作战技术和使用美式新武器作战技术，而后再由我们传教给士兵。一个月的时间里，我们学习了如何使用 60 迫击炮、美国 30 步枪和冲锋枪，还学习使用专门攻击坦克用的火箭筒。我记得当年我最喜欢的是

60 迫击炮，因为能够伴随步兵战斗行军，很轻便。

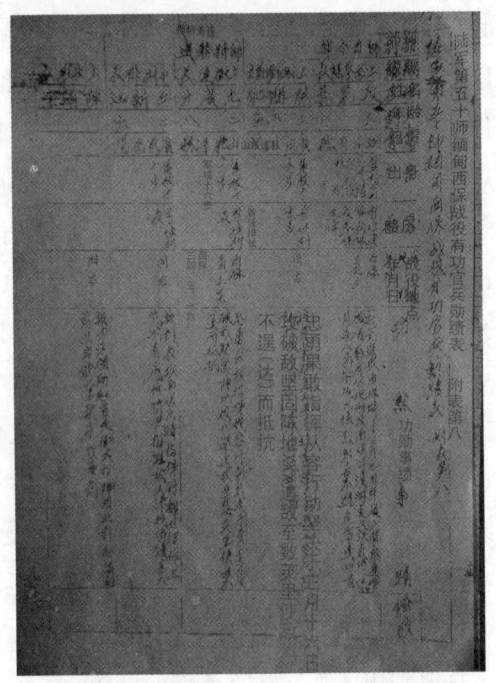

陆军第五十师缅甸西保战役有功官兵勋绩表　附表第八

图 117　尤广才西保战役勋绩表

在缅甸作战时，一切联络均靠美军。美军给中国远征军每个步兵连都发了一部步声机。步声机不像现在的手机那么方便，体积又大又笨，需要背在身上，但是它对传达准确作战信息很重要。只是中国士兵文化低，很多不会用，不久就用坏了，不得不拿到美国人那里修。那时我便有感觉，当一个现代军人，文化素质太低不行，否则就掌握不了现代技术，打不了现代战争。

打下西保以后，缅甸人还派出歌唱队来劳军。但是西保战役后不久，我不幸在一次实战演习时，因为一个士兵误踩日军地雷，当场死伤了好几个人，我也负了重伤，弹片从右肋穿进体内，右腿膝关节也飞入弹片，我被送进了密支那后方医院，受到美国医护人员的精心护理。

王：在此期间您和盟军交往多吗？

尤：我对美国人的印象不错。驻扎缅甸期间，我们和盟军打交道最多的就是美国人。我和美国战地摄影队的5个摄影兵关系不错，那时敌人还没完全溃退，摄影兵很勇敢，哪里放枪，他们就赶去哪儿拍摄，我负责保卫，一直跟在后面。那时照相还不普及，找他们留下点影像就好了。临分别时，他们还送我一条美式军裤，可惜没保存下来。后来晏欢（深圳建筑师，抗日名将潘裕昆的外孙——编者）到美国国家档案馆找到了这5个摄影兵的照片，其中有些人我还有印象。

不过，我也有与他们起冲突的时候。有一次，一个美国黑人工兵侮辱我连里的士兵，我气不过，集合全连，扛上枪想去和他理论，团里的联络官把我劝住了。后来潘裕昆也没有处分我。

9. 胜利回国

王：你们是什么时间回国的？

尤：1945 年5 月，我所在的第五〇师胜利完成远征使命，经由缅甸腊戌回国，预备进攻雷州半岛，收复国土。我们走到的时候，突然改变了方向，再朝广州进发。军队高层并没有及时传达消息，走到梧州时我才知道日本人投降了。梧州百姓兴高采烈，高举旗帜迎接我们这支劳苦功高的远征队伍。我们原本是急行军，现在突然逍遥自在了，每天只走几十里路，就这样慢悠悠走到了广州。长途流亡，连年征战，突然遭逢胜利的狂喜，我觉得好日子终于盼来了。

王：说说您的家庭情况。

尤：1948 年春，我的部队驻扎沈阳辽中县茨榆坨村，距离妻子的家三台子很近，她当时还是中学生，我是少校团副，和营长平级。经过一位同事介绍，不久便结婚了。婚礼办得很风光，新一军军长潘裕昆出席了婚宴，还派自己的座驾让我去接新娘。

图 118　尤广才与杜婉结婚照

不过，当潘将军看过妻子面相后，他断言我们的婚姻不会白头到老，果然让他言中。

1949年5月，我拿着解放军军官教导团发给的“尤广才安善良民准予返回沈阳”的证明被遣返回家，与妻子杜婉团聚。

1959年春，因我的“历史反革命”身份，被发配到了北京茶淀清河农场，开始了6年劳教生活。

劳改期间，妻子和我离异，后来她得了严重的精神病，不到60岁便离开人世。而我则从38岁离婚开始，再未结婚。

10. 返回枣庄

王：您是什么时间回到枣庄老家的?

尤：1965年3月，劳改结束，我这个昔日在台儿庄出生的孩子，两条腿踏遍了山东、江苏、安徽、河南、湖北、湖南、四川、贵州、云南、广东，包括香港，不亚于红军二万五千里长征，最终又被遣返回山东峄县老家，当时已经改称枣庄市，靠做临时工过活。

我已离家30年整。亲人都不敢接纳我，把我撵出来，无奈，我自己只好在外租间小房居住。1965年秋天，下到西王庄公社后，做赤脚医生，当民办教师。“文化大革命”一开始，就下地劳动，掏大粪，养猪，种棉花，修堤坝。

图119　尤广才（左）与作者合影

直到1988年，我才得以和亲生女儿相见。女儿感慨，说海峡两岸隔绝近40年，而我们父女虽然同在大陆也相隔了20多年。

王：听说您在王庄中学教过英语？

尤：1980年，我才完全摘掉了“历史反革命”的帽子，开始重新学习英语。早年远征缅甸时，国内派来了很多有文化的青年当翻译官。我曾经跟其中一名翻译官学习英语，他送给我林语堂编著的一本初中英语课本。在接受美式劈刺训练时，我也跟一位美国上士学过几句口语。如今旧梦重现，村里的人都讥笑我：“老尤吃饭、睡觉、点灯熬油都在学英语，学说外国话有什么用呢？”

结果平反后，西王庄中学开设了英语课缺教师，就聘请了我。这是意外惊喜，我一边教学，一边刻苦自学，从初中到大学的英语课本我都熟悉了，学校的升学率也大大提高。我从民办教师转为公办教师，被评为中教一级。1989年，中国教育国际交流协会和美国国际应用教育协会联合举办了山东省中学英语教师读书竞赛，我获了三等奖。我还参加了山东枣庄《金瓶梅》国际学术研讨会，能够现场用英语和美国、法国专家交流，我感觉很光荣。

1992年，我70多岁的时候，从枣庄西王庄中学退休。再回头看看教过的那些学生，我很骄傲，有的竟考上了北大。退休后，女儿把我接到了北京安度晚年，开始了另一段人生。

王：说说您参加黄埔同学会以后的一些社会活动。

尤：我移居北京以后，就积极参加黄埔同学会组织的各种活动，同时也更努力地学习英语，翻译了大量的资料，被评为朝阳区统战对台信息工作先进，“非典”时期，被评为朝阳区统战系统防治“非典”先进个人。在我85岁的时候，还高票当选了北京黄埔同学会的理事。

11. 黄埔精神是什么

王：您怎么看黄埔精神？

尤：1938年，我考进黄埔军校后就学唱《军校校歌》：“怒潮澎湃，党旗飞舞，这是革命的黄埔。主义须贯彻，纪律莫放松，预备作奋斗的先锋。打条血路，引导被压迫民众，携着手，向前行，路不远，莫要惊，亲爱精诚，继续永守。发扬吾校精神！发扬吾校精神！”《校歌》体现了黄埔学生为实现孙中山先生“三民主义”而奋斗的精神。爱国主义、精诚团结便是黄埔精神的核心。黄埔军校在中国现代史上起到重大作用，为东征、北伐统一全国，为抗日战争、打倒日本帝国主义和民族独立建立了不朽的功业，是中华民族历史光辉的一页。

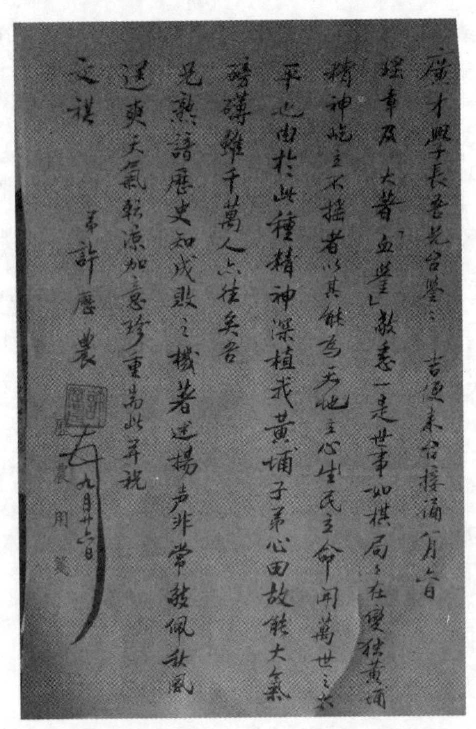

廣才學長吾兄台鑒：　吉便來台接誦八月六日
瑶章及　大著「血壘」敬悉一是。世事如棋局，局在變，然黃埔
精神屹立不搖者，以其能爲天地立心，生民立命，開萬世之太
平也。由於此種精神深植我黃埔子弟心田，故能大氣
磅礴，雖千萬人亦往矣。吾
兄熟諳歷史，知成敗之機，著述揚声，非常敬佩。秋風
送爽，天氣轉涼，加意珍重。耑此　并祝
文祺
弟 許歷農 九月廿六日
歷農用箋

图 120　国民党陆军上将许历农给尤广才的书信

1945 年 8 月 15 日日本投降，抗战胜利，本应是中华民族复兴的大好时机。不幸，世界格局发生变化，以苏联为首的东方社会主义阵营和以美国为首的西方资本主义阵营冷战对抗。三年内战使国家和人民陷入痛苦深渊。迄今，海峡两岸民族分裂，西方国家仍以冷战思维敌视中国，这严重污染黄埔精神——爱国主义和国家民族团结。

值得庆幸的是 1978 年 12 月，邓小平主持的中国共产党十一届三中全会实行对内改革，对外开放政策。近几年来，在一个中国原则下，推动海峡两岸和平统一取得令人鼓舞的发展，告慰了为抗战牺牲的数十万黄埔同学的在天之灵。

历史昭示现实和启迪未来，一代黄埔同学已成为历史，但是他们留下的黄埔精神却永垂千古。当前经济发展，人民生活提高，国家富强，这种局面应视为前辈中国人民为反对帝国主义侵略，流血牺牲换取的结果，他们打下了国家富强、民族复兴的基础，才有今天的社会发展。传承前人爱国主义精神是永葆国家民族青春的动力，是社会和谐发展的基本保障，也是维护世界持久和平的前提。

爱国主义在不同历史时期有其不同内容，亲爱精神、团结一致有其前提条件。1840 年鸦片战争到 1937 年日本帝国主义发动全面侵华战争，这一时期的爱国主义就是为捍卫国家领土主权，与敌人血战到底的精神。处于当今和平时期的爱国主义，就是全体国民树立“国家兴亡，匹夫有责”观念，人民在自己的权利职责下，为国家富强做贡献。

精诚团结使国家民族凝聚团结在一起，这是世界观的问题，世界观必须符合国家民族利益，必须符合人类命运共同发展的方向。中华传统文化是以人为本，以人文为基础的文化，是五千年来逐渐形成的，它不但对东亚文化有着深厚影响，也符合西方以古希腊文化为基础的博爱、自由、平等、民主现代文化。

黄埔学生在入伍后即授以孙中山“三民主义”教育，把这一教育称作“军人魂”。早读《党员守则》，晚读《军人读训》，两者内容都是以中华传统文化为宗旨的教育。“三民主义”都是以中华传统文化结合近代民族、民权、民生三大主题而形成的思想理论体系。1922 年，第三共产国际代表马林问孙中山“三民主义”的思想理论基础，国父孙中山说：“中国有一道统，尧、舜、禹、汤、文、武、周公、孔子相继不绝。余之思想基础即承认这一道统而发扬光大耳。

抗战胜利，废除不平等条约，民族问题得到解决。但是民权和民生问题在大陆仍未彻底解决。政府官员腐败，社会贫富两极分化，这是民权问题，也是民生问题。怎样解决这两大问题呢？邓小平说过，改革开放不要再问“姓资”“姓社”。邓小平理论我体会为：资本主义生产方式，社会主义分配制度，这为解决民权、民生问题指出了方向。

我出生于1919年，目睹中国现代史变化。我是抗日战争的功臣，东北三年内战，转瞬之间我成为“历史反革命”。历史就是这样走过的，对此我无悔无怨，我与国家同呼吸共命运，认真总结现代史留下的宝贵经验和教训，就能为国家民族开辟光明道路。我虽届耄耋之年，仍觉身体健康，思维敏捷，热爱学习和探索问题。若问受什么精神主使，那就是黄埔精神——爱国主义和期望国家民族团结，从而促进世界和平和谐发展。

王：您怎么看“中国梦”？

尤：国家主席习近平为贯彻人大、政协两会精神号召共筑“中国梦”，这引起世界注意和全国热议，我以黄埔同学身份也来参加讨论。黄埔同学为实现“中国梦”有着强烈愿望，东征、北伐、抗日战争，废除列强在华不平等条约，为国家统一、民族复兴奠定基础，建立了不朽功勋。

Veterans: NGOs push case for KMT 'heroes'

State urged to play leading role in offering help

图121 外文报纸报道尤广才事迹

“中国梦”是什么？包含哪些内容？怎样才能圆梦？追溯源头探索因果，揭示历史经验教训是圆梦的前提。“中国梦”就是中华民族复兴，国家繁荣昌盛，中国人民过上康乐生活。

历史是承前启后留给子孙的一面镜子，是不能被阉割或任意漂白的，阉割历史就等于对国家民族犯罪，是中国人民不能容忍的。今日追溯历史，接受历史教训，就是要发扬中华民族伟大精神为全人类做贡献，实现中华民族伟大复兴的梦想。

共筑“中国梦”必须完成三大任务：一是完成海峡两岸和平统一，二是消除改革开放后的政府官员的贪污腐败、社会贫富两极分化、环境污染生态失衡，三是化解美国战略转移亚太围堵中国。

在当前国内和国际形势下，要实现“中国梦”首先要维护共产党的领导和加强改革开放。经过30多年改革开放，经济发展，国力增强，人民生活普遍提高，现在成为仅次于美国的第二大经济体。共产党成为全国56个民族大家庭的核心力量，破坏共产党领导就等于分裂国家，再度陷入封建社会“分久必合，合久必分”的王朝更迭混乱中。

实现“中国梦”有两大目标，战略性目标，即建立什么样的世界观；现实性目标，即完成上述三大任务。

习近平主席号召“共筑中国梦”，我觉得这只许成功，不能失败。

12. 两次受到习主席接见

王：近些年来，见您在很多媒体上出现，讲讲这方面的情况吧。

尤：这个和我结识了潘裕昆将军的外孙晏欢有关。2007年，通过昔日远征军总司令卫立煌将军的儿子卫道然，我结识了晏欢。多年来，他耗费巨大精力，多方寻找潘将军故交，重新记录历史。晏欢从珍藏的家庭老照片中发现了我和妻子的合影，并完璧归赵。在南京第二历史档案馆找到了当年我在西保战役立功受奖的功勋证明，对我来讲，这些都是意外之喜。

图122　习近平主席接见尤广才

另外他还帮助我完成了一个心愿，与昔日国军的顶头上司张永龄相见。张永龄在西保战役时任第二营营长，后来升任第一四九团团长。东北战败后，就此别过，再见已经是 60 年光阴。在南宁张永龄家中，我们两个近百岁的老人抱头痛哭。

2008 年 11 月，我参加了赴滇西“抗日远征军追忆行”。

2010 年 12 月，我受中华精忠慈善基金会邀请，参加在香港举行的南京大屠杀悼念晚会。期间，我向 25 个学校的香港师生讲述了远征军历史。

2011 年我写完了自传《血鉴》，已经由团结出版社出版。

2014 年 7 月 7 日是“七七事变”77 周年纪念日，纪念活动在中国人民抗日战争纪念馆举行，我作为抗战老兵代表，受邀参加。9 月 3 日，被法定为我国第一个抗战胜利纪念日，我又荣幸地参加了那次纪念活动，在不到三个月的时间里，我两次受到习总书记的亲切接见，感到无比自豪和无上光荣。

25岁开始追随吉鸿昌，参加多伦战役抗击倭寇，继而考取黄埔军校。两次参加远征军，走出野人山，他是幸存者。但新中国成立后他是冤屈者，“恨不抗日死，留作今日羞”，是他的临终遗言。他就是黄埔军校第十期毕业的中国远征军营长——王毓珍。

（二）王毓珍

王毓珍（1908—1984），原名王毓玲，字锡九，后更名王毓珍，字惜斋，峄县兰陵人，1935年入南京黄埔军校第十期，历任排长、连长、营长、团长。曾赴缅甸参加远征军对日作战，1984年去世。

1. 王毓珍档案

姓　　名：原名王毓玲，字锡九，后名王毓珍，字惜斋

民　　族：汉族

出生时间：1908年1月

籍　　贯：峄县兰陵镇

出生地点：峄县兰陵镇

成 长 地：峄县兰陵镇

属　　相：猴（农历戊申年）

最高职位：国民革命军上校团长

去世时间：1984年6月

去世地点：云南呈贡

寿　　命：76岁

2. 王毓珍简历

1908年1月，出生。

1914年，在兰陵读私塾，后考入曲阜第二师范。

1933年，投奔吉鸿昌，参加多伦战役。

1935年，考取黄埔军校南京校区第十期炮科。

1937年1月，黄埔军校毕业。

1938年6月，参加武汉会战。

1939年9月，参加长沙会战。

1942年3月，加入中国远征军，入缅甸作战；任第五军第九十六师

炮兵营营长。

1943 年 1 月，回国。

1944 年，再次投入缅北战斗。

1946 年 2 月，携妻至贵阳。

1948 年，在呈贡洛羊安家。

1957 年 11 月 30 日，被判入狱 20 年。

1976 年，刑满释放。

1984 年 6 月，去世。

3.“兰陵王”声名显赫

以下是笔者对王毓珍同族后人王善鹏先生的访谈记录：

时间：2014 年 10 月 10 日

地点：枣庄市工人文化宫

王功彬（以下简称王）：兰陵有一位叫王毓珍的抗战军人，他是黄埔十期的学生，听说您了解他的情况，请介绍一下。

王善鹏（1966 年出生，祖籍兰陵，作家，以下简称鹏）：了解一些，不一定全面。王毓珍原名王毓玲，字锡九，后改名王毓珍，字惜斋，兰陵西南圩村人，生于 1908 年 1 月，他弟兄 5 个，他行五，上过黄埔军校。

王毓珍所在的西南圩村，与我们桥头村紧挨着，是地搭边的邻居。因与王毓珍本乡本土的缘故，又是兰陵王氏大家族的一员，对王毓珍的故事很感兴趣。从小听我爷爷提起过王毓珍，我爷爷王成启生于 1912 年 7 月，比王毓珍小 4 岁，作为同年龄段的王家人，爷爷对王毓珍本人以及他家庭的背景还是很熟悉的。我爷爷说，当年对王毓珍上黄埔军校特别羡慕和佩服。

王：您听说他小时候在哪里读书？

鹏：听我爷爷说，王毓珍小时候在兰陵读的私塾，后来就考了曲阜师范。他的学习特别好，书读几遍就能倒背如流，其他同学都赶不上。

王：您说说王毓珍当年报考黄埔军校、投身行伍的情况吧。

鹏：王毓珍年轻时就离开了家乡，从此就没回过家。有关他的资料保留下来的不多，就是兰陵的本族人知道的也甚少，只能根据当年我爷爷断断续续的回忆，简单地介绍。

要问王毓珍为什么在乱世中，走出家门，投身行伍，这与他的家庭关系分不开。兰陵王氏是远近闻名的大家族，自称琅琊王氏。仅清朝中末期，兰陵王氏一门就先后出了五名进士，最后一名进士是被称为“铁笔”的王思衍[①]，做过刑部主事。兰陵王氏家族人才辈出，民国初年，涌现了一大批身怀报国之志的青年，或外出求学，或参加抗战。这个时期，王氏族人先后出现了弃笔从戎的王思玷[②]，投奔延安革命的王自成（田兵）[③]，受此影响，兰陵的青年中，先后有三人考取了黄埔军校，王毓珍是其中的一位。

刚才说了，王毓珍小时候就爱学习，后来又受到兰陵进步人士的影响，他就成为一名有远大抱负的爱国青年。曲阜师范毕业后，在1933年瞒着家人，跑到察哈尔省，投奔吉鸿昌的部队，参加了多伦战役。后来因为吉鸿昌将军被蒋介石下令杀害，他无奈跑到南京，于1935年考取了黄埔军校第十期炮科。

王：王毓珍黄埔军校毕业之后，参加过哪些抗战活动?

鹏：我听说的地方有两个渠道，一个是从兰陵走出去的原贵州省文联副主席田兵先生（王自成）那里知道的，还有从著名华文作家王鼎钧[④]的文章里知道一些。王鼎钧是王毓珍的亲侄子。

1992年6月，田兵先生来枣庄参加第二次《金瓶梅》国际研讨会，会议期间，我有幸陪同了田兵先生在枣庄文联的活动。有关王毓珍抗日、

---

① 王思衍（1866—1938），字仲蕃，号源亭、亦嚣子。山东兰陵人。诗人，书法家。1938年日军占领枣庄，因耻做亡国奴愤而自缢。

② 王思玷，原名王思璜，曾用笔名王一民（王亦民），1895年出生于山东省兰陵西南圩，20世纪20年代新文学运动代表作家之一，1925年弃笔从戎，入国民二军山东游击队第一支队，1926年秋天不幸被反动武装杀害，时年仅31岁。

③ 田兵，原名王自成。民间文艺学家，山东兰陵人。1937年入延安陕北公学学习。1938年后任八路军随军记者。新中国成立后，历任文化部剧本创作室主任，贵州省文化局副局长，贵州省文联、中国作协贵州分会副主席，中国民间文艺研究会第二、三届理事和贵州分会主席。整理的苗族史诗《苗族古歌》1984年获全国一等奖。著有《田兵诗集》，合著《苗族文学史》《布依族文学史》等。

④ 王鼎钧，山东兰陵人，1925年出生，抗战末期从军，1949年到台湾，现移居美国。

参加远征军的经过，都是那天听田兵先生说的。

王毓珍黄埔军校毕业以后，历任国民党军排长、连长、营长、训练队长（团级）。在抗战中，他参加了武汉会战、长沙会战和缅甸远征军。滇缅战役时晋升为远征军炮兵上校营长。抗战胜利后，随远征军回国。由于王毓珍饱受战争之苦，回国后不愿意再打内战，于 1946 年 2 月向旧军队请了长假，带着妻子王秀华从武汉走到贵阳，又回到云南呈贡，1948 年便隐居在呈贡洛羊农村，租地耕种，自食其力。他为什么选择云南呈贡呢？据田兵先生回忆说，是因为当时远征军的后方在那里，他已经习惯了那里的生活。新中国成立后，一位叫陆学典的人，在镇反运动中为了解脱自己，诬赖王毓珍是反动军官，组织“反共自救军”，致使他被判 15 年刑。王毓珍不服，上诉后又被加判了 5 年，合并执行 20 年刑，于 1976 年才刑满释放。刑满释放后，王毓珍才知道，他妻子王秀华因生活所迫，已改嫁他人。他一人在云南呈贡，以卖豆浆为生，孤独地度过了 8 年，1984 年 6 月因脑出血病逝，享年 76 岁。王毓珍死得很凄凉，可以说很悲惨，据说他生前写了一句话：“恨不抗日死，留作今日羞!”这也表明他去世前的一种心境。

王：他后来平反了吗？

鹏：王毓珍的不白之冤，是在田兵先生的帮助下，得以平反昭雪的。虽说王毓珍和田兵是同族，贵州和云南又相隔不远，但田兵一直不知道王毓珍的消息，直到 1990 年，田兵与王鼎钧联系上之后，才知道王毓珍的遭遇。王毓珍年轻时做过田兵的老师，听到这个情况，他非常痛心，怎么能让这位抗日英雄含冤九泉，累及后世呢？当他得知王毓珍还有一个妹妹叫王毓筠，在广西玉林定居时，就主动联系。在田兵的帮助下，王毓筠写了诉状，田兵拖着 76 岁的弱躯，多次给云南省高院以及玉溪中院写信，还委托云南省作协主席李鉴尧先生过问此事，并两次跑到云南督促，最后才使事情得以解决。在 1993 年 5 月，云南省高级人民法院做出终审判决，宣告王毓珍无罪。但人已经去世将近 10 年，这个迟到的判决，也总算给王毓珍一个安慰。

图 123　远征军重机枪阵地

4. 王毓筠替兄申冤①

以下是笔者查找到的有关王毓珍之妹王毓筠替哥哥申诉的诉状：

图 124　王毓珍之侄王鼎钧

云南省高级人民法院：

我叫王毓筠，为我的五哥——服刑二十年已故的王惜斋申诉，请求平反。我原籍山东临沂兰陵，因为逃难，来到广西，1949 年与广西铁路司机张鸿滨结婚。由于受我五哥被判反革命的影响，一直找不到工作，一生作家属，现年 69 岁。

我五哥原名王毓玲，字锡九，在山东曲阜师范毕业后，更名王毓珍，字惜斋。1935 年，他考入南京中央军校，毕业后历任国民党军之排长、连长、营长、团长。他系在炮兵部队任职，是赴缅甸的远征军。抗战胜利后方随远征军回国。我五哥是为抗日才走上参加国民党军的道路的。蒋介石反动内战时，他不愿打内战，于 1946 年 2 月向旧军队请了长假，率妻王秀华从武汉走到贵阳，又至呈贡，1948 年隐居在云南呈贡洛羊农村，

① 本节为王毓筠诉状。王毓筠，王毓珍之妹，居广西玉林。

租地耕种，自食其力（选择此地隐居，是因为当时远征军的后方在这里，生活已经习惯）。

解放后，陆学典在“镇反”高潮中为了解脱自己，竟说他是反动军官，“组织反共自救军”，致使他被判15年刑。我五哥当时即不服，上诉后又被加判了5年，合并执行20年刑，于1976年刑满释放。满刑后，他在昆明劳改农场住了一段时间才回昆明。他妻子王秀华在我五哥被捕后，带着四个孩子无法维持生计，嫁给了呈贡街上刻章为业的雷雨田。王秀华现在可为我五哥作证。

我五哥王惜斋出狱后，一直为自己的问题申诉（法院有案可查），直到1984年6月6日因脑出血去世。人虽然死了，反革命的帽子还戴着，并影响后代。

我想，我五哥只有抗日的历史，没有内战的历史，而且当地解放前三年早已务农，按政策是不应以历史反革命论处的。所谓“反共自救军”本来就是不实之词，是陆学典在当时情势下被迫胡编的。当地人根本不知道此事，确无根据，易于查清。

法院的审判长俞甫成在受冤时曾和我五哥在一起，曾听我五哥叙述过情况及申诉理由，并能证实他在劳改中的良好表现。我是一个病弱老妇，希望王惜斋的案子能够复查、平反。

上诉人：王毓筠

1990年8月24日

5. 云南高院终判王毓珍无罪①

接到五毓珍的申诉后，云南省高级人民法院经过重新审理，终于判定王毓珍无罪。以下是云南省高院的判决书：

原审被告人（原上诉人）王惜斋，男，1908年1月生，汉族，山东省台儿庄人，大专文化，捕前住呈贡县龙街，小商职业，1984年因病死亡。

---

① 原载1993年5月30日《云南省高级人民法院判决书》。

原审被告人王惜斋反革命一案，呈贡县人民法院于1957年5月30日做出刑字第065号刑事判决，判处有期徒刑15年，王惜斋不服，提出上诉。玉溪地区中级人民法院于1957年11月30日做出上刑（57）字第101号判决，撤销原审判决，判处王惜斋有期徒刑20年，已发生法律效力。申诉人王鼎钧（系王惜斋侄子）以原判认定王惜斋组织“反共自救军”与事实不符为由，向我院提出申诉。本院按审判监督程序依法组成合议庭审理了本案，现已审理终结……

经再审查明：王惜斋于1931年黄埔军校毕业①后，曾在伪军中任过排、连、营长等职。1956年陆学典、张炳汉、苏同芳检举揭发王1950年组织“中国人民反共自救军”，自任大队长，检举揭发人各说不一，前后矛盾，不能证实。1950年指使他人纵火烧了赵诚草房二间，没有确实的证据，且王一直否认。

本庭认为：王惜斋任伪军排、连、营长等职期间，没有突出的具体罪行，1950年组织“中国人民反共自救军”、指使他人烧赵诚房子，依据不足，应予否定。经合议庭评议，判决如下：

1. 撤销呈贡县人民法院1957年5月30日刑字第065号刑事判决和玉溪地区中级人民法院1957年11月30日上刑（57）字第101号刑事判决；

2. 对王惜斋宣告无罪；

3. 本判决为终审判决。

云南省高级人民法院

1993年5月30日

---

① 有误，应为1937年1月——编者。

他从曲阜师范走进黄埔军校，又从黄埔军校走进航空学校；他空战印缅战场，七进七出顺利完成任务，为我牺牲将军报仇；他驻防湖南芷江，忽闻抗战胜利泪雨交流，感叹胜利来之不易。他就是黄埔军校第十六期学生、空军上校——刘秉铨。

（三）刘秉铨

图125 刘秉铨戎装照

1. 刘秉铨档案

姓　　名：刘秉铨，字右全

民　　族：汉族

出生时间：1916年

籍　　贯：峄县峄城镇

出生地点：峄县峄城镇

成 长 地：峄县峄城镇

属　　相：龙（农历丙辰年）

最高职位：国民革命军空军上校

去世时间：2010年8月6日

去世地点：台湾

寿　　命：94岁

2. 刘秉铨简历

1916年出生。

1922年，在本村读私塾。

1924年，在峄城读小学。

1930年，峄县小学毕业。

1931年，在徐州中学就读。

1934年，考入曲阜第二师范。

1938年，曲阜第二师范毕业；10月，考取黄埔军校第十六期。

1940年12月，黄埔军校毕业，投考中央航空学校，后被分配空军第十二轰炸大队第四十五中队，驻四川邛崃。

1942年年初，分配至卡拉奇接受轰炸训练。后编入中美空军混合联队第一轰炸队第三中队，驻至印度东北部阿萨密省之但尔岗空军基地；12

月，回国，驻四川梁山空军基地。

1943 年春，轰炸日军江汉关军用物资仓库；夏，参加豫西会战。

1945 年 8 月，调湖南芷江空军基地。

2010 年 8 月 6 日去世。

3. 刘秉铨一生非凡

台湾《宋东甫先生百岁诞辰纪念集》对刘秉铨是这样记载的[①]：

> 刘秉铨先生，字右全，民国 19 年（1930 年）县小毕业，空军军校毕业，来台任上校，现已退役，在台。

以下是笔者采访刘秉铨叔伯兄弟刘秉钤的记录：

时间：2011 年 3 月 17 日下午

地点：枣庄市峄城区南关

王功彬（以下简称王）：老人家，您和刘秉铨是什么关系？

刘秉钤（1907 年出生，刘秉铨叔伯兄弟，现居枣庄市峄城区。以下简称刘）：我父亲是老大，叫刘克礼。他父亲叫刘克敏，是老二，我和刘秉铨是叔伯兄弟。

王：他小时候在哪里上的学？

刘：他在峄县城里上的小学，学校是教育局的张捷三办的，小学上完以后，又到徐州上了中学，后来他考了曲阜第二师范。当时他的家境也不好，在徐州上了三年中学，后来都上不起了，怎么办？结果家里卖了 15 亩地，这才供他上完中学。

他在曲阜第二师范上了四年。师范毕业以后，他就去南方，报考了军校，从那起就没给家里通过信，断了联系。

家里一直到解放后才知道他还活着。他是空军，参加远征军，从云南往印度飞，说当时飞机掉下来了，落在印度一个树林子里，他的肋骨被扎坏了，伤得不轻，就被送到北京的协和医院里治伤。

---

① 《宋东甫先生百岁诞辰纪念集·知名校友》，台湾，第 209 页。

在印缅对日作战时，他是飞机小队长，领三架飞机，跟日本人一直战到四川，到云南，立功了。

王：他家庭是什么情况？

刘：刘秉铨没有孩子。原来在家的时候，他在徐州初中毕业以后就结婚了，夫人娘家是匡谈[①]的，叫岳郭芳，结婚不久她得了肺结核，20多岁就死了。

他在北京治伤的时候，又谈了一次恋爱，女的姓杨，结果被骗了。后来到了台湾，他又找了一个河南商丘的，姓田，也没生孩子，就把他弟弟刘秉钟的三儿子刘德龙过继给了他。

王：你们见过面吗？

刘：见过。记不准是哪一年了，我们在香港见的面，我女儿在美国，那次美国的台湾的都见面了。80年代他儿子刘德龙带着夫人到老家来看看。刘秉铨先后来过三次了，后来老了，就住在台湾台北县的敬老院里，我女儿也常从美国到台湾去看他。

王：他是什么时间去世的？

刘：2010年8月6日。

4. 刘秉铨的抗日记忆[②]

刘秉铨在一篇文章中详细回忆了他在抗战中的英勇表现：

抗日战争以前，我在山东省曲阜第二师范读书。当时因我国连年内战，经济衰败，国力不强，因此屡屡遭到日本对我国的侵略。1928年，日军占据济南达一年之久，惨杀了成千上万的中国人，酿成了“五三惨案”；1931年，日本占领了我国的东北，三千万中华儿女残喘在日本铁蹄之下；1937年，日本又发动了对中国的全面战争，半壁江山尽入敌手，两亿以上的中国人成了日本人的奴隶。日本对中国的无厌侵略，激起了我的无限仇恨，我几次想中断学业去打击这些东洋强盗，但始终没有找到

① 今山东省枣庄市峄城区王庄乡匡谈村。

② 济南市政协文史资料委员会：《济南文史》2001年第3期，总12期。题目为编者加。

机会。

1937年7月7日，日军在我国北平卢沟桥发动侵略，中国军队奋起抵抗，中日战争全面爆发，报仇雪耻的日子终于来到了。在山东大地沦于日本侵略者手中以后，我奔向了抗战的大后方，投笔从戎。先是考入了中央陆军军官学校，在第十六期接受军事训练。当时我想：当陆军只能在地面上与日军拼搏，不如当空军可以飞到敌人后方甚至日本四岛给敌人以狠狠打击。在这种思想指导之下，1940年我在军校毕业后，又去投考中央航空学校，幸被录取，在云南到成都接受飞行训练和轰炸训练。航空学校毕业后，被分配到空军第十二轰炸大队第四十五中队服役，驻军四川邛崃。

5. 远征印缅，驾飞机参加抗战

在成都中央航空学校毕业后，我以为积压在心头多年的对日本侵略者的仇恨有了雪耻的机会了，可是驻军邛崃以后，眼看其他作战大队经常奉命出击日军，我却迟迟没接到参加对日作战的命令，真是焦急万分。

图126　印缅战场上的美军“飞虎队”

1941 年 12 月 7 日，日本对美国不宣而战，突然派出大批飞机袭击停留在夏威夷群岛珍珠港内的美国海军和空军，击沉击伤美国船只 15 艘、飞机 188 架，美国太平洋舰队损失惨重。在这种情况下，美国对日本宣战，太平洋战争爆发了。美国当即在印度的卡拉奇（现属巴基斯坦，当时印度和巴基斯坦尚未分治）设立了空军基地，1942 年年初，我被分配到卡拉奇接受轰炸训练。不久，我被编入中美空军混合联队第一轰炸队第三中队，并进驻至印度东北部阿萨密省之但尔岗空军基地。

太平洋战争爆发后，日军迅速向东南亚进军，所向披靡，英、美、法、荷的殖民地菲律宾、印度尼西亚、新加坡、马来西亚、安南（今越南）、缅甸等国相继被日军占领，日本甚至狂妄扬言：要在印度的加尔各答与希特勒德国的纳粹军队会师。在缅甸（当时是英国的殖民地），日军不但占领了缅甸首都仰光，而且乘胜北进至与我国云南省毗邻的腊戍和密支那，斩断了中缅公路这条中国对外的最大的交通线，以逼使中国向日本投降。中美空军混合联队进驻至印度东北部的但尔岗，目的便是配合并支持中国驻印缅远征军与进至缅北密支那的日军作战。

在抗日战争时期，中缅公路是中国的生命线，因为 1940 年以后，中国东部、南部沿海各港口城市均被日军占领，对外交通只有西北公路（兰州至迪化）和中缅公路，而中缅公路尤为重要，每月有两万吨以上的军需物资由欧美各国运至中国，这条路线的防卫与保持是中、美、英三国的一个重要课题。当时有 10 万日军由饭田祥二郎中将率领向缅北进军，中国也急忙组成了印缅远征军，由罗卓英率领自云南南下援缅。但是当入缅先遣队戴安澜将军所部第二〇〇师才进至缅北同古的时候，英军便放弃仰光逃之夭夭，日军迅速北上，致使中国远征军第二〇〇师师长戴安澜壮烈殉国。在缅甸战况正急时，蒋介石两次飞往缅甸督师，事为日军谍报网侦悉，日空军先是派飞机 20 架空袭蒋介石驻地，在蒋飞返昆明的途中，日本又派 18 架飞机追袭，中国空军闻讯迅去援护，才使得蒋安全返抵昆明。在中缅公路被切断后，日军直侵我云南边境，对中国抗战的大后方构成重大威胁。由此可知中美空军混合联队进驻但尔岗的重要意义了。

中缅公路被日军切断后，美援军事物资无法运入中国，重庆国民政府焦虑万分。中美商定反攻缅甸，打通中缅公路。当时驻缅日军有5个师团约15万人，计划增至10个师团约30万人；日军驻缅飞机原为150架，计划增至800架。中国决定以20个精锐师由滇西攻缅，英、美决心以5个师由印度北部攻缅。我所在的中美空军混合联队的任务就是掩护中、美、英陆军向日军进攻。

在支援缅北中美陆军对日军的作战中，我曾7次飞往前线对日军进行轰炸。我第一次出击时，心里确实有些紧张，因为我除了必须完成轰炸任务外，还得防备日本空军的拦截。缅甸北部从密支那、八莫到腊戍一带的地形有些奇特，铁路、公路都蜿蜒于山岭之中，城市也坐落在群山之间，不管是城市或是铁路、公路线，所占的平坦面积都很少，周围是崇山峻岭，这些城市的点或铁路公路线都卧在山间或谷底，这样的地形给我们执行轰炸任务就造成了一定的困难：刚俯冲下来轰炸，马上又得拉高升起，一不小心就会撞在山上。我们那架轰炸机的驾驶员是董世良，他的驾驶技术很好，而我是领航员，如果我这个领航员领航有错，那么再好的驾驶员也不能保证我们很好地完成任务。好在我们这架轰炸机上的5个人配合得很好，所以在缅北的7次出击中，我们都出色地完成了任务，为中美陆军打通印缅路贡献了自己的力量。

6. 轰炸日军弹药库

在中日战争期间，中国战场上有一支由美国飞行员组成的志愿空军，自称“飞虎队”，有100架飞机，队长为美国人陈纳德。1942年年初这支志愿空军改组为第十四航空队，有飞机400多架，仍由陈纳德率领，驻军昆明、沾益、泽街、陆良、云南驿，维护西南空防。1942年年底，我被调回国内，驻防四川梁山空军基地。

驻在四川梁山空军基地的中国空军，任务是打击湖北等地的日本占领军，凡是这个地区的交通补给线、军用物资仓库、日军部队等，都是我们打击的目标。对于打击湖北地区的日本侵略军，我特别热心，因为我的山东同乡第三十三集团军总司令张自忠将军就是在湖北西部与日军作战时壮烈牺牲的，所以对日本侵略者的每一次出击，我都是抱着为张将军复仇的心情去轰炸去扫射的。

1943年春某一天，我奉命去轰炸汉口江汉关日军军用物资仓库。这次出击，我们基地共出动B—25轰炸机9架，每架飞机都挂有500磅重的炸弹6枚。我是右分队的右僚机。另有战斗机P—40、P—51两架伴随左右，负责在上空掩护我们。在湖北西部的老河口上空会合后，我们以130度方向越信阳，过长江后至江西九江，即转向汉口直飞。在快到达武昌上空时，我们的编队更为密集，以便集中火力轰炸。当我们到达汉口上空时，日军的高射炮猛烈向我机开火，但是因为他们射击的高度偏低，炮弹都在我们的下方爆炸。虽然敌人炮火如此猛烈，但我们完成任务心切，还是在高射炮火密集处的轰炸目标上方盘旋。这时长机炸弹的仓门打开了，我们所有各机的炸弹仓门也打开了，9架飞机上的50多枚炸弹像下水饺般地一齐向目标投下，霎时间大火冲天而起，黑烟滚滚，直冲霄汉，高达数百尺。我知道这是日军的汽油库被我们击中了，内心无限欣喜。这时，掩护我们的我军战斗机，摇动机翼，各自脱离。我们这些负责轰炸的飞机也加大速度，脱离队形，各自返防。当我们经过四川巫山上空时，透过蒙蒙薄雾，隐隐看到巫山十二峰罗列下方，我觉得巫山神女似乎在向我们表示祝贺，并庇护我们胜利返航。

1943年夏，据报日军有两个师团约6万人将增援豫西对我发动进攻，其运兵路线一为平汉线，一为陇海线。这两条铁路线上的郑州及中牟铁桥如予以断毁，当可阻止日军增援豫西的行动，从而减轻对我军之威胁。不久，我们接到了命令，指示我们三中队派机3架，每机各挂1000磅炸弹3枚，去轰炸中牟黄河大铁桥。这一任务虽然光荣，但危险也很多。三机编队，长机人员全为美国人，左右僚机则全为中国人，我在右僚机。起飞之前我们在作战指挥室听取简报，情报官说，日军在铁桥附近配备许多防空武器，应特别注意。作战官也指示我们，进入铁桥上空前必须先行消灭日军之地面火力，要单机超低空全速通过并投弹。

我们登上飞机，很快便到达了目的地。当我们进入投弹航路时，友机P—51型一批战斗机除在上空掩护我们负责轰炸的飞机外，另有两批战斗机轮番低空扫射日军地面防空火力，以协助我轰炸机执行任务。此时，我轰炸机以超低空全速进入投弹，同时，机上的前、上、侧3个方位的机枪，一齐向敌人猛烈扫射以压制其火力。铁桥快到了，马上要投弹了，我心里在想：只要飞机一有异动，我们同机5人都要高升一级了！所谓“高升一级”，是按空军规定，凡作战阵亡者要追赠一级。成仁取义，只在这几秒之间，然而幸运得很，投弹后我安全通过，回头爬高时眼看铁桥被我炸了3个大洞，直径好几米，我知道我获得了成功，我今后还有打击敌人的机会，真是高兴万分。于是我即刻返航。在我们飞过平汉铁路线后，发现长机尾部冒烟而继续爬高，知道他们负了伤，不久在我战区跳伞。另一僚机，因油量限制，降落在陕南安康空军基地。只有我所驾驶的飞机安全返航。下机后我检查了一下我的飞机，尾部竟中弹27处，全是敌人的地面火力射击的，幸而均非要害，否则我可要真正“高升一级”了！

7. 喜迎抗战胜利

1945年8月，我由四川被调往湖南芷江空军基地，任务是炸射粤汉铁路沿线日军及其交通补给线。这时我国空军已掌握了制空权，日军已基本不敢在白天活动，行动多在夜间。针对这一情况，我机也须在夜间出动。夜间出动与白天大不相同，飞高了地面目标不易辨认，飞低了怕飞机撞在山上。从湘阴到衡阳沿线多为丘陵地带，最高点衡山也只有900米，这些不算太高的山丘给低空飞行带来许多不便。尽管如此，为了完成任务，我们也只有冒险低空炸射，可战果却并不怎么辉煌。8月14日晚饭后，我机上人员装束已毕，全部登机，我试车完毕，待命出机。正当我请示塔台起飞时刻，忽然听到芷江城内鞭炮齐鸣，人声鼎沸，经探询，才知日本已无条件投降。我们素知日本人狡猾异常，他们经常玩弄手段诈骗我们，这次是不是日本人又在玩什么花样呢？经我们再三与塔台联系，才知道这是重庆中央广播电台播出的消息。当时我们简直兴奋得近似疯狂，我们跳下飞机，把随身携带的水壶、救急包、防弹背心及自卫手枪，全部扔到地上，战友们自动地拉起手来，欢呼高歌，喜泪交流，直到玉兔西坠！我本为军人，不会作诗，可我回营后却辗转不能入睡，情之所至，于是套改杜甫诗曰：

天外忽传敌败北，
初闻涕泪满衣裳！
却看战友愁何在，
跳下战机喜欲狂！
白日放歌须纵酒，
青春作伴好还乡：
即由粤汉转陇海，
再转津浦回枣庄！

中日战争结束以后，虽然我昼思夜想到我们的故乡山东枣庄去探望我的白发双亲，去抚慰那片被日本侵略者蹂躏过的土地，可是还没等我找到机会，内战便打了起来，致使后来我漂流到这台湾岛上，匆匆已五十几个春秋，而今我的双亲都早已作古，我也至耄耋之年。每至午夜梦回，忆及中日战争时期翱翔祖国蓝天，与日本侵略军作战旧事，心潮澎湃，势如涛涌，然而我这当年反侵略老兵仍在，日本却拒不承认它对中国及亚洲各国的侵略罪行，这不禁使我想起新加坡前总理李光耀在他的回忆录中说的话，他说："让我感到遗憾的是，战争结束后的半个世纪以来，历届自民党政府、日本各政党的多数领袖，多数日本学术界人士及几乎所有的日本媒体，都选择闭口不谈这些邪恶行径。他们希望随着时光的流逝，世人会把这些罪行忘得一干二净，日本当年的所作所为会埋在尘封的记忆里。但是，当他们拒绝向中国和韩国承认这些行径，拒绝向菲律宾和新加坡这两个蒙难深重的东南亚国家承认自己的罪行时，人们不能不担心他们可能会重蹈覆辙！"李光耀先生说出了中国人民想说的话，说出了被日本蹂躏和奴役过的东南亚各国人民想说的话，说出了我这个曾为反抗日本侵略而献出青春的中国老兵想说的话。我希望我们的子孙后代切切不要忘记日本侵略者给中国人民带来的深重灾难！这，便是我今天写这篇文章的用意所在。

第五章　谍报战场上的枣庄黄埔人

不是黄埔学生，后来却当了黄埔教官；不是职业军人，却参加了对日作战。身处国民党阵营，却暗给中共情报。他参加过北伐，进行过抗日，做过生意，最后却以农耕为生。他就是黄埔军校的上尉副官，抗日战场上的少校主任——阎毓珠。

（一）阎毓珠

阎毓珠（1899—1985），字树民，1899年2月4日出生，峄县邹坞镇西北村人，1925年入黄埔军校，曾参加对日淞沪战役和中国远征军，历任国民革命军准尉特务长、少尉副官、中尉副官、上尉副官、少校主任。1985年去世。

图127　阎毓珠老年照

1. 阎毓珠档案

姓　　名：阎毓珠，字树民

民　　族：汉族

出生时间：1899年2月4日

籍　　贯：滕县木石镇古寺村

出生地点：峄县邹坞后街

成 长 地：邹坞镇西北村

属　　相：猪（农历己亥年）

最高职位：国民革命军少校

去世时间：1985年11月24日

去世地点：枣庄矿务局陶庄医院

寿　　命：86 岁

2. 阎毓珠简历

1899 年 2 月 4 日，出生。

1909 年，在本村私塾学堂听课。

1922 年，因生意失败被抓。

1925 年 12 月，到达广州黄埔军校。

1926 年 7 月，参加北伐。

1926 年 11 月，由武汉到济南营救二弟，后回老家。

1931 年夏，在微山码头干装卸工。

1933 年，入新编第二十师的军官教导队学习，结业后任准尉特务长。

1935 年，任黄埔军校南京校本部第十三期总部少尉副官。

1937 年 8 月，随黄埔军校教导队参加淞沪会战，后升任中尉副官。

1938 年 10 月，任黄埔军校第十六期第一总队中尉副官。

1941 年 11 月，任黄埔军校第十八期上尉副官。

1943 年，参加远征军入缅与日军作战，升任少校辎重主任。

1945 年 8 月，退役，后到南京。

1947 年，在南京中山门外复炎农场工作。

1985 年 11 月 24 日，去世。

3. 阎毓珠家族四代谱系关系

四世阎习经，生子三：景成、景汉、景星

景成生子一：毓森；景汉生子三：毓玺、毓梅、毓桂；景星生子二：毓珠、毓栋

毓珠生子九，男五：茂银、茂金、茂勇、靖忠、靖宇，女四：茂兰、茂蓉、靖琳、靖玲

毓栋生子十一，男五：茂生、茂萱、茂洪、茂深、茂箴，女六：茂兰、茂玲、茂莲、台中、忆诚、茂霞

4. 三子叙述阎家悲苦岁月①

这是阎毓珠三子阎茂勇的回忆文章，能较全面地反映阎家的生活境况：

1928 年我 5 岁，因爸爸（阎毓珠，下同）欠薛姓地主的债，被迫领着全家五口人，由家乡邹坞逃荒到我母亲的舅家（薛城前大庄曹慎荣家），到那里我们全家五口住在柴园里的半间小草屋内，下雨还漏雨。平日里爸爸带着我和两个哥哥，给母亲的舅家种地、种菜、割草喂牛，我母亲给每个舅家做针线活，靠这样来维持生活。时过不久，薛姓地主得知我们的住处，又跑这里逼债，无奈，我父亲只好外逃，到徐州去找工作，没找到，就去当了兵。

我们兄弟三人和母亲在一起，仍住在地主柴园小草屋里，给富农曹慎荣、地主曹修全家还是干着原来那些活。但他们只在农忙时让我们干活，冬天就叫我们回家。春天的时候，我们的日子更加困难，我们只好每天到田地里挖野菜，麦苗子、齐齐菜等。那时候能吃上地瓜叶，算是好东西了，如果吃了树叶子、小米糠、高粱糠、花生皮等东西，大便就拉不出来。冬天的日子更难熬，家里只有一床被子，我们娘四个先是挤在一起睡，后来冻得要死，我们哥仨只好睡在地主麦草屋里，铺上麦草来取暖。难忘的是一次我母亲到地主曹修岐家的麦田里拾麦子，被他们打得头破血流，后来就得了场大病。这种日子一直维持到 1935 年 2 月份，那时候我已经 12 岁了。

1935 年的时候，爸爸仍在外当兵，我大哥因生活难以为继，也外出去找爸爸，我们仍住在前大庄的柴园里，我和二哥阎茂金仍给地主家里种田、种菜、喂牛，也有时去外祖母家帮助种田干活。这时候我爸爸在国民党第一六六师当兵，大哥在外学徒开汽车，他们每月往家里寄 10—15 个银元。我母亲很节俭，用省吃俭用下来的钱，买了十几亩地，因为没有耕

① 本节据阎茂勇在 1976 年 8 月 5 日撰写的回忆文章整理。阎茂勇，又名智庭，阎毓珠三子，1923 年 10 月 15 日出生，1999 年 10 月 10 日去世。

牛和驴子、农具等，每到耕地时都向外祖母家求助，即我和二哥在农忙时给他们家帮忙干活，我们家该耕作时，他们给我们帮着耕地。就这样，在冬闲的时候我和二哥还能回老家邹坞完全小学去读书，校长是胡述谓。

1938年3月，我已经15岁，这时日本鬼子占领了我们家乡，我们娘儿个仍住在地主柴园里，边种自己的田地，边给地主家帮忙。

在1941年至1944年间，我和二哥先后结婚。日本兵占领我们家乡以后，我爸爸和大哥不能和家里通信，因此也不能往家寄钱了。当时爸爸在成都也离开了国民党部队，开始做生意。大哥在河南洛阳至安徽界首间，帮一个张姓的人开长途汽车，和我爸爸也就此分开。因我和二哥结婚，母亲借了人家的债要还账，家里根本没什么积蓄，只好把家里的地卖了八九亩。这时候家中人口连祖母共7口人，加上1944年至1945年又遭遇水灾，收成不好，所以家中生活是非常困难。1945年3月，那年我已经22岁了，母亲怕我被抓去当壮丁，只好安排我到外边去找工作。

1945年的6月到8月间，我始终没有找到工作，我就到徐州铁路局临城段报考乘务员（即三等雇员），考取后被分在界河小火车站工作。那时每月工资80斤小米、40斤黄玉米粒，还有6元联合币。1945年8月，日本投降，界河小火车站也从此不通，我们所有工作人员跑回临城总段，去找国民党的接收人员报到，一个姓靳的官员不准我们登记报到，说得等到界河车站重新通车以后再来登记报到。于是我又失业了。

5. 少小勤劳，阎毓珠开办油坊①

以下是阎毓珠五子阎靖宇的回忆文章——

我的父亲阎毓珠（1899—1985），字树民，光绪二十四年腊月二十四日（1899年2月4日）诞生于山东省峄县邹坞后街（今枣庄市邹坞镇西北村）。

父亲有一弟弟，由于父亲的伯父没有子嗣，父亲被过继给其伯父为继子。

祖父家有19亩旱地，自己耕种。农闲时，父亲跟着伯父学榨油，榨

① 本节据阎毓珠五子阎靖宇的回忆录《我的父亲》一文整理，标题为编者加。

油的空闲时间则到隔壁的私塾听听课。这样断断续续听了两年课，此时父亲12岁。父亲的伯父的油坊里有两个学徒，除父亲外，还有一个叫姚公才的少年（姚比父亲小一岁）。油坊里还请了一位姓薛的师爷，干着会计兼办公室主任的工作。

父亲的伯父着意培养父亲，每当收工时，伯父故意将一些铜板散落在油坊的角落里，然后让父亲打扫卫生，父亲捡起铜板如数上交薛师爷。有一次伯父又将一块银元放在账桌下面，父亲打扫完卫生又将银元上交了。这样在父亲16岁的时候全面掌管油坊，成了真正的掌柜。

图128　阎毓珠父亲阎景星瓷像

我读初中时，父亲经常告诫我：要成就事业，就不能贪财，君子爱财，取之有道。

清末民初，当地的习惯是每年秋收季节，农民将黄豆挑到油坊，过称后，油坊给农民一张自己印的票子，相当于现在的打白条。与白条不同的是，票子在本县可以抵押或典当。到阴历年前，农民拿着票子到油坊兑换铜板或银元。

到了民国11年（1922年），油坊的生意做得很红火。就在这一年，父亲的伯父病故，薛师爷将油坊的钱款卷走潜逃。到了阴历年前，祖父卖了田地后也无法支付农民的黄豆款。姚公才跟父亲说，咱逃跑吧，去投奔抱犊崮的绿林好汉孙美瑶。父亲对姚公才说，孙美瑶虽说杀富济贫，但毕竟是土匪，我这一逃走，一是对不起要债的农民，二是干土匪名声不好。这时矿兵（枣庄煤矿警卫队，相当于现在的厂矿公安，同时也负责矿区周围的地方治安），将父亲逮走，关在枣庄。父亲的一位结拜兄弟刘维新（戊戌变法年出生，峄县西陶庄人，我称呼他三叔），将家中10亩良田卖掉，替父亲支付了农民的黄豆款，并将父亲从狱中赎了出来。

我还是孩子的时候，父亲经常向我讲刘三叔的救命之恩。父亲对我说，受人点滴之恩，当以涌泉相报，更何况三叔是救命恩人，也要我记住三叔的大恩。

23 年后，刘维新的儿子在中学读书时加入中共地下党，1946 年被还乡团逮捕，三叔到南京找到父亲。虽然父亲这时已从军队退役，但是父亲凭着原有的关系，借了一套中央军上校的军服，冒充国军团长将三叔的儿子救出。

6. 大仁大义，阎毓珠助好友考取黄埔

父亲出狱后，继续榨油。民国 14 年（1925 年）7 月，父亲的同乡高魁元从济南正谊中学放暑假回邹坞，他对父亲说，父母作主给他介绍了一门亲事，女方就是邹坞街上开客栈的掌柜苗子清的女儿，并逼他在暑假完婚[①]，高魁元不满这门亲事，请父亲出主意。父亲说，广东正在闹国民革命，你不如跑到广东参加国民革命。于是高魁元与邹坞的另几位同乡，陈敔（字子敔）、曹世伟（字魁升）、阎毓栋（父亲胞弟，字干民）准备到广东投奔革命。但他们四人都是穷学生，虽满腔热忱，却没有钱，又是背着家庭，无法起程。父亲就给了他们四人 30 个银元作为路费。陈敔跟父亲的私交更深，父亲又单独给了他两个银元。

陈敔、曹世伟、阎毓栋、高魁元一行四人于民国 14 年（1925 年）9 月由青岛乘船去了广州。次年元月，陈敔、曹世伟、高魁元考取了黄埔军校第四期步兵科，阎毓栋考取了第四期政治预科，后转入第五期政治科。父亲送走了他们四人后，于民国 14 年（1925 年）底也到了广州，父亲只有不到两年的私塾文化，没考上黄埔军校，但留在了黄埔军校。

民国 15 年（1926 年）7 月，国民革命军北伐战争开始，父亲随北伐军总政治部北伐，并担任北伐军总政治部主任邓演达的特务长。父亲负责管理邓主任的文件、银元，并刻印和散发北伐军的传单；向沿途群众播放留声机。在当时留声机很能吸引民众，宣传北伐军的主张。

---

① 有误，据高魁元三弟高启元先生回忆，高与苗家亲事应在高魁元黄埔毕业以后，回家探亲所致——编者。

7. 二弟遇险，求助邓演达营救

民国15年（1926年）10月，国民革命军攻克武昌，邓演达任湖北省政府政务委员会主任。这时父亲接到家信说，阎毓栋在济南被山东军阀张宗昌逮捕。父亲拿着家信找到了邓演达。因邓演达担任北伐军总政治部主任时，父亲称邓演达为"长官"，现在邓演达任湖北省省主席了，父亲见到邓演达时就改口称邓演达为"大老爷"。父亲哭着给邓演达下跪说："大老爷，我弟弟阎毓栋在济南被张宗昌逮捕，听说很快就要问斩了。"邓将父亲扶起，说："你不能称我大老爷，我们都是革命同志，阎毓栋是我们派到山东张宗昌处从事秘密工作的，我已经知道他被捕了，现在我们派你去营救他最合适。"

邓演达吩咐军需给父亲500个银元，去济南营救阎毓栋。其中400个银元是银票，让父亲到济南后找北伐军秘密联络处兑换银元，另100个是现钱，由父亲随身携带。父亲将90个银元缝在布袋里缠在腰上，于民国15年（1926年）11月由武汉乘船到上海。原计划由上海乘海轮到青岛，再由青岛乘火车到济南。

父亲到了上海后，找不到去青岛的海轮。于是父亲雇了一个黄包车，让车夫拉他到十六铺乘海轮。车夫拉着父亲大街小巷乱转，然后将父亲带到十六铺乘海轮，其实父亲下船后离乘海轮处很近，车夫为了多要钱才拉着乱转。车夫问父亲要两个银元的车费，父亲救兄弟心切，解下腰袋，拿出两个银元给车夫。车夫见到父亲身上还有这么多银元，就喊了一伙流氓，将父亲打了一顿，抢走了所有银元。

身无分文的父亲在十六铺找到了一艘去青岛的英国海轮，轮船上的大副是福建人，父亲向他说出了缘由，大副同情国民革命，让父亲免费乘船去青岛，条件是要父亲打扫轮船上的卫生。

父亲到了济南，找到了关押阎毓栋监狱的典狱长说，北伐军已攻克武昌，明年春天将进攻济南，如果你放了阎毓栋，这400个银元给你；如果你不放他，北伐军攻克济南后将杀你全家。典狱长拿了400个银元，同意放阎毓栋，典狱长将阎毓栋带到一间民房里审问，审问后将他关在民房里，给他制造了一个逃跑的机会。阎毓栋将瓦揭掉，逃出民房。但济南城门都关着无法出城，天快亮时，一位老大娘出门倒尿盆，见到阎毓栋冬天还穿着单薄的衣裳，很是同情，就告诉他从阴沟洞里可以逃出城。阎毓栋脱险后回到黄埔军校，转入第五期继续学习。

父亲营救阎毓栋后，因邓演达先生和蒋中正先生政见不同，父亲再没回武昌，又回到故乡，在邹坞老家慎心油坊继续从事榨油行当。

8. 求助陈敬，入国军参加抗战

民国20年（1931年）夏，中国大范围发生特大洪水，山东良田被洪水淹没，民众流离失所，慎心油坊倒闭。

慎心油坊倒闭后，父亲到微山县夏镇杨闸码头当装卸工。这时父亲的同乡好友陈敬（字子敬）在安徽怀远县驻防。陈敬是黄埔四期步兵科学生，民国14年（1925年），他去广东报考黄埔军校时，父亲资助过他。

民国19年（1930年），蒋冯阎大战，冯玉祥战败，他的第八军军长樊忠秀被蒋介石的飞机炸死，陈敬奉命参与改编冯玉祥的西北军第八军第二〇师的工作。陈敬担任改编后的国民革命军新编二〇师的上校副官主任。他了解父亲是忠勇而又为朋友两肋插刀的人，同时又有北伐的经历，但文化低，于是将父亲安排进入国民革命军新编二〇师的军官教导队学习。

父亲从军官教导队结业后，担任准尉特务长。民国24年（1935年），父亲回到黄埔军校，担任黄埔军校南京校本部第十三期总部少尉副官。

民国26年（1937年）8月，父亲随黄埔军校教导队参加淞沪会战，抗击日本帝国主义。父亲作战勇敢，被赐予中正剑。淞沪会战后，父亲升任中尉副官，并随黄埔军校第十三期师生员工撤退到四川铜梁。

黄埔军校第十三期学员于1936年8月在南京入伍；1938年9月毕业于四川铜梁。十三期学员毕业后，奔赴抗日前线与日本帝国主义作战。

1938年10月，黄埔军校第十六期学生在铜梁入伍，本期学生共分三个总队，父亲任第一总队中尉副官。黄埔军校第十六期以后迁入四川成都。第十六期学生毕业后，父亲进入第十八期，并担任上尉副官。第十八期学生分两个总队，父亲隶属第二总队，该期学生毕业后，部分学生入缅与日寇作战，父亲也随队参战。这时父亲已升为少校辎重主任，配枪也由德制驳壳枪换成美制勃朗宁手枪。

我想再说下记忆中的重庆轰炸。1939—1941 年，日军加大对重庆和成都的轰炸力度，妄图摧毁中国人民的抗日意志。1941 年 7 月 27 日，日本帝国主义对成都进行惨绝人寰的轰炸。父亲在布置军校防空，无法照顾母亲。日机轰炸时，母亲正怀着哥哥，并带着一岁的姐姐与军校眷属一起躲在成都少城公园。

少城公园内有一防空洞，很多人躲在里面，她们也叫母亲往里面躲，母亲看那防空洞外形像一个坟堆，就领着姐姐从防空洞里出来了，然后躲在树下。母亲出来没几分钟，一枚日本飞机投的炸弹，正落在防空洞上，躲在里面的人都被炸死了，公园的树上挂着人的残肢和肠子。自从美国飞虎队 P－61 战机（绰号“黑寡妇”）保卫成都后，日本战机就再也不敢轰炸成都了。

日军对重庆和成都军民的大轰炸，给成渝两地的民众造成了巨大的伤亡和财产损失。

我的外公是教师，江西玉山人。1942 年日军在玉山投放了包括伤寒杆菌在内的细菌，外公就是染上日军投的伤寒菌而死的。国恨家仇永远铭记在心上。直到现在，日本政要每年参拜靖国神社，对中国人民犯下的滔天罪行没有忏悔之意，这是不可饶恕的。

还有一件事情，父亲在成都黄埔军校期间，经常与母亲到“努力餐”吃饭。成都“努力餐”是车耀先（中共四川省委地下党领导人）先生创办的，是一般民众消费得起的餐馆。父亲在用餐时认识了两位共产党朋友，一位是江西南昌人李默泰（公开身份是教堂牧师），另一位是四川射洪人单华富（公开身份是四川大学技师）。

9. 坚信中共，拒绝去台湾

1945 年抗日战争胜利，父亲从军队退役，并随国民政府来到南京。到南京后，父亲把母亲和哥哥、姐姐送到江西玉山外婆家，并托陈光彬找工作。陈光彬是江苏南京人，曾担任黄埔军校十八期上校副总队长，也是父亲的老上级。国民政府迁回南京以后，陈光彬担任江宁淞沪警备司令部少将处长。

陈光彬对父亲说，有一位湖南长沙人叫袁绍先，在南京中山门外开办了一个复炎农场。就这样他把我父亲介绍到了复炎农场工作。农场有100多亩土地，袁先生正缺资金和人力，于是父亲将退役费也给了复炎农场，并与袁绍先商议将参加过抗日的退役老兵和苏北、淮皖和山东的失地农民，都招募到农场。于是，一些国民党退役老兵如陈家炳、李茂起、陈步楼，安徽的任德友，山东人张继佩、张继端、何玉祥等人都到了农场工作。父亲和大家一起劳动，生产的粮食平均分配，这是一个类似合作社或人民公社形式的组织。

今年夏天我到中山门外寻觅复炎农场旧址（现为南京中山门外南京航空航天大学教工宿舍），农场的痕迹已经不复存在了，但父亲在62年前种下的麻柳树依然郁郁葱葱。看到这些参天大树，仿佛又看到父亲勤劳的身影。

1949年，国民党在国共内战中失败，陈光彬动员父亲去台湾，因父亲在成都与李默泰等有过较深的交往，了解他们的政治主张。父亲在抗战期间也目睹了国民党官僚的腐败，国军将士在前线艰苦卓绝与日军作战，后方官僚们却花天酒地。因此，父母亲不愿意去台湾。

10. 冒险掩护中共地下党逃脱

以下是笔者对阎毓珠四子阎靖忠和五子阎靖宇先生的访谈：

时间：2014年1月19日

方式：电话访问

王功彬：阎先生您好，请您谈一下您父亲去黄埔军校的情况。

阎靖忠（1942年出生，阎毓珠四子，医生，现居青岛市）：我们家原来开了个油坊，叫慎心油坊，后来油坊倒闭了，外面还欠了不少账，我父亲这时候也没有了出路，就出去讨要，人家就是不给，没办法，我父亲就去了南京，投奔陈子敬。陈子敬与我父亲关系很好，当年我父亲资助过高魁元、陈子敬他们钱，和我叔叔阎毓栋去考的黄埔军校。

当时陈子敬住在南京的新光营房，就把我父亲收留下来，在部队干杂务。那个部队的师长也是山东人，对我父亲也不错，后来那个师长因为与上司不和，就被调到广州陆军军官学校。这样我父亲也不能在那里干了，也跟着去了广州，在黄埔军校还是干杂务。

大概是1925年底或1926年初，因我父亲在黄埔军校干得很好，后来开始北伐，他就被学校安排跟着邓演达干勤务，管理他的留声机、报纸，甚至银元之类的东西。抗战爆发后，黄埔军校西迁到成都，我家也跟着搬了过去，住在四川大学生物系的花园里，我就是在那里出生的。

我父亲为人厚道，也善于与人交流，所以很受那些军官们的喜欢。在成都军校的时候，还有一个故事，他有个朋友，叫李默泰，是个江西籍的小伙子，人很俭朴，经常到我家找我父亲聊天，结果被四川大学的女生给看上了，就托我母亲给介绍，李默泰不同意，说干我们这行的不能坑人家。后来有一次他偷了国民党成都机场的资料，还有飞机配件，结果被宪兵发现了，就开始大搜捕，他就跑到我家里，我母亲给了他一支手枪，让他藏到床下面，宪兵挨家挨户搜查，我母亲就说我家哪有什么人，宪兵一看是阎副官家，就走了。李默泰出来以后，跟我母亲说要去陕西延安。后来就觉得李默泰是延安派来的，肯定是共产党。

以下是笔者对阎毓珠五子阎靖宇先生的电话访谈：

时间：2014年2月11日

方式：电话访问

王功彬（以简称王）：阎先生您好，看了您写的文章，我想请您详细说说您父亲的一些事情。

阎靖宇（以下简称阎）：我父亲在黄埔军校的情况大致如此，我的博客上已经写了，今天也不多说了，但有一个问题一直没说，也是我父亲临终的时候不让我说的事情。

王：什么事情？

阎：1939年我父亲在成都黄埔军校，他和共产党有联系。

王：请您详细说一下。

阎：这事得先从我母亲说起。我母亲是江西玉山人，叫王清云。她的两个哥哥都是方志敏的部下，在红军政治部搞宣传，是宣传员，一个叫王玉龄，另一个不知道了。是他们把我母亲带着参加了红军，那时我母亲只有十二三岁。我母亲曾经说，方志敏长得不错，挺高的个头，国字脸，后来我看了他的照片，果然是这样子。

后来红军被打散，他们考虑我母亲年幼，怕以后没有依靠，就把她卖给了我父亲，所以我母亲比我父亲小十七八岁，她是1917年出生。他们结合以后，母亲就经常给我父亲灌输共产党比国民党好的思想。父亲一想也是，前方的国民党士兵冬天连棉袄都穿不上，后方的军官们却整天花天酒地，因为他在军校后勤干了多年，知道国民党高官的事比较多。就这样久而久之，父亲的思想也开始有所动摇。

他们随着军校迁到成都以后，在一个偶然的机会，母亲接触到一个江西老乡，家是南昌的，叫李默泰，他们比较谈得来。因为我母亲曾经参加过红军，怀疑李默泰是日军派来的特务，就格外谨慎，后来李默泰报出自己的真实身份，说是延安派来的，这样母亲还是不放心。有一次我父亲出差到宝鸡办事，在宝鸡八路军办事处，遇见了李默泰，这才证实李默泰的确是共产党。

王：李默泰来成都的任务是什么？

阎：他被延安派来，主要任务是搜集国民党成都机场的情报，再搞一些飞机的零部件。后来我就想，那时候延安是不是有飞机？要不他搞飞机零件干什么？

王：您父亲有共产党方面的联系人吗？

阎：有。他的上线就是李默泰，下线是单华富。

王：后来您父亲又和李默泰他们有联系吗？

阎：没有。我父亲不想说这事，感觉这是一个人的人品问题，他不想当贰臣，既然你跟着国民党干，就不该再跟共产党有联系，所以他不想让我说出这些。再说四川的地下党大多没有好下场，因为四川的地下党属于南派，属于周恩来领导的，“文化大革命”中江青又对这些人不好，所以他也不愿意说这些情况。

王：您父亲这些情况共产党都知道吗？

阎：有这么一个情况：在“文化大革命”的时候，其他当过国民党的人都挨批斗，我父亲没有。

1945 年抗战胜利之后他就退役了，没参加打内战，没打过共产党。“文化大革命”中公安局就有文件，不准迫害我父亲，可能上面就有我父亲当年对共产党有益的档案，他都满足了李默泰的一些要求，为他提供了不少他所需要的东西。

11. 阎兴平回忆祖父坎坷一生①

这是阎毓珠之孙阎兴平提供的一篇文章，从另一个角度讲述了阎毓珠的老年生活：

祖父阎毓珠一辈子既是一个很平淡的人，又是一个发展机遇很多的老人，他的经历在我五叔阎靖宇的回忆文章中记载较为详细，在这里不作细述。

1945 年抗战胜利后，祖父从军队退役，并随国民政府到了南京，托当时任江宁淞沪警备司令部少将处长陈光彬，去了南京中山门外的复炎农场工作。直至 1949 年全国解放以后，祖父一家一直在南京中山门外苜蓿园村为菜农。

祖父将五个孩子培养大以后，一直和我祖母（祖父的第二夫人）依靠我的几个姑姑、叔叔生活。

1980 年以后祖父年龄也很大了，想叶落归根，就回到家乡跟随我父亲和茂金二叔一块生活，直至 1985 年去世。从我记事的时候我就没见过祖父，直到 1960 年在老家居住的祖母想去南京找祖父，希望他接济一下家里，于是祖母就领着我弟弟阎兴朝去了一趟南京，从此我才知道我祖父在南京苜蓿园居住。1966 年“文化大革命”红卫兵串联期间，爸爸让我去南京看望了一次祖父母（我除了老家有一个祖母外，南京还有他的二夫人——王清云祖母）。祖父 26 岁之前在家里不是跑生意、就是在家榨油。26 岁（1925 年）就离开老家，留下祖母阎褚氏一个人在家，去国民

① 本文节选自阎毓珠之孙阎兴平回忆文章，标题为编者加。阎兴平，1949 年出生，工人，已退休，现居枣庄市薛城区陶庄镇。

党部队当兵去了，在部队里爷爷与祖母王清云结合，直到全国解放以后在南京又安了一个新家。记得我第一次去南京，祖父对我很好，祖母也是很疼爱我，他们做最好的饭给我吃，祖父知道山东人不喜欢吃大米饭，就很早起床到街上去给我买大饼，祖母就包水饺给我吃。那时祖父在苜蓿园除了种菜还养猪，记得我还与祖父一块去孝陵卫食品公司去卖猪。1975 年我结婚时又去了南京祖父家一次。

祖父到了晚年的时候非常想家，在他心里一直有叶落归根的想法。在大城市住久了也时时想念自己的故乡，所以 1978 年以后他老人家时常从南京回山东，跟我父亲过几天。那时祖父的身体还算不差，南京坐火车都是一个人来回，在陶庄不但我父亲没照顾他，反而祖父每天很早起床给我父亲买粥、油条照顾他。那时我父亲身体很差，多年患气管炎，经常跪在床上咳嗽不止，需要人照顾。1982 年我父亲去世，祖父心里就非常难过，心情也十分复杂和矛盾，加上年龄越来越大，大脑也有一些糊涂，后来就一直住在二叔茂金家里，直到 1985 年 11 月 24 日凌晨在我二叔家里去世。

图 129　阎毓珠墓碑

祖父的一生既平凡也坎坷，一辈子不容易，维持着两个家庭，将他的五个儿子和四个女儿照顾成人。特别是祖父与祖母王清云辛辛苦苦地把南京的两个叔叔培养成为大学生，并都成为国家的重要人才，三个姑姑也都有了很好的工作。

爷爷活着的时候经常为自己的归宿筹划，时常去老家邹坞为自己挑选墓地，最后终于在邹坞的北岭上为自己选择好了林地（现在也是阎家的新林）。2005 年 3 月 29 日，在青岛靖中四叔关心并出资帮助下，为祖父、祖母、我父母亲、我茂金二叔二婶立了墓碑，了却了全家人一个多年的心愿，使已故去的祖辈能在九泉之下安息。

说他是国民党地下谍报人员，却领着一份日本人的工资；说他是国军的叛徒，却始终被国民政府重用；说他与共产党格格不入，却冒死营救共产党人；说他是军人，他还当过教育局长；说他是政府官员，他还与江湖黑道有密切交往。他就是充满传奇的国民党少将，一个让大家捉摸不透、众说不一的黄埔军校第五期学生——阎毓栋。

图 130　1949 年撤台前的阎毓栋

（二）阎毓栋

阎毓栋（1902—1967），字干民，1902 年出生在峄县邹坞镇。1926 年考入黄埔军校第五期，黄埔毕业后被派往北方，进行先期地下工作。历任国民政府山东郯城县公安局局长、成武县公安局局长，山东省参议长，国民党济南市党部书记长、峄县党部教育长，少将高参。1949 年撤台，1967 年去世，年 65 岁。

1. 阎毓栋档案

姓　　名：阎毓栋，字干民

民　　族：汉族

出生时间：1902 年

籍　　贯：滕县木石古寺村

出生地点：邹坞镇西北村

成 长 地：邹坞镇西北村

属　　相：虎（农历壬寅年）

最高职位：国民革命军少将

去世时间：1967 年 4 月 16 日

去世地点：台湾台北

寿　　命：65 岁

2. 阎毓栋简历

1902 年出生。

1908 年，在本村读私塾。

1909 年，在邹坞小学读书。

1915 年，在枣庄中兴公司中学读书。

1925 年 9 月，赴广州考取黄埔军校第四期政治预科，后转入第五期政治科。

1926 年 10 月，在济南做地下工作，被山东军阀张宗昌逮捕；先后任国民党峄县党部委员、郯城公安局长、成武县公安局长。

1932 年，任峄县教育局局长①

1940 年，任国民党山东第十二区党务督导员兼任济南市党部书记长。

1949 年 6 月，撤退去台湾，后退役。

1967 年 4 月 16 日，去世。

3. 阎毓栋一生充满传奇②

阎毓栋侄孙阎兴平记述了阎毓栋传奇的一生：

二祖父在我们阎家，既是一个传奇式的老人，也是一个在阎家、在我们邹坞、在枣庄乃至山东都有非常大影响的一个民国历史人物。

他之所以传奇，是因为在 1949 年之前他曾有着一段鲜为人知的传奇经历……

二祖父的童年是在邹坞度过的。在邹坞读完小学以后，又去枣庄中兴公司学校，从这个学校毕业出来的学生有很多人成为国家的栋梁之材，成为杰出的大企业领导人、学者、高技术人才，他们中有许许多多成功人士，1949 年前后这里毕业的学生遍及全国各地，有很多人去了外国和台湾。

民国 14 年（1925 年）9 月，高魁元和陈敬（字子敬）、曹世伟（字魁升）以及二祖父阎毓栋去了广州，次年陈、曹、高三人考取了黄埔军校第四期，二爷爷考取了黄埔军校政治预科，后转入第五期政治科。从黄

① 《枣庄市教育志》，1988 年出版，第 9 页。

② 本节据阎毓栋族孙阎兴平回忆文章整理。——编者

埔毕业后二爷爷被分配回老家峄县，先后任国民党县党部委员、山东郯城公安局局长、成武县公安局局长、国民党山东省参议长（“文化大革命”期间我们家的所有受到二爷爷“外逃台湾”的事牵连的档案中都有此项记载，究竟这些资料是从国家历史档案中暴露的还是外调资料调查到的，现在都无法知道）。

民国15年（1926年）10月，二爷爷不慎因为搞日本情报被山东军阀张宗昌逮捕。至于二爷爷是怎么从监狱逃出来的，在五叔的《回忆父亲》的博客文章中有记载，这里就不重复叙述。

1949年，二爷爷随国民党撤退去了台湾，一开始在台湾仍在军界任职，军衔为少将，后因与其顶头上司发生顶撞而退役。退役后，因为一个做生意的好朋友做资金担保，结果此人生意倒闭，二爷爷只有倾家荡产替他还债，家里经济很糟糕，生活全靠大叔阎茂生一人负担。后在1967年4月16日因患心脏病去世，葬礼时高魁元（国防部长）、刘安祺（国民党军上将、军团司令）等国民党部队元老都去为他老人家吊唁。

4. 阎毓栋冒险营救共产党①

据原辽宁大学副校长董鸿书先生生前回忆，阎毓栋虽然是国民党身份，在生活作风方面也不甚检点，但是在抗战期间，从民族大义方面来讲，他的确曾帮助过共产党。

……三个老同学都向我介绍他们来济南，首先是找到老潘认识的济南一个姓刘的小学教师，由他介绍认识济南的阎干民（阎毓栋字干民）。据说阎干民是原国民党少将，被日军俘虏，与日本军队有联系，与国民党军队也有联系。据老潘说，阎可以把我们送往国民党地区。我与阎干民见过几次面，虽然他对青年也还热情，但当时我对他的印象是不好的。阎已50多岁了，自称老伴和孩子都在农村，但本人住在一个姓甘的家里，与这家二十几岁的小女子同居，据说是从日本军方领取工资等等。因此我对

① 据董鸿书《董鸿书回忆录》，2003年整理。

阎持蔑视态度，不抱任何希望。

图131　辽宁大学原副校长董鸿书

……所以在济南那天午夜，听到有人扣打庙宇式的红十字小学的大铁门时，……听到一个日本人用日语告诉那个中国人说“我们是市局的，是来查夜的，必须快开门”。我用中文说“请等一会，我去找人拿钥匙来开门”。……赤脚奔向好友潘远天等人的住处，敲开门后说了情况，老潘提议把阎干民先生请出来帮助研究一下（这时他们住在阎的一个院子里）。当时我内心还不太同意找阎，但慌忙中又无其他办法，只好答应把阎请出。我向阎又说了一遍夜里发生的事情后，阎意外的冷静，热情地和我们说：是不是查夜的还是找你的，需要了解一下。为了防止万一，请你们几位都到我夹皮墙内休息一下，天亮再研究。这样我们四个人进入了我们一向不知道的阎住宅内的一个大夹皮墙。

天亮的时候，阎干民到夹皮墙内和我们说，上班以前派一个人到学校了解一下情况，再决定。……这样阎干民明确地和我们几个人说：“赶快吃饭，我把你们几个人送出济南，向何处去你们决定。”……吃了大饼以后，阎干民给我们每人准备了一个白口罩，派人找了五个黄包车，他本人也戴了一个大口罩，坐的车走在前面，一直拉到济南外的第三个小站下了车，阎为我们付了车费，我们都向他表示了谢意。我特别握住他的手，向他表示特殊的谢意。表示了后会有期，还特别请求他关照张树铭（指被营救的人员——编者）回济南后的生活问题，因为他在济南没有一个熟人，阎满口答应，并问我郭（指同时被营救的郭姓人员——编者）去过小学没有？我告诉他没有去过。他最后告诉我，要保重，此事他一定全面负责，给予安排。郭回济南后，阎确实为郭做了安排。

……在车上记得我想了许多问题，怎样评价阎干民？我曾蔑视过他。……都在头脑中转来转去。直到今天我也只能做分析，拿不出肯定的意见。

5. 济南遇险

下面是笔者于 2014 年 1 月 19 日对阎毓栋之侄阎靖忠的访谈记录：

王功彬（以下简称王）：阎毓栋是您的叔叔，您对他的情况知道得多吗?

阎靖忠（1942 年出生，阎毓栋长兄阎毓珠之子，医生，现居青岛市）：我知道多少就说多少吧，有些是在 1989 年的时候，阎毓栋的儿子阎茂生给我说的。

我家原来开了个油坊，是我父亲资助了高魁元、阎毓栋、陈子敬和曹世伟他们四个去考的黄埔军校，他们三个都考上了第四期，为什么我叔叔阎毓栋没有考上第四期却上了第五期呢？据阎茂生讲，当时阎毓栋得了疝气，人家跑操时他也不能跑，就站在操场一边看，正好被蒋介石看见了，就问他为什么不跑操，阎毓栋说自己得了疝气，蒋介石就说那你回去吧，到山东做策反工作，于是阎毓栋就回了山东。到了山东以后，他开始做张宗昌部队的策反工作，最后成功地策反了张宗昌的一个师，结果被张宗昌给抓住了，我父亲知道后，就赶紧跑到武汉找到邓演达，请他帮忙，最后才把他给救出来，然后又回到黄埔军校读第五期。黄埔毕业以后，也曾回到老家峄县，任县党部教育长。

抗战开始后的 1941 年，阎毓栋又被派往山东，进行地下秘密工作，结果被日本鬼子抓获，这就有了后来他叛变之说的故事了。

鬼子抓住他以后，用尽了酷刑，阎毓栋都没屈服，到后来鬼子就给他灌煤油，往十个指尖里插竹签，这下子阎毓栋实在受不了了，就想自己只有两条路，要么自杀，要么叛变。就在这天晚上，鬼子突然破获了一个国民党地下组织的案子，来提阎毓栋带路去指认一个地方。于是，阎毓栋被三个鬼子带着，走到济南的大街上，进入到一个四合院里，有两个鬼子在大门口把守，因为阎毓栋已经被折磨的不成样子，走路十分困难，得有一个鬼子搀着，这时门外的鬼子叫了里面那个鬼子一声，也可能觉得阎毓栋受伤严重，不会逃脱，院里的鬼子就出去了，并且很久没有进来，阎毓栋一看逃跑的机会来了，虽然身体有伤，但阎毓栋小时候练过武术，于是他就趁着夜色，爬上房顶，踩着瓦片跑了出去，最后走到一家有灯光的小院里，发现是母子两个，老太太岁数很大，儿子是个哑巴。老太太的儿子见阎毓栋一身血污，像是个逃犯，就想去报警，结果被老太太给制止了，然后带他到了济南城墙的低矮处，老太太弯腰蹲下，阎毓栋踩着她的肩膀爬了出去。

这时候鬼子已经发现阎毓栋逃跑了，就派兵四处搜查，此时阎毓栋已经跑到一片玉米地躲藏，听见远处有鬼子声响，就在地上扒了一条小沟躺进去，然后再用烂草盖住，就这样，阎毓栋躲过了鬼子的搜捕。一路上跌跌撞撞，阎毓栋到了泰安又被一伙土匪给抓住，以为他是政府派来准备剿匪的奸细，就对他严加审问。阎毓栋对江湖上的帮派黑话暗语都明白，一看不是鬼子，是土匪，就放心了，开始用黑话与他们对话，然后拿了一条毛巾，左拧右拧了几下，土匪头目一看慌忙跪下，原来阎毓栋的手势要高于他的辈分，于是土匪开始酒肉伺候阎毓栋，并请他留下，被阎毓栋拒绝。阎毓栋离开泰安以后，来到兖州火车站，想坐车到徐州，但上车没有良民证，就在这时，火车即将开动，门口的列车员忙向他招手，也没看什么良民证就上了火车。到徐州刚下火车，就被一叛徒给认了出来，马上报告给了上司，把他再次抓捕后想送往济南立功。阎毓栋一看这下子彻底完了，就给那个叛徒提出了三条，第一给自己弄顿好饭吃，第二让写遗书交

图 132 阎毓栋（右）1949 年撤离青岛时在船上留影

给儿子阎茂生，第三让自己过两天好日子再送济南去。叛徒一一答应。阎茂生接到父亲的遗书后，马上想起父亲有一个在日军工作的朋友，岂不知，那朋友是国民党的地下工作者，知道后就设计救他。这时住枣庄的日军也得到了这个情报，正好里面有个阎毓栋的日本朋友，他们曾经一起合伙干过贩卖柏木棺材的生意。这朋友马上派十几个日军士兵到了徐州，强行把阎毓栋带到了枣庄，一直到抗战结束以后。

抗战胜利后，住枣庄的日本鬼子纷纷投降，也有不少日军老婆、姑娘遭到国民党部队士兵的强奸，这时，阎毓栋就给那个日本朋友弄了一身国民党少校军服穿上，还在他的门口放上哨兵，任何国民党的士兵都不许入内，又过了不长时间，才把那个朋友送上火车，返回了日本。济南战役打响以后，阎毓栋领了一部分人，突破共产党的多层防线，跑到了青岛，投奔到刘安祺部队，刘给安排个少将副司令，后来升至少将副军长。这时他的儿子阎茂生已经是个少校，也与他在1949年6月2号一起撤到台湾。

阎毓栋撤台时带了四千两黄金，但到了台湾以后很快被山东老乡给吃光了。他原来在济南的时候，家里什么样的人都去，三教九流，每天能吃一袋子面，所以到了台湾还是那样，只要是山东人，都去他家吃饭。我到台湾去，遇见几个老兵，一问是山东人，问他们知道阎毓栋吗？都说知道，是好人。

图133　阎毓栋（中）与副官在青岛时留影

后来阎毓栋的家就很穷了，以至于几个孩子都上不起学，后来通过宋美龄的安排，几个孩子才到教会学校去读书。宋美龄怎么会给他家安排呢？原来阎毓栋的大儿子阎茂生到了台湾以后就退役了，后来迷上了耶稣教，还当了牧师，经常到士林官邸给宋美龄他们做礼拜，所以他们就熟悉了。

阎毓栋到台湾以后也没干好，

据说是因为办了一本杂志，说了蒋介石一些不好听的话，被蒋介石给冷落了。

他是1967年去世的，开追悼会的时候高魁元给当主祭，刘安祺致悼词，出殡的时候两边有摩托车开道，很气派。我知道的就这么多吧。

6. 阎毓栋在邹坞街名声大噪

这是笔者采访阎毓栋同族老人的访谈记录：

时间：2011年6月20日

地点：枣庄市薛城区邹坞镇邹坞村

王功彬（以下简称王）：您好！老人家，我想了解一下阎毓栋的资料，请您讲讲好吗？

阎景奎（1921年出生，阎毓栋族叔，农民，居该村）：阎家祖籍滕县木石山口北边的古寺村，清代中后期分为三支，一支迁往陶庄镇北边的凤凰庄，一支迁到台儿庄，俺这支迁到了邹坞西北村。阎毓栋就在这里出生的。

阎毓栋的父亲叫阎景星。

阎景星上边有两个哥哥，大哥叫阎景成，二哥叫阎景汉。阎景星先后娶了三房太太，大太太是肖庄的张氏夫人，二太太是钓台的阎氏夫人，阎毓栋的母亲是三太太郭氏。郭氏生了两个儿子，大儿子叫阎毓珠，阎毓栋是老二。

知道阎毓栋的人，都说他是个灵活多变、黑白两道都吃的人，他在国民党峄县党部干过，还当过郯城县公安局局长，听人说他在成武县党部时候，被他人告密，那边抓他的人刚出门，他这边就知道了，连忙在夜里11点多钟，就骑马跑了，抓他的人到他家时一摸被窝还热乎呢，人不见了踪影。阎毓栋的母亲去世的时候在老家大办丧事，搭灵棚，扯旗幡，唢呐礼炮的，场面怪大，当地的驻军就派了几个士兵前来找事，但到这里一看，就跑回去告诉上司，说灵堂里有山东省主席韩复榘的挽幛呢，这家伙还了得，上司觉得阎家的势头不小，忙置办祭品厚礼来祭奠。

国民党撤退的时候，阎毓栋把夫人邓氏和女儿阎茂兰留在了老家，自己从青岛上船去了台湾。

7. 往事如梦，阎茂兰回忆父亲

这是笔者赴唐山采访阎毓栋之女阎茂兰的访谈记录：

时间：2015 年 4 月 15 日上午

地点：河北省唐山市路北区西山道煤研所小区

王功彬：请讲讲您父亲阎毓栋的事情。

阎茂兰（1932 年出生，阎毓栋长女，原唐山市路北区政协副主席，已退休）：其实我对父亲并没有多深刻的印象，他原来一直不在家里，偶尔回家也是匆匆忙忙，在我的记忆当中，大概只见过他两次。第一次是在我六七岁的时候，父亲晚上回家了，记得他向我母亲还问起我的学习情况，恍惚中见了一面。第二次是抗战胜利以后，我已经十四五岁的时候，母亲非常想念我大哥二哥，就带着我从老家去济南找他。去的时候坐火车，回来的时候解放军已开始攻打济南，济南到薛城的火车也不通了，我们只好坐牛车驴车，走了很长时间才回枣庄的。

图 134　阎毓栋在台湾的墓碑

我父亲虽然干国民党的差事，他和其他方面的关系处得也好，既有日本朋友，更有共产党方面的朋友。小时候我听说一件事，说的是八路军一个连长打鬼子时牺牲了，要埋葬没有棺材，不知谁告诉了八路，说我本家二奶奶有口棺材，八路就来征用，二奶奶不愿意，八路又非征用不行，于是就告诉了我父亲，我父亲写了一个纸条，让家人出去了一趟，交给了一个人，从此以后就再也没人来征用棺材了。后来才知道，父亲是给朱道南写的信。后来家里还有一件类似的事，也是父亲给朱道南写了封信，朱道南接到信以后就安排人，也没再找我家的麻烦，这说明我父亲和共产党的交往很深，特别是朱道南，他家在张范，我家在邹坞，离得很近，所以他们之间的关系很好。

第六章 大后方中的枣庄黄埔人[①]

师范毕业当教员，参加北伐入黄埔；分配党部不适应，一心痴情干教育；流亡鄂川历千险，转回济师训导部；创办峄中倾全力，二次流亡至澎湖。他就是出身黄埔的——宋东甫。

图 135 宋东甫老年照

（一）宋东甫

宋东甫（1891—1974），又名文范、文明，峄县人，黄埔军校南京校区第六期学生，峄县中学创办者，1948 年率峄县中学南迁，从广州去台。1974 年 1 月病逝。

1. 宋东甫档案

姓　　名：宋东甫，字文范

民　　族：汉族

出生时间：1891 年

籍　　贯：峄县台儿庄旺庄村

出生地点：峄县台儿庄旺庄村

成 长 地：峄县台儿庄旺庄村

属　　相：兔（农历辛卯年）

最高职位：中学校长

去世时间：1974 年 1 月

去世地点：台湾台北

寿　　命：83 岁

---

① 本章所列人物也包括在国民党地方政府部门和黄埔军校工作的枣庄黄埔人。

2. 宋东甫简历

1891 年 8 月 26 日，出生。

1900 年 9 月，入三义庙私塾读书。

1903 年，订婚。

1907 年 12 月 6 日，与李氏夫人结婚。

1911 年秋，考入峄县高等学堂。

1914 年春，考入峄县师范讲习所；夏，赴济南考省立第一师范。

1919 年秋，在师范附小做教员。

1920 年春，任鲁家寨私立小学教员。

1922 年春，任峄县县立高等小学校长。

1928 年春，参加北伐。

1929 年，考入黄埔军校第六期。

1931 年，分配至上海市党部工作，后辞职，转任济南师范训导部主任。

1933 年夏，转济南育英中学。

1936 年春，至济南师范任训导部主任。秋，改任寿张乡师训育主任。

1938 年年初，迁至湖北均县设校，约半年又迁校四川，后任济南师范训导部主任。

1947 年，回乡创办峄县中学，任校长。

1948 年秋，率全校师生迁校湖南。

1949 年夏，迁校广州，后迁校澎湖。

1955 年，应聘为台东女中教师。

1964 年，退休。

1974 年 1 月，去世，安葬于屏东长治乡公墓。

3. 道德垂范的教育名家①

古城台儿庄网上有对宋东甫先生的详细介绍，内容如下：

① 节选自古城台儿庄网·人物专题，http：//www. tezgc. com，题目为编者加。

宋东甫，山东峄县旺庄村（今属台儿庄区涧头集镇）人，清光绪十七年（1891 年）农历八月二十六日生。初名文范，后名文明，字东甫，祖居旺庄村，世代务农。其曾祖父宋广远，生性淳朴，谨言慎行，好善恶恶，是非分明，慷慨好义，常有舍己助人之举，深受乡人尊崇。其祖父宋凤桐，富有家风，尤其重视子女的教育，所以其父宋玉美得以饱读诗书，为乡儒之翘楚。其父宋玉美，字蕴香，耕读治家，持正不阿，为乡里之重望，对子女的教育不遗余力，为筹措学费，虽典卖田地，亦在所不惜。宋东甫的母亲赵氏，为西河泉村人，贤淑温和，相夫教子。所以宋东甫得受完美的教育，其来有自。

图 136　宋东甫故居

宋东甫 9 岁入私塾就读，启蒙老师为张鲁出（字希曾），后为李庆云。李庆云，江苏铜山县人，峄、铜相邻，且李为宋玉美同窗好友。李庆云教学认真，对宋东甫的课业督导尤严，所以宋东甫的国学基础甚为深厚，虽至晚年，幼读之经书犹能背诵如流。

宋东甫17岁转至竹古山唐家学塾就读，旋入天主堂小学，后考入峄县县立高等学堂，1913年毕业，翌年入县立单级师范讲习所，当年夏赴济南投考山东省立第一师范。当时，本县公学毕业同学，同去投考者甚众，而被录取者仅宋东甫一人。1919年，宋东甫省立一师毕业，先后在省立一师附小、滕县鲁家寨私立小学和济南市私立育英中学任职，1922年春回峄县任母校县立高等小学校长，直到1925年春辞职。鲁南著名教育家张捷三和曾指挥运河支队一部在毛楼村力挫日军、威震敌胆的梁巾侠，都曾是他任峄县县立高等小学校长时的学生。

宋东甫是“爱的教育”的实行家。他心性温和，面貌慈祥，对学生爱若子弟。学生们犯有错误，他从不疾言厉色地责备，总是和颜悦色地劝勉，循循善诱期能改过。在县立高小，就读的乡间学生大多住校，他每晚都到宿舍查号，替学生盖被子，不整齐的地方代为整理，给学生们偌大的亲切感。他聘请来的教师，大都年轻精干，上课认真负责，下课与学生同活动、同生活，师生关系融洽，使学生终日如沐春风之中。在那时讲究“师道尊严”的社会里，更使人有处处清新之感。1927年，宋东甫弃职奔走革命，先到济南活动，后又到枣庄北山里组织别动队。这时，革命军北伐到峄县，与别动队取得联系，革命军自八义集由南而北，别动队自山里由北而南，夹击军阀张宗昌部。张军大败，撤退济南。惜宁汉分裂，革命军南撤，鲁南失据，别动队退回山里潜迹暂避，宋东甫乃返回家乡隐形待机。

1928年春，宋东甫偕殷惠轩同赴徐州，寻机投奔革命，适逢革命军北伐抵徐，经孙怡仁联系，乃入第四军第十一师政治训练处，任宣传科员兼宣传队长，随部进军鲁南，转战兖（州）、滕（县）、汶（上）一带，历经艰险。当该部迫近济南时，适逢“五三”惨案发生，遂绕道北伐，过德县，直指北平，乃完成革命北伐任务。

北伐成功，部队整编，政训处裁撤，宋东甫遂往南京考入黄埔军校第六期政治科。翌年发生中原大战，冯玉祥、阎锡山失败。蒋介石为安抚地方，收买民心，从中央军校政治科遴选20余名学员，由教育部高湛冰领队，前往河南宣传，宋东甫获选同往。返校时，军校研究班已毕业分配完毕，此20余人免试准予毕业，宋东甫等5人奉命往上海特别市党部任职。宋东甫生性淳厚，矢志教育，对十里洋场、灯红酒绿、纵横捭阖之社会、复杂之生活，殊难适应，适遇济南师范校长蔡自声敦请宋东甫前往帮忙，宋东甫因可遂从事教育之夙愿，且济师为母校一师之后身，得返母校服务，更觉欣慰，乃于1931年2月辞职离沪，到济师就任党义教师兼训育员，旋任训育主任。

是年发生九一八事变，日军侵占我东北，全国掀起抗日请愿运动，学生纷纷要求到南京请愿，呼吁起兵抗日。率领学生到南京请愿，责任重大，各校多为校长亲自领队，时宋东甫代理训育主任，蔡校长遂请其为济师领队。宋东甫肩负重任，领队晋京，幸以宋东甫之德望，处事之得宜，到京请愿活动未生枝节，平安返校。

1932年暑假，一师蔡校长自请辞职，宋东甫亦请离职，就职于兖州乡村师范；越一年，复往济南私立育英中学任教。到1936年2月，又回母校济南一师任训育主任；是年秋去职，就任山东寿张乡村师范学校训育主任。

1937年7月7日，抗日战争全面爆发。日军攻下天津，轰炸济南，进侵山东，寿张乡村师范亦遭到日机轰炸。偌大的一个华北，放不下一张平静的课桌。于是，寿张师范暂时南迁到运河南岸的梁山。不久教育部又命令山东中等以上学校南迁，寿张乡村师范学生由宋东甫率领先行，校中辎重随后。为行动方便，宋东甫乃将夫人送往娘家，携长子治安随校至许昌。时山东流亡学生集中许昌者，有六七千人之多，许多学生激于义愤和爱国之心，纷纷投考军校。翌年初，学校又奉命西迁，先至老河口小住20余日。宋夫人李氏率女治蕙自故乡赶到，家人得以团聚。后高初中迁至湖北省郧阳县设校，逆汉水而上，滩险水急，遂发生沉船事件，20余名学生罹难。宋东甫所属师范学生前往均县设校，幸而无恙。约半年，武汉告急，国民党政府迁都重庆，学校乃奉命入川，于是决定学生步行入川，沿途设站，分批前往川北集合设校。校中仪器物品及教职员眷属、生病学生等，必须以车船运输。无奈抗战时期交通不便，运输工具更加简陋，入川必先溯汉江，再入栈道，二者俱属天险之途，且鉴于年初沉船事件，对领队押运任务，莫不退避，宋东甫乃毅然承担运送重责，雇船队溯

图137　抗战大后方的学校学习情景

汉江而上。汉江乃穿山越岭、乱石惊涛、水急滩险之恶水，真是步步惊心，风波迭起。幸赖宋东甫筹划领导，妥善处理，千里水程竟顺利渡过。至南郑，乃舍船就陆，改雇马车运输，首先要越过栈道，栈道天险，李白曾有“蜀道难，难于上青天”之句，其危崖断涧、惊心动魄之处可以想见。宋东甫肩负责任，步步小心，领导车队，照顾眷属，安然越过天险。途经栈道时，爱女治蕙所坐马车颠覆崖下，车毁马亡，幸亏治蕙因不忍拉车之马上山困累，先行下车步行，方逃过此劫。通过栈道，又经剑阁天险，乃抵川北梓潼设校之地。数千里运输，费时半载，终于圆满完成西迁任务。

梓潼属川北山野之地，学校在川北梓潼正式设校，即国立梓潼师范学校，宋东甫仍任训育主任，为了便于有工作的青年接受教育，乃设立夜间部。为加强社会教育，宋东甫复于校中筹组话剧团，当时物资匮乏，宋东甫极力筹措，剧团得以发展，并经常利用假日演出，激发爱国热情，对社会、国家贡献颇大。

抗战胜利后，宋东甫应家乡父老乡亲的恳切相邀，乃返回峄县筹设县中学。他常说：“培养家乡的青年是我的责任。”抗战胜利不久，国家元气大伤，民生凋敝，百废待举。宋东甫不顾一切艰难，于1947年创办峄县中学，校址设在鲍家故宅（俗称鲍家大院）。鲍家为峄县巨富，时已避难他迁。在物质十分匮乏的情况下，全赖宋东甫一一克服，举凡校具、仪器、教师聘请、校务筹划，莫不躬亲事务。建校初期，由于缺乏经费，学校学生上课时所需的课桌椅都无法购置，宋东甫亲率工友，以土坯砌垒代替课桌，至于座椅则由学生自备，方可上课。有的学生连报名费也交不起，遂用2斤小麦代替。当时峄县中学共有初中、简师4个教学班，200人左右，后因局势危急，学校乃迁往运河南程家庄。学生宋照涛有诗单说程家庄办学：

运河南，程家庄，承先启后兴学堂。

东甫校长有理想，为教育，兴安邦，峄城子弟集一堂，为避战乱带领学生走他乡。

小板凳，背肩上，树荫底下当课堂。

师生们，情意长，衣食住行样样照顾都周详。

1948年全国解放前夕，宋东甫奉命复率峄县中学南迁，辗转数月，与山东其他联中八校去台湾。到澎湖后，年龄稍大的学生俱集体参军，所余幼小男生和女生设澎湖防卫部子弟学校，后迁彰化，设立员林实验中学（现改为崇实高中）。学校在澎湖时，宋东甫即忍痛离开多年从事的教育工作。1955年，应省立台东女子中学之聘，重归教育工作岗位。1964年退休，以写作自娱，曾有回忆录4册。1974年1月病逝于台北，享年八十有四。

4. 为教育两次南迁

以下是笔者对宋东甫先生之子宋治屏的访谈记录：

时间：2014年4月19日、2015年6月7日

地点：台儿庄区锦江之星大酒店、台儿庄区君正茶庄

王功彬（以下简称王）：宋先生您好，我们正在搜集整理枣庄黄埔军校学生的资料，您父亲宋东甫就是黄埔六期的，我想请您讲讲您父亲宋东甫先生的情况。

宋治屏（宋东甫之子，1950年出生，现居台湾，以下简称宋）：在我父亲100周年诞辰的时候，他的学生给他出了一本书，里面有很多的学生都写了文章，来纪念他。

我是在台湾出生的，对他在大陆那一段时间的事情知道得不多。只知道他从四川回到峄县办学的事情，说是峄县县长多次电报催他回去，创办了峄县中学。他到台湾以后，有个黄埔军校的同学，叫陶一珊，说他你可能不清楚，台湾有个歌星，叫陶喆，是他的孙子。陶一珊一直随着国民政府工作，我父亲呢，就一直做教育工作。他们既是同学，军校毕业以后，又一起在上海市党部工作，他到台湾以后，是第一任的警备总司令。也许我父亲像陶一珊一样，一直随着政府工作，他或许会更不错。

他从大陆带学生到澎湖，本来带学生来是读书的，那时候国民党部队人数也少，就抓兵，高于枪杆子的，就当兵；矮于枪杆子的，就到澎湖员林实验中学读书。我有个哥哥，叫宋治华，也在那里读书。本来带学生来读书的，我父亲感觉没照顾好学生，就有一点灰心，便离开了学校。

我父亲离开学校以后，生活靠的是我的大姐宋治蕙，她嫁给了一个空军军官。这样，就把我父亲接到了屏东。据我所知，后来我父亲通过陶一珊介绍，去了屏东县警察局当秘书。当秘书也不符合他的兴趣，后来又通过关系，到台东女中去教书，一直干到退休。

王：据我了解，您父亲先后共娶了三位夫人。

宋：是的。我原来还有个哥哥，是长子，早在四川的时候就去世了，所以我父亲就娶了我母亲，生了我，也有延续香火的意思吧，但基本上我是姐姐带大的。

我母亲是1926年出生，叫吴翠云。这也不是她的本名，翠云是她的村庄的名字，后来我父亲给改为这个名字，她的老家是四川梓潼。2007年10月，我去了那里，第二年的5月她就去世了。

5. 高尚的民族气节和仁义之心

王：您对您父亲在做老师做父母方面，有什么评价？

宋：我看他的自述，在峄县，他小时候是个很会读书的小孩，后来他在外面跑的地方很多，对地方的建设和教育，特别是百年树人，怀抱一些理想，但对家庭的照顾还是弱了一些。但可以肯定地说，父亲是很疼爱我的。印象最深的是在我上幼稚园大班到小学三年级这四年间，是我一生中最幸福温暖的时光。记得那时候每到周末，父亲就会带我去看一场电影，买一个红彤彤的“五爪”苹果给我，那个时候每周能看一场电影，是一般人做不到的事情，对苹果更是可望而不可求，因为苹果特别昂贵。每到过年的时候，还要给我20块钱的压岁钱。记得有一次去看电影，放映的是一部日本影片，当片中有日本天皇演讲的时候，只见整个影院的观众全部齐刷刷地起立，向日本天皇行注目礼。因为日本对台湾殖民那么多年，老百姓也是接受的亲日教育，我也不懂，见那么多的人都站起来，我也站了起来，可是我父亲坐着一动不动，见我站起来，猛地拉了我一把，按我坐下了，又说了一句：有什么好站的！从这点讲，也说明了我父亲的民族气节，对日本人是充满了厌恶和憎恨。但他对我的教育却是理性自由的。我上小学时学校是禁止读日本连环漫画的，我喜欢看，就让父亲买来，父亲打开一看也没什么不好的内容，无非是日本生活方面的民俗漫画，就给我买来。正好有老师来家访，看到这本漫画，非常惊讶，说怎么能让孩子看这种书？父亲很镇静，说内容可以的，也没什么啊。由此可见，父亲教育学生不死板。

小时候我比较调皮，接连偷了父亲的几毛钱，父亲发现后很生气，晚饭后就把我带到一个防空洞前，搬来两块石头，并排放下，让我坐下后，就开始长篇大论地给我讲人生大道理，我却看着天上的月亮星星，无动于衷，呵呵！

我的长兄还有长兄的母亲，都在四川去世的，我想，假如他不带学生去四川，在老家的话，长兄他们就也可能不会去世。他的一生就是做教育，带学生到台湾，就是为峄县教育和建设的理想在努力。

在台东教书的有很多山东人，其中有一个姓神的老师跟我父亲关系最好，他祖籍山东平阴，在1962年我小学毕业的时候，神老师过世了，我父亲觉得医院好像有些疏忽，应负责任。那时候台湾也是贫穷，神老师没办法安葬，就把我过继给了神老师，所以说我是神老师的义子。后来就跟医院打官司，院长也受了处分。过继给神老师的原因，就是我父亲想给他申冤，但是神老师在台湾没有亲人，这样的话呢，我就可以以他的继承人的身份去起诉医院。神老师在大陆有两子一女，长子长女都去世了，他最小的女儿今年春节给我打了个电话，说哥哥姐姐都过世了，自己的日子也不多了，最大的愿望就是想看看父亲的遗骨。我继父的亲属看到我当年披麻戴孝给义父出殡的照片，还是蛮感激我的。这也是我这次来大陆的另一个目的。

讲这件事情，我想说在内地的时候，父亲是怀抱对家乡建设和教育的一种理想。到台湾以后，对山东同乡的求助，都给予很多，大家也都说他是一个老好人，很有义气。

还有一个故事。父亲刚刚到台湾的时候，很多学生被抓去当兵，就有很多逃兵，逃兵生活无着，就去找我父亲。那时候父亲手里还有学校的官印，他就给这些学生开具证明，说某某人是八联中师范部毕业，就被安排当了老师。所以说，山东人在台中当老师的最多，当小学教员的最多。后来台湾的教育部门感觉很蹊跷，就事发了，父亲没被判刑，只把官印给收走了。

王：看来您跟您父亲接触的时间不算太多?

宋：在我看来，我比较珍惜的是，在我幼稚园大班一直到小学三年级，一直与父亲生活在一起。那时候台湾的苹果多贵啊，但在每年我的生日的时候，他都会给我买个苹果，每个礼拜一都要带我去看一场电影。

如果讲父亲这个人的话，他在大陆的时候，就是事业这种情怀。

王：您在台湾从事什么工作？怎么想起来老家看看的?

宋：我原来在《中国时报》工作，先从事编排，后来负责印刷生产，从主任的岗位退休。

早些年我姐姐想带我来大陆，看看老家，那毕竟是我父亲生活过的地方，我是有这种情怀的，但因为我当时在报社工作，有一些政治敏感性在里面，没有来成。现在我也退休了，可是我的姐姐已经走不动了，所以只好我自己来了。但也遇到一些困难，与老家已经多少年没有联系，只听说大姐的儿子宋安闫，却没有他的电话，所以我就从网络上找到政府台办的电话，给他们求助，过了四五天，枣庄市台办的杨主任就联系上了宋安闫。

王：您对父亲有什么评价？

宋：那次见了我舅舅，我就说，假如我父亲不娶你妹妹，就不会有我；假如我父亲不做教育，或早被抓兵抓走了，那样的话或许早战死在战场；假如父亲继续在老家教学，那么就不会到四川，就娶不了我母亲，当然也没我了；假如他继续在国民政府工作，也许会像陶一珊一样，会有很高的成就，同样也不会娶我母亲，也不会有我。这样一想，我心胸就会马上豁达，这都是命运，什么事情也都想得开了。

曾经，我对我父亲有过很多不以为然的想法，是山东人的义气或是迂腐，当年神老师的官司打赢了，医院给了一些赔偿和抚恤金，还有他的一些存款，除掉丧葬费用以外，还剩下4万多台币。我父亲为了避免把我过继给义父想贪图财产之嫌，就专门成立了一个管委会，把义父剩余的钱全部交给了台东中学，作为奖学金。这次回大陆就是想把义父的骨灰带回来，交给他的家人，再就是想把暂存在台东中学的钱要回来，还给他的家人。但是，台东中学说这钱是赠送，不是暂存，现在我正跟他们打官司。所以这次回来，我把给台东中学打官司的资料都带来了，以证明我的清白，也证明我父亲对神老师的那份感情，让他们家族的人知道我父亲对朋友的爱心，对教育的痴心以及他伟大的人格魅力。

6. 南迁中亲人早逝

以下是笔者对宋东甫外孙宋安闫的访谈记录：

时间：2013年9月1日

地点：枣庄市台儿庄区涧头集镇旺庄村

王功彬（以下简称王）：请介绍一下您外公宋东甫的情况？

宋安闫（1945年出生，宋东甫外孙，该村村民）：小时候就听说，我老太太对我外祖父管得很严格。他那时候已经定亲了，我姥姥娘家在李山口，要是我外祖父上学上不好，老太太就让他上那个井台边跪着去，让李山口的人笑话他。后来他在济南上过师范，从黄埔军校毕业以后蒋介石把他分到上海做党务工作，做了一段时间，他不习惯然后就辞职了，后来就上了济南去教学。

抗战爆发以后，他就随着学校撤到大后方，到了湖北四川，后来又回到了峄县，办了峄县中学。打内战的时候，他又带着学生往南撤，到了湖南，最后去了台湾。1974 年去世的，台湾还有个小舅，叫宋治屏，我知道他。

我的家庭情况很复杂，我本姓闫，父亲叫闫毓琇，是国民党山东保安旅的少将旅长，跟着王耀武，在济南战役时阵亡了，那时候我不到 3 岁，母亲又早死了，她死的时候我还不满 10 个月。后来我父亲阵亡后就被我外祖父抱回了峄县，改姓母亲姓。我还有个大哥叫闫春，大嫂张佩云是张灵甫的亲侄女，现在西安，我们两家离得很近，张灵甫是东大村的，俺家是下草村的，相隔有二三里路。

王：您对外祖父印象最深的是什么？

宋：因为年龄小，没记清事情。当时走的时候，就带走了一个小老婆，是四川的。我母亲原来在南京上学，母亲叫宋治兰，和父亲结婚后就生下我们姊妹 4 个，后来就生病死了。母亲去世的时候我不到 1 岁，父亲去世的时候我 2 岁多点。

母亲姊妹 3 个，母亲宋治兰是老大，老二叫宋治梅，老三叫宋治蕙，在台湾，老四宋治华也在台湾，后来又生了五舅宋治屏。外祖父的大夫人是李氏，二夫人姓孔。他走了以后，我就一直跟着孔姥姥生活，她是 1976 年去世的，67 岁。

王：您父亲和母亲是怎么认识的，怎么结合的？

宋：李延年是母亲的干爹，是由他介绍的。李延年没去台湾，李玉堂去了，结果被蒋介石枪毙了，还有李仙洲，他们是山东的三李。

王：您母亲怎么认李延年为义父的？

宋：我外公与李延年关系很好，所以以后就成了干亲家。

王：对几十年来家庭生活的变故有什么感受？

宋：感谢这个社会，越过越好了。

图 138　宋东甫父母墓碑

7. 回忆抗战中流亡南迁①

以下是宋东甫先生回忆在抗战期间学校流亡的叙述：

七七事变发生，蒋委员长时在庐山，立即发表谈话，说明中国严正的立场与最低限度的条件。任何解决方案，不能侵害中国主权领土完整，冀察军政现状，不容不合法的改变，并郑重提出，此次事变发展结果，不仅是中国存亡问题，而是世界人类祸福之所系，能否结束，这是最紧要的关头，“我们希望和平，而不求苟安，准备应战，而绝不求战”，最后关头一到，便只有拼全民族的生命，以求国家生存，不容中途妥协，唯有牺牲到底，抗战到底，才能博得最后的胜利，否则将陷民族于万劫不复之地。

① 节选自台湾《宋东甫先生百岁诞辰纪念集》，1991 年 12 月，第 306—352 页，有删减。

这是我们庄严果决的抗战誓词，动员令亦随之颁发。

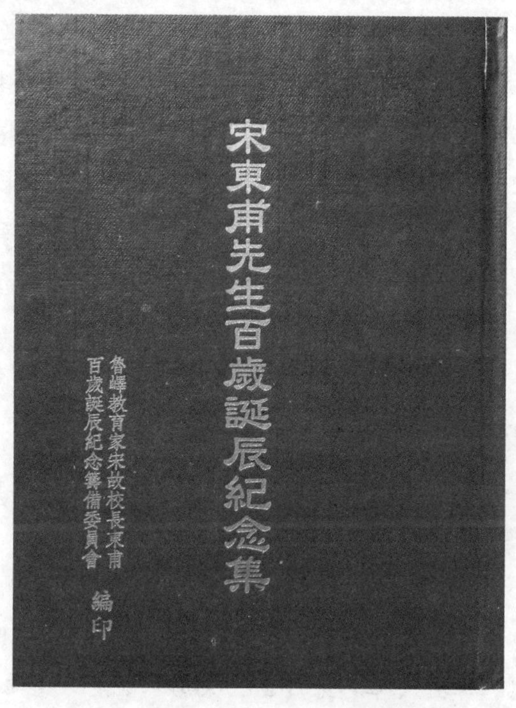

图 139　宋东甫先生百岁诞辰纪念集

动员令下，日本知我不肯屈服，决作进一步行动，妄想于三个月内征服中国。7 月底日军袭击廊坊南苑，北平失守，天津继陷，日军用飞机常常飞至黄河两岸，侦察窥伺。有一次飞至寿张县上空，丢下两枚炸弹，落在城南门里，炸死老百姓的一只耕牛及寿张乡师校的一个学生。当时民众震恐，眼看学校秩序维持不住，遂决意迁校于黄河以南梁山寨的国民学校暂避。于是雇用几只大渡船，将全校师生及学校财物搬走一空，适本年雨水较多，黄河之水平常只有二里的宽度，现在已涨至黄河两岸大堤，宽度已达十余里，中间大溜，波涛汹涌，令人惊恐。同船渡河中有寿张地方法院一法官，惊惧失色，全身瑟瑟发抖，而使船人工，习以为常，却不在乎。渡过黄河又经蔡家楼老友蔡蕴芝家中一看，大门向东，家中只有北屋西屋草房数间，因蔡君在外做事，家中无人，遂即离去。

又走十余里，即到梁山寨，因事前已有接洽，故到梁山寨很顺利地进入梁山国校。稍微休息，即将乡师公私物品，以及办公处所，略微分配，至于老师眷属，多分配在街西头的庙里，男女学生多在各教室里，白天上课，夜间打铺睡觉。三五日后，总觉拥挤不便，又在里多路北村庙上打主意。庙里塑像较多，非除去塑像，不能安置学生铺位。庙中塑像虽多破坏，那时天长日久，自然的现象，但是我们这一打，地方信佛的人士不免有点非议，后经本党同志雷电霆先生向各方面解释，才得以消除非议。雷电霆系老党员，并为寿张县党部的书记长，故说话很有分量。迁校梁山寨后，对外虽云上课，但因校舍不够分配，有的上，有的不上，并且中日战争日益发展，人心惶惶，虽云上课，老师无心教，学生无心听，更看出个人与国家的关系。个人的行动，固然可以影响国家，而国家的变化，绝对可以影响个人。在抗战期间，很可以看得出来。

8. 再次迁校至老河口

我全校400余人，虽由寿张县城迁来梁山寨暂避，但时听中央广播及各报纸传来消息，深觉大难不久即至，梁山寨也非久避之所。于12月中旬忽然接到教育厅传来教育部命令，言山东中等以上各级学校立即南迁。学校奉到命令后，会上决议：男生全部迁走，女生行动迟缓深恐沿途有失，遣回家乡。

山东学生先后在许昌集中者，约有5000人，其中包括初中、高中、简师、后师，30多个学校。彼此因抗战关系，中央教育部已迁到武汉，许昌与武汉同在平汉铁路线上，交通方便，不断有人往来。

民国27年（1938年）新年过去未久，即有教育部特派员来许昌对流亡学校师生抚慰，并集合师生全体5000余人，于许昌体育场内宣布中央的意旨。教育部特派员演讲完毕，即有许多学生包围特派员，问军校投考的办法，及考取后的生活问题等等，待教育部特派员回武汉后，不久有武汉军分校来许招生，陆续参加军校者有300余人。

我们流亡所在的许昌，常发生警报，以致人心惶惶不安，遂奉到教育部命令，指示我们西迁湖北的老河口。经过的重要市镇有襄城、叶城、方城、南阳、邓县而达湖北境内的老河口。

9. 骇人听闻的沉船案

民国27年（1938年）春，在老河口住20余日，又奉教育部令谓迁到老河口以北70里的湖北均县及郧阳县设学，将全部师生分为两大部分，以3000多高初中男女学生去湖北的郧阳，由宋桓五主持。宋桓五前在山东系济南省立高级中学校长。2000多男女学生去湖北均县，由杨书田主持，杨书田前在山东系曲阜省之第二师范学校校长。由老河口去郧阳的溯汉水西北行约百里，前一日先行，由老河口去均县的，亦溯汉水西北约行70里，第二日后行。因溯汉水而上，船行较慢，约三日可到郧阳，第二批可到均县。

不料第三日第二批将抵均县时，第一批最后一只大船，满载老师眷属及女生，还装运一二百袋子面粉，俱在距20多里的一个险滩上触礁沉没。我们乍闻之下，如晴天霹雳，莫知所措。原因是第一批开动，第一日抵达全程三分之一的青山港，第二日抵均县。不料夜间下了一阵大雨，第三日早晨汉水暴涨，船主对领队（押船者）孟校长言昨夜下雨，汉水暴涨向前十余里，即有险滩，逆流上行，十分危险，不如在此休息一日，明天开船才好。领队言：三日到郧阳，是我们预定的计划，不行也得行，不要再说。船家畏公家的势力，不敢再说，勉强开船，行至中午即到险滩。船家向领队说，此滩两岸很窄，形如一扇大门，平时船行其间已甚危险，又兼昨天大雨，水势暴涨，而且这只大船载有上百人，并载面粉百多袋及行李等物，过此险滩十分危险，船上的年轻人请尽量下船步行，过险滩后再上船前进。领队同意并大声向船上人警告说：我们这只大船载负很重，过此险滩十分困难，请男女先生及同学们下船步行数十步，过此险滩后再上船以免危险。领队人说完，船上的男女先生及学生下来半数以上。船上仍有船家的太太、小孩，孟校长的太太及女生20余人。船家先叫船夫10余人喝水休息片刻，而后由船家计划前进。船上原有船夫10余人，又请求前几条船的船夫临时帮忙者10余人，约计在船上前后及船的两边撑篙者10余人，在汉水两岸拉纤板者有10余人，共有30余人，分派已定，而后由船家敲锣使号，集中所有力量，勇猛逆流前进。奈何雨后水势太大，船身又大又重，两岸拉纤板的船夫 10 余人，将纤板横斜在胸前，两脚蹬地，两膝跪地，两手抓地，匍匐努力前进。管船的敲锣再敲锣，使号的再使号，撑篙与拉纤者努力再努力，而船头与迎来之水碰击之声很大，浪花也飞溅得很高，但船身前进之力与逆来冲击之水力，只可相抵抗而无力前进，亦不敢后退，在水中相持 20 分钟之久。而管船的撑篙的与拉纤板的 20 多人俱力竭声嘶，全身充满了的汗水，呼号前进，但船身未能前进一寸，而汉水两岸下船步行的，睹此危急情形，亦乱哭乱叫，捏一把大汗，而无可奈何。当此人力与水力相争，千钧一发之际，忽然船桅上的总纤绳一断，船身猛一震荡，在船上掌船的，执篙及两岸拉纤的俱皆扑倒，船身失去人力的控制，即随冲击的水力首尾一摇摆，即顺流而下，尾在前，头在后，迅速地后退。顷刻之间，撞到水面下的一块大石头，砰然一声，船身粉碎，船上所有的男女老幼三四十人在惊叫乱哭声中，忽焉沉没，而其装载之物品无论矣。

事后调查，领队的孟校长亦随船沉没而落水，因其小时常在山河里游泳，落水后为救命而挣扎，忽觉有人在水中拉他的腿，他心里明白是落水的人遇着他的腿而拉着救命的，他暗想你拉我的腿，我失去了游泳力量也没命了，所以他猛力一蹬，将拉腿者蹬掉而拼命挣扎，以致未淹死，其 50 多岁的太太沉没了。管船的原来在汉水上使船很久，泅水不成问题，但其 40 多岁的太太及 5 岁的男孩子随波沉去了。最苦的是碰碎了一只价值 1 万多元的大船，真是家败人亡而无处哭诉。除了这两位太太及小孩外，尚有 20 多位女生及两三个国校教员亦在内，俱沉于水底了。

此骇人听闻的沉船案，即告结束了。

一个无房屋、无子嗣、无家产的三无老师，一位两次起义的国民党少将；一位在抗战期间敢于揭发地方贪官的军方视察，用一生的清廉来诠释黄埔军校学生的优秀品质。他就是黄埔军校第四期学生——朱兴汶。

（二）朱兴汶

朱兴汶（1906—1969），字济民，滕县人，1925 年 9 月考入黄埔军校第四期，历任国民革命军排长、连长、团长，曾任地方公安局局长、县长，后为少将高参、交警总队队长，新中国成立后任小学校长，县政协委员等职，1969 年去世。

图 140　黄埔军校时期的朱兴汶

1. 朱兴汶档案

姓名字号：朱兴汶，字济民

民　　族：汉族

出生时间：1906 年

籍　　贯：滕县南沙河冯庄村

出生地点：滕县南沙河冯庄村

成 长 地：滕县南沙河冯庄村

属　　相：马（农历丙午年）

抗战经历：军官训练

最高职位：国民革命军少将高参

去世时间：1969 年

去世地点：兖州

寿　　命：63 岁

2. 朱兴汶简历

1906 年出生。

1914 年，入滕县第一国民小学读书。

1917 年，小学毕业。

1918 年，考入滕县第一高等小学。

1920 年，入山东省第二师范就读。

1925 年 8 月，考入黄埔军校第四期，编入步科第一团。

1926 年 9 月，黄埔军校毕业，后任第六期入伍生第二团见习排长。

1927 年 8 月，任第三十八军政治处处长，

1928 年 1 月，任刘峙部上尉参谋；8 月，出任日照县公安局局长。

1929 年冬，辞职回滕，任县党部整理委员，后被捕。

1930 年 8 月，二次被捕。

1931 年 9 月，任第八〇师第四七七团连长。

1933 年，进庐山军训团受训。

1934 年，入杭州警官学校。

1936 年 10 月，脱离情报机关。

1937 年 5 月，任兰州警察分局局长，后改任保警大队大队长。

1939 年 9 月，任平察师管区中校编练科长。

1939 年 3 月，任陆军三十四师副官主任。

1944 年，任军官训练大队大队长。

1945 年 3 月，任甘肃省保安教导团团长和保安二团团长。

1947 年，升任少将高级参谋，

1948 年 3 月，任滕县县长；10 月下旬，率国民党 70 人起义投诚。

1949 年 1 月，任青岛警备司令部参谋处处长。

1949 年 8 月，任交警教导第一总队队长。

1949 年 11 月 12 日，率部 1500 余人起义，被编入解放军第五〇军第一四九师。

1950 年 3 月，调重庆歌乐山教导总队学习。

1952 年 5 月，转业到滕县冯庄，在本村教学。

1954 年 9 月，到兖州苇园小学任教。

1956 年，任苇园小学校长。

1964 年 7 月，任兖州县政协常委，并当选为省政协委员。

1969 年，病逝，终年 62 岁。

3. 文史资料记载朱兴汶的戎马生涯[①]

滕县文史资料对朱兴汶有以下记载：

朱兴汶，字济民，滕县南沙河公社冯庄人。1905年（应为1906年——编者）3月5日出生在一户贫农家里，父亲朱兆文，母亲吕氏，大哥朱兴伟（字东集）、二哥朱兴泗、三哥朱兴洲（字殿元）。家中由于人多地少，不得已借王宝汉的钱，无法偿还而被迫将全部田产卖掉，从冯庄迁到薛城客居。朱兴伟、朱兴泗学织布，朱兆文和他人合伙在滕县城关织花布、毛巾，后全家从薛城又迁来县城，在东关干石桥租地三分安家定居。后来由于织布业破产，又改卖枣卷为生。1925年朱兴汶在曲阜二师学习期间，家庭生活已十分困难，吕氏因不堪忍此惨状，服火柴自杀。上海"五卅"惨案发生后，基于民族义愤，朱兴汶在开封经王乐平介绍投考黄埔军校第四期步科学习。毕业后于1926年受广东革命政府遣派，和赵服五、李予玉、付鹤亭、汤位东来山东滕县搞武装，活动基地就设在城东关干石桥朱兴汶家里，他的几个哥哥也参与了革命活动。不久被北洋政府发现，朱家被剿，机关被破坏，赵服五等脱逃，朱兴洲只身到武汉向革命政府汇报，后又回来组织联络地方武装计划攻打滕县城，北洋政府悬赏缉拿朱氏弟兄，朱兴洲三次被捕，后出狱，朱兴泗逃往安徽太平。1928年北伐军占领山东后，朱兴洲为武汉政府派出人员，受到百般打击，气绝身亡。朱兆文外出讨饭，病死在南京。朱兴伟1936年冬在滕县被国民党县党部书记长殷惠轩、县长徐子尚枪杀。

朱兴汶1914年入滕县第一国民小学，1917年毕业，1918年考进滕县第一高等小学，1920年毕业，在校期间曾任学生会演说部长，宣传打倒日本帝国主义，抵制日货。后入山东省第二师范，并在学生会工作，常看进步书籍和刊物，"五卅"惨案时，曾参加游行示威，师范毕业后因不愿当小学教师，经国民党中委王乐平介绍，于1925年加入国民党，同年8月入黄埔军校，入伍生期满，考试合格编入步科第一团，1926年9月毕

① 滕州市政协文史资料委员会：《滕县史志资料》1984年第2期，第37—42页。

业，任第六期入伍生第二团见习排长。不久派往滕县从事革命活动。从滕县脱逃回校后，时北伐军进入江西，朱兴汶调任第二师六团中尉排长，后升任上尉连党代表。同年“五一”节前后，驻地发现了打倒蒋介石的标语，朱即因情况紧张离队去南京。1927 年 8 月经王乐平推荐任第三十八军政治处处长，后该军在整编中编散，朱脱离该军，从济阳到徐州。1928 年 1 月，任刘峙第一军团总指挥部上尉参谋，该军团占领山东后朱留济工作，同年 8 月，出任日照县公安局局长并兼该县反日会执行部长，本着大革命精神打倒了劣绅曹某、土豪秦某，处理了贪污知县邓树屏、法院院长张炳和等。1929 年冬辞职回滕任县党部整理委员，得以涉足政治，开始认识蒋介石的真面目，参加了反蒋组织——华北黄埔革命同学会和中国革命行动委员会，在鲁南组织了 3 万余人的武装，朱任鲁南警备军总指挥，不料事泄被段惠轩、李季平密告蒋，蒋下令滕县城防司令张景渠就地拿办，朱被捕。捕后不几日反蒋军队进抵兖州、曲阜，张景渠慑于形势所迫，于 1930 年 6 月将朱释放后逃亡徐州，两个月后朱复回滕县，又被 CC 团的特务头子李文斋发觉，伙同县党部二次将朱逮捕押解济南。后通过友人营救，和监狱内外活动，三个月后又一次获释，朱出狱后离开山东，1931 年 9 月，朱在河南开封被刘峙任命为第八〇师第四七七团的连长，后随军队去信阳参加围追红四军。这时第四连连长范振民，滕县人，第五连连长邱安邦，潍县人，和朱共同拟订了投奔大别山红四军的计划。正在准备之际，被范酒后泄露，时间紧迫，范、邱没来得及和朱联系，竟自带队伍而去，朱因此受到怀疑被秘密监视。1932 年夏，敌第八〇师参加向鄂豫皖苏区进攻，红四军突围入川，敌第四七七团团长马志超被中共地方武装包围，危在旦夕，由朱率队解围将马志超救出，监视解除。1933 年进庐山军训团受训，结业回队参加了对中央苏区的进攻，先后攻打过大别山区的宣化店、沙窝、河口镇等地，在江西攻打过崇仁县的风岗圩、上饶的罗桥镇，后于同年冬调往福建攻打十九路军，战后任少校团副，派往南昌训练新兵，后在解送新兵船到南京时，朱对这个差事不感兴趣，自动脱离军队，在南京赋闲。1934 年迫于生计经马志超介绍入杭州警官学校，半年后转陆军参谋部办的外语训练班，毕业后派驻烟台，专搞日本、“满洲国”和朝鲜方面的国际情报。1936 年 10 月陆军参谋部在天津召开北方情报工作会议，朱因不愿搞国际情报，想“大马金刀”威风凛凛地干，乘机借病请假，经陆军参谋部五处处长杨宣诚批准从此脱离了情报机关。

1937 年春，西安事变后，朱去南京，同年 5 月马志超被任命为甘肃省会警察局局长，马约朱任警察分局局长长，朱到任不久改任保警大队大队长。是年参加三青团并兼任社训总队副，积极组训壮丁，意在拉个人武装。与此同时，朱加入了安清帮，收部分壮丁为徒，计划组军。朱之行动遭到胡宗南和特务机关的反对，夙愿难逞，备受欺辱，朱愤愤辞去一切职务，离开兰州。1939 年 9 月，经前八十七师副师长长陈颐鼎介绍，朱出任平察师管区中校编练科长，后因陈升任三战区师长朱又辞去科长职务，赋闲西安。1939 年 3 月，马志超升任陆军三十四师师长，马约请朱任该师副官主任，但和马的其他亲信不和，朱受排挤，再次愤辞，复回兰州，被朱绍良保举任甘肃军管区上校参谋主任。1941 年进中央训练团兵役班受训，毕业后改任军政部驻甘肃军区视察，在任内揭发了河西师管区司令杨显和、皋兰县长刘鸣岐贪污案。1944 年视察制取消，被委任为军官训练大队大队长，1945 年 3 月又改任甘肃省保安教导团团长和保安二团团长。在这之前奉命镇压了甘肃学院为院长易人掀起的学生罢课游行，在甘南少数民族聚居地区，平息了回、藏等民族的械斗，参与镇压了甘南农民暴动，奉命搜捕农民暴动领袖王仲甲未获。1947 年郭继峤任甘肃省主席兼保安司令，郭与朱素昧平生，便辞职回滕，经刘子衡介绍被陆军总司令顾祝同委任为少将高级参谋，负责督训滕县及其附近的地方团队武装。朱到任后为了摸清这些地方武装的内情，观察一下这些头目们对自己的尊重程度，他能不能加以控制。所以，首先到鲁寨滕县保安团驻地会见了团长苏星五、副团长黄尹山，会见后苏、黄表示愿意接受朱的督训，从此，他便掌握了这部分地方武装的指挥权。

王道是中共华东局派去济南做争取何思源工作的党的地下工作者，不料被何逮捕。王耀武继何出任山东省主席后，刘子衡利用和王的师生关系，全力营救，结果，王耀武将王道释放。

王道获释后，将被释经过向华东局做了汇报，华东局决定派王道赴滕在刘子衡的协助下，做济南—徐州间对敌军的策反工作。

1947 年冬，王道来到滕县，住在杏花村刘子衡家里，和在鲁寨督训保安团队的朱兴汶见了面，刘、王、朱共同对控制滕县大权的国民党县党部主委殷惠轩、县长褚汉峰等人屠杀共产党人、欺压百姓、贪污行贿等罪行深表愤慨。朱受王道的影响很大，在刘子衡的敦促下，思想起了变化，三人就在刘家里制定了对敌斗争计划。首先从监狱里营救出了被敌人关押的据说是中共滕县县委派出的地下人员李勇烈，王道要李跟他一起工作，并将这个情况报告了华东局敌工部。王道在去徐州活动之前，提议下一步可让刚从济南被敌人在烈士子弟学校开除后来滕的夏锦霈任临城区区长，以保护他往来徐、滕的安全，按照计划朱在鲁寨发动乡师学生倒褚。

1948 年 2 月，在朱兴汶的策动下，滕县乡师进步学生张知寒、秦洪恩等人发动全校同学向王耀武、李玉堂控告褚汉峰贪污行贿、搜刮民财的罪行，并举行了示威游行，县城到处贴满了“打倒褚汉峰”“把残害滕县人民的党、政、军、团、宪等各类人物赶出滕县去”的大标语。示威学生包围了县党部，殷惠轩吓得越墙而逃，后被刘子衡、朱兴汶等指挥示威学生活捉了的褚汉峰、被王耀武下令“镣解济南”。

褚被捕后，滕县局势一片混乱。国民党的国大代表、青岛特别市党部主任委员段君采（殷惠轩的胞兄），立法委员陈雪南，三青团头子之一的魏棣九，以及孔繁蔚、马载文、高鹤巢、刘安祺、杨士元等，他们有的在南京，有的在济南，南北呼应，共同为褚请命，扬言滕县被“赤化”了。褚被赶下台后，滕县县长由谁出任？台前幕后展开了一场激烈的斗争。以孔繁蔚为首的滕县旅济同乡会联名向王耀武请愿，要求让原县长周侗来干；徐兖绥靖区军法处处长彭国祯则提议叫绥靖区政治部主任冀××兼任，但都没有得逞。王道在徐州听说滕县局势复杂，如不果断迅即处理，有可能趋向恶化，将会直接影响甚至破坏他所从事的重大任务。因此，他急速由徐来滕，听取了倒褚斗争的汇报，经商讨，王道提议，刘子衡在上层进行了活动，结果朱被王耀武任命为滕县县长。

1948 年 3 月，朱到任后首先枪决了国防部派驻滕县的特务和 5 名抢劫的惯匪，下令全部释放了押在监狱里的共产党人和进步人士，又把被第五十四师于兆龙部在西古石、北古石、河汇等村逮捕的中共地方干部全部要来予以释放，任命夏锦鼐为临城区区长，成功地保护了党的地下工作者王道、高峰在徐、滕间从事秘密工作的安全。在赋税方面，没上交省一粒公粮，而且免了过去农民的欠粮，惩办了专署盗卖公粮的田粮处长，分发了被褚扣压的联合国救济的米、面、衣服等物资给贫苦群众，虽然省府给了征集壮丁的名额，然而一个也没交，还逮捕了在界河一带祸害人民的县属武装一大队长大队赵本真。朱说："要在家门口当一个好官，日后留个好名声。"

但是，由于朱受当时形势约束和历史局限毕竟也做了一些不利于人民的事，1948 年派保安第十八团配合黄伯韬兵团增援在兖州被解放军围困的李玉堂。失去控制后，庄华等人带领县自卫队进攻桑村、东郭一带解放区。在兼任津浦路韩庄至邹县段护路主任时，设岗建哨，保证敌人运输畅通。全县划分若干联防，以防止中共武工队的活动等。

1948 年 6 月，滕县国军不战而逃，朱率滕县自卫总队和山东保安十八团撤往临城。在阜岭附近将从兖州化装逃来的中将司令李玉堂，遵照刘峙的命令，换上军衣护送去徐州。中共华东局研究了徐州以北的军事形势，鉴于朱兴汶在滕县的表现，认为争取他放下武器起义是可能的。为了有利于此项工作，决定急调德州专署工商管理局局长朱辉（朱兴汶的侄儿）来做朱兴汶的工作，力争他站到人民方面来，朱辉行前在益都接受了华东局的具体指示。

1948 年 9 月下旬，朱辉受命来到滕县，几经辗转后在木石见到了李勇烈，朱要李和他一起工作，并给李分析了朱兴汶的进步表现和现在的动态处境，决定派李打进临城直接和朱兴汶见面，并在他的掩护下，利用跟朱当勤务的合法身份，传送王道在徐州发回的情报，以及朱辉和朱兴汶之间的信息，朱辉则在史楼村张瑞五家里指挥策反工作。

1948 年 9 月底，李勇烈打入临城和朱兴汶住在一起。10 月下旬，国民党徐州"剿总"下令滕县自卫总队和保安第十八团撤离临城到韩庄运河以南待命，据此情报，朱兴汶叫李勇烈去朱辉处请示，李带回的意见是，要求朱兴汶部在韩庄以北地区起义。朱兴汶率自卫总队和保安第十八团撤离临城到达韩庄以北的徐庄一带，随即召开中队长以上的军官会议，授意一名中队长在会上提出起义动议。不料，遭到以副总队长朱渭南为首的反对。为此，朱派夏锦鼐去高庄向朱辉汇报这一情况，朱辉指示夏锦鼐、吕庆珠两个大队立即抢占韩庄运河大桥，不准顽固分子过河。这时朱渭南、段晓东也率部抢占这座大桥，队伍几乎是同路并行，双方到达后打了起来，激战了一天，朱渭南、段晓东等率部逃走。次日早晨在行营村，十纵司令员宋时轮和朱辉接见了朱兴汶，对他率部来归表示欢迎，并转华东局电告，令朱辉、朱兴汶来益都。

1948 年 12 月，二朱来到益都，受到舒同、刘贯一的接见，舒同亲自交给朱兴汶两项任务：①去南京把刘子衡接来解放区。②打入敌军内部，抓武器装备好的部队，待机起义。

同年 12 月，朱兴汶经坊子进入敌占区，在青岛乘海轮到上海往南京见到了刘子衡，转达了舒同的意见，说明了此次前来的目的和任务。刘利用师生关系，商请陆军总长顾祝同亲笔给青岛第十一绥区司令官刘安祺写信，安排朱兴汶的工作，信的原文是：

> 寿如弟勋鉴：兹有黄埔同学朱兴汶，北伐以来，历任营、团长及陆军总部少将高参等职，根据工作需要可适当予以安置。
>
> 顾祝同

1949 年 1 月，刘子衡携眷和朱兴汶一起经上海到达青岛，朱雇民船送刘在红石崖登陆进入解放区。朱在绥区司令部见了刘安祺，刘说："我们是同乡和同学，关系不同一般，对你的工作安排，顾总长已有电来，要好好休息几天，等把委任状给你送来。"第三天朱被刘委为警备司令部参谋处处长。1949 年 3 月间，朱又先后护送了民主人士杜若君等人来解放区。在撤离青岛前，多次做刘安祺的工作，力陈利害，要刘安祺走起义的道路，经多方观察刘安祺并无此意，遂放弃了争取的希望。

1949 年 4 月 21 日，刘子衡乘国民党和谈代表团的专机，从南京返回北平，途经泰山以南上空时，因故刘子衡要中途转飞青岛，同日午后，专机在青岛仓口机场着陆，朱兴汶亲去机场，并以警备司令部的名义下令机场戒严，禁止新闻记者采访，把刘等接往青岛饭店，朱亲自伴随，派兵保卫。

次日，朱用青岛警备司令部的专车护送刘到机场安然起飞，同机起飞的还有张治中的夫人及子女。

1949 年 4 月下旬，蒋介石下令海运青岛绥区部队南逃，朱因在青岛没完成华东局交给的任务，决定跟随南下。在撤退前特务们已经安放好炸药，准备炸毁港口设施和电厂、自来水厂等工厂企业。朱被任命为“延平号”轮指挥后，乘撤退混乱之际，坐车到安放炸药的现场，高喊：“司令的船已开，共军马上就到，你们还不快走！”特务们闻听四散逃命，大爆破未成。

1949 年 6 月，朱到台湾后，青岛警备司令部取消，人员并入刘安祺兵团开赴海南岛，朱以晕船为借口获刘许可改乘飞机去海南。这时，朱想，去海南岛无法带走军队，重任无法完成。在台住了十多日后乘机改飞广州。1949 年 8 月，在穗见了马志超，马很高兴，说：“你再跟我干吧”！朱说：“不能当幕僚或副职。”于是，马委朱为交警教导第一总队长。队伍此时还在天水。朱由广州乘飞机到汉中，天水已经解放，该交警一总队正向汉中撤退，行至甘肃徽县时，该总队已知朱兴汶前来接任，前总队长杨壁香立即召开紧急会议，决定拒不交出队伍。及至到达汉中后，经过多次斗争，杨始被迫卸任。该交警一总队这时划归胡宗南指挥，朱为了控制队伍获胡同意调到川北广元整训，选择了郊外飞机场为训练基地，以便于带走部队。在整训期间，把所有特务分子一律调为副官，而将自己的亲信委为带兵的指挥官，在这之前武器弹药装备作了一次补充，因而引起了胡宗南的怀疑，调朱入广元城担任城防司令，置朱于重兵包围之中。广元解放后，朱随胡逃到保轮院，一天深夜乘胡宗南等熟睡之机，朱突回交警一总队，密令部队紧急集合，当夜把队伍带到山里，途中遇一军火库又作了一次补充。队伍在行进中，有四五名兵士违反了纪律，拿了老百姓的甘蔗，朱令放下，其中拿最多甘蔗的一兵士拒不放下，被枪决在路旁。1949 年 11 月 12 日，当部队到达三台县上新桥时，朱令部队驻下，派姜盛甫等 4 人去和解放军联络，晚上召开了干部会议，朱在会上宣布起义。中国人民解放军成都军区政治部对朱兴汶起义的结论中称：

交警一总队，原七个大队，后缩编成三个大队，另有警卫队。按编 2194 人，起义时 1500 余人。原总队长为杨壁香，1949 年 8 月由天水开来广元，系陇海路各段警察组成。胡务熙、张维时任副总队长。广元解放后怆惶逃保轮院地区，后与胡宗南失去联系，遂派伪政工处长邱竟雄去第七兵团、副总队长胡务熙去锦阳联络，被我包围，于 12 月 15 日在上新桥由朱兴汶（自称系华东军区联络部派来策反的）召开会议商讨起义，第二大队长金仁骏首先赞成，第三大队长张策等表示同意，副总队长胡务熙，第一大队长马景华反对起义。朱兴汶复又召开中队长以上人员开会，除胡、马外一致赞成，朱遂派副官姜盛甫连夜跑到射洪中场地方，距上新桥约五六里，向我第五〇军第一四九师二支队王建荣请求和平解决，我表欢迎。胡、马化装潜逃并把一大队拖走，朱派一大队一中队长刘嘉把部队叫回，委刘嘉为第一大队长，郭信臣升任总队副。起义后与我第一四九师金副政委接洽（金振钟）随我大军到成都东五凤溪，后在射洪县太和镇整训，在西盛场地方协助我剿匪。1950 年 1 月，该起义部队士兵约 1300 人，军官 200 人，编入第一四九师，起义有作用者朱兴汶、金仁骏。

成都军区为朱被派做策反事，向华东军区发报，未获电复。

1950 年 3 月，朱兴汶调重庆歌乐山教导总队学习，4 月到西南军大高级班，学习了两年。经审查于 1952 年 5 月按解放军待遇，光荣转业到滕县冯庄，6 月地方政府分给了三亩地三间房。

朱的爱人秦洁青，青岛女中学生，他们 1930 年结婚，没生子女。来到冯庄后，朱先教冬学，后任民师，并被授予模范民师称号，还和他人一起组织起了互助组。

1954 年 9 月，济宁地委安排朱兴汶及其爱人秦洁青到兖州苇园小学任教员。1955 年山东省领导机关曾内定朱兴汶为省手工业管理局副局长，因×××部长向×××副省长表示反对而未成。1956 年 8 月提升为苇园小学校长。1957 年兖州县有关机关对朱兴汶的表现曾有如下鉴定：

在党的领导下，在统战方面做了不少工作，一再表示愿意为解放台湾做出贡献，撰写了对台文章，亲自去×××工作对象家乡走访，愿意为社会主义建设贡献力量。思想上有些保守，在反右斗争中，人云亦云，持中立态度，过于谨慎。

1964年7月任兖州县政协常委并当选省政协委员，于1969年11月因脑出血病逝，终年63岁。

4. 乱世中朱兴汶家境败落

以下是笔者对朱兴汶族孙朱绍堂的访谈记录：

时间：2011年8月—2013年8月

地点：滕州卷烟厂宿舍

王功彬（以下简称王）：请您谈谈朱兴汶的情况好吗？

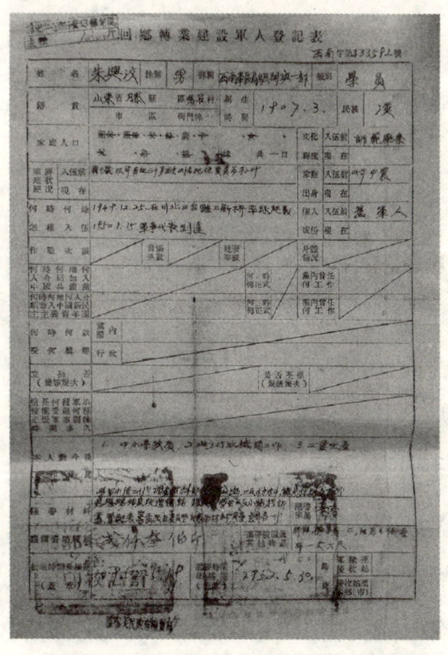

回鄉轉業建設軍人登記表

姓名	朱興汶	性別	男	職別	學員
籍貫	山東省 滕 縣	出生時期	1907.3.	民族	漢

入伍前 基軍人

图141　朱兴汶转业军人登记表

朱绍堂（1966 年出生，朱兴汶之族孙，工人）：朱兴汶是 1907 年 3 月出生的，老家在滕县南沙河镇的冯庄村；他弟兄四人，大哥朱兴伟（字东渠），二哥朱兴泗，三哥朱兴洲（字殿元），朱兴汶行四。朱家的生活非常贫穷，一家六口人连自己的房子都没有，借住在本家的茅草屋，朱兴汶的母亲每天推石磨摊煎饼，然后挑到滕县城里去卖；但他的父母还是把几个孩子都送进了学堂读书，特别是老三朱殿元和老四朱兴汶，学习最优秀。老三朱殿元早年就在山东省立甲种工业学校毕业，是滕县地区早期的国民党党员，曾任北伐军的少将谍报处长，1928 年的时候，在泰安被军阀逮捕打死。

王：朱兴汶是什么时间上的学？

朱：朱兴汶是 1912 年开始上学，那年他 6 岁，就被父母送到冯庄的私塾学堂去读书，后来考进滕县第一高中，读了四年后，他又考到山东省立第二师范。

师范毕业以后，他就去考了黄埔军校，是第四期。毕业后就到部队，后来还干过公安局局长和警察局局长，再后来是少将高参，干过滕县县长，以后就起义了，为共产党干了不少事。

王：新中国成立后呢？

朱：1952 年朱兴汶才转业到了老家冯庄，在村里的小学教书，教了两年学以后，被济宁行署安排到兖州县苇园小学，还是当老师教书。后来当上了苇园小学的校长，1969 年 12 月 31 日去世，62 岁。

以下是笔者到朱兴汶老家采访其邻居的记录：

时间：2011 年 8 月

地点：腾州市南沙河镇冯庄村

王功彬（以下简称王）：请您说说您所知道的朱兴汶家里的情况。

朱传玲（1921 年出生，滕州市南沙河镇冯庄村村民，以下简称朱）：朱兴汶的家庭状况，原来是方圆几里出名的穷户，自从朱兴汶的二哥朱兴泗做生意以后，他家的日子才好转。朱兴泗织袜子、卖卷烟，常骑一辆德国产的“白龙头”自行车，到枣庄的中兴公司去卖，早来晚走，也不在枣庄留宿；他不摆摊吆喝去卖，都是批发给商贩，然后自己吃饱往澡堂里一躺，等着收完钱再走人。朱兴泗有四个儿子一个闺女，活了 72 岁，1966 年去世的，这也是朱兴汶家里香火最旺、活得最长的一个。

王：朱兴汶有几个孩子？

朱：哪有？一个也没有。朱兴汶原来生了一个闺女，小时候夭折了，他夫人秦洁青后来也一直没生，不知怎么回事。到后来听说，有一回有个下属给朱兴汶送来一个麝香，被他拒绝，可他夫人出于好奇，接过来拿着就闻了一下，以后就不能生了。

王：他没另娶个夫人给生个孩子？

朱：您别说，朱兴汶这一点让人佩服，他的好朋友刘子衡都劝过他，让他再找一个夫人，好传宗接代，岁数也越来越大，跟前好有个孩子照顾，但都被他一一谢绝了，始终对夫人秦洁青不离不弃。人家秦洁青也是个好样的，她给自己约法三章：不跳舞、不打牌、不喝酒。

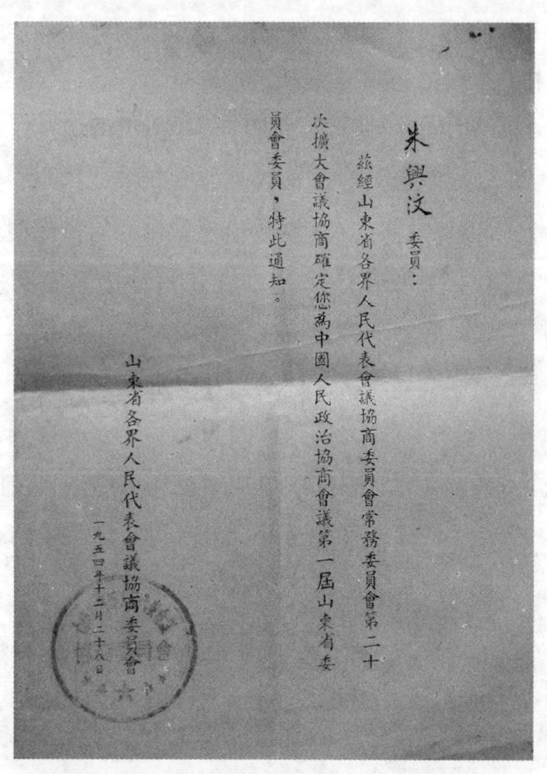

朱興汶委員：

茲經山東省各界人民代表會議協商委員會常務委員會第二十次擴大會議協商確定您為中國人民政治協商會議第一屆山東省委員會委員，特此通知。

山東省各界人民代表會議協商委員會

一九五四年十二月二十八日

图 142　朱兴汶参加山东省政协会议通知书

以下是采访朱兴汶族孙朱广群的访谈记录：

时间：2011 年 8 月

地点：腾州市南沙河镇冯庄村

王：大家都说朱兴汶是个清官，是这样吗？

朱广群（1930 年出生，朱兴汶之族孙，农民，以下简称朱）：朱兴汶是少有的清廉官，直到现在，冯庄人还是口碑载道的，他先在滕县当县长，后在兖州苇园小学当校长，家中一直是穷得叮当的；1952 年转业回家的时候，两口子回家来了，你猜带来的什么东西？是一双胶鞋、一块肥皂、一条毛巾，还有一丈六尺布，其他没有了。在老家登记的时候是无房、无地、无实业。他死的时候，大家觉得可能会给秦洁青留下金银财宝，打开小箱子一看，只有几本证书。

以下是对朱兴汶的另一个族孙朱绍仁的访谈记录：

时间：2011 年 8 月

地点：枣庄长途汽车站

朱绍仁（1954 年出生，朱兴汶之族孙，以下简称朱）：有人说朱兴汶一家人除了他二哥朱兴泗以外，其他人都非常悲惨，这个一点不假。朱兴汶的三哥叫朱殿元，早年在武汉政府政治部工作，后被派往华北做地下工作，任北伐军少将谍报处长，1928 年，在长清被山东军阀逮捕，遭毒打后，拉到泰安医院，吐血死了，他媳妇也改嫁了；他大哥朱东渠，平时有个恶好——抽大烟，也因为朱殿元是革命党，被滕县的军阀借故缉毒给枪毙了。朱兴汶的母亲受不了家里这些打击呀，后来就喝药死了。家里一连出这么多的事，他爹受不了，也一下子疯了，离家走了，最后走到南京，跳江死了。

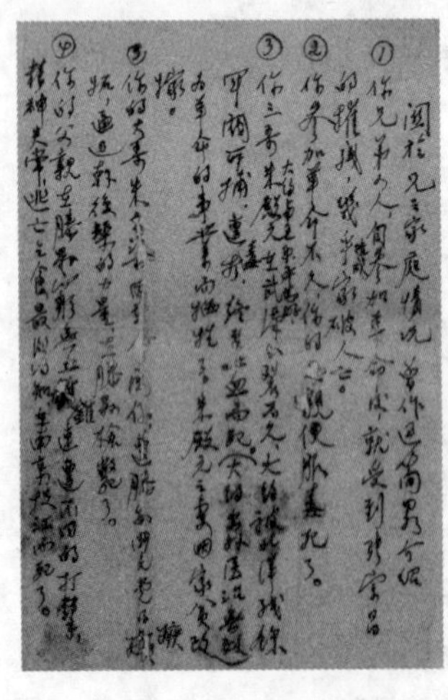

图 143　刘子衡给朱兴汶书信

“文化大革命”的时候，反复审查朱兴汶，他的同学刘子衡就给写了一封证明材料，这一看才明白，没事了。信是这样写的：

关于兄之家庭情况，曾作过简略介绍：

（1）你兄弟四人，自参加革命后，就受到张宗昌的摧残，几乎家破人亡。（2）你参加革命不久，你母亲便服毒死了。（3）你三哥朱殿元在武汉（大约与王乐平甚好）分裂不久，大约被北洋残余军阀所捕，遭毒打，终至吐血而死（大约出外医治无效），为革命事业而牺牲了，朱殿元之妻因家贫改嫁。你的大哥朱东渠因革命关系，遭滕县军阀的抓捕，通过韩复榘的力量，在滕县枪毙了。（4）你的父亲在滕县穷无立锥，连遭不同的打击，精神失常，逃亡乞食，最后得知在南京投江而死了。………

少年勤学，先考省中再入北大最后进入黄埔。追随邓演达，反蒋十年，痴心不改，后仕途波折起伏。抗战中从上校升至少将，并入黄埔军校任政治教官，最后官至中将。他就是黄埔军校四期学生——汤震方。

（三）汤震方

图 144 汤震方老年照

汤震方（1899—1981），字位东，滕县人，黄埔军校第四期毕业。曾先后任察哈尔民众抗日同盟军第四路总指挥、第八战区司令长官部参谋处上校参谋、少将高参兼中央军校第七分校教官、新疆迪化警备司令部副司令、徐州绥靖公署少将高参、陆军总司令部中将高参兼第十绥靖区副司令官、福建绥靖公署中将部员。1949 年福州解放前夕移居厦门后赴西安，1953 年 11 月被俘，1975 年 3 月 19 日获特赦，后任西安市政协委员。1981 年 7 月 28 日在西安病逝。

1. 汤震方档案

姓　　名：汤震方，字位东

民　　族：汉

出生时间：1899 年

籍　　贯：滕县汤庄

出生地点：滕县汤庄

成 长 地：滕县汤庄

属　　相：猪（农历己亥年）

抗战经历：军校教官

最高职位：国民革命军陆军中将参议

去世时间：1981 年

去世地点：西安

寿　　命：82 岁

2. *汤震方简历*

1899 年出生。

1906 年，在本村读私塾。

1916 年，考入滕县鲁家寨鲁氏私立小学堂。

1920 年夏，考入济南山东省立第一中学。

1921 年，加入中国国民党。

1924 年夏，在济南第一中学毕业，考入北大预科。

1925 年，考入黄埔军校第四期。

1926 年秋，黄埔军校毕业；7 月后任北伐军军事特派员、上尉、少校。

1927 年，到中央农民运动讲习所工作，任特别大队中校大队长。

1930 年，任北平黄埔革命同学分会主任委员。

1931 年年初，创办《民风报》，任该报社长。

1933 年 5 月，任抗日同盟军第四路总指挥；11 月，去福州参加“中国人民临时代表大会”。

1934 年 11 月，参加“西南政府”代表会议。

1937 年，任第八战区长官部上校参谋。

1939 年，任甘肃军管区武都团管区上校司令。

1942 年，任第八战区长官司令部少将高级参谋和中央军校西安第七分校政治教官，并兼第三战区长官司令部少将高级参谋。

1944 年，任第八战区新疆长官行辕少将高级参谋，兼迪化（乌鲁木齐）警备副司令和驻呼图壁北疆军事指挥官。

1946 年，任国民党徐州绥靖公署少将高级参谋。后任青岛国民党交通部交通警察总局少将专员。

1947 年，任国民党陆军总司令部中将参议，兼徐兖绥靖区中将副司令官和国民党山东省政府鲁西南办事处副主任。

1948 年，任国民党国防部中将部员，派驻福州绥靖公署。

1949 年，移居厦门，开办商行。

1952 年夏，由厦门去西安居住。

1953 年 11 月，在西安被捕，解往山东滕县，后转山东省解放军官管训处学习。

1975 年 3 月 19 日，特赦释放。

1981 年 7 月 28 日，病逝西安，终年 82 岁。

3. 族弟回忆，汤震方家境悲惨

以下是笔者到滕县汤庄对汤震方族弟汤清方的访谈记录：

时间：2011 年 8 月

地点：滕州市城北汤庄村

王功彬：请您老说下汤家和汤震方家中的情况好吗？

汤清方：我们汤家祖籍邹县鲍家店，是在清朝中期汤家弟兄三个迁到滕县汤庄的。汤位东的祖上为长支，汤美亭的祖上为二支，俺祖上为三支。

汤位东是 1899 年出生的，他家很穷，兄妹三个，上面是姐，下边是妹妹。他父亲叫汤炳元，是家里的独生子，有点文化，早年在村里教私塾，还懂婚丧嫁娶什么的礼仪，就常常被四邻请去帮忙，口碑也好。到后来，他受聘到鲁寨大地主鲁麻子家中当了掌柜先生。汤震方先被父亲送到村中的私塾学堂，他好学习，成绩总是科科第一。到了 18 岁的时候，学就上不下去了，咋回事呢？他家穷啊，常常是吃了上顿没有下顿，就在家干了两年农活。看着这孩子上不起学，他爹心里难受，就把这事给大地主鲁麻子说了，鲁麻子一听大包大揽，就把汤位东接到鲁寨的私立小学堂读书了。后来就考上了济南的省立一中，再后来就考了黄埔军校。

汤位东那年躲过了蒋介石特务抓他以后，就一直没回过家，他爹就借酒解愁，又接连多少年见不着他，就觉得这个苦日子看不到头。还有一个事，汤位东离家之前就娶妻生子了，已经生了五男一女，婆媳关系也不和睦。有天晚上汤位东的爹喝醉了，觉得活得太不容易了，就和汤位东的继母，连同汤震方一个十三岁的妹妹汤宗方，一家三口都上吊死了。

有先生给汤家看过林地，说别看汤家出了汤震方、汤美亭这两个国民党高官，但都不会有什么好结果，后来一看真对。说我们家的祖林风水不好，占的是“灯笼地”，都不能露明；如果露明了，就会毁自己，呵呵。

4. 秦鸿勋倾情讲述舅父①

这是笔者访谈汤震方外甥秦鸿勋的访谈记录：

时间：2011 年 9 月 5 日

地点：济南市张庄路园丁小区

王功彬（以下简称王）：我是从文史资料里看到您的文章，得知您是汤震方的外甥，请您把他的情况详细说说好吗？

秦鸿勋（1918—2013，汤震方外甥，原济南第十九中学教师）：你真问准了，他给我说了不少，对他的情况知道得也多。

他原名叫汤震方，字是位东，后来都叫他的字了。他的小名叫二虎，家是滕县北边的汤庄。

王：您介绍一下他的上学情况好吗？

秦：他上小学的情况我不大清楚，据说上学很晚，到了 20 多岁才考上了省立一中，那是 1920 年吧。在省立一中他结识了邓恩铭和王尽美，几个人搞了个“共产主义学会”，还办了杂志，听他说，邓恩铭和王尽美去上海参加共产党的一大，他还在芙蓉街县西巷北头的文陛园饭馆，给弄了红烧猪蹄和五香馄饨给他们送行。

王：他是什么时候加入国民党的？

秦：是 1921 年，丁惟汾给帮忙介绍的。他那时候还在一中上学，丁惟汾被孙中山任命为国民党山东支部的部长，就推选了汤震方，还是山东支部的常委。读完省立一中以后，汤位东考上了北京大学，这是 1924 年的事，正好孙中山办黄埔军校，到处秘密招生，那时候他家已经穷得日不聊生，就放弃了北大，去广州考了黄埔军校。

王：黄埔毕业以后呢？

秦：黄埔军校毕业后，汤位东就当了上尉特派员被派往北方，为北伐军进行前期特别工作。他和王仲廉、李子玉、朱殿元几个人到华北，联络总部在徐州。几个人去的地方，也都是自己熟悉的老家，王仲廉负责苏皖北部的宿县、徐州；李子玉是长清人，负责济南、泰安；汤位东、朱殿元

① 本节内容据笔者访谈秦鸿勋老人的记录整理。

负责鲁南滕县、峄县、济宁、临沂四地。朱殿元是滕县人，他四弟朱兴汶跟汤位东是黄埔四期同学。但时间不长，徐州的联络站遭到军阀破坏，李子玉在长清县被杀；汤震方和朱殿元遭山东军阀张宗昌的通缉，两人忙推了一独轮车黄姜连夜逃向武汉，一块儿走的还有滕县的杨荫鸿和汤美亭。到达武汉后，邓演达介绍汤位东到毛泽东主办的中央农民运动讲习所去学习，并让他出任特别大队中校大队长。那个时期他跟邓演达接触很多，刚开始反蒋的时候邓演达还亲自书写了“成功成仁”四个大字赠给他，也从此得罪了蒋介石。1928 年他乘火车北上，途经滕县回老家，不想刚到老家，就被特务发现，马上电告给蒋介石，蒋下令抓捕汤震方就地枪决，又没想到滕县公安局局长陈传钧跟汤震方也是黄埔军校同学，他赶紧给了汤位东 100 块钱当路费，跑到界河火车站扒火车跑了。

王：有资料说汤位东反蒋十年？

秦：是的。1930 年阎锡山、冯玉祥二人联手反蒋，开始中原大战，在北平成立了黄埔革命同学会的时候，汤震方就是主任，后来就被蒋介石给开除了国民党党籍和黄埔军校学籍。他曾经在《黄埔月刊》上发表过一篇名为《怎样加速蒋介石的崩溃》的文章①，来痛骂蒋介石。文章是这样写的：

> 中国国民革命这一幕悲壮剧，从酝酿萌芽以至于辛亥夺朝，一直到十五年北伐以迄今日，其间我们伟大的导师，总理，积四十年之奋斗，同志们和革命民众长期间的努力，巨流一般地殷红的血，丘陵一般的嶙峋的白首，也不知流了几许，堆积了几许，前仆后继地渲染了可歌可泣的记载。到如今，到如今还是引吭高歌看“国民革命”！然而这一个伟大的艺术到现在还没有完成，这真是使我们的革命民众望眼欲穿了！
>
> 我们回溯过去，革命的高潮，往往给巨头们利用了，反转来给革命的民众和革命的同志一个狰狞的反噬。而革命的潮头也便因之而

① 原载 1930 年《黄埔周刊》第三、四期合刊，第 58—62 页，创作于 1930 年 7 月 8 日。

暂时退落了。不过，反革命的气焰愈张，则革命的气焰亦愈烈，这在中国革命史上很可以看得到时退时落，屡仆屡起的事迹，我们也坚信革命的红潮是任何反动势力所不可压服的，所以我们看，辛亥革命的失败，是失败于当时的民族势力没有健全的树立，反而被宗法社会的封建野心家——袁世凯利用了。然而袁世凯的皇帝梦呓恰好等于自杀。十五年北伐以后的失败，是失败于军事的发展，超过了党的发展和政治的发展，反而被封建的英雄思想家——蒋介石利用了。然而蒋介石的英雄梦呓，也恰好是等于自杀，这是事实上给我们证明于前，而蒋介石的必然崩溃，也一定是不久的将来之时间问题耳。

从十六年起革命的退潮，以至于为三全大会的形成，这是一个反革命的封建势力复活，而至于一个全盛的时期。在这个时期中，蒋介石的独裁政策和代表官僚、政客、买办洋奴的南京伪政府，表面上勉强支持了将近三年，而这三年中，却没有一天不是在板荡、动摇、颠覆中，这就足以证明了反动的统治，是无论如何都不至于稳定的。

不过，我们想，蒋介石又何尝不是千方百计地想稳定他的独夫专政——反动的统治呢？所以，他第一个方法就是投降帝国主义，第二就是收新旧军阀做他的工具，第三就是拉拢新旧官僚、政客、买办洋奴做他的联盟和走狗，以造成一个反动的大集团，来镇压革命的势力，集军权、党权、政权于一身，以做一个中国的“墨索里尼”，然而，这都是他弄巧反拙，自杀的绝命书，他只有一天天地走向死亡的坟墓里去。

我们再从蒋介石所代表的反动集团——南京伪中央和国民政府的自身去观察，更可以明白他们在客观的条件上，实早已具备了崩溃的必然性：

（一）空洞的南京伪中央。其实蒋介石早就背叛了党，根本就不要党了，而他为什么还要用指派圈定形成的伪三全大会，来产生一个伪中央党部呢？这就是他的聪明处——也就是他异于从前北洋军阀的聪明处，蒋介石心目中虽不要党，而表面上却不能不要挂一个党的空招牌，以作他个人独裁的掩护——御用的留声机。我们知道，南京伪中央党部不过是新旧官僚、政客、买办洋奴的集合场所，除了这些不伦不类的分子以外，就根本没有一个群众基础，也根本就谈不到什么群众基础，没有下层群众基础，而只是见到一群衣着大礼服像舞台上臣僚一般的——伪中央委员们，充其量不过是一座空中的蜃楼，断然不能在这个时代里，可以延长它的寿命的。

（二）龌龊政治的南京伪政府。有一群甘为蒋氏家奴无聊的官僚政客，所形成的分赃式的政治，实际上都是听命于蒋氏个人，谈不到什么政治，自然没有什么政治主张，更谈不到什么政治设施上面去。我们知道，南京反动政治的形成，是过去本党的自身经过几度破裂，复给蒋介石从中夺取党权、军权、政权以后的一种反动的汇合。这一种反动的个人政治，只是在那种特殊恶劣环境之中出现，而绝不有他的永恒性的；我们深信着反动的独裁政治，也必然会毁于革命的民主势力，这是我们可以断言的事。

（三）非党的军事行动的蒋家军事。当十五年北伐之时，蒋介石虽然是大当其总司令，但我们要认清，那时候是党的力量和政治的力量，和民主的力量所推进的一种军事胜利，而不是蒋介石所谓个人用兵神奇的军事胜利。我们试看一看，蒋介石从十六年明目张胆的反革命，叛党叛民众以后，就没有见到他有十五年北伐时的军事那样迅速，而且蒋介石从叛党国以后，就根本没有胜利过。不过是用阴谋挑拨和金钱收买的手段，来维持他个人总司令的地位而已。可见凡是非党的军事行动，断然没有胜利的可言。换句话说，就是凡非革命的军事行动，只有归于覆没之一途。

由以上的几个简明的观察，我们知道蒋介石的必然崩溃是绝无疑议的了。我们只有从革命的民主势力的本身，来加倍的团结，加倍的努力，才可以加速蒋介石的覆亡。这次集合数百万健儿，一起反蒋的壮烈的义举，军事节节胜利的时候，足见以革命的军事行动，来对付反革命的蒋军，自然可操必然胜利的左券。所以我们应当站在革命的立场、党的立场上来拥护我们的军事领袖——阎、冯、李、张副司令完成讨蒋的军事，使国民革命早日完成，民主政治早日实现：这是我们热烈的期望，同时也可以断定蒋介石的必然崩溃，革命的民主势力的获最后的胜利！

王：这其中有没有遇到什么危险？

秦：因为反蒋，汤位东可以说经历了九死一生。1931 年汤位东在天津办反蒋报纸《民风报》，自任社长，并在报上骂蒋介石“其卖国罪恶更浮于吴三桂多倍”。这下子彻底惹恼了蒋介石。有一次他外出回到住宅时，见自己卧室大衣架已被连击了七枪，幸免于难。1934 年 11 月 9 日夜，任应岐与吉鸿昌在天津国民饭店接待李宗仁的代表时，军统特务闯入连开数枪，代表当场被打死，任、吉受伤被俘，后转押到北平陆军监狱被枪杀。幸运的是汤位东晚去了一会儿，才逃过一劫。

王：这样下去，汤位东还在反蒋吗？

秦：汤位东反蒋，可以说是痴心不改。“闽变”失败结束后，他回到天津，继续从事反蒋的活动。抗战前夕，因为胡汉民病逝，“西南政府”也垮台。随后抗战爆发，天津失守，汤位东就离开天津，到了南京。

汤位东去南京是想找他好友刘子衡的。刘子衡当时在南京给国民党政要讲学。他一到南京就被特务发现了，看到这种情势，刘子衡就给汤位东出主意，说你反了他十年，抓住不杀你杀谁？还是先保住性命再说吧。刘子衡就口述一封信，让汤位东书写，向蒋介石悔过。

王：是什么内容？

秦：我记得很清楚，信是这样写的：

位东有违师训，悖离十年，今校长领导全国人民抗战，位东愿矢志追随，以报效党国，藉赎前愆……

王：后来呢？

秦：呵呵，蒋介石真信了。一看信就原谅了汤位东，又批准他重新登记，恢复国民党党籍，取消对他的通缉令。蒋介石还是爱才吧，无论怎么说还是老蒋的学生，但没得到重用。

王：以后蒋介石是怎样安排汤位东的？

秦：要按汤位东的才能早起来了，就因为反了蒋介石十年，直到后来才慢慢提起来的，刚开始的位置都不太重要。后来汤位东跟随朱绍良到了西安和兰州，当了第八战区司令长官部参谋处上校参谋。后来升为甘肃省军管区武都团管区上校司令，到了 1942 年才提了个少将高参，兼着成都军校的教官。

王：看《滕县志》上说，汤位东还在滕县待过？

秦：那是 1946 年以后的事了。他先在青岛交通警察总局任少将专员。1947 年的时候，升任第十绥靖区中将副司令官，李玉堂是司令。那时候他就回滕县了，他和朱兴汶一起可没少给共产党和滕县的百姓办好事。

王：都办了什么好事？

秦：这段时间我就很清楚了，因为什么呢？当时我就在滕县，为共产党的滕县地下情报站搜集情报。1947 年夏天，徐兖绥靖区司令部迁到了兖州，汤震方却留在了老家滕县。冬天的时候，中共华东局联络部刘贯一部长，派出王道、李勇烈等同志打入徐州和滕、峄二县工作。李勇烈不幸在滕县被捕，组织就安排我想办法来营救他，最后还是由汤位东出面，向驻滕军警提出来，说李勇烈乃重大案犯，案情重大，非同小可，需提至徐兖绥靖区军法处审理。从牢中提出来就被放走了。

王：据说他和朱兴汶的关系不错？

秦：呵，他们是黄埔军校的同学啊，又都是滕县人。1948 年年初，朱兴汶当了滕县县长以后，就想法向滕县的老百姓开仓放粮，释放政治犯，镇压匪特。为了掩人耳目，汤位东就把他的老友延国符[①]请到滕县，名为严查原滕县政府私吞救济物资的贪污案件，实际是想为滕县百姓多申请救济物资。后来就在滕县那个火车站广场上，大张旗鼓地发放救济粮和

① 延国符（1900—1975），原名延瑞琪。广饶县人。历任国民政府中将参议、救济总署鲁青分署署长、立法院副秘书长。1949 年去台，著有《奋斗生活回忆录》《山东讨袁革命史略》等。

衣服，汤位东、朱兴汶亲手分发，让刘子衡、孙墨佛等先生莅临见证。新中国成立后多年以来，还有很多老百姓提起来这事，对汤位东和朱兴汶赞不绝口。

王：您简单地说说他的家庭情况好吗？

秦：他的家庭情况也是一言难尽。他虽说是少将中将的，可没有什么实权，薪水也不是很高，独身一人生活还行，要是一家人过日子生活就难了。特别是早期，老家的子女都想他，就让我带着他大儿两口子，四儿子和女儿汤坚白，从滕县到徐州，后来到了洛阳才联系到汤位东，最后到了西安。到了西安一看完了，来的五口人根本吃不饱饭，他就安排大儿两口子到了一个瓷窑厂干会计；我和老四汤克武到兰州朱兴汶家里，他那时候当甘肃保安司令部的团长。

王：他的事情您知道的很多，我也在一些文史资料上看到您写他的文章。

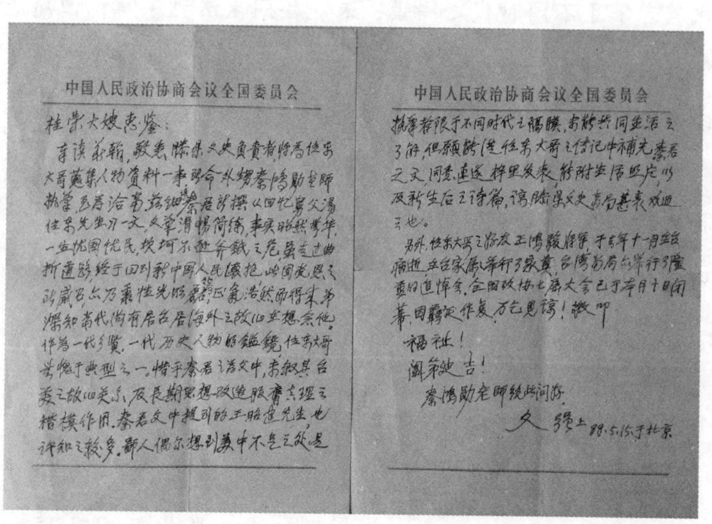

中国人民政治协商会议全国委员会

桂荣大嫂惠鉴：

幸读华翰，敬悉滕县文史负责者将为位东大哥蒐集人物资料一事，即命外甥秦鸿勋老师执笔，并为洽商。兹细读秦君所撰《回忆舅父汤位东先生》一文，文笔清畅简练，事实昭然。彼毕一生忧国忧民，坎坷不避斧钺之危，虽走过曲折道路，终于回到新中国人民怀抱，此固党恩之所感召，亦乃秉性光明磊落，正气浩然所得来。弟深知当代尚有居台居海外之故旧亦想念他，作为一代乡贤，一代历史人物的鉴镜，位东大哥当愧于典型之一。惜乎秦君之大文中，未叙其台湾之故旧关系，及长期思想改造服膺真理之楷模作用。秦君文中提到的王暗生先生，也许知之较多。鄙人偶尔想到其中不足之处，是

中国人民政治协商会议全国委员会

据事苦限于不同时代之隔膜，未能共同生活之了解，但愿能从位东大哥之传记中补充秦君之文，同意速送梓里发表，能附生活照片，以及新生后之诗篇，谅滕县文史当局甚表欢迎之也。

另外，位东大哥之好友王鸿骏将军，于去年十一月在台病逝，在台家属举行了家奠，台湾当局亦举行了隆重的追悼会。全国政协七届大会已于本月十日闭幕，因事忙作复迟，万乞见谅！敬叩

福祉！

阖第迪吉！

秦鸿勋老师统此问候。

文强上 88.5.15于北京

图 145　文强给汤震方夫人俞桂荣书信

秦：1987 年的时候，滕县文史部门想搜集汤位东的资料，我知道后

就撰写了《回忆汤位东先生》一文，成稿后寄到北京，向文强[①]请教，他当时是全国政协文史委的专职委员，文强看到后，很满意也很感动，就给我舅母回复了一封信：

桂荣大嫂惠鉴：岁读华翰，敬悉滕县文史负责者，将为位东大哥搜集人物资料一事，所命外甥秦鸿勋老师执笔，至为恰当。兹细读秦君所撰《我的舅父汤位东》一文，文笔清畅简练，事实昭然无华，一生忧国忧民，坎坷不逊斧钺之威，虽走过曲折道路，终于回到新中国人民怀抱，此固党恩之所感召，亦乃秉性光明磊落，正气浩然而得来。弟深知当代尚有居台居海外之故旧在想念他。作为一代乡贤，一代历史人物的镜鉴，位东大哥无愧于典型之一。惜乎秦君之为文中，未叙其台美之故旧关系，及长期思想改造服膺真理之楷模作用。秦君文中提到的王昭建先生，也许知之较多。鄙人偶尔想到美中不足之处是执笔者限于不同时代之隔膜，未能共同生活之了解，但愿能从位东大哥之传记补充。秦君之文同意速送梓里发表，能附生活照片，以及新生活之诗篇，谅滕县文史当局甚表欢迎云也。

另外，位东大哥之好友王鸿骏将军于去年11月在台病逝，在台家属举行了家奠，台湾当局亦举行了隆重的追悼会。全国政协七届大会已于本月10日闭幕，因羁延作复，万乞见谅！敬叩

福祉！

阖第迪吉！

秦鸿勋老师统此问好。

文强上

1988年5月15日于北京

① 文强（1907—2001），湖南人，毛泽东表弟，早年留学日本，黄埔四期生，加入中共后脱党。1935年加入军统，官至中将。1949年被俘，1975年3月获特赦，2001年10月去世，终年94岁。

5. 女儿汤坚白对父亲的回忆

以下是笔者电话采访汤震方女儿汤坚白的记录：

时间：2011 年 9 月 13 日

方式：电话访问

王功彬（以下简称王）：汤老您好，请您简单介绍一下您父亲在福州被俘的情况好吗？

汤坚白（1935 年出生，汤震方之女，现居甘肃兰州，以下简称汤）：我父亲反蒋十年，到后来已经是非常厌倦战争了，就在福州解放的前几天，我们全家就搬到厦门鼓浪屿，父亲的意思就是远离战争，找个安静的地方过平静的日子。到了厦门以后，和他的朋友张圣才开了家贸易商行，叫福康商行。

有一天，几个解放军战士到了我家里，很客气地找到我父亲，要求他把自己原在国民党部队里的武器等等其他东西全部交出来，我父亲就按照他们的要求交出来了，然后被带走，经过了解以后，接着就被放回家了。

1952 年夏天的时候，我家又搬到了西安，到第二年的冬天，我父亲被查获，接着就被解往老家滕县，后作为战犯一直被关押，时间不长又被转往山东禹城，在那个解放军管训处学习。1975 年 3 月 19 日，经过毛主席的批准，获得了特赦。

王：特赦后，他又到了哪里？

汤：特赦后，我父亲又回到了西安，住在青年路青年二巷，以后被选为西安市的政协委员。

王：他什么时间去世的？

汤：1981 年 7 月 28 日去世的。本来很好的，结果收到了山东的来信，信里装的是一个讣告，说他的好友刘子衡在一周前去世了，让我们给他读，没想到读完后他就不行了，82 岁。

王：经过查找，黄埔军校为什么没有您父亲的个人照片？我给您发去的合影照片，您找到哪个是您父亲吗？

汤：黄埔军校毕业时我父亲没在学校，他被提前派往北方做秘密工作了，所以就没有了他的个人戎装照了。你发来的合影照片，我仔细看了，觉得第二排右数第三个就是他。

图 146　汤震方（二排右三）黄埔毕业合影

6. 大革命开始反蒋①

《滕州文史资料》对汤震方有以下记载：

汤震方，字位东，后以字行，山东滕县汤庄人，1899 年出生于一个贫农家庭。父炳元，字善甫，以村塾为业，习婚丧礼仪，有誉于乡里，曾租佃鲁寨大户，受雇地主佣工。震方七岁入村塾，聪明颖悟，过目成诵，15 岁即读完十三经。少有大志，倜傥不群，17 岁考入滕县鲁家寨鲁氏私立小学堂，名列第一，同学赞颂，师长称许，深得校长鲁景龙赏识，被称为奇才，奖掖资助，黾勉有佳。1920 年夏，震方以优异成绩考入济南山东省立第一中学（旧制四年），先后结识了王尽美、邓恩铭，初步接受了马列主义，并共同创办《十月旬刊》，宣传马列主义。1921 年汤位东由丁惟汾介绍，加入了孙中山先生新建的国共合作时期的中国国民党，在济南

① 据滕州市政协文史委《滕州文史资料》第 4 辑《回忆汤位东先生》一文整理，1988 年 12 月，第 142 页，作者秦鸿勋，标题为编者加。

做秘密活动工作，被选为中国国民党山东省支部常务委员。

汤位东1924年夏在济南第一中学毕业，考入北大预科，不久即投笔从戎，奔赴广东，考入黄埔陆军军官学校（后改为中央军事政治学校）第四期，1926年秋毕业。是年7月国民革命军于广州兴师北伐，汤位东任北伐军军事特派员（上尉，后升少校），与傅鹤亭、王仲廉、李子玉、朱殿元等派赴华北，做特别工作，后遭张宗昌追捕缉拿。汤位东、朱殿元等即化妆贩姜商人推小车逃回武汉，同行者有杨荫鸿、汤炳华等。汤位东回到武汉，向北伐军总政治部汇报工作后，邓演达亲自介绍他到当时毛泽东主办的中央农民运动讲习所工作，任特别大队中校大队长。队部设在武昌龟山下天主堂内，并驱逐了德国红衣主教，毛泽东、邓演达等曾多次去该大队讲课，杨荫鸿、汤炳华等都进入讲习所学习。

朱殿元为滕县城南冯庄人，朱兴汶（朱济民）之三哥，省甲种工业学校毕业，为滕县早期之国民党党员，当时任北伐军军事联络员，回武汉后派到总政治部工作，任北伐军少将谍报处处长，1928年病逝于泰安。杨荫鸿是滕县城北马王村人，村塾先生杨殿材之子，省立曲阜第二师范学生，滕县早期中共党员。北伐时随汤位东去武汉，入中央农民运动讲习所学习，后派赴长沙工作，“马日事变”时牺牲。汤炳华（汤美亭）是滕县城北汤庄人，汤位东之族叔，村塾青年学生，北伐时随汤位东去武汉，入中央农民运动讲习所学习，遂加入共产党，“七一五”汪精卫叛变革命，随苏联顾问鲍罗廷等去莫斯科，入东方大学学习，毕业后回国，派往山东青岛工作，新中国成立后逝于四川成都。

北伐前夕，在总政治部号召下，汤位东、朱兴汶、陈传钊等滕县籍黄埔同学，曾以同乡世谊，致函当时任福建兴、泉、永三州镇守使的孔昭同将军，“明以形势，动以政策，冀其派员南来，走向革命……”当时其亲某为收发主任，寄其信，私窥之，大惊，恐事泄，祸及孔氏，秘而焚之，故孔不知也。1926年秋北伐军何应钦第一路进军闽浙，孙传芳失败，孔昭同解甲归田，其亲始告知此事，孔大怒责之日：“竖子误我大事矣！”1928年陈名豫（陈雪南）回滕县与孔见面时，谈及此事，孔悔恨万状。1936年冬我与陈传钊去孔家，重叙往事，孔昭同先生仍大骂其亲不止。

1927年4月12日蒋介石在上海叛变革命，4月18日在南京建立反革命政权，与武汉国民政府东西对峙，宁汉开始分裂。汤位东在武汉任工人纠察大队大队长，警告并驱逐当时住在武汉的亲蒋反共分子丁惟汾、何思源、陈名豫等30余人离开武汉，因此汤位东遭到他们的仇视和攻击。5月21日许克祥在长沙发动“马日事变”，大肆捕杀共产党人。接着北伐军唐生智由河南回师武汉，7月15日汪精卫召开“反共会议”，大批屠杀共产党员和革命群众，武汉革命政权垮台，轰轰烈烈的第一次国内革命战争失败了。

7. 办报纸继续反蒋

大革命失败后，汤位东离武汉去上海，在邓演达、宋庆龄、谭平山等五人行动委员会领导下，参加组织中国国民党临时行动委员会（第三党）工作，汤位东任组织黄埔革命同学会的工作，负责联络全国各地黄埔同学倒蒋。邓演达曾给汤位东书“成功成仁，所志不二”相勉励。1928年汤位东去华北活动，路经滕县下车探亲，为蒋介石特务发现，马上电令当地驻军协助滕县公安局去汤庄追捕。当时滕县鸡蛋厂驻军营长丁一和滕县公安局局长陈传钧都是汤位东黄埔同学，感情挚密，二人奔赴汤庄，给汤位东路费百元送走，故免遭累赘也。

汤位东在华北做秘密反蒋活动。1930年阎锡山、冯玉祥联合反对蒋介石，掀起中原大战，于北平成立黄埔革命同学分会，汤位东任主任委员，在阎、冯的帮助下，公开反对蒋介石。当时由国民党的“西山会议派”、汪精卫的“改组派”和各省无派系的国民党中央委员等，在北平组织召开了国民党的“扩大会议”，延国符、汤位东等首先签名，成立了中央政府。不久阎、冯军事失败，“扩大会议”迁往山西太原。1930年冬国民党“扩大会议”又由太原全部迁到天津日本租界，“扩大会议”改组为中国国民党在野党，汤位东在华北各地奔走驰驱，仍做反南京蒋政权的工作。国民党元老经亨颐先生对“扩大会议”的失败感慨万分，在太原与汤位东分手时，奋笔疾书“故人江海别，何年风月同？”的联句相赠，作为临别纪念。“扩大会议”失败后，汤位东被南京政府通缉，并开除他的国民党党籍和黄埔军校学籍。

1931年初，汤位东在国民党在野党领导下，在天津意租界组织“复东印刷局”，创办国民党在野党中央机关报《民风报》，汤位东任该报社长，继续做反南京蒋政权的宣传运动，曾遭南京国民党特务的数次暗杀，均未得逞。一次夜间在天津英租界伦敦路伦敦里六号汤位东住宅的卧室内衣架大衣上连击七枪，因汤外出，幸免于难。1931年8月邓演达在上海被捕，同年11月被蒋介石杀害于南京，汤位东的反蒋工作并未因此受挫，仍继续斗争。

1932年夏，曾被蒋介石在南京汤山禁闭过的胡汉民在香港策动陈济棠、李宗仁、白崇禧两广实力派和汪精卫、孙科两派，在广州联合组织“西南政府”，汤位东由天津到广州参加，任“西南政府”参议，并组织全国黄埔同学讨蒋委员会，汤位东任常务委员，领衔通电讨伐蒋介石。胡汉民给汤位东书“天下为公”和“纪效军中有著述，可怜传诵到曾胡”的联句以媲美戚继光。同年秋，国民党在广州召开第四次全国代表大会，汤位东被选为四大代表。会后仍派回华北，折冲阎（锡山）冯（玉祥），斡旋宋（哲元）韩（复榘），并联络西北军下野将领和各省国民党在野人士，继续反对南京蒋政权。并于苏、鲁、豫、皖地区秘密进行组织反蒋抗日武装暴动，参与当时各方联络工作的有安徽岳相如（老同盟会员，柏文蔚、方振武老友），河南任应岐（樊钟秀部下，吉鸿昌老友）、滕县鲁佑周（吴锡九、沈克老友），董尧卿等。当时华北在野名流如章士钊、王鸿一、孙墨佛、王讷、熊观民、李子善、孔令灿、聂湘溪等，大都倾向“西南”，并暗中委以名义，皆汤位东南北往返联络运筹也。1933年初李子善病逝滕县，汤位东曾由广州携胡汉民、邹鲁、肖佛成、陈济棠、李宗仁、白崇禧等人挽联缎帐代表“西南政府”返滕吊唁，胡汉民以亲笔书（汉曹全碑隶体）“失我股肱”相哀挽。当时子善先生贤哲嗣得宏年幼，其令侄焕奎先生恐记忆犹新，而治丧主要负责人刘元甫先生更是亲董其事亲眼目睹者也。

1933年5月冯玉祥、方振武、吉鸿昌在张家口成立民众抗日同盟军，汤位东任第四路总指挥，组织孙殿英、刘桂堂等部队开往张北抗日。在张垣，冯玉祥将军给汤位东大书“还我河山”四字相鼓舞。7月汤位东任民众抗日同盟军代表，潜赴广州、香港，与“西南政府”联系，并在香港参加李济深策划的在福建成立人民政府的活动。是年 11 月去福州参加"中国人民临时代表大会"，宣布"中华共和国人民政府"成立，后由于十九路军将领沈光汉、毛维寿、区寿年等倒戈，福建人民政府失败。

1934 年，汤位东在天津任胡汉民领导组织的"新中国国民党"华北党务负责人，裴鸣宇、曹四勿等任常务委员。当时国民党华北在野名流大都参加了"新中国国民党"，从事反蒋活动，汤位东并兼任"西南政府"华北军事中将特派员，负责华北各省反对南京蒋政权的秘密军事活动工作，联络华北各省在野军人，组织抗日反蒋武装。胡汉民曾以"平居岁月宁无感，收拾河山要有人"相勖勉。而谭延闿、李烈钧、柏文蔚、邹鲁、肖佛成、古应芬、陈树人等人的字画，与以上诸人墨迹，均在"文化大革命"中付之一炬矣。

1934 年 11 月，汤位东和"西南政府"代表在天津日租界召开秘密会议时，国民党特务在"国民饭店"内枪击并逮捕了吉鸿昌将军，汤位东与"西南政府"代表因晚到脱险，免遭逮捕枪杀。吉鸿昌将军被押送北平后，汤位东、宣侠父、任应岐等奔走营救，没有结果，1934 年 11 月 24 日，吉鸿昌将军在北平英勇就义。

1936 年正值汤位东各方奔走联络南北之际，胡汉民忽于 5 月在广州患脑出血病逝。不久蒋介石进军西南，广东部队余汉谋、李汉魂等倒戈，陈济棠失败，"西南政府"垮台。汤位东遂隐居天津英国租界，华北各地之秘密反蒋组织亦纷纷瓦解矣。

8. 为抗日辗转多地

1936 年 12 月 12 日"西安事变"爆发，国共抗日民族统一战线开始形成。1937 年 7 月 7 日，日军出兵华北，"卢沟桥事变"爆发。汤位东由天津去南京，一下车即被国民党特务逮捕，关押在首都警察厅厅长王固盘处。汤位东始向蒋介石写了"悔过书"，其大意谓："位东有违师训，悖离十年，今校长领导全国人民抗战，位东愿矢志追随，以报效党国，藉赎前愆……"国民党中央党部秘书长叶楚伧始批准汤位东重新登记，恢复国民党籍，取消通缉令。嗣后并与友人刘子衡、朱兴汶、王昭建等去晓庄和柏园晋谒冯玉祥、柏文蔚二先生，畅谈抗日大义。适第八战区成立

（陕、甘、宁、青、新五省），朱绍良任司令长官，胡宗南任副司令长官。汤位东随朱绍良去西安、兰州，先后与于右任、景梅九、焦子静、孙墨佛等会晤。刘子衡开始在西北讲学，主张“团结抗日，和平救亡”。这时汤位东开始任第八战区长官部上校参谋。1939 年朱绍良兼甘肃省主席，汤位东任甘肃军管区武都团管区上校司令。1942 年任第八战区长官司令部少将高级参谋和中央军校西安第七分校政治教官，并兼第三战区长官司令部少将高级参谋，为三战区驻西安代表，负责三、八两战区联络工作。1944 年汤位东任第八战区新疆长官行辕少将高级参谋兼迪化（乌鲁木齐）警备副司令和驻呼图壁北疆军事指挥官。

9. 亲中共救助黎民

1946 年汤位东调徐州，任国民党徐州绥靖公署少将高级参谋。在青岛任国民党交通部交通警察总局少将专员。1947 年在滕县、兖州任国民党陆军总司令部中将参议兼徐兖绥靖区中将副司令官和国民党山东省政府鲁西南办事处副主任。

汤位东到滕县不久，刘子衡第二次回滕，在北大洋楼耶稣教堂第二次召开滕县各乡父老群众大会，刘子衡在大会上演讲，题目是“共产主义是世界问题”和“和平建国，坚决反对内战”。徐兖绥靖区司令官李玉堂陪同，副司令官汤位东主持大会，滕县党、政、军、团、参都参加，会上因慑于李玉堂的威力，没出什么问题，会后滕县党、政、军、团、参联名上告山东省党部和南京中央党部，说刘子衡想赤化滕县，居心叵测云云。

1947 年夏徐兖绥靖区司令部移驻兖州，副司令官汤位东留守滕县。是年冬中共中央华东局联络部刘贯一部长派王道、李勇烈同志打入徐州、滕县工作，李勇烈同志在滕县被捕入狱，由我出面营救，几经曲折，反复斗争，最后由汤位东以徐兖绥靖区副司令官名义，向滕县国民党当局和警察局以“案情重大，提徐兖绥靖区军法处审讯处理”的理由，才将李勇烈同志营救出狱。

由于以上情况，我们与滕县党、政、军、团、参的矛盾日趋恶化。在刘子衡、孙墨佛、王道，李勇烈诸同志的研究下，由秦鸿勋公开出面，王道，李勇烈幕后指挥，借助李玉堂、汤位东、朱兴汶（朱系国民党陆军总司令部驻滕县、兖州少将高级参谋）的力量，在滕县掀起了轰轰烈烈的“反内战！反饥饿！反迫害！反贪污！”的民主运动“滕县事件”。当时汤位东肩负极大的风险，大力支持了“滕县民主运动”。在“滕县民主运动”中汤位东还函请了他的老朋友国民党救济总署鲁青分署署长延国符来滕县视察，查出了滕县县政府侵吞救济物资的贪污案件。打开仓库，把衣服、食品、罐头等救济物资陈列在滕县火车站的广场上，汤位东、朱兴汶亲手将衣物发给各乡预先领有扉纸的贫苦农民和残疾乞丐等人，当时刘子衡、孙墨佛先生亦莅临参观，这也是汤位东在滕县为人民做了一些有益事情。

1948 年汤位东调南京，任国民党国防部中将部员，派驻福州绥靖公署工作。1949 年福州解放前夕，移居厦门，与当地民主人士张圣才先生开福康商行。1952 年夏由厦门携眷去西安居住。1953 年 11 月在西安被捕，解往山东滕县，后转山东省解放军官管训处学习。1975 年 3 月 19 日特赦释放。安排在西安居住，并特邀为西安市政协委员。1981 年 7 月 28 日病逝西安，终年 82 岁。

少时苦读，考入师范，为的是日后教授文化知识；抗战爆发，考取黄埔，为的是抗日杀敌救国；黄埔毕业留校任教，两次过敌占区招收新生，又谁知日后身陷贪污陷阱。看透国军的尔虞我诈，便自我救赎，走向共产党。他就是黄埔军校第十五期学生——李诗珍。

图 147　李诗珍老年照

（四）李诗珍

李诗珍（1919—1994），滕县张汪南李庄村人，黄埔军校第十五期步科毕业，曾任国民革命军连长、营长、中校副团长，1949 年在福建起义。1950 年回到原籍，1984 年任枣庄市政协委员，山东黄埔同学会会员，1994 年去世。

1. 李诗珍档案

姓　　名：李诗珍

民　　族：汉族

出生时间：1919 年 3 月 28 日

籍　　贯：滕县张汪镇南李庄

出生地点：滕县张汪镇南李庄

成 长 地：滕县张汪镇南李庄

属　　相：羊（农历己未年）

最高职位：国民革命军中校

去世时间：1994 年

寿　　命：76 岁

2. 李诗珍简历

1919 年 3 月 28 日出生。

1925 年，在本村读私塾。

1928 年，在张汪小学读书。

1932 年，在滕县中学就读。

1935 年，考入滕县师范。

1937年夏，在滕县师范毕业。秋，考入黄埔军校第十五期。

1939年春，黄埔军校毕业，后留校，任少尉区队长。后赴山东招收黄埔军校第十六期学生。

1940年，赴山东招收黄埔军校第十七期学生。

1944年，被任命为大队长。

1945年，任山东警备旅少校参谋，后为少校营长。

1946年，任山东警备旅中校团副。

1947年，鲁北师管区中校副团长

1948年，任国民革命军九十三大队中校大队长；后任国民革命军第三一八师九五三团办公室主任，中校。

1949年，在福建起义，任解放军晋江青阳部队团部主任，后入解放军军政大学学习。

1950年，返回老家，后被捕入狱。

1956年，被无罪释放。

1957年，到欢城中学教学。

1980年，摘掉反革命帽子。

1984年，当选为枣庄市政协委员，后加入黄埔同学会。

1994年去世，终年76岁。

3. 抗战爆发投笔从戎①

在采访中，笔者得到李诗珍的一篇回忆文章，他较为详细地回忆了自己的一生经历：

我是1937年暑期在滕县师范毕业，卢沟桥的炮声已响过，全国人心震荡，对我的升学或就业问题，产生了摇摆不定的影响。

爱国人士王仲铨先生（丁惟汾的外甥）和大姐丈殷君采以及中央日报社记者宋梅村②先生莅临寒舍均告，应迅速脱离家乡，赶往大后方，寻找

① 本节据李诗珍自述文章整理，略有删减，标题为编者加。

② 宋梅村，1904年出生，山东省鱼台县人。曾任山东省学生总会干事，国民党山东省党部秘书、中央宣传部新闻科总干事。主持过《华北日报》《西京日报》。创办《西安正报》。抗战胜利后任国民党中央宣传部山东青岛区特派员，1948年当选“立法委员”。

学习就业机会，并赴星子县学习杀敌报国知识，投笔从戎。遂与四家兄（李诗增，黄埔军校十五期学生，1960年病逝）束装就造，在临城火车站搭乘南下最后一列车由徐州转郑州，南下虎丘，到汉口获悉，星子已撤离，有一个总队（总队长梁同荣）开赴西安，必须掉头追赶，再往返，沿途所有车辆，多为直、鲁、豫学生包占，行车时间、车次秩序非常混乱，经三省学生代表共同出面，组成统一调度指挥，才恢复了正常运行秩序。满载三省学生的列车，驶向洛阳，越过潼关，进发古都西安。

梁总队长派员接待，安置食宿，再经测试，又新编组，脱掉旧时衣，换上新戎装。自此开始了入伍生的新生活（以梁总队为基础扩为西北训练班）。

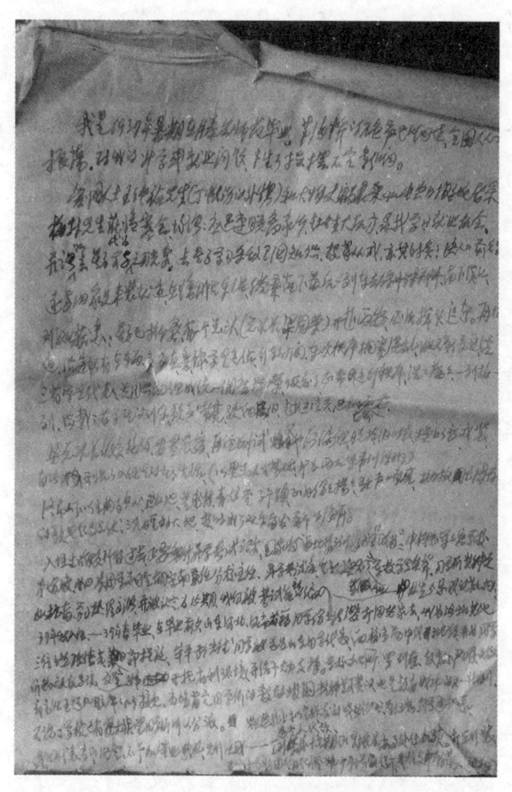

图148 李诗珍回忆录手迹

终南山下，以王曲为中心，抗日救亡的歌声此起彼伏，沉睡的大地，顿时成了欢乐的海洋。

入伍生阶段行将过去，正要举行升学考试之际，国家将西北军事训练班改为中央陆军军官学校第七分校，第三十四集团军总司令胡宗南兼任分校主任。开学考试后，重新颁发了军政和军校学生奖章，同学们精神更加振奋，学习热情高涨，并被认定为十五期，我考试后仍被编入十五期五总队。

我们是1937年秋入校，1939年春毕业。在毕业前夕，山东、河南、河北省籍学生，纷纷请缨，打回老家去，我为此和其他三位同学孙倭光、莱阳的郭桂庭、牟平的于传德，被选为山东省学生代表，向学校提出申请，要求代表同学们进入敌占区斗争，开拓有利环境。军校办公所罗列荣、教育部严明、政治部主任王超凡接见了我们，当场肯定同学们报国杀敌的精神，说：学校已有安排。毕业典礼上拟定颁发的毕业证书、军人魂、同学通讯录，由其他人代领。我们则开始佩戴少尉军衔，准支中尉薪，即行出发到军校第十六期山东招生办事处任办事员。

4. 返回齐鲁，去招收军校新生

军校第十六期山东招生办事处，主任为秦启荣，副主任为黄庸夫。我们八人离开西安，径奔洛阳，稍事逗留后横渡黄河，北上垣曲、阳城、晋城，于新乡南横穿平汉铁路。进入晋城后，即进入铁路西一农家，他们父子五人，各持短枪，亲自护送过路。朦胧月色下，铁路、枕木依稀可辨，车站灯火通明，我们从容通过。至铁路东某村一主妇家（距铁路仅数步之遥），径直入其主房二楼，白天可看到日军汽车不断过往行驶。

几经奔波，我们终于到达了菏泽，进入了山东目的地。当时菏泽尚在我军控制之下。当地机关团体以及学生群众，听说黄埔军校招生人员到来，满城沸腾，你来访，他来见，我们像见到祖国后方的亲人，交谈慰问之真切，终生难忘。

稍事停顿，我八人决议在此设立招生分支机构，由年长的孙在恒和年少的我，为分支的负责人，并决定完成任务后，自行归返。

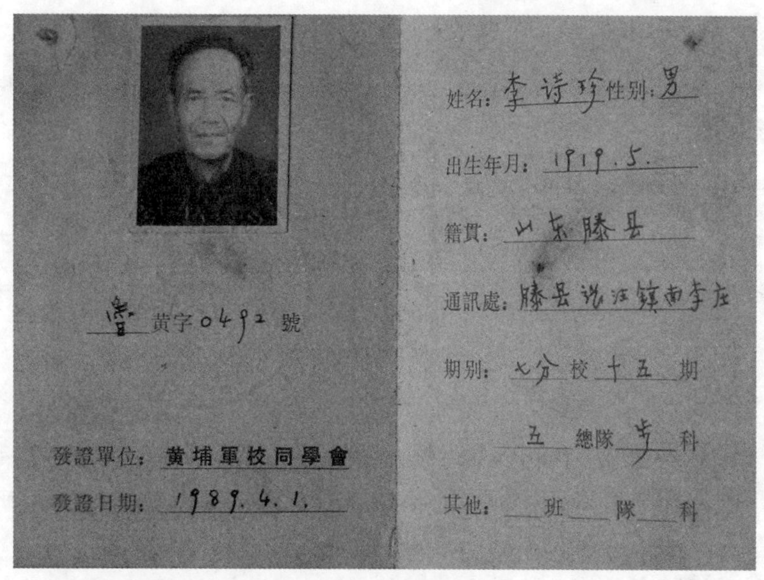

鲁黄字0492號

發證單位：黄埔軍校同學會

發證日期：1989.4.1.

姓名：李诗珍　性别：男

出生年月：1919.5.

籍貫：山东滕县

通訊處：滕县张汪镇南李庄

期别：七分校十五期

五總隊步科

其他：＿班＿隊＿科

图149　李诗珍黄埔同学会会员证

我当时年仅23岁，被临时转为招收新生的大队长。为统领学生行军，考虑行军安全，我决定将400多名新生编成三个中队，以保证能胜利地返回西安。我与孙在恒密切配合，精心策划，仅在三个多月的时间，胜利完成了400多名同学的招考任务，并安全返回西安。

行程中有两件小事值得一叙：

一是行程中发现道旁有一块罂粟地，一亩有余，月色之下，罂花怒放，红白相间，尚依稀可见，猛然回思，罂粟是毒品，政府一向禁种禁食，不法愚民单纯为经济利益种植毒品，这是对我政府的蔑视。我临时决定指挥同学们全部拔掉。事后谈起，同学们也都说我们做得对。

二是行至河南省侑川县，地方领导发现军校学生过境，在没有武装护卫的情况下，安全到达，连忙赶制“乘风破浪”锦旗一面，赠予集体，并对学生和领队进行慰问，让一路的风霜雨露和乏困顿消，而后又进入了我军防地，终于平安地返回王曲军校。

学校方面，对我们完成招收第十六期同学的任务进行嘉奖，即令全员休息三个月后，听候工作派遣。我被分到第十六期第十四总队第三大队任区队长，带领班排野练。

拯救敌后失业失学青年学生于水深火热之中，组织训练作为长期抗战的后备力量，是抗战之所需，是抢救积极革命人才之必要。于是，学校决定每沦陷省份各派一个总队，去招考十七期总队新生，如河北、江苏、浙江、两广两湖、山东（即十七期十四总队），各总队按在校编制，全员每人捷克式步枪一支，子弹200发，手榴弹4枚，水壶干粮袋等一应俱全，除官兵的自身武装自卫外，总队又调派一个教导连，作为总队尖兵连，长驱直入各沦陷区，因人多势众，又有马队，穿隙敌人后方时行动极难做到平安。河北总队在兰封附近横穿陇海铁路后，就被敌发现，追至山东曹县，激战至日落以后，方得撤离。我们越渡黄河时，因无船只，临时扎筏，往返载运枪支弹药和人员粮草，虽异常疲惫，官兵们还是兴趣盎然，笑说小鬼子无知，竟不出兵拦截，胜利之喜悦溢于言表。

我们进入石友三兵团防区，精神略感轻松，因石兵团有与敌暗通之嫌，起码是不会对该兵团进行侵犯。未过几天，后方来电，由军长高树勋宴请石友三司令官，同时也邀请卫队师长石友信（石友三族弟）一同赴宴。酒席宴间，石友信被预伏人员当场击毙，石友三被拘禁，捆绑解送后方，就地处决，兵团司令由高军长代理。这是我们经过石友三防区的一个小插曲。

我被指派为去鲁南人员之一，凭证明由济宁搭车去济南，再转胶济去昌乐惠沟我方联络站。

山东省府住临朐东里店，鲁苏战区总部住沂水境圈里乡。近两个月时间，我就穿梭往返于省府、战区总部、第三挺进纵队、新四师等单位之间，又被临时调作总队长随从参谋，各单位招待所成了我新的家园，不仅供食宿，还提供各种通信、招生之事等多种方便，工作较顺利，很快全总队3个大队12个中队已招生满员，向学校请示后，决定返回。

于是，我们由地方武装做向导，官兵和新生也都精神抖擞，经过连续二十几个夜晚的行军，终于到达了我方临泉指挥所防地。

5. 遭诬陷后愤然起义

后鲁北师管区成立，在济南就地招考干部，我经报考被录用，任命为张店团级九十三大队中校大队长，师部司令为聂松溪，后因聂调我到博山团官区第二大队，我初不情愿，聂使利用职权，对我威逼。后在大家的轮劝下，我接受了调动。但意想不到地遭到聂的报复，被国防部军风军纪巡访小组以冒领全团区官兵三个月粮饷之嫌疑，军法处审理拘禁。我则坦然处之，因为我在4月份才调该团区，而追查的是1、2、3月份的假报冒领。一个月后，案情被查清，我被释放，回原单位工作。

我越想越气恼：国民党军队这样腐败透顶，我这样一个朴素真诚的人，还能在这种官场混下去吗？如何保家，如何卫国？而这样的家与国保了又有何用？如此尔虞我诈，谁还要继续尽其忠，我等如何忍受？“升官发财另走别路，贪生怕死不入此门”的信条何在？

我有保家卫国、誓死不当亡国奴的初衷，投笔从戎，耐心磨炼，以期有成，以达革命报国之志。没想到这些丧心病狂的败类，为非法搜取钱财，不惜断送部下的前程，如再跟他们干下去，其结果不卜可明，为获取新生，继续革命，我决定跳出污泥浊水，走上起义的新征程。

6. 从天津到福建为投中共

以下是笔者采访李诗珍之子李书干的访谈记录：

时间：2014年10月19日

地点：滕州市张汪镇南李庄

王功彬（以下简称王）：李老师您好，请介绍您父亲李诗珍的情况好吗？

李书干（1952年出生，李诗珍长子，农民，现居滕州市张汪镇南李庄村。以下简称李）：我父亲弟兄三个，他是老二，我大爷叫李诗锦，在1950年的时候得了精神病，后来死了。三叔叫李诗顶，一直教学，是个老师，在济宁退休以后又被聘到薛城教英语。

听大人说，我父亲小学是在张汪上的，中学是在滕县读的，中学毕业以后，他和俺村的李诗增一块去考的黄埔军校，考的是第十五期。黄埔军校毕业以后，就被留在军校里教学，和李更生、雷悌安、陈怀德是同学。

王：您听说他是怎么起义的吗？

李：1948 年的时候，快到年底了，解放军开始打天津，蒋介石一看不行了，就派我父亲从军校里面带了 1000 多人，去支援天津。到了天津以后，那里正打得很厉害，我父亲忙把那 1000 多人带到旅社里面，不让出来。当时解放军的部队到旅社门口来了，照着大门打了一梭子子弹，没有进门就走了。我父亲马上安排副官去联系解放军，把武器弹药全部交给了解放军。解放军里面是韦国清接收的。接收完武器弹药，他们就马上把我父亲给带走保护起来了，想把我父亲留下，我父亲一听，说不行，福建那边还有我一半的队伍呢，得走。就这样把我父亲放走了。

王：您父亲去了哪里？

李：我父亲去了青岛，他想从青岛坐船去福建的。说来也巧，正好遇见我姑父殷鸿杰（殷君采），他问你怎么在青岛啊？我父亲不敢说把武器弹药交给解放军的事呀，就说到青岛来溜着玩的，就走了。那时候青岛也不稳了，我父亲一看不行，再不离开青岛，也走不了了，就赶紧坐船回到了福建。福建那时候已经乱了，蒋介石已经跑到马尾岛。那边的人也发现我父亲的事，很危险，所以他就赶紧跟他同学陈怀德联系，说明自己的情况，这时候陈怀德就跟着侯镜如的部队，都在福建，接着就到了他的部队，一起起义了。

他的军校先在西安，后来迁到济南的鲁北师管区，再后来又迁到杭州上天竺，最后到了福建。

王：您父亲起义以后呢？

李：起义以后，他到了解放军福建晋江的青阳部队任团部主任，后来到军政大学学习，1950 年前后回到老家后被判了七年有期徒刑。后来一查没罪，释放了[1]，1957 年到 1961 年到欢城教学，教了四年多。1980 年给摘掉了反革命帽子。1984 年参加枣庄市政协委员，连着干了九年，后来加入黄埔同学会，1994 年去世，76 岁。

---

① 据 1979 年 10 月 2 日《国民党起义投诚人员登记表》记载："李诗珍，男，1919 年 3 月 28 日出生，出身：地主，本人成分：学生，初中文化程度；原籍：滕县张汪公社东风大队，现住址：张汪公社东风大队，1939 年在西安伪中央军校学习时集体参加国民党，1949 年 9 月在福州起义。证明人：陈怀德（现在成武生资公司）。起义投诚前曾任新兵大队长，后在三一八师九五三团任办公室主任，中校军衔。起义投诚证件、证明：韩惕安、陈怀德等人证。个人简历：曾任国民党中央军校第七分校中尉区队长，山东警备旅少校参谋、营长，团附中校、副团长，鲁北师管区分校新兵大队长。1955 年肃反运动被捕判刑，1956 年被判教育释放，剥夺政治权利二年，戴反革命帽子。

备注：撤销原判，纠正反革命分子帽子。1983 年 4 月 14 日经滕县政府研究每月给生活费。"

图 150　蒋树柏老年照

中学辍学，后入工厂；黄埔毕业，走上战场；起义北平，而后返乡；"文化大革命"遭罪，入教学堂；著书立说，等身华章。他就是黄埔军校第十五期学生——蒋树柏。

（五）蒋树柏

蒋树柏（1922—1992），峄县齐村人，黄埔军校七分校十五期学生，先后任国民党军队排长、连长、营长、少校团附，1949 年在北京随傅作义部队起义。山东黄埔同学会会员，1992 年去世。

1. 蒋树柏档案

姓　　名：蒋树柏

民　　族：汉族

出生时间：1922 年 10 月 23 日

籍　　贯：峄县齐村后村

出生地点：峄县齐村后村

成 长 地：峄县齐村后村

属　　相：狗（农历壬戌年）

最高职位：国民革命军少校团附

去世时间：1992 年

去世地点：齐村后村老家

寿　　命：70 岁

2. 蒋树柏简历

1922 年 10 月 23 日，出生。

1928 年，在齐村后村小学读书。

1933 年，到济南继续读书。

1935 年，入济南市立中学读书。

1936 年，失学，入济南厚德工厂做工。

1938 年，考取黄埔军校，并加入国民党。

1939 年 10 月，黄埔军校毕业，任国民革命军第十六军九十四师排长，后任第九十四师团附。

1949 年 1 月，随傅作义部起义。

1953 年，返回峄县齐村老家。

1955 年，在齐村高级民校任教师。

1961 年 10 月，遣返回生产队务农。

1966 年，摘掉反革命帽子。

1975 年，再次任教。

1992 年去世，终年 70 岁。

关于抗日战争，蒋大任虽说不出其父蒋树柏的一些故事，但可以肯定的是蒋树柏的确参加了抗日战争，而且还身负重伤。虽然抗战故事对每个枣庄黄埔人来讲是不可或缺的内容，但简单的抗战故事和后抗战时期的个人细节，仍能体现出他们为这个国家和民族做出的积极贡献的一面。

3. 抗战负伤，起义后回乡耕读

以下是笔者对蒋树柏之子蒋大任的访谈记录：

时间：2012 年 6 月 6 日

地点：枣庄市市中区齐村镇

王功彬（以下简称王）：请讲一下您的家世和您父亲考黄埔、抗战的故事。

蒋大任（1950 年 4 月出生，蒋树柏次子，现居枣庄市市中区齐村镇）：

我父亲弟兄五个，他是老四。他小学在齐村上的，后来家里很穷，也上不起学了，父亲就到了济南，跟他大哥蒋树松上中学，他当时在济南教书。1937 年 7 月，抗战爆发，不久济南被鬼子占领，我大大爷被鬼子抓走，差点死在大牢里面。被救出来以后，就离开济南，全家南下到了安徽阜阳，这样我父亲也回到了峄县齐村老家。时间不长，鬼子快打到枣庄的时候，父亲就和一些同学到徐州寻找出路，正赶上国民党部队招收青年学生，他就和枣庄的一些同学报名参加。

后来他们就到了陕西，成了黄埔军校第七分校第十五期的学生。那年他才 17 岁。

黄埔军校毕业以后，我父亲就被分配到傅作义的部队，直接参加了抗日战争。他曾给我讲过，他的部队被傅作义安排到黄河边，负责阻击日本鬼子渡过黄河，具体是什么地方，我还真说不上来。

我父亲在战场上还差点被鬼子给打死了，他的鼻梁和眼窝之间有个深坑，就是被鬼子的子弹给打穿的。那一枪从鼻梁穿进去，到了眼窝停下来，伤得很厉害，父亲被送到北京的什么医院，好不容易才把那颗子弹头给取出来，结果后来就留下了一个深坑，有一公分多深。那地方不长肉，父亲嫌难看，好了以后就一直用一块胶布贴着，直到老。小时候有人说我父亲鼻梁上长了一个漏，后来我才知道是日本鬼子给打的。

我父亲在北京起义以后，就回到了老家齐村，但我母亲不适应这里的生活，后来就和他离婚了。我是 1950 年出生的，我上面还有个哥，叫蒋大林，现在已经去世 13 年了。就在我 3 岁我哥 5 岁的时候，父亲担着挑子，一头一个挑着我哥俩回到了齐村。那是 1953 年。

总结一下，我父亲他是个热心肠的人，喜欢帮助别人，文化又好，无论市里区里，还是镇上，他都写了不少资料，像市政协的文史资料、区政协的文史资料，还有齐村镇的史志，他写了不少，我见过，像《民国时期的齐村教育》和《回忆老师朱道南》等其他文章。

4. 抗战爆发投考黄埔①

以下是笔者对蒋树柏之侄蒋大鸣先生的访谈记录：

时间：2014 年 5 月

地点：枣庄市中区将军阁酒店

王功彬（以下简称王）：请谈谈您四叔蒋树柏的故事。

蒋大鸣（1947 年出生，蒋树柏之侄，教授，就职于南京林业大学）。

四叔的情况我知道的也不多，可以简单地说一些吧。四叔考军校抗战等等一些事情，我真不太清楚，只知道他起义以后的事情。四叔是 1949 年跟傅作义部队起义的，早在抗战胜利后，解放战争开始，他就厌倦了内

① 本节根据 2014 年 5 月笔者对蒋大鸣的访谈整理。

战，他曾给我大哥蒋向红来信说："一将成名万骨枯。"其厌战情绪是非常明显的，为什么这样说呢？他弟兄五个，我父亲是老大，是他把四叔从老家带到济南读书，但差点被鬼子害死。然后我父亲离开济南到了安徽，一家人也从此开始远离故土，直到现在。这一切都是日本鬼子造成的，所以我四叔和我五叔蒋树杉弃笔从戎，去杀敌报国。我五叔蒋树杉干的是国民党部队空军地勤，在徐州机场为国军飞机加油，但后来却杳无音讯，我曾多次查找，也包括去台湾查找，至今也没有结果。抗战胜利以后，后来的内战我四叔真不愿意去打了，为什么？打日本鬼子可以，因为他们侵略我们中国，蒋家可以出弟兄两个去保家卫国，但共产党是不能打的，因为我们都是中国人，所以我四叔就跟随傅作义将军起义了。

我四叔很不容易，28 岁那年从北京挑着两个儿子回来，为了不给孩子增添亲情外的负担，一生到老没有再娶，而且在"文化大革命"中受到不公正的待遇，曾因身份问题被批斗，跑到北京找到傅作义将军开具证明，才平了反①。但他始终热爱生活，以积极向上的生活态度，乐观的胸怀和高尚的情操，去爱这个家庭，去爱这个国家，去建设这个社会。特别在老年时期，他不辍文笔，写了大量的有关枣庄人文地理民俗民风的文章，在各级报刊上发表，也的确为黄埔军校这块牌子增了光添了彩。

5. 回忆黄埔军校的女同学②

以下是蒋树柏回忆枣庄女生在黄埔军校学习的经历：

这个队的全名是中央陆军军官学校第七分校第十五期第二总队特科大

① 据 1979 年枣庄市《国民党起义投诚人员登记表》资料显示："蒋树柏，1922 年 10 月 23 日出生，学生身份，中学文化程度，原籍枣庄市齐村公社后村大队，工作单位为齐村小学民办教师，1939 年参加国民党，1949 年 1 月在北平参加起义，证明人：北京人民印刷厂工人王芳久；系原国民党第十六军九十四师二八二团少校团附。个人简历：六至十岁后村读小学，11—13 岁在济南读小学，后入济南市立中学；14—16 岁失学做工人（济南厚德工厂），17 岁考入敌军校，18 岁毕业，在敌十六军九十四师任排长、连长、参谋团附，起义后遣送回家。1955 年任教师，1961 年下放；1975 年又任教师，因历史问题被错戴反革命帽子，管制八年；1966 年'四清'时宣布摘掉。1955 年到 1961 年，在齐村高级民校任教师，1961 年 10 月遣返回队。"

② 中国人民政治协商会议枣庄市委员会文史资料委员会：《古稀老人话今昔》，《枣庄文史资料》第 12 辑，1991 年 9 月，第 163—167 页。

队女生队，成立于1938年1月，共150人。她们全是从山东、江苏、安徽三省，日军炮火下逃出来的女学生，平均年龄17岁多。1937年年底，国民党第五战区的大批流亡学生集中在徐州中山堂一带。日本侵略军从南北两路夹攻徐州，南线日军已攻占滁州，与我军激战于淮河两岸；北线日军进至邹县两下店，我川军英勇健儿正浴血迎击。炮声隆隆，依稀可闻。徐州是陇海、津浦两铁路的交叉点，又是大会战的指挥中枢，坐镇指挥的就是著名爱国将领李宗仁。那是充满血与火交织的年代，是中华民族接受生死存亡考验的年代。日本军国主义者的海陆空军全力扑向中国，发出三个月灭亡我国的狂妄口号。日本飞机每天轮流轰炸徐州，房倒屋塌、血肉横飞的惨案随时可见，可是同胞们没有悲观失望，更激发了昂扬的斗志，嘹亮、悲壮的歌声此起彼伏，街头演出抗日戏剧，男女学生们是抗战宣传的主力军。

后来听说中央军校要招收十五期新生，去大西北学习，大家踊跃报名。女学生们也要报名参加，负责招考的刘钊铭少校拒绝女生报名，说：军校不招女生。她们群起抗争，说：抗日不分男女老幼，为什么不许我们参加？北伐战争时期，军校就有女生队，为打倒军阀立了功。有位女同学拿出女作家谢冰莹的《一个女兵的日记》来做证明。刘少校无言可对，只好答应了她们的要求。

3000多名学生分两列车，由徐州西去。2000多里路，因受日本空军袭击，走走停停竟费了十来天，才到达陕西省的虢镇车站。下车步行40里到达古城凤翔。我们男生住凤翔师范学校，女生住文庙。休息三天后，进行入学考试和严格的体格检查，录取1800名，落选的1000多名编为练习营开拔走了，女生们竟全数考取，编入特科大队（炮、工、通、女）女生队。有枣庄市的8名女生，记得有峄城的周传英，不知道她还健在否。

中央黄埔军校是和美国西点军校、日本士官学校同属世界第一流的军官学校，是以组织严密、纪律严明、军学全面、训练艰苦而著称的。每个学生都必须自觉地以全副体力、智慧来对付这一脱胎换骨的训练。

十五期新生的装备发下来了，每人草绿呢军服一套，带一副绑腿，上衣领上缀“军校学生”领章一对，回形蓝底白字。每人步枪1支，子弹100发，刺刀1把，牛皮腰带1根，衬衣、鞋袜各两套。背包1个，军毯、大衣、水壶、饭袋各1。学习用图板1块，图板木质。附有布袋，内放文具书本。指北针1只。女生同样一份，不过她们的军服是黄色细呢，女生手巧，略加修缝改制更为美观合体。男生一律剃光头。女生头发剪短，不许露出军帽下，香粉化妆品一律没收，严禁使用，另外每月发白布两尺，为经期之用。

女生队队长由著名教育家、中国童子军创始人徐康民担任。这是位可敬的老人，蔼然仁慈，对女生爱护备至。三个区队长一个麻脸，一个矮子，另一个面黑如铁。据我的猜测，也许是一项预防性的配置，如果派年轻英俊的军官任职怕有不良后果吧。

第二总队下辖第三、第四、特科三个大队。每大队四个队，每队150人，我被编入第四大队第五队。在操场练兵时和女生队相邻，互相观察方便得很。三个月的“入伍生”训练就严酷得出奇，要求每个学生从外表、行动、思想感情变成真正的军人。这一关实在难熬，如今回想仍觉不寒而栗。就拿最简单的立正动作来说吧，要求挺胸收腹，双腿挺直，两脚尖成60度角，双目直视，稳立如山，队长在身后登后腿弯，如果站立不住稍有前屈，马上就处分，轻则斥责，重则禁闭，关进黑屋子里写检讨。我们那位何队长简直是个神。有一次他下令立正十分钟。他看表定时，这十分钟竟晕倒三个学生，由校医抬走急救，我们如木雕泥塑一般熬了过来。又一次练举枪，双手持枪作平射状态，端着八斤的钢枪，枪口不许动，臂痛腰酸，其苦莫可言状，直到筋疲力尽，他才喊枪放下的口令。其他的齐步、正步、跑步，更不用说了。但是同样的苦练，女生们无一落后，反而受到表扬，不能不佩服这些姑娘们的坚强。

最头痛的是夜间的紧急集合，睡梦中猛听急促的号声，马上以神速的动作穿好衣服打好绑腿带武器装备在操场列队整齐，全部时间只限一分钟。我是手忙脚乱勉强做到不受罚而已。听说女生队发生一件趣闻，某女生听到号音穿衣服时错把军毯当作裤子，当然怎么也穿不上，而不穿裤子是无法出门的，结果从轻处罚禁闭一天。

有一天是步枪百米卧射实弹射击，我队和女生队靶位是紧挨着的，总队长刘安祺（后任台湾陆军总司令）亲临指导。刚落过一场春雨，靶位尚存泥水，女生队谭纫秋出列但怕弄脏衣服没卧上靶位，刘安祺拿过枪来熟练地卧上靶位出枪射击，一会儿靶场观测员用旗语回报“12 圈”，正中靶心，示范过后，站起来说：“战士出征之日忘其家，临阵之日忘其身。命都不顾了，还顾惜衣裳吗？”小谭卧上靶位，久久不敢发射，刘安祺问“你为什么不扣扳机？”小谭小声地说：“我怕。”刘启发她说：“咱们的家乡都沦陷了，那靶上的人像就是日本鬼子，正在咱们家乡杀人放火，是我们不共戴天的敌人，你还不开枪射死他吗？”小谭听了勇气倍增，瞄准发射一枪也打中了 12 环，大家赞声不绝。靶场活跃起来，记得我三发子弹打了个 29 环（36 环满分），只属一般的成绩。

每逢周末晚会，是女同学大显身手的好机会，男女同学配合演出《塞上风云》《放下你的鞭子》等话剧，唱《松花江上》《旗正飘飘》等抗战歌曲。施德谦、谭纫秋、周传英等都是明星，我当时也爱唱歌，参加了演出，男女声合唱是很动听的，虽然生活艰苦，但所有的同学都相处融洽，其乐陶陶。

接着发生了不幸的事件，女同学施德谦患了伤寒病医治无效去世了，大家心目中能歌善舞的明星突然病逝，谁不为之痛惜？学校开了隆重的追悼会，刘安祺送了一副“出师未捷身先死，长使英雄泪满襟”的挽联，贴切地体现了全体与会者的心情。

经过一年的训练，女生们已经成为勇敢的武士，无论在练兵场上或野战演习，都可以看到她们在刀光剑影中勇猛冲杀的形象，她们不愧是优秀的中华女儿。1938 年底第二总队开赴西安城南 40 里的终南山下。经过西安城时，女生队走在最前面，威武的纵队行进，十里长街上万人空巷看女兵，博得市民热烈的掌声。当年 10 月，十五期毕业了，女生们当然不能分到基层当连、排军官，只能分到师以上单位任参谋、通信、医务、文艺宣传等工作。

半个多世纪过去了，当年的女同学如果健在，已经是白发苍苍的老祖母了吧！当她们回忆往事时，一定会因为曾是黄埔军校学生，并参与了年抗日战争而感到自豪吧！

6. 回忆刘安祺总队长①

1937年12月，日军进攻邹县两下店，战火临近枣庄。学校停课，学生流亡。我和一些同学漂泊徐州，寻求出路。正在无计可施的时候，得知国民革命军第十七军团招收青年学生的消息，我和枣庄的李汉英、任子安、戴秉均，峄城的刘秉铨、翟长庆、周传英几个男女同学怀着抗日救国之心情报名参加了学生队。

报名不久，我们在徐州上了一列铁闷子车（货车），沿陇海线向西开去。途中由于日寇飞机轰炸，铁路常遭破坏，火车常常被堵在小站上等待抢修。因为部署徐州会战，军列调运频繁，我们的车也得停靠避让。这样走走停停，整整用了两个星期的时间才到西安西边的虢镇。下了火车，又北行40里，到达了凤翔。

凤翔是一座历史名城，春秋五霸之一的秦穆公墓就在城内。城东关有座喜雨亭，宋代文学家苏轼在凤翔府做判官时曾写有著名的《喜雨亭记》。黄埔军校第七分校就设在这里。我们经过入学考试，体格检查，年底，都被录取为第十五期步科学生。我编在第二总队第四大队第五队。第二总队含三、四两个大队和一个特科大队。每个大队下设4个队，每队150人。特科大队除炮兵、工兵、通信兵3个队外，还有一个女生队。我们一道入学的峄城人周传英编进了这个队。1938年元月，我们就投入了严格的学习和军事训练。

1938年2月，刘安祺少将出任我们第二总队的总队长。我们知道刘将军在枣庄山阴武璋校长创办的峄阳中学读过书，大家很为有这位同乡的将军感到光荣。我们认识刘将军，是在操场上。学生每天早晨5点多钟起床，集合队伍到操场出操。有一天，我们一进操场老远就看到检阅台上挺立着一位军人，戎装整齐，很有风度。以后，天天如此，风雨无阻。我们很佩服将军这种作风。于是，刘秉铨、翟长庆、李汉英和我，大家相约，在一天傍晚一同去参见这位抗日勇将。

---

① 参见枣庄市市中区文史资料委员会《枣庄市中区文史》第1辑，1991年9月，第65页。

到了将军的住处，我们被引进总队长室。刘将军见我们去了十分高兴，热情接待。他作自我介绍："我啊，就是刘安祺，韩庄人。"一口乡音使我们顿时消除了拘束。他中等身材，脸膛黑褐色，有点清瘦。身穿草绿色呢子军服，领上缀着金灿灿的少将领章，腰挎一支小巧的左轮手枪。将军在我们眼里：和蔼、朴实，有精神，没架子。接着，他向我们陈述了自己的抗战经历，说这次忻口之役是第二次和日寇对阵。第一次是1932年"一·二八"事变，那时他在张治中将军的第五军五二一团任团长，和蔡廷锴的十九路军并肩作战，抗击日本海陆军的进攻。在上海苦战月余。去年抗战开始，他任九十七师师长，在山西省忻口阻挡日军南进，激战持续半个多月，因腹部受重伤回西安疗养。

在谈话中，刘将军强调的两点给我很深的印象。他说："一是爱民，凡是老百姓的针头线脑、一根柴火棒都得爱惜。二是两军相对勇者胜。高级指挥官有时也要亲临第一线。我的指挥所总设在前线附近，一是便于了解情况，一是弟兄们见师长就在身旁，胆就壮了，气也足了。"将军的话，使我好像明白了他受伤的原因。

刘将军深情地端详了我们一阵，大概是看我们穿着一身簇新的军服，想到了我们的任务。他说："做好一个指挥官，肩膀上担子很重。成千上万官兵的生命在你手里掌握。要尽量多杀伤敌人，要尽量减少自己的伤亡。在忻口前线，我那十来天，手拿电话筒眼里一直瞅着地图，不知道饭吃的是什么，觉是怎么睡的。要知道战争是一项综合艺术，是一门高深的学问。要下工夫学习。"聆听将军教诲，我们连连领首称是。

晚自习号响了，我们怀着亲切的敬意离开了总队长室。

那年4月，徐州会战结束，我们听到枣庄家乡沦陷的消息，心情都异常悲愤，对于学习和操练更加发愤了。

5月初，刘安祺将军离开二总队重返抗日前线。我们在次年10月毕业，各奔东西。我与将军始终无缘再见。

将军与我们一别至今已经53年了，音容举止似乎还在眼前。据由台湾回枣庄探亲的刘秉铨同学说：刘将军已退休，但身体很健康，很有精神，仍然很重乡谊……

听了介绍，我更加思念我们的总队长：何时能再见一面呢？

蒋介石是黄埔军校校长，但只是挂名而已。我在黄埔军校两年，校长只露面一次，连训话带检阅共两个小时。

1938 年冬，黄埔军校正常的操、课训练被奉命中止，每天演练阅兵式、分列式，前后进行了一个多月。同学们议论纷纷：练这个有什么用，阅兵、分列式无论怎样整齐、壮观，也伤不了日本人的一根毫毛。消息灵通的大同学善于解谜，答曰：这都是为了迎接校长。大家恍然大悟：原来如此！当年底进行最后一次演练时，又增加了一个项目——喊口号，口号为“校长万岁！”“领袖万岁！”自孙中山缔造民国以来，已经 20 多年不喊万岁了，猛然山呼万岁，都有些不习惯。第二天早上集合，由值勤官验枪，拉开枪栓检查枪膛内有无子弹，然后到王曲校部大操场集合，陪同受检的战士、干部、训练团的学生，共 8000 多人。

上午 10 时许，一列小汽车由西安城里开来，公路两侧每五米一哨兵，警卫森严。乐队奏起欢迎乐曲，在“万岁”声中，蒋介石从右侧进场开始检阅。蒋介石 50 多岁，着深绿呢军服，配特级上将领章，长脸、高颧骨，唇上有黑短胡。我特别注意他的眼睛：双目凌厉有神，威慑的目光似乎能看透每一个人，但绝没有善意，乃是高傲的自信和专横。他的眼睛说明了他的性格：执拗而且残酷。

检阅后，蒋介石登上主席台，随同登台的军政大员有何应钦、白崇禧、程潜、胡宗南（军校主任）等。蒋以浓重的浙江口音开始训话：“胡主任、各官长、各学生”，九个字开始，他没有讲话稿，完全是信口开河，从我国的悠久历史讲起，到孔孟四书五经，把传统的忠孝仁爱礼义廉耻发挥了一通，然后讲抗战形势，出人意料地大呼：“我们已抗战一年半，再有一年半还不能驱逐日寇出中国吗?”听众愕然，马上起了一阵轻微的骚动。要知道，当时是国共合作期间，毛泽东有关抗日战争的战略思想早已传遍大后方，军校学生中很多人读过毛泽东的《论持久战》这本书，长期抗战的思想已深入人心。日本帝国主义是当时世界一等强国，中国积弱已久，与日本开战以来除了平型关、台儿庄两个胜仗之外，一直没有大的进展，怎么能在短短的三年内取得最后的胜利？简直是缺乏常识。

这个武断的怪论使我对“校长”的敬意一落千丈。

蒋介石又讲了很多话，并不时用戴着白手套的右手上下挥动着以加重语气。后来讲的话我已经听不进去了。

时近中午，蒋介石训话结束，校长对所有参加检阅的人员给以“重赏”，仅军乐队就赏给了500元，然后匆匆乘车回西安城里。原来，日本间谍机构相当灵通，已知蒋介石来王曲军校。蒋介石走后不久，日军便派多架飞机前来追踪轰炸，我们常常听到空袭报号音，都躲进附近的窑洞，敌机临空盘旋一阵，漫无目标地投下数枚炸弹后，便飞走了。

7. 抗战爆发，崔蘧庵协力国共

这是蒋树柏撰写的齐村翰林后人参加抗战的资料，对研究枣庄的抗战史尤为重要。

1937年7月抗日战争爆发，韩复榘为保存实力虽率十万大军却不战而逃。同年秋山东大部沦陷，日军沿津浦铁路南进，1938年元月初攻到两下店，隆隆炮声昼夜不断。崔广沅五子崔蘧庵在爱国热情驱使下积极筹划建立抗日武装，以护矿队60人为基础，集中民间武力，1938年初已成为500余人的游击队。当时坐镇徐州的第五战区司令长官李宗仁委他为军委会别动总队华北第五〇支队副司令。同时他们的好友朱道南建成一支在党领导下的抗日武装抗日义勇队，他曾以现洋200元和子弹一部给以援助。这年3月18日日军进占枣庄、齐村一带，3月下旬台儿庄会战展开序幕，崔蘧庵和朱道南的两支武装曾多次袭击敌人后方交通线，有力地配合了主战场。同年6月反动头子申宪武召开反共秘密会议，崔蘧庵应邀参加。会议决定由滕峄两县的国民党部队联合进攻中国共产党领导的苏鲁人民抗日义勇总队，会后崔蘧庵将反共联军的作战部署和发起战斗的时间连夜告知朱道南，让义勇总队早作准备，先发制敌取得了抱犊崮山区第一次反顽斗争的胜利。

同年夏初，驻枣日军特务黑田派枣庄街的邵八去北山里劝说崔蘧庵投降日军，许以高官厚禄，被崔严词拒绝，黑田怀恨报复，烧毁了崔的住宅，没收了复兴煤矿全部资产。崔的经济来源为日军断绝。

崔蘧庵1938年秋与中共断绝联系，于1942年离队去阜阳，在李仙洲部任参议。抗战胜利后仍任中兴公司职员，公司解体后在上海与家人制作煎饼、油条等设摊出售维持生活。因无市民户口于1955年遣回原籍峄县。

1955年3月崔蘧庵因病去世，年62岁。

8. 战争岁月，崔族人深明大义

崔广沅的侄子崔毓槐是一个戏迷，自置京剧戏箱全套，经常召请演员票友搭台唱戏，主角大都是当地人，其中有红净花脸高继月，花脸刘西明，青衣陈素礼等，他们演技高超，深受观众欢迎，每逢演出必定万人空巷，踊跃前往观看。

1928年秋，戏班在齐村大桥南沙滩搭台，贴出海报，剧目是关公戏《活捉潘璋》，当时军阀高桂滋部一个团和崔蘧庵的自卫团同驻枣庄，闻讯同时去齐村看戏，由于人多路狭，加上互不服气，各不相让，两军发生争闹，自卫团八连连长张文汉手起一枪，击中高部杨副官，当时毙命，高部岂肯罢休，派兵包围齐村翰林府，要活捉自卫团团长崔蘧庵，然崔蘧庵手段更高一着，派人到电报局往省城济南给韩主席发出特急电报，说："军阀高桂滋要夺山东地盘，已进攻枣庄，与自卫团发生激战，请主席派兵镇压。"韩复榘初任山东省主席，最怕别人夺地盘，接到电报后连夜发兵。派手枪旅长雷太平率领精兵轻装，以火车输送，天亮前于枣庄下车，将高部包围缴械。这是崔蘧庵利用军阀之间的矛盾，解救了自家迫在眉睫的大祸。

在日伪时期崔毓槐曾任齐村镇长。崔毓槐、崔毓茂、张子登三人因民愤极大后来都被判处极刑。

据老革命家朱道南回忆，1935年山东实行乡镇长考试选拔，朱道南鼓励好友济宁七中高才生李成林参加竞考，结果成绩最优，被任命为齐村镇镇长职，崔绍颖只好下台。解放战争时期，崔绍颖长子参加中国人民解放军，后升任军官。

崔广沅族侄崔毓柳于抗日战争初期入党，曾任中共峄县二区区长，他能用手枪击中飞鸟，被称为神枪手，活跃于齐村及北部山区，朱道南称赞他有侠义心肠，邹坞暴动的成功有他一份功劳：他准确地探明反动校长王效卿逃跑的时间、路线，及时告知朱道南组织拦截，由朱玉相、刘景镇将王效卿击毙，用夺得枪支建立了鲁南人民抗日义勇队。

1946 年齐村解放时，将四名民愤极大的反革命分子判处死刑，其中之一的崔绍烈就是崔蘧庵的长子。崔毓柳曾问过崔蘧庵："崔绍烈在为日本守岛部队当特务时作恶多端，已被镇压，你有什么看法?"蘧庵说："这比我亲手把他杀了强得多，我是坚决抗日的，这个不肖之子反去投敌为虎作伥，他是罪有应得。"

1948 年鲁南临解放之前出了一件事。崔毓柳和二区组织部长丁次干同志来齐村工作，由于丧失警惕，崔被他的胞弟崔毓秀带领特务包围了住址。崔毓柳知道被崔毓秀出卖了，就说："我就是二区区长。这个人（指丁）是我的通讯员，他有一家老小，不能连累他，放了他我跟你们走就是了。"敌人不知底细，就答应了他的要求，将丁次干同志放了。崔空身一人（因防意外未带武器）被裹胁而去，一时下落不明。

1989 年春，枣庄籍去台同胞纷纷回乡探亲，带来了崔毓柳的信息：崔去台后始终在特务们的严密监视下生活，于 1978 年在贫困中病故，终年 80 岁。在台枣庄同乡共同为他安葬，并立碑存念。

辛亥革命以后，崔氏后人无论男女都接受了新式教育。尤其从 30 年代起，共产党人多在齐村小学任教师，革命思想的熏陶使崔族青少年的思想有了转化，其中部分人参加了抗日战争与解放战争。新中国成立后在政府的教育下，崔族青年皆以文化知识投身于革命工作。据不完全统计，做教育工作的（小学以至大学）39 人，参加中国人民解放军的 13 人（其中崔绍杰为烈士），参加工矿企业和行政工作的未作统计。更可贵的是崔氏后人中已有若干人加入了无产阶级的先锋组织，成为中国共产党党员。大家正在不同岗位上为振兴中华尽心尽力，勤奋工作。

有所为有所不为。在伟大的抗日战争中，几乎每一个中国人都竭尽全力奋起救国，然而，作为中共山东省委早期的领导人，曾留学苏联莫斯科东方大学，后来却投身黄埔军校，用自己所学的知识，翻译外文军事教科书，去教授黄埔军校学生到抗日战场上杀敌。他就是黄埔军校的外文教官——汤美亭。

（六）汤美亭

汤美亭（1903—1951），滕县汤庄人，莫斯科东方大学毕业。曾先后担任中共烟台市委书记、山东省委组织部长兼青岛市委书记，被捕后到成都黄埔军校任俄文教授。1951 年 12 月去世。

1. 汤美亭档案

姓　　名：汤美亭，原名汤炳华，又名张子中、汤丽亭、李法如等

民　　族：汉族

出生时间：1903 年

籍　　贯：邹县鲍家店

出生地点：滕县汤庄

成 长 地：滕县汤庄

属　　相：兔（农历癸卯年）

抗战经历：黄埔军校教官

最高职位：国民革命军上校（文职）

死亡时间：1951 年 12 月

死亡地点：成都

寿　　命：48 岁

2. 汤美亭简历

1909 年，出生。

1917 年，在本村跟其二兄读私塾。

1927 年，2 月，出席全国农民代表会，后加入中国共产党；6 月，被派往莫斯科东方大学学习。

1930 年，从苏联回国，先后任中共潍县中心县委书记、青岛特委书记、济南市委委员、山东省委委员。

1931年，6月，当选为济南市委委员；7月，任中共山东烟台市委书记；10月，任山东省委常委组织部长兼青岛市委书记。

1932年10月5日，在青岛东镇被捕。

1939年，离开青岛，到成都黄埔军校工作。

1944年，任黄埔军校成都分校军简三阶俄文教授。

1949年，编撰完成《家乘全书》5卷。

1951年12月，去世。

3. 一言难尽的父亲①

作为中共山东省委早期领导人之一的汤美亭，并没有给自己的家庭带来什么荣光和辉煌，相反是因为自己或变节或脱离政治的说辞，带给这个家庭无尽的灾难和痛苦。尽管他在抗日战争期间没有到一线阵地去报效祖国，但他却以另一种形式来培养报效祖国的将士。

以下是笔者访谈汤美亭之子汤一方先生的记录：

时间：2013年6月

地点：枣庄市市中区青檀路大酒店

王功彬（以下简称王）：说说您的家世和您父亲的一些情况。

图151　汤美亭之子汤一方

汤一方（1937年5月出生，汤美亭之子，原黑龙江省方正县建委主任，已退休，现居黑龙江方正县。以下简称汤）：我大大爷叫汤炳臣，二大爷叫汤炳芹，父亲是老三。老大死得早，老二汤炳芹号称二先生，是个很有文化的人。老大早逝，过继老二一个儿子。我父亲小时候在家跟他上私塾。后来我二大爷推个大车，使劲一推，想对我父亲下毒手，所以他在家待不住了，受排挤才走的。

最初的时候，庄上有农民协会，里面的人都不正经干活，有些不务正

① 本节据笔者对汤美亭之子汤一方的采访整理，标题为编者加。

业，游手好闲。汤庄人说，好孩子去上好学校，或去经商去务农，父亲又受了我二大爷的排挤，所以就跟着汤震方、杨鸿烈一块出去了。汤震方是黄埔四期的，我父亲是二十、二十一期的俄文教官，还是高教官的学员，他当时42岁。

王：您对您父亲叛变的事情了解吗？

汤：那是发生在我出生前的事情，我是后来查资料了解的。因为早期他是一个地位比较高的人，所以地位越高如果叛变了，罪过就越大。他也是厌倦了这种两党之争，就退出了，当然政治上是不会放过他的。1945年抗战胜利，内战即将开打的时候，如果他不干就离开部队回家，也一样没有好结果。

王：您是哪年出生的？在什么地方？

汤：我是1937年5月在青岛出生的。我父母结婚后就到了青岛，我是第二年出生的。过了两年我家又搬到了成都。

王：在成都什么地方？

汤：住在川大校内的宿舍。到成都的第二天，我妹妹出生，为纪念这个新地方，父亲就给她取了个名字叫汤继蓉，蓉是成都的别称。成都的房子也是租的，没有买过房子。我父亲一月工资也不知多少，我下边是两个妹妹一个弟弟，我母亲生孩子的时候雇个保姆，平时没有。我母亲养育四个孩子，没有经济来源，所以没有房产地产，也没有那么多的积蓄。

我父亲先后在四川大学、四川省立体专，也就是今天的成都体育学院工作过，还在成华大学，就是今天的西南财经大学任教过，我家就安在川大校内宿舍区，后来才搬到白家塘10号。他也不是都在川大代课，其他院校也兼顾着。

他在黄埔军校教外文，这个印象我很深刻。成都黄埔军校校长是关麟征①，关麟征当过一届的校长。关麟征的儿子学俄文，就是我父亲上他家

① 关麟征（1905—1980），原名志道，字雨东，陕西户县人，黄埔军校第一期学生。历任国民党军队团长、旅长、师长、军长、集团军总司令、黄埔军校校长、陆军总司令。参加过对日漳河战斗、台儿庄战役、武汉会战、第一次长沙会战等战役。1949年，离开大陆去香港，1980年，关因脑出血病逝于香港。

去教的。他当年在成都 40 多岁，他是 1903 年或 1904 年的人，属兔的，去世那年是 48 岁，我是中共党员，所有讲的事情都是实事求是。

王：说说您的母亲吧。

汤：我母亲受了很大的罪，她是个很坚强的人，出身也不是穷苦人家，是个比较富有的人家，在滕州有个面粉厂，嫁给父亲是二房夫人。那个大房夫人就是因为我父亲参加了革命，不回家，家里或是邻里说些话刺激她，说我父亲在外边早就成家了之类的话，她听了就疯了，受了很重的刺激，她也不知道是真是假，被家里人硬灌药呛死的。我那个大姐，嫁给了一个地主成分的人，我姐夫人品非常好，是个忠厚老实的人，现在他们都不在了。

王：说说您弟弟的情况。

汤：弟弟出事在"文化大革命"期间，就是因为家庭成分，上学才有障碍，弟弟最爱美术，滕县一中的学生，上到初二。当时我在四川工作，那时候他出事是在我回来之后。学校说要批斗他，我母亲上我妹妹家了，就是这个时候，他写了一封遗书，自己擀面条吃完上吊了，当时 20 岁左右。

弟弟是因为画画，才批斗他的。要想批斗他，在"文化大革命"时候什么理由都能编造出来，就我们家那种情况，想置谁于死地都是很容易的事，我能活到现在，就是个奇迹。我爷爷奶奶姥姥姥爷都没活到新中国成立。

王：谈谈您对父亲的印象和理解。

汤：黄埔军校有个外文室，父亲是外文室的上校俄文教官。我父亲后期的一些行为给我造成了很大的错觉，在我心目中，他就是我进步的一个动力。我父亲是文职教官，没看他有过胡作非为，没有不良行为，没有霸道这些表现。对我们这些子女的教育很正规也很严格，那时候怎么走路，父亲在后边都督促着我们。另外，他都看一些进步的书籍，如高尔基、托尔斯泰的文学作品。他接触黄埔军校的一些好的官风，接触的那些学生都是进步的学生，没看到他们有不好的表现，感觉很进步。新中国成立之后，需要会俄文的人，四川大学、成华大学、成都专业体育学校这三个学校都聘请我父亲教俄文。

王：您现在还有您父亲留下的东西吗？

汤：只有一本《辞源》是父亲留下的，后边写了几个字。

王：说说您现在的生活。

汤：我从方正县建委主任的位子上退休以后，就开始喜欢摄影和野生花卉的研究，前几年出版了一本书，叫《中国黑龙江野生花卉》。

4. 女儿对父亲了解不多①

以下是笔者采访汤美亭三女汤继蓉的访谈记录：

时间：2011 年 9 月

地点：滕州市北辛街道北安居小区

王功彬（以下简称王）：您对您父亲的情况了解多吗？

图 152　汤美亭之女汤继蓉近照

汤继蓉（1939 年出生，汤美亭之三女，现居滕州市。以下简称汤）：我那时候多小啊，我是在成都生人，所以起的名字叫汤继蓉，里面有个蓉字。我对他的事知道得少，只是听我母亲说起来一点。听我母亲说，他在青岛的国民党监狱里受了酷刑，腿都被打断了，肋骨也断了几根，说全身有 100 多处伤。现在想想，也真是受不了了，他才叛变。后来至于为什么要去成都，是奔着谁去的，我也说不清楚，可能是成都有熟人吧。

王：听说您父亲在老家原来有个夫人？

汤：是的，姓秦，娘家是秦庄的，后来得精神病死了。

王：怎么回事？

汤：自从我父亲离开老家以后，有六七年没有消息，庄上就有谣言传来；有人说汤美亭在外已经成家了，也有人说早已出国了，还找了个外国女人，住着洋楼不再回来了；最让她担惊受怕的是，说我父亲在青岛被国

① 本节据对汤美亭之三女汤继蓉的访谈记录整理。

民党逮捕了，关进了大牢，随时都要被枪毙。就这样，她承受不了，最后疯死了。

王：后来您父亲又是怎样和您母亲结合的？

汤：我父亲从青岛回到老家后，家里只剩下我那个姐一个人，家里人就托人又给他介绍了我母亲，叫吴恩美。我姥娘家祖籍是济宁的，住在滕县东关的龙泉塔那地方，家里开了一个面粉厂，家境好。到了他们结婚的时候，我父亲拉来一个小姑娘，给我母亲磕头叫娘，呵呵，这才知道她给汤家当了填房，先前都一直瞒着她的。我父亲结了婚十天，就和我母亲带着那个姐，只带了一只皮箱，又回青岛了。

王：您听母亲说起父亲是怎么被带走的吗？

汤：我曾听母亲说过，就在他被带走之前的一段时间，他就整天唉声叹气的，我母亲就劝他，说你去到政府自首吧，有什么就说什么，反正自己也没干什么坏事。我父亲老是拉不下脸，不好意思主动去，就一拖再拖，所以直到后来被人带走了。

王：您有个弟弟，听说是自杀的？

汤：我弟弟在学校里画了一幅上山虎，虎前面有一个红太阳；就有人说汤学方贼心不死，把自己当成老虎，想吃掉红太阳，红太阳就是伟大领袖毛主席，就被学校开除。到了家里又被通知第二天陪我母亲去游街，我弟弟那年才 19 岁啊，正是血气方刚的时候，他就绝望了，正好我母亲上俺家了，谁知他想不开就上吊死了。

5. *汤美亭离家后到苏联留学*①

关于汤美亭的家世，笔者又访谈了汤美亭的族侄汤清方老人。

时间：2011 年 7 月

地点：滕州市北辛街道汤庄村

王功彬（以下简称王）：请您说说汤美亭的情况好吗？

汤清方（1922 年出生，汤美亭族侄，农民，现居滕州市北辛街道汤庄村。以下简称汤）：汤美亭原来不叫汤美亭，叫汤炳华，俺祖上都是从

---

① 本节据对汤美亭族侄汤清方的采访记录整理。

邹县鲍家店迁汤庄来的。汤震方那支是长支，汤美亭祖上是二支，俺祖上是三支，老弟兄三个。汤美亭的父亲叫汤景房，汤美亭弟兄三个，老大是汤炳臣，后来有病死了，没后，就把老二的二儿汤厚方过继过来了。老二叫汤炳芹，有文化，是个私塾先生，都称他为“二先生”，他字写得好，一手的小楷，刻的碑跟印的一样。汤美亭排行老三，小时候就跟他二哥上私塾。

王：他以后又在哪里上的学？

汤：他家庭很穷，哪能再上得起学？就不上了，在家种地。

王：后来他是怎么出去的？

汤：这就巧了，正好那时候汤位东在外边混不下去了还是怎么了，就回家了，汤美亭正在高粱地锄草，说自己也不想在家干活了，看看能把我带出去吗？从那儿，就跟汤位东走了。那时候汤美亭结完婚了，媳妇是秦庄姓秦的，还有了一个闺女。

民国 26 年（1937 年）的冬天，他那时候回家了，后来走的时候还拿出来一张蒋介石的委任状给村里人看，听说他原先到过苏联留学，后来在青岛当秘书，日本人一过黄河他就撤到四川了，后来听说他在成都被共产党枪毙了。

他走了以后，家里可就惨了，他有两个儿子，大的叫汤一方，二的叫汤学方。汤一方跟他爹断绝了关系，原来在四川干地质勘探，后来去了东北黑龙江，还干这一行，老二在“文化大革命”的时候上吊死了。

王：因为什么？

汤：因为他爹呗。他在滕县上学，因为他家是反革命家庭，学校要开除他，回家里他娘正好去了倪村他姐家，他就下了一碗面条，吃完就在门框上上吊死了

王：汤美亭原来的夫人呢？

汤：那个死得更早。汤美亭常年不回来，村里人就有风言风语，说他在外边又找了个，她就疯了，后来疯死了。死了以后，汤美亭又找了一个，家是滕县东关的，姓吴。汤美亭在四川被镇压以后，他们娘儿几个就回到了汤庄，大闺女嫁到枣庄，姓刘；二闺女嫁到倪村。两个闺女都嫁出

去以后，家里只剩下她和汤一方娘儿俩，后来她娘儿俩就去了东北。

6. 不足为信的汤美亭诸多死因

以下是笔者对秦鸿勋的访谈记录：

时间：2011 年 9 月

地点：济南市张庄路园丁小区

王功彬：请您把汤美亭的情况讲讲好吗?

秦鸿勋：他跟我舅汤位东是本家叔侄关系，所以我知道一些，当年就是我舅汤位东把他带出去的。

他从莫斯科留学回来以后，就被派往山东工作，到了青岛被国民党逮捕，关进了青岛监狱后，后来有了自首情节，但一直关着没释放，汤美亭在没有纸笔的情况下，就捡了一张旧报纸，撕字，贴成了一封家信，请人捎到老家，想方设法来青岛把自己保释出来。家里人接到信以后，就忙着在滕县找了各种关系，花了很多的钱，这样到最后才把他从国民党的大牢里扒出来。

至于汤美亭是怎么死的，坊间有两种说法。一说汤美亭是国民党潜伏下来的特务。1951 年春天，汤美亭在家中用俄语电台跟台湾联系，恰巧空中有一架苏联飞机经过，飞行员突然接收到下面的俄语信号，以为是有俄国人在此，就马上报告给苏联政府，苏联方面又反馈给中国政府，成都的解放军就顺着信号源，慢慢找到了汤美亭，最后抓捕了他，正赶上四川成都开始镇反，最后被枪决了。

还一种说法，说汤美亭是国民党的特务，潜伏在成都后，家中一直藏了把手枪。1951 年春天的时候，解放军已经发现了汤美亭的行踪，就秘密到他家抓捕，汤美亭也察觉到来人要抓捕自己，就握着枪守候，等一名解放军战士要上楼梯开门的时候，汤美亭对着这个战士抬手就是一枪，那个解放军战士当场牺牲，然后，汤美亭就开枪自杀了。

7. 对汤美亭的记载颇多

关于汤美亭的历史，可谓是记载多多，但都肯定一点的是：因变节叛党，被政府镇压。但《中华汤姓源流》[①] 却忽略了汤美亭被镇压一节：

汤美亭，山东滕县人，早年加入中国共产党，毕业于苏联莫斯科中山大学，归国后从事秘密活动。民国20年（1931年）6月，汤美亭参与重建中共济南市委，当选为济南市委委员；同年7月，汤美亭出任中共山东烟台市委书记；同年9月，调任中共青岛市委书记；民国21年（1932年）1月，汤美亭调任中共山东省委组织部长兼任中共青岛市委书记；同年10月5日，汤美亭和中共山东省委书记武平从济南到青岛开会时双双被俘，武平和汤美亭自首，中共山东省委遭到破坏。民国33年（1944年），汤美亭出任国民党中央陆军军官学校（黄埔军校）军简三阶俄文教授；民国38年（1949年），汤美亭编撰《家乘全书》5卷，现存于首都博物馆。

滕州市史志办公室出版的《滕县志》[②] 是这样记载的：

汤美亭（1903—1951），原名汤炳华，滕县城郊乡汤庄村人。1930年莫斯科中山大学毕业回国后，历任中共青岛特委书记，代理青岛市委书局，山东省委组织部长等职。1930年10月28日写“脱离共产党声明”。声明称：“因感受到列强的侵略，民生的凋敝，为爱国热忱所刺激，接受了反动宣传，误入共党。……现在对共党的暴动政策及均分一切土地的措施不满，自愿与共党完全脱离关系，并决心参加反共工作，痛改前非。”后被国民党青岛公安局用。

抗日战争爆发后，携眷南逃，1939年入川定居成都，先后在体专、川大和成华大学任过俄文教授。1951年全国镇压反革命时，被人民政府镇压。

① 汤锦程：《中华汤姓源流》，中国文联出版社2006年版，第1174页。

② 《滕县志》第五卷，1987年12月，第1469页。

《滕州市档案信息网》在“土地革命战争时期”[①] 这样记载汤美亭：

1925 年 2 月，中共山东地方执行委员会成立，遂派滕籍人杨荫鸿、张观成到曲阜第二师范学校以上学为名开展党的活动；1927 年 6 月，滕籍人汤美亭被派赴苏联莫斯科东方大学学习，1930 年回国后，历任中共山东省委组织部长、青岛市委书记等职（1932 年被捕叛变）；1928 年后，先后有宋月波、程铭汉分别在南京、济南从事党的活动。

《枣庄市党史大事记》记载了汤美亭参加全国农代会、入党和留学的情况：

1927 年 2 月汤美亭出席全国农代会，滕籍人汤美亭以山东农民代表的资格出席在武汉召开的全国农民代表会。2 月，在武昌中央农民运动讲习所特别训练班学习期间加入中国共产党。6 月，被派赴苏联莫斯科东方大学学习军事。

据笔者查找，1945 年汤美亭参加编译出版了一本针对抗战的俄文图书《苏军作战经验》，全书共 138 页，36 开本；分 3 部分。专论部分收文 9 篇：《六年来中日战争的军事观察》《纳粹德国缺乏战略资源》《如何纠正战术上之错误》等；步兵部分收文 12 篇：《论现代战争中之步兵》《步兵对战车之战斗》《起伏地之战斗》等；炮兵部分收文 12 篇：《炮兵阵地之构筑》《德国之新式自动炮》《高射炮连之机动运用》等。收入文章多由苏联参战军官撰写，曾披露于《红星报》端。不能否认的是，用自己所学的知识，翻译战争教科书，这也是汤美亭对抗日战争的一个重要贡献。此书现存重庆图书馆。[②]

---

① 滕州市档案信息网，http：//daj. tengzhou. gov. cn，2008 年 8 月 26 日。

② 《重庆图书馆民国图书书目信息》，书目序号：38138，出版社：中央军校，出版时间：1945 年，汤美亭编译。

氤氲与升腾（代跋）

笔者老家叫中陈郝村，村子多水，蟠龙河与许由泉流出的水在村中的清漳桥南相遇私奔，经过邹坞，到达韩庄，流入运河，在台儿庄段形成唯一的东西走向；台儿庄北面是峄县大沙河，上游是甘泉、沧浪渊河，西是羊庄薛河，薛河西北是荆河……

民国初年，这些河边长大了一群人，他们原本平静的生活很快被山里的土匪所打破，被日本人的枪声所取代。无奈，只好远离家乡，别离亲人，南下广州或他地，考取了黄埔军校。

我之所以要把邹坞说成是“黄埔人之乡”，是因为在这条不宽的蟠龙河两岸，走出了以高魁元为代表的一大批黄埔军校学生，尤其是黄埔军校第四期、第五期的高魁元、陈敬、刘学斌、胡玉庭、曹世伟、阎毓栋、高维民……

水流韩庄入运河。韩庄的刘安祺，被军阀一巴掌扇到了广州，考入了黄埔军校第三期，这也是枣庄第一个黄埔人，也正是他给高魁元的一封来信，引发了峄县人投考黄埔的热潮。

滕县人也不例外，如果没有悲愤和贫困的泪水，就不会有汤美亭、汤震方叔侄的离家出走，就不会有陈传钧、陈传钊弟兄的黄埔经历，更不会有黄埔四期的朱兴汶以少将职衔向中共的两次起义。

那时，这些在水边长大的人，水对他们来讲，还意味着是跪地抬头离家出走时眼含的泪水，饱含了酸楚。

20 岁左右的年龄，怀揣着复仇的心理或报国的愿望，他们走到了广州、武汉，走到了西安、成都，走进了黄埔军校，还没来得及擦拭额头的汗水，便投入到伟大的抗日战场，从上海抗战、长城抗战，到淞沪战役、南京保卫战；从台儿庄会战到武汉保卫战；从太原保卫战到长沙会战，从豫中会战到枣宜会战……

从黄浦江到长江，从湘江到汉江，从运河到黄河，从襄水到赣水……都有他们的身影。

那时，水对他们来讲，是红色的，是抗日战场上从弹孔处刀口里喷射而出和着泥土的血水，是血腥的。

1945 年 8 月 15 日，这个令他们欣喜若狂的日子，欢笑和跳跃不足以表达喜悦，鸣枪与狂舞亦难倾诉心中话语，脸上积攒十四年的尘埃，不知道那天被涌动出来的泪水洗刷了多少遍。

那时，泪水酒水对他们来说是清澈透明的，是甜蜜的，是醉心的。

抗战胜利后，这个群体开始厌倦战争，绝大多数人选择回家务农，但历史就这样捉弄人，“文化大革命”风暴席卷全国，他们的命运在这十年的暴风骤雨中飘摇沉浮。

我去采访他们，也是他们最不愿提起或一旦切入最容易展开的部分，转脸、摇头是那会儿的肢体语言，叹气、抽泣是那会儿的画面配音……

他们或他们的后人，此时脸上的泪水流淌出的是屈辱，是不平，是明辨，是力争，也是无奈……

那时，泪水是哀怨的，是苦涩的。

有朋友问起我，说采访过程中有没有曾经退却的想法，我说有，但只是一晃而过。

这个伟大枣庄抗日群体，他们绝大部分已经凋零，但他们没有像儿时电影和中学课本里的战斗英雄一样，得到应有的敬仰与尊重，不可否认的是，作为抗战主体的一部分，他们用自己的血水汗水泪水成就了中国抗战的胜利。

尽管书稿完成，我却没有胜利的喜悦，心里甚至愈发沉重，沉重的原因是因为这些年我投入得太多，金钱当然不是最重要的，重要的是这份心情。

当年似乎不大理解张纯如为什么完成《南京大屠杀》以后自杀，今天才明白，当你融入那些人的那些事中，心情是何等的复杂，始终贯串的不仅仅是汗水，还有泪水：

在邹坞，采访黄埔第四期陈敬的儿子陈玉周老人时，他说自己祖上一家三口一夜间被土匪杀害时没哭，说夫人受批斗游街到自己单位门口时却落了泪；在北京，采访黄埔第六期朱道南二子朱平坪时，说到其父腥风血雨革命一生时没有泪水，说父亲为接济他人一日三餐仅是一碗面条连吃数年时，竟泪流满面；在中国农业大学，采访黄埔第十七期华绍屿之女华玲时，说父亲抗战受伤、“文化大革命”受辱时她没流泪，说父亲受尽屈辱却依然坚信共产党，并让几个孩子都入党时却大声哭泣；在天津，采访黄埔第十一期张扬之女张爱光时，她平静地叙述父亲为国捐躯和自己一家后来遭遇的灾难，平平和和，娓娓道来，瞬间一股“云山苍苍，江水泱泱，先生之风，山高水长”之风扑面而来。那会儿，我的眼圈热了。在滕州，采访黄埔第十七期李玉璋之子时，天降大雨，时近黄昏，这位年近80的老人正仰卧在一条断了腿的木椅上，满脸酒气，半梦半醒，说起父亲脚系麻绳，头部冲下，被人从房梁上拉起放下、放下拉起时，手舞足蹈，充满了欢乐。伴着满屋的青草味、浓烈的烧酒味、臭烘烘的羊粪味、弥漫升腾的院落羊骚味，和着羊群咩咩的叫声，大雨哗哗的浇灌声，老人说书般哈哈的大笑声，在昏暗灯光的映照下，我泪流满面……

世界上无论多么精彩的战争，都不如平淡的和平。

在这场伟大的抗日战争中，枣庄黄埔人前赴后继，浴血疆场，却被我们忽略了。因此，他们的这段历史由鲜明变得暗淡，甚至由无上荣光变得丑陋不堪。还原他们的历史，记录他们的抗战经历，是我最真实的想法，也是坚持下去的理由。

远古洪水浸泡巨木，而生成枣庄中兴公司；水土相合成胶泥，鲁班砌垒出滕小古国。水气沼沼的韩庄、台儿庄，和着滕县荆泉叮咚之声，升腾南去，化作一抹历史的云朵。

云散云聚，花开花落，枣庄黄埔人坚韧的血性，不屈的脊梁，早被雕刻成中国大抗战胜利的丰碑，矗立在人民心中。

感谢黄埔军校，使我回到那个英勇的年代；感谢生活，让我回归、发现人性和良知；感谢亲人和朋友，给我支持，让我心中时时充满前行的力量；感谢抗日战场中的枣庄黄埔人，让我无惧困苦，能在每个漫长的黑夜与他们一起“协同作战”！

当然，就本书而言不可能把所有枣庄黄埔人都收录其中，如第四期的胡玉庭、刘学斌，第五期的陈传钧，第六期的李良均、刘赞宸、于英三，第十期的黄毓峻，第十三期的种蕴，第十五期的陈凤藻，第十七期的吴本生等，他们的后人和亲友都能点滴说出这个群体的抗日故事，只是线条粗略、故事简单而已，这也是未能收录书中的遗憾。

感谢政府，让健在的抗战老兵出现在纪念抗战胜利70周年大会现场，让那些为国捐躯的鲜血化作今天激动的泪水，冲刷外侮，润泽未来。

是为跋。

王功彬

2015 年 10 月

参考文献

1. 刘国铭主编：《中国国民党九千将领》，中华工商联合出版社 1993 年版。
2. 台湾“国防部”史政编译局：《刘战略顾问安祺上将纪念集》，“国防部”史政编译局，1996 年 6 月。
3. 台湾鲁峄教育家宋故东甫百岁诞辰纪念筹备委员会：《宋东甫先生百岁诞辰纪念集》，宋故东甫百岁诞辰纪念筹备委员会，1991 年 12 月。
4. 台湾“中央研究院”近代史研究所：《刘安祺先生访问记录》，“中央研究院”近代史研究所，1991 年 6 月初版。
5. 陈予欢：《雄关漫道 · 黄埔军校第四期生研究》，中山大学出版社 2009 年版。
6. 曹聚仁、舒宗侨：《中国抗战画史》，中国文史出版社 2011 年版。
7. 盛成：《盛成台儿庄纪事》，北京语言大学出版社 2007 年版。
8. 宋希濂、黄维等：《正面战场 · 淞沪会战 · 原国民党将领抗日战争亲历记》，中国文史出版社 2013 年版。
9. 萨苏：《最漫长的抵抗》，西苑出版社 2013 年版。
10. 郭汝瑰：《郭汝瑰回忆录》，四川人民出版社 1997 年版。
11. 陈予欢：《风云际会 · 黄埔军校第三期生研究》，中山大学出版社 2008 年版。
12. 中共枣庄市委党史研究室、中共上海市房产管理局党史办公室：《大浪淘沙见真金》，中共党史出版社 1994 年版。
13. 枣庄历史学会、枣庄市教学研究室：《枣庄史话》，山东友谊书社 1991 年版。

14. 朱道南:《在大革命的洪流中》，上海文艺出版社 1961 年版。
15. 张守德、张远辉:《枣庄人物》，济南出版社 1996 年版。
16. 枣庄市政协文史资料委员会:《辛亥革命在枣庄》，枣庄市政协文史资料委员会，1992 年 12 月。
17. 枣庄市政协文史资料委员会:《枣庄历史人物》，枣庄市政协文史资料委员会，1996 年 12 月。
18. 枣庄矿务局史志办:《枣庄煤炭志资料选》，枣庄矿务局史志办，1984 年。
19. 李近仁:《微山湖史缀》，济宁新闻出版局 1998 年版。
20. 杨伯涛:《杨伯涛回忆录》，中国文史出版社 1996 年版。
21. 张军、唐本富:《国民党高级将领花名册》，华文出版社 2011 年版。
22. 陈冠任:《国民党十大王牌军》，中共党史出版社 2010 年版。
23. 胡兆才:《血战·国民党军正面抗战纪实》，乌兰文艺出版社 2010 年版。
24. 郭胜伟:《黄埔将帅浴血抗日秘闻》，中共党史出版社 2011 年版。
25. 董一博:《鲁南抗日轶事录》，中国文史出版社 1991 年版。
26. 枣庄市政协文史资料委员会:《台儿庄大战诗词选》，中国文史出版社 1995 年版。
27. 尚明轩:《孙中山传》，北京出版社 1981 年版。
28. 尤广才:《血鉴》，团结出版社 2011 年版。
29. 赵亚伟主编:《峄县志》，线装书局 2007 年版。
30. 政协枣庄市市中区委员会:《夹谷·甘泉·翰林府》，政协枣庄市市中区委员会，2013 年 12 月。
31. 枣庄市教育志编纂办公室:《枣庄市教育志》，枣庄市教育志编纂办公室，1988 年 9 月。
32. 李松林:《晚年蒋介石》，安徽人民出版社 2001 年版。
33. 张明金:《国民党历史上的 158 个军》，湖北人民出版社 2009 年版。
34. 李松林、齐福麟、张桂兰:《中国国民党大事记》，解放军出版社 1988 年版。

35. 杨树标：《蒋介石传》，团结出版社 1989 年版。
36. 丹青、化夷：《国民党被俘战犯大结局》，内蒙古出版社 2009 年版。
37. 中国人民政治协商委员会枣庄市文史资料委员会：《名人写真》，枣庄市政协文史委，1993 年 10 月。
38. 枣庄市文史资料委员会：《中兴风雨》，枣庄市文史资料委员会，1993 年 11 月。
39. 山东省政协文史资料委员会：《山东文史集粹》，山东人民出版社 1993 年版。
40. 政协台儿庄区委员会文史资料委员会：《台儿庄文史资料》第 2 辑，1991 年 10 月。
41. 政协市中区委员会文史资料委员会：《枣庄市中区文史》第 1 辑，1991 年 9 月。
42. 政协峄城区委员会文史资料委员会：《峄城文史资料》第 7 辑，1995 年 7 月。
43. 政协市中区委员会文史资料委员会：《枣庄市中区文史》第 3 辑，1994 年 11 月。
44. 枣庄市政协文史资料委员会：《枣庄文史资料》第 14 辑，1992 年 2 月。
45. 枣庄市政协文史资料委员会：《枣庄文史资料》第 11 辑，1991 年 6 月。
46. 政协市中区委员会文史资料委员会：《枣庄市中区文史》第 2 辑，1992 年 11 月。
47. 枣庄市政协文史资料委员会：《古稀老人话今昔》，1991 年 9 月。
48. 滕州市政协文史资料委员会：《滕州文史资料》第 4 辑，1988 年 12 月。
49. 政协枣庄市峄城区文史资料委员会：《峄城文史资料》第 6 辑，1993 年 11 月。
50. 河南文史资料编辑部：《河南文史资料》第 42 辑，1992 年第 2 期。
51. 河南文史资料编辑部：《河南文史资料》第 51 辑，1994 年第 3 期。

52. 河南文史资料编辑部：《河南文史资料》第 49 辑，1994 年第 1 期。

53. 枣庄市政协文史资料委员会：《烽火岁月》，第 20 辑。

54. 政协市中区委员会文史资料委员会：《煤城风云》第 4 辑，1997 年 3 月。

55. 汤锦程：《中华汤姓源流》，中国文联出版社 2006 年版。

56. 中国人民政治协商会议全国委员会文史资料研究委员会：《文史资料选辑》合订本 1—34，中国文史出版社 1986 年版。